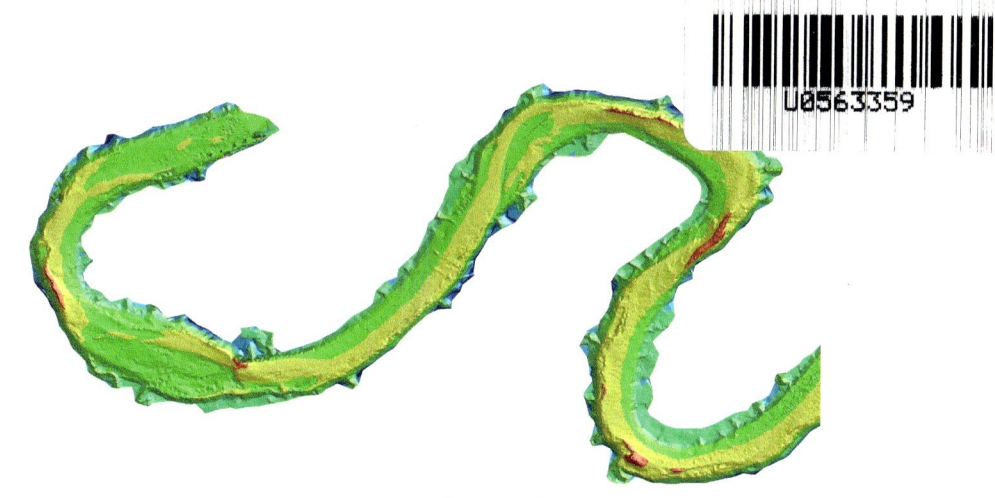

彩虹色对象查看器三维展示

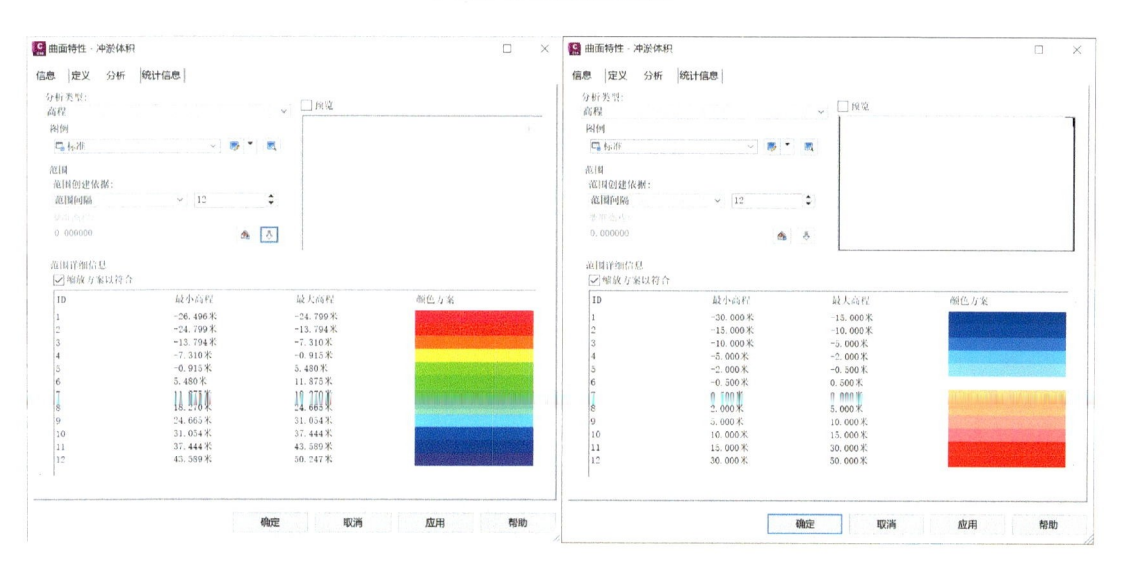

自动生成的色阶卡和调整后的色阶卡对比

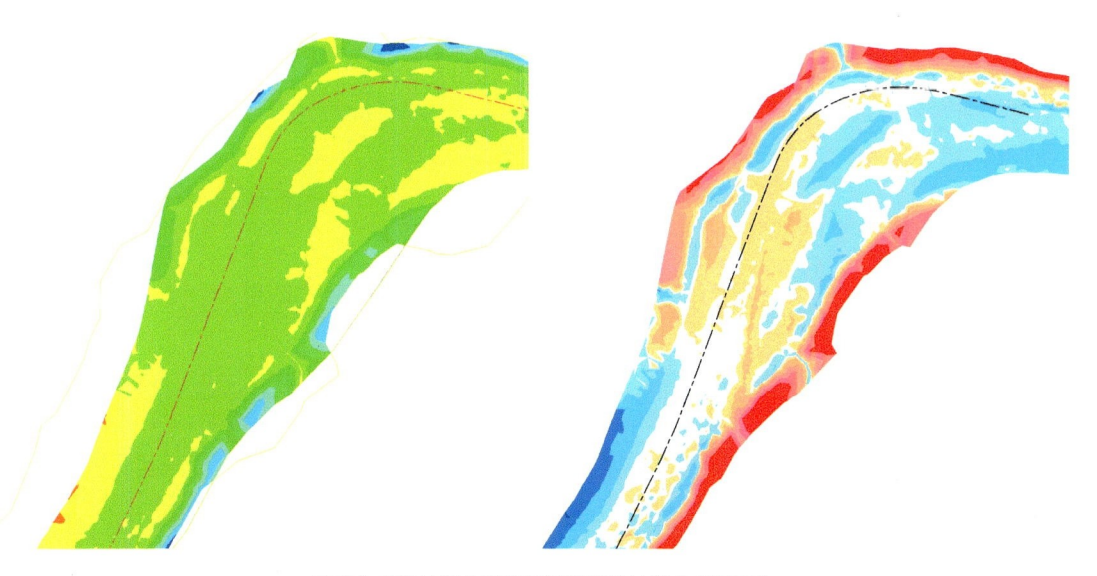

自动生成的冲淤分析图和调整后的冲淤分析图对比

高程表

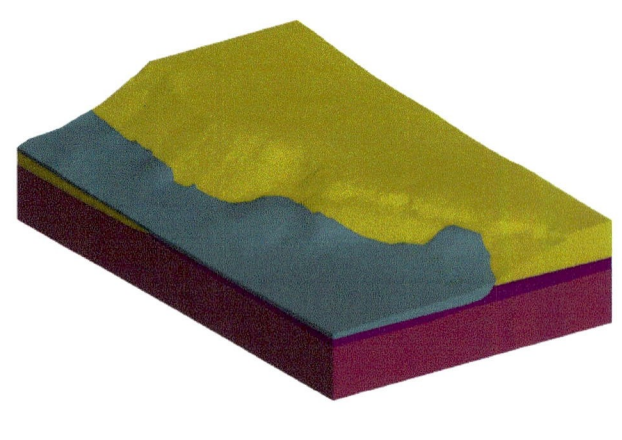

编号	最小高程	最大高程	颜色	面积	体积
1	-30.0	-15.0		871	781
2	-15.0	-10.0		18100	31979
3	-10.0	-5.0		515097	822978
4	-5.0	-2.0		2147649	4063296
5	-2.0	-0.5		3341227	6163164
6	-0.5	0.5		5011091	9700858
7	0.5	2.0		2722999	8039157
8	2.0	5.0		1544516	10319817
9	5.0	10.0		1161203	10731089
10	10.0	15.0		813043	5906484
11	15.0	30.0		759437	4138740
12	30.0	50.0		40416	111251

冲淤分析量表

在曲面处提取实体制作地质分层

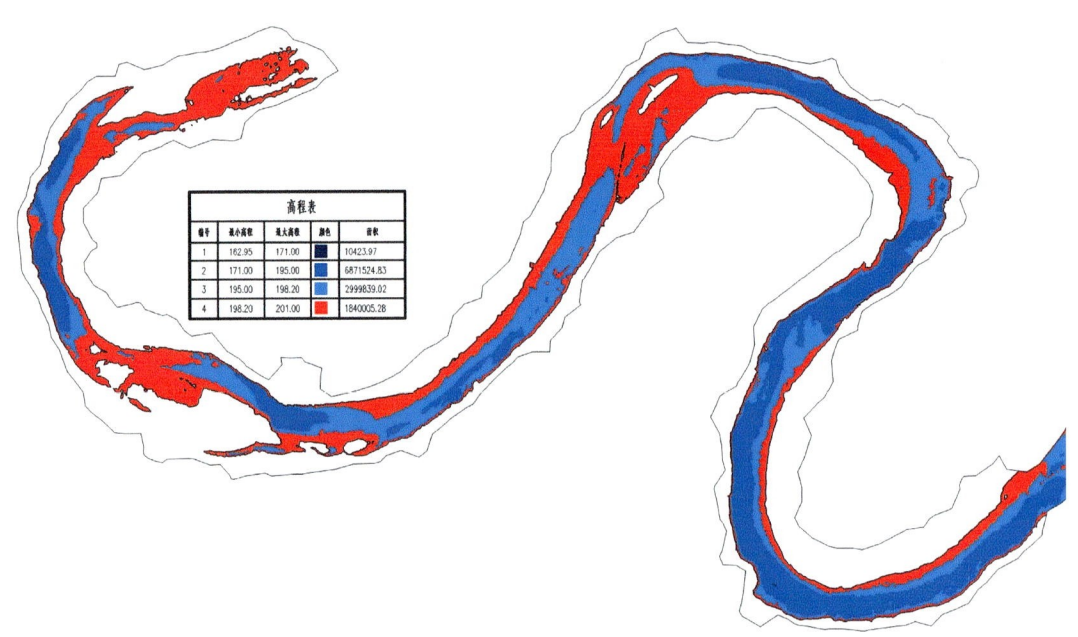

高程表

编号	最小高程	最大高程	颜色	面积
1	162.95	171.00		10423.97
2	171.00	195.00		6871524.83
3	195.00	198.20		2999839.02
4	198.20	201.00		1840005.28

水深不足处疏浚范围快速查找

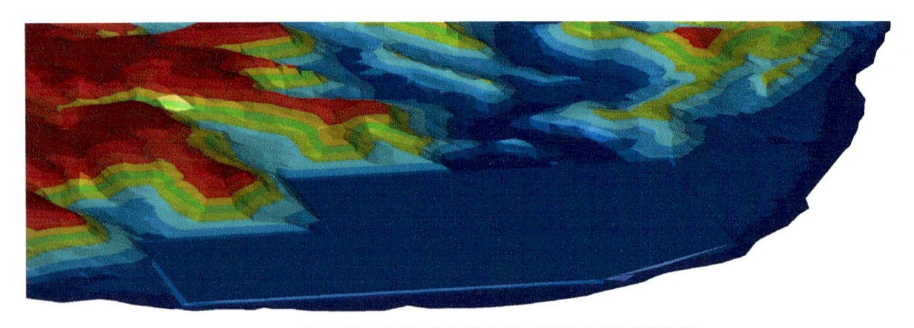

放坡场地拆离曲面粘贴至地形曲面三维效果

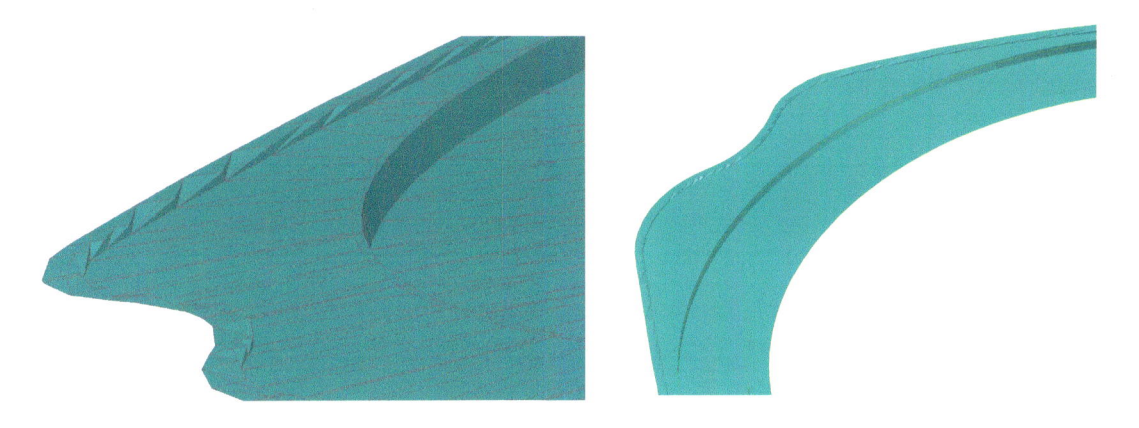

转弯处曲面扭曲

创建好的河道在 InfraWorks 模型中展示效果

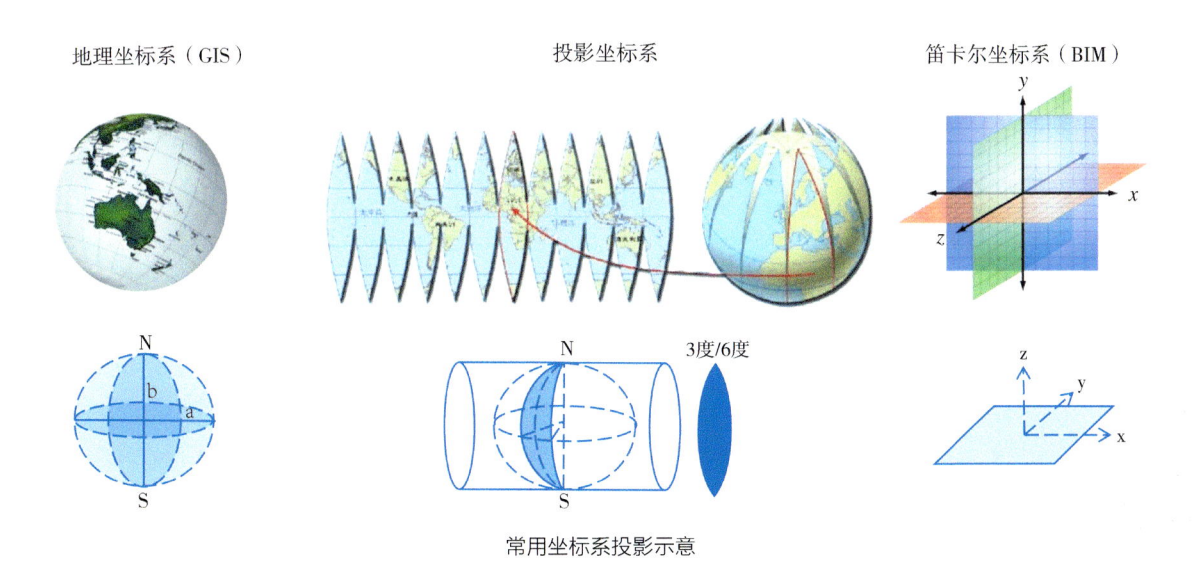

地理坐标系（GIS）　　　　投影坐标系　　　　笛卡尔坐标系（BIM）

3度/6度

常用坐标系投影示意

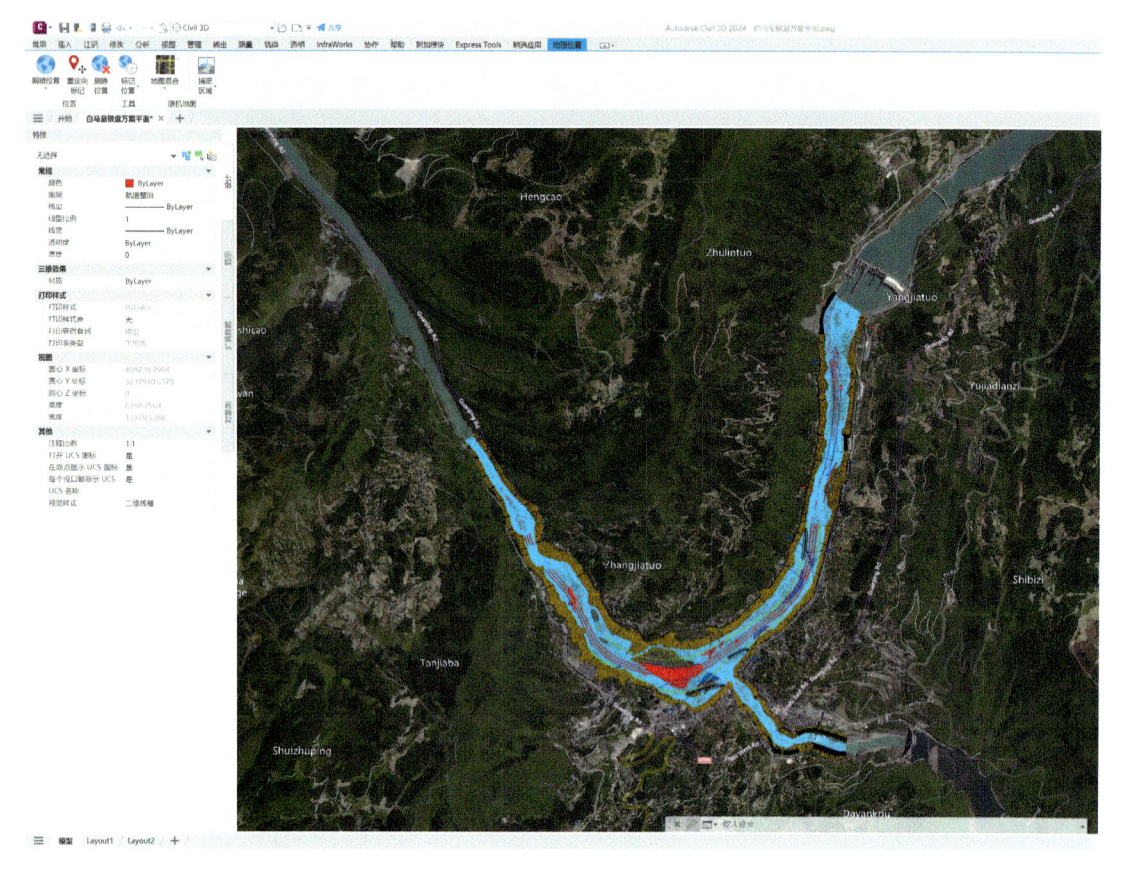

卫星影像与测绘图的匹配

测绘地形和影像卫图 6 度带地图鸟瞰匹配显示效果

地形和影像匹配效果

地形模型设置效果

未经处理的三维地形模型

路面效果

边坡效果

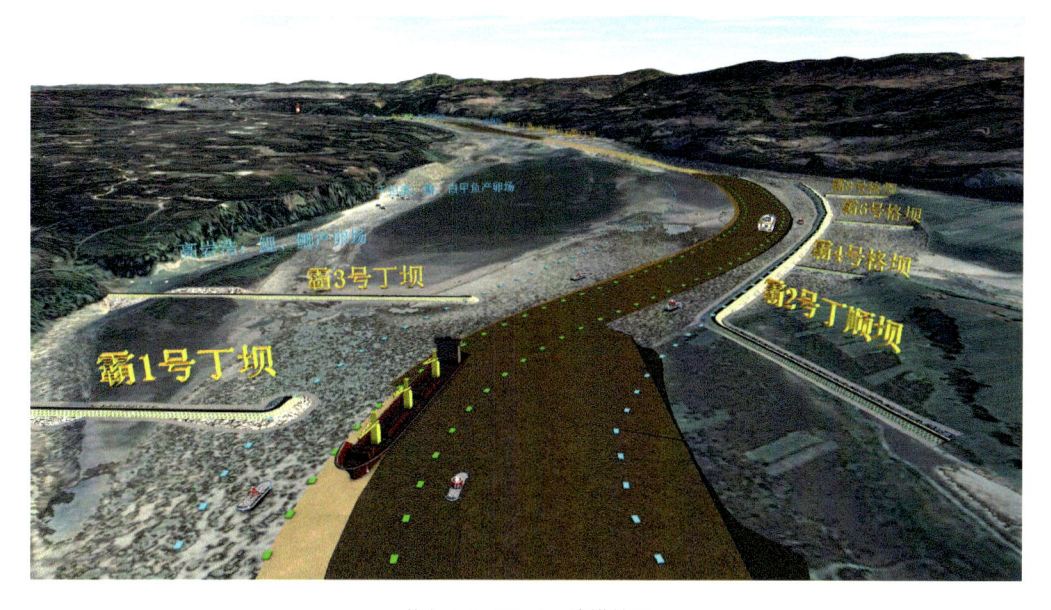

载入 InfraWorks 建模效果

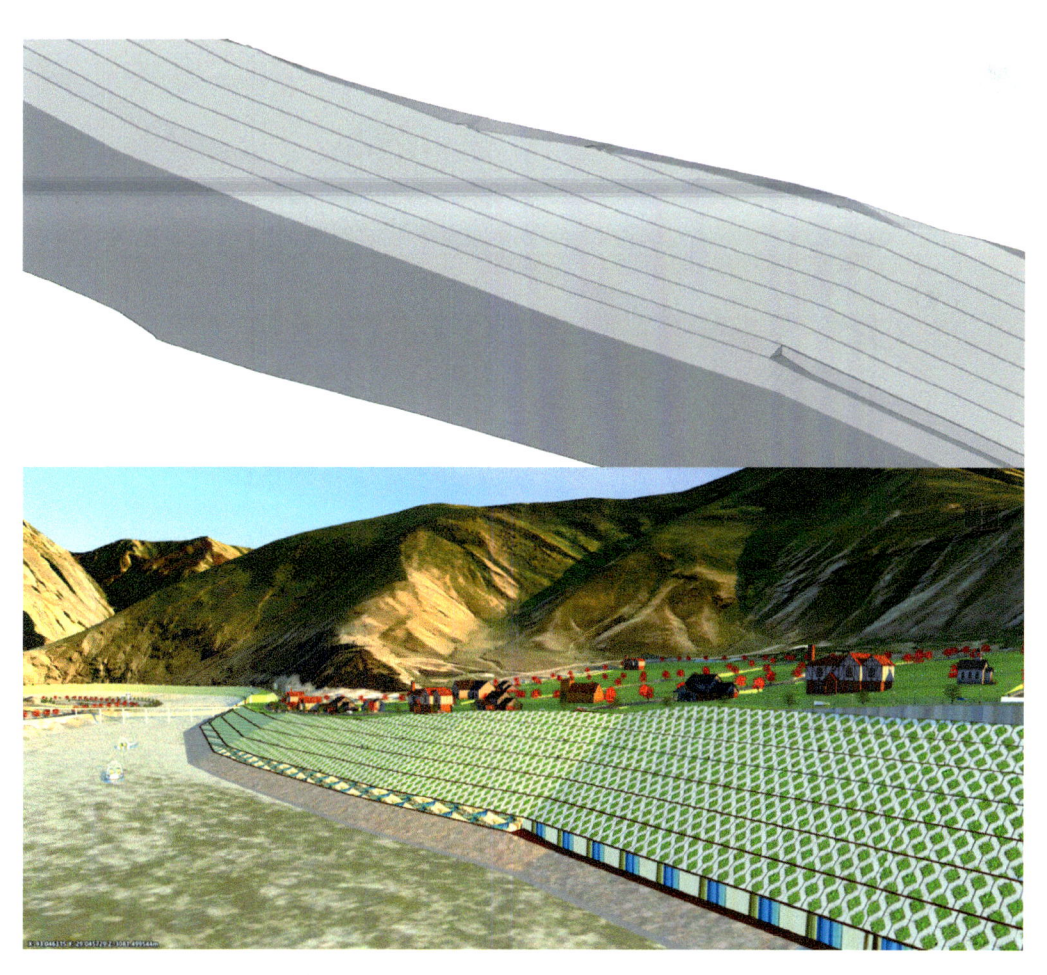

挡墙和边坡衔接处理效果展示（曲面 &AIW 模型）

边坡与道路衔接处排水沟效果展示

边坡边界处与马道衔接效果展示

交通工程 BIM 正向设计方法实践
——Civil 3D 应用与基础教程

金 瑞 祖福兴 编著

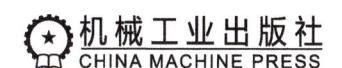

机械工业出版社
CHINA MACHINE PRESS

本书以交通工程 BIM 正向设计方法实践为主题，介绍了 AutoCAD Civil 3D 2024 基础应用与二次开发，共分为 14 章，分别为：安装及卸载、曲面、放坡、点、路线、道路、部件参数化设计、道路参数化设计、坐标系转换、BIM 建模、二次开发——接口与调用、二次开发——界面编写、二次开发——弹窗，最后用综合应用与案例总结全书。

本书不仅适合于 Civil 3D 学习与使用人士阅读，也可以作为高校教材使用，还可以为 Civil 3D 应用与二次开发及其相关专业提供便利。

图书在版编目（CIP）数据

交通工程 BIM 正向设计方法实践：Civil 3D 应用与基础教程 / 金瑞，祖福兴编著. -- 北京：机械工业出版社，2024.6. -- ISBN 978-7-111-76086-3

Ⅰ. U495

中国国家版本馆 CIP 数据核字第 2024RR1355 号

机械工业出版社（北京市百万庄大街 22 号　邮政编码 100037）
策划编辑：刘志刚　　　　　　　　　责任编辑：刘志刚　时　颂
责任校对：孙明慧　杨　霞　景　飞　责任印制：邓　博
北京中科印刷有限公司印刷
2025 年 6 月第 1 版第 1 次印刷
184mm×260mm・18.5 印张・4 插页・503 千字
标准书号：ISBN 978-7-111-76086-3
定价：138.00 元

电话服务　　　　　　　　　　网络服务
客服电话：010-88361066　　　机　工　官　网：www.cmpbook.com
　　　　　010-88379833　　　机　工　官　博：weibo.com/cmp1952
　　　　　010-68326294　　　金　书　网：www.golden-book.com
封底无防伪标均为盗版　　　　 机工教育服务网：www.cmpedu.com

序

时代的大潮滚滚向前，经过改革开放的高速发展，我们迎来了新时代。中国的基础设施建设站到了世界的前列，同时又面临生产方式从高速发展到高质量发展转型的关键时期，国家大力推动工程建设智能建造，以科技创新引领现代化产业体系建设，以智能建造为核心，大力推进基建数字化转型、高质量发展，加速催生"新质生产力"。

建设数字中国是数字时代推进中国式现代化的重要引擎，是构筑国家竞争新优势的有力支撑。新型基础设施是数字建造体系的重要组成部分，数字化转型成为基建增长的新动能，推进基础设施数字建设，以技术创新为驱动，以信息网络为基础，加快基础设施建设智能升级，促进交通行业高质量发展。

在数智化进程日益加快的大环境下，为提高生产效率，提升产品质量，促进行业转型升级，优化资源配置，降低生产成本，增强项目管理水平，推动企业创新发展，交通工程基础设施 BIM 正向设计应运而生。中铁长江交通设计集团有限公司历经十余年的积累与沉淀，在水运、公路、桥梁、隧道等领域 BIM 技术及数智化建设方面取得了长足的进步，培养出一批优秀的技术人才，集团公司一线 BIM 技术研发工程师基于大量的工程实践，在日常工作学习与研究的基础上，总结出部分学习经验与心得，形成此书，以供初学者交流，为"新基建"贡献微薄的力量。

中铁长江交通设计集团有限公司

党委书记　董事长　钟誉

前　言

现代软件是高度国际化的，我们天天用着办公软件，以至于渐渐地成为习以为常的事情，普通人更不会关心这些软件来自哪个国家。事实上，很多时候真说不清楚，开源项目有各个国家和地区的团队参与，充其量只能统计一下核心团队里都有哪些人而已。那么，为什么还要谈基础软件国产化这个话题呢？

近年来，基础软件国产化如火如荼地发展，很容易和一些围绕国产软件的事件联系起来。以 AutoCAD 为例，AutoCAD 是由 Autodesk 公司开发的工程辅助设计软件，目前是设计领域最重要的工程软件之一，不仅确立了 CAD 软件的标准，且兼容性强大，在高端 3D 的 CAD 领域具有较强的竞争力，在国内依然具有很难替代的竞争优势。

Autodesk Civil 3D 是根据专业需要进行了专门定制的智能化的 AutoCAD，是基础工程设计与应用的软件包，广泛应用于道路、场地、航道、水利、雨水/污水排放系统以及场地规划等设计。所有线、曲面、横断面、纵断面、标注、标签、样式等图元均以动态方式链接，可更快、更轻松地完成设计方案及工程变更，实现协同化设计。

此外，Civil 3D 还为广大用户提供了大量开放的 API 接口，具有强大的二次开发和模板记忆功能，这令人振奋的智能化，加上这如虎添翼的二次开发，披荆斩棘，一旦应用领域被打开，越研究越发现这个软件多么厉害，目前市面上很难有能替代的产品。

从 2015 年初接触 Civil 3D 以来，形影不离地走过了 10 年，坚持做一件事，没有特别的花样，从最初的部件开发，到后来的界面开发，乃至现在的成品研发软件，"人生还是稍微有点难的，加油能解决的问题不多。"现把在工作中常见的各种问题汇总起来，以书的形式分享给大家，希望能有机会和广大 Civil 3D 用户共同探讨。

鉴于学识浅薄，内容相对浅显，本书主要为初学者提供帮助，如果发现错误，欢迎批评指正，可发送到邮箱 820904129@qq.com。

目　录

序
前言

第1章　安装及卸载 ············· 1
1.1　软件简介 ··············· 1
1.1.1　功能介绍 ············ 1
1.1.2　版本介绍 ············ 1
1.2　安装 ···················· 2
1.3　卸载 ···················· 2

第2章　曲面 ··················· 4
2.1　曲面的创建 ············· 4
2.1.1　从测绘数据创建曲面 ··· 4
2.1.2　从点文件创建曲面 ····· 6
2.1.3　从等高线创建曲面 ····· 6
2.2　曲面编辑与优化 ········· 7
2.2.1　处理异点及漏洞 ······· 7
2.2.2　添加曲面边界 ········· 9
2.2.3　曲面平滑与三角网调整 · 10
2.3　曲面等高线 ············ 11
2.3.1　曲面等高线设置 ······ 11
2.3.2　等高线平滑 ·········· 12
2.3.3　等高线标签 ·········· 13
2.3.4　等高线提取 ·········· 14
2.4　曲面编辑任务定向撤回 ·· 14
2.5　高程分析 ··············· 15
2.5.1　高程分析彩虹色设置 ·· 15
2.5.2　高程分析河床演变案例 · 17
2.5.3　高程分析疏浚方案布置案例 ··· 20
2.6　坡度分析 ··············· 20
2.6.1　坡度分析设置 ········ 20
2.6.2　坡度分析补坡案例 ···· 21
2.7　用户自定义等高线 ······ 22
2.7.1　用户自定义等高线设置 · 22
2.7.2　用户自定义等高线提取 · 23

2.8　流域分析 ··············· 23
2.9　从曲面提取实体 ········· 24
2.10　点位高程/坡度标签 ····· 25
2.11　曲面面积查询 ·········· 25
2.12　创建曲面工程案例 ····· 26
2.13　免费地形高程图获取 ··· 28
2.14　曲面分析彩图区间边界提取 ··· 29
2.15　曲面快速纵断面剖切 ··· 31

第3章　放坡 ·················· 33
3.1　地块 ···················· 33
3.1.1　快速获取属性 ········ 33
3.1.2　添加用户自定义属性 ·· 33
3.2　挖方放坡 ··············· 37
3.2.1　挖方放坡基本设置 ···· 37
3.2.2　工程量计算 ·········· 39
3.2.3　挖填方体积自动平衡 ·· 40
3.2.4　纵向坡率设置 ········ 40
3.2.5　编辑放坡样式 ········ 41
3.2.6　快速放坡断面查看及剖切 ··· 42
3.3　挖填坡度 ··············· 43
3.3.1　创建放坡 ············ 43
3.3.2　编辑放坡 ············ 44
3.3.3　放坡曲面与测绘地形的融合 ··· 44
3.4　多级放坡 ··············· 46

第4章　点 ···················· 48
4.1　创建点 ················· 48
4.1.1　从文本文件创建点 ···· 48
4.1.2　从曲面创建点 ········ 49
4.1.3　从路线创建点 ········ 49
4.1.4　从道路创建点 ········ 51
4.1.5　从交点创建点 ········ 52

4.2	给点赋值高程	52
4.2.1	块高程获取-将块移动到曲面高程	52
4.2.2	块高程获取-将块移动到属性高程	53
4.2.3	文字高程获取-将文字移动到高程	54
4.3	从外业原始数据创建曲面	54

第5章 路线 57

5.1	创建路线	57
5.1.1	从对象创建路线	57
5.1.2	创建最佳拟合路线	58
5.1.3	创建偏移/加宽路线	59
5.1.4	创建连接路线	60
5.2	路线的编辑与修改	60
5.2.1	通过夹点调整	60
5.2.2	通过路线布局工具调整	61
5.2.3	路线信息提取	61
5.2.4	添加路线曲线	62
5.2.5	超高规范设计	63
5.3	路线标签样式	64
5.3.1	路线标签样式设置	64
5.3.2	路线标签样板文件设置	67
5.4	路线纵断面	68
5.4.1	路线纵断面图设计	68
5.4.2	路线纵断面标签设置	69
5.4.3	路线纵断面图设置	70
5.5	路线协同设计	70
5.6	路线纵断面图设置案例	72
5.6.1	路线纵断面图样式设置	72
5.6.2	路线纵断面图特性设置	74
5.6.3	路线纵断面图样板文件设置	78

第6章 道路 79

6.1	创建装配	79
6.2	创建道路	80
6.2.1	创建道路	80
6.2.2	拆分区域设置	81
6.2.3	偏移目标设置	81
6.3	道路采样线	83
6.3.1	采样线创建	83

6.3.2	采样线设置	84
6.3.3	采样线样板文件设置	86
6.4	道路横断面图	87
6.4.1	横断面图创建	87
6.4.2	横断面图显示及布局	88
6.4.3	横断面图样板文件设置	89
6.4.4	道路超高设置	92
6.5	道路曲面创建	93
6.6	道路工程量计算	94

第7章 部件参数化设计 96

7.1	部件编辑器简介	96
7.1.1	部件工具箱	96
7.1.2	流程图	97
7.1.3	常用参数设置	97
7.2	部件结构	99
7.2.1	几何单元	99
7.2.2	点案例	99
7.2.3	曲面连接及造型案例	100
7.3	工作流	102
7.3.1	逻辑判断案例（Decision）	102
7.3.2	逻辑分支案例（Switch）	102
7.4	杂项（Miscellaneousm）	103
7.4.1	设置输出参数案例（Set Output Parameter）	103
7.4.2	定义变量案例（Define Variable）	105
7.4.3	设置变量案例（Set Variable Value）	106
7.4.4	设置标记点案例（Set Mark Point）	107
7.4.5	报告消息案例（Report Message）	108
7.5	代码	110
7.5.1	代码作用	110
7.5.2	代码设置	111
7.5.3	代码导入	112

第8章 道路参数化设计 115

8.1	多级边坡部件应用案例	115
8.1.1	部件制作	115
8.1.2	创建装配	115

目录

　　　8.1.3　创建边坡 …………………… 116
　　　8.1.4　计算边坡土方量 …………… 120
　8.2　结构形式多变道路案例 …………… 124
　　　8.2.1　三岔口应用 ………………… 125
　　　8.2.2　复杂结构形式应用 ………… 126
　　　8.2.3　道路曲面扭曲修正 ………… 127
　8.3　平交路口应用案例 ………………… 129
　8.4　材质与体积案例 …………………… 134
　　　8.4.1　创建材质 …………………… 134
　　　8.4.2　创建体积报表 ……………… 137
　　　8.4.3　创建总体积表 ……………… 137
　　　8.4.4　体积面板 …………………… 139
　8.5　提取道路实体 ……………………… 141
　　　8.5.1　提取路面实体 ……………… 141
　　　8.5.2　提取造型实体 ……………… 142
　8.6　从道路创建要素线、路线、
　　　　多段线 ……………………………… 143
　　　8.6.1　从道路创建要素线 ………… 143
　　　8.6.2　从道路创建路线 …………… 143
　　　8.6.3　从道路创建多段线 ………… 144

第9章　坐标系转换 …………………… 145

　9.1　坐标系 ……………………………… 145
　　　9.1.1　常用坐标系 ………………… 145
　　　9.1.2　北京54坐标系 ……………… 145
　　　9.1.3　西安80坐标系 ……………… 146
　　　9.1.4　大地2000坐标系 …………… 147
　　　9.1.5　独立坐标系 ………………… 147
　9.2　自定义坐标系 ……………………… 148
　　　9.2.1　为什么自定义坐标 ………… 148
　　　9.2.2　自定义坐标系原理 ………… 148
　9.3　高斯-克吕格投影 …………………… 149
　　　9.3.1　高斯-克吕格投影6度带和
　　　　　　 3度带 …………………………… 149
　　　9.3.2　坐标系条带号 ……………… 149
　9.4　Civil 3D内置必应卫星影像 ……… 153
　　　9.4.1　坐标系确定 ………………… 153
　　　9.4.2　选择坐标系 ………………… 153
　　　9.4.3　指定坐标系 ………………… 154
　　　9.4.4　关于卫图查看 ……………… 157
　9.5　Raster Tools测绘地形贴影像图 … 158
　　　9.5.1　插入影像 …………………… 159

　　　9.5.2　匹配影像 …………………… 160
　　　9.5.3　导出影像 …………………… 162
　　　9.5.4　配置影像 …………………… 164
　9.6　自定义坐标系转换 ………………… 165
　　　9.6.1　思路 ………………………… 165
　　　9.6.2　参数修改 …………………… 165
　　　9.6.3　特征点选择 ………………… 167
　　　9.6.4　坐标系手动制作 …………… 168
　　　9.6.5　坐标系转换prj文件制作 …… 169
　9.7　Civil 3D内置卫星影像打不开
　　　　解决办法 …………………………… 171

第10章　BIM建模 ……………………… 173

　10.1　Autodesk InfraWorks卫图下载 … 173
　　　10.1.1　影像下载 ………………… 173
　　　10.1.2　DEM高程图下载 ………… 174
　　　10.1.3　免费图源获取 …………… 174
　10.2　InfraWorks地形模型搭建 ……… 175
　　　10.2.1　新建模型 ………………… 175
　　　10.2.2　卫图坐标系匹配 ………… 176
　　　10.2.3　不规则多边形卫片加载 … 176
　　　10.2.4　模型显示设置 …………… 177
　　　10.2.5　模型视图设置 …………… 178
　10.3　Civil 3D地形模型搭建 ………… 179
　　　10.3.1　坐标系指定 ……………… 179
　　　10.3.2　测绘地形加载 …………… 180
　　　10.3.3　Civil 3D数据源模型加载 … 180
　　　10.3.4　覆盖材质代码设置 ……… 181
　10.4　InfraWorks结构模型搭建 ……… 182
　10.5　视频制作 ………………………… 183

第11章　二次开发——接口与调用 … 184

　11.1　关于二次开发 …………………… 184
　　　11.1.1　二次开发意义 …………… 184
　　　11.1.2　开发人员水平要求 ……… 184
　　　11.1.3　二次开发语言 …………… 184
　　　11.1.4　学习方法 ………………… 184
　　　11.1.5　软件版本选择 …………… 185
　11.2　二次开发环境 …………………… 185
　　　11.2.1　编译环境 ………………… 185
　　　11.2.2　基础库引用 ……………… 187

11.3 常用引用 …………………… 187
 11.3.1 Autodesk 开放常用引用 ……… 187
 11.3.2 自定义命名空间引用 ………… 187
 11.3.3 常用变量 ……………………… 188
11.4 结构框架 …………………… 188
11.5 调试与运行 ………………… 188
 11.5.1 调试 …………………………… 188
 11.5.2 运行 …………………………… 189
 11.5.3 断点 …………………………… 189
11.6 加载及驱动 ………………… 191

第12章 二次开发——界面编写 193

12.1 操作流程 …………………… 193
 12.1.1 基本思路 ……………………… 193
 12.1.2 基本流程 ……………………… 193
 12.1.3 结构框架 ……………………… 194
12.2 访问曲面案例 ……………… 195
 12.2.1 案例1——创建曲面 ………… 195
 12.2.2 案例2——提取等高线 ……… 198
12.3 访问断面案例 ……………… 200
 12.3.1 案例3——创建纵断面 ……… 200
 12.3.2 案例4——编辑横断面 ……… 203
12.4 界面制作——利用程序制作
   界面方法 …………………… 205
 12.4.1 思路 …………………………… 205
 12.4.2 代码编译 ……………………… 206
 12.4.3 配置文件 ……………………… 210
 12.4.4 加载与卸载 …………………… 211
12.5 界面制作——利用用户界面制作
   界面方法 …………………… 212
 12.5.1 添加界面 ……………………… 212
 12.5.2 配置界面 ……………………… 216
 12.5.3 卸载界面 ……………………… 217
12.6 界面制作——利用工具箱制作
   界面方法 …………………… 218

第13章 二次开发——弹窗 221

13.1 WinForm 和 WPF 对比 …… 221
13.2 弹窗——WinForm ………… 221
 13.2.1 功能需求 ……………………… 221
 13.2.2 Form 窗体创建 ……………… 221
 13.2.3 控件编译 ……………………… 222
 13.2.4 功能编译 ……………………… 231
13.3 弹窗——WPF ……………… 236
 13.3.1 基本原理 ……………………… 236
 13.3.2 功能需求 ……………………… 236
 13.3.3 WPF 窗体创建 ……………… 237
 13.3.4 控件编译 ……………………… 238
 13.3.5 功能编译 ……………………… 239

第14章 应用与案例 245

14.1 无测绘图百公里线路纵断面创建 … 245
14.2 九曲折线断面剖切 ………… 246
14.3 有比降的河道水深图转高程图 … 249
14.4 获取横断面高程及平距 …… 252
14.5 从多段线制作挡墙部件 …… 254
14.6 道路标线制作 ……………… 256
14.7 有比降河流水面制作 ……… 260
14.8 无高程等高线赋值 ………… 261
14.9 从曲面获取多段线高程 …… 263
14.10 无测绘图水库回水淹没面积
   绘制 ………………………… 265
14.11 导入模板样式 ……………… 266
14.12 无测绘图道路模型创建 …… 266
14.13 地物特殊区添加 …………… 271
14.14 提高 Civil 3D 运行速度设置 … 272
14.15 不规则多级边坡建模 ……… 274
14.16 圆头变坡率坝体创建 ……… 282

参考文献 ………………………… 286

第 1 章　安装及卸载

> **本章主要内容**
>
> 安装与卸载操作不当，又找不到修复方案，只能重装系统！本章主要讲解 Civil 3D 安装与卸载过程中各种问题的解决方法。

1.1　软件简介

1.1.1　功能介绍

AutoCAD Civil 3D 是 Autodesk 公司推出的一款面向基础设施行业的设计软件，是建筑信息模型（BIM）软件中重要的一员，具有强大的数据处理与定制功能，主要应用于工程设计及制图，在交通运输、港口航道、水利水电、勘察测绘、岩土、给水排水、总图规划、土方场平、管道电气等众多领域发挥重要的作用。Civil 3D 将土木工程勘察以图纸设计为核心转变为以三维模型设计为核心，其强大的 pkt 部件、Dynamo 命令流及模板二次开发功能，为广大用户提供了适应不同需求的量身定制机制，在满足三维设计的基础上，同步完善二维图纸的标签、标注、显示样式、打印样式、排列样式等，同时，软件开放了相对完善的 API 代码，又为广大用户预留了深度开发的接口，提高了生产力，提升了设计质量，推动整个行业由传统的劳动密集型产业向智能化、参数化、协同化发展。

1.1.2　版本介绍

Civil 3D 更新换代了那么多版本，初学者应该采用哪一版呢？当然是最新版。随着版本的不断更新升级，优化一些功能，新增一些功能，虽然不多，却能解决问题，不推荐较低版本的 Civil 3D。Civil 3D 2020 及以上版本优化了性能，稳定性更好，内存消耗相对降低，某些功能运行速度大幅提升。

但是，高版本在不断优化和增加功能的同时，也丢弃了一些很好用的功能。

2015 之后的版本丢掉了点云处理功能；

2018 以上版本优化了道路蝴蝶结的问题，解决了低版本不能成功提取道路实体的问题；

2020 版本更新了界面按钮图标，但不太稳定，需要打"补丁"容易崩溃；

2021 版本是 Window 7 上能安装的最高版本；

2022 版本需要 Window 10 才能运行，很大程度解决了 Civil 3D 闪退的问题，却丢掉了导出 fbx 实体功能；

2024 版本可以安装到 Window 11，在某些功能上大幅度提高了运行速度，增加了现行的 CGCS2000 大地坐标系，但无法免费使用。

1.2 安装

安装路径默认为C盘"系统盘",最好不要修改路径,系统盘一般默认是固态硬盘,运行起来速度比机械硬盘快。为了后期部件开发需要,安装时须勾选"Subassembly Composer(2024)"组件,如图1.2-1所示,"Subassembly Composer"为Civil 3D部件结构设计可视化程序插件,入门级的二次开发组件,路径在"C:\Program Files (x86)\Autodesk\Subassembly Composer 20××",双击exe文件,编辑它,Civil 3D二次开发的大门从此被打开。

图1.2-1 部件编辑器安装

1.3 卸载

卸载软件有很多方法,首推用系统自带的控制面板卸载程序。在卸载过程中意外中断,或卸载不当,会造成Civil 3D的某些功能丢失,不能正常运行,有时会出现既不能卸载也不能修复的情况,这里提供了5种解决方法:

➢ 第一种:卸载或者清理破损的Autodesk旗下软件,建议大家通过Autodesk自家的批量卸载工具"Uninstall Tool",一键卸载,"Uninstall Tool"会依次清理干净,如图1.3-1所示。

图1.3-1 使用Uninstall Tool卸载

第1章 安装及卸载

➢ 第二种：如果上面的方法依然遇到卸载失败的情况，"是时候祭出'Fix it'了"。"Fix it"是微软帮助和支持中心为用户提供的一键式修复解决方案，利用脚本来实现针对计算机的微调以解决配置参数不对等所导致的各种系统问题，如图1.3-2所示。

图1.3-2 使用 Fix it 卸载

➢ 第三种：如果以上两种方案都不能解决，不妨使用"Microsoft Program Install and Uninstall"，它和"Fix it"一样，是一款简单好用的"Windows Installer"清理工具，如图1.3-3所示。

图1.3-3 使用 Microsoft Program Install and Uninstall 卸载

➢ 第四种：最怕空气突然安静，还是有问题。这可把我给整不会了，尴尬又不失礼貌一笑，联系技术支持团队吧，有专门的安装问题专家支持。

➢ 第五种：技术支持团队也没能解决？今天解决不了的问题，不要着急，明天还是解决不了，重装系统吧。

第 2 章 曲 面

> **本章主要内容**
>
> 曲面的创建与处理，包括曲面的创建、平滑、精简、粘贴、分析，以及等高线处理和实例应用等。由曲面"诞生"出来的功能比较多。

2.1 曲面的创建

在 Civil 3D 中，曲面指通过测绘数据生成的三维地形面，是大部分工作赖以生存的基础，前期曲面处理好了，有利于后期工作顺利开展。

实际应用中，我们经常遇到的曲面创建方式来自测绘数据、数据文本、点以及道路等几种途径，下面对这几种途径做详细介绍。

2.1.1 从测绘数据创建曲面

以最常用的测绘地形图创建地形曲面为例，其他方法以此类推，操作流程如下：

1. 创建曲面

➢ 用 Civil 3D 打开测绘地形图。

➢ 单击界面左上角选项板"工具空间"按钮，打开工具空间选项板。

➢ 右击，在弹出的菜单中单击工具空间中的"曲面"选项，选择第一项"创建曲面"，并给曲面命名，其他选项不变，单击"确定"按钮。

➢ 在工具空间中单击上一步新建的空曲面，再单击"定义"→给空曲面添加数据，创建曲面。

根据测绘地形图的出图习惯，地形高程点一般用块、点或者文本的形式呈现，添加数据的常用的方式为从"图形对象"添加"块""点"或者"文本"，如图 2.1-1 所示。为了提高工作效率，在创建曲

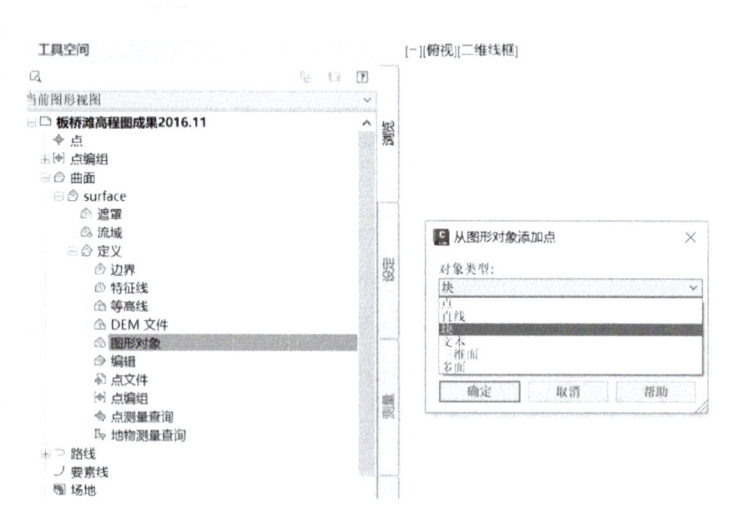

图 2.1-1 从图形对象创建曲面

面之前需要先把高程点隔离出来，添加图形对象时就可以直接全选高程点，单击"确定"按钮，曲面就创建好了。

此时界面中可能没有新增任何东西，右击→"隔离对象"→"结束对象隔离"，曲面即可展现出来，如图 2.1-2 所示。

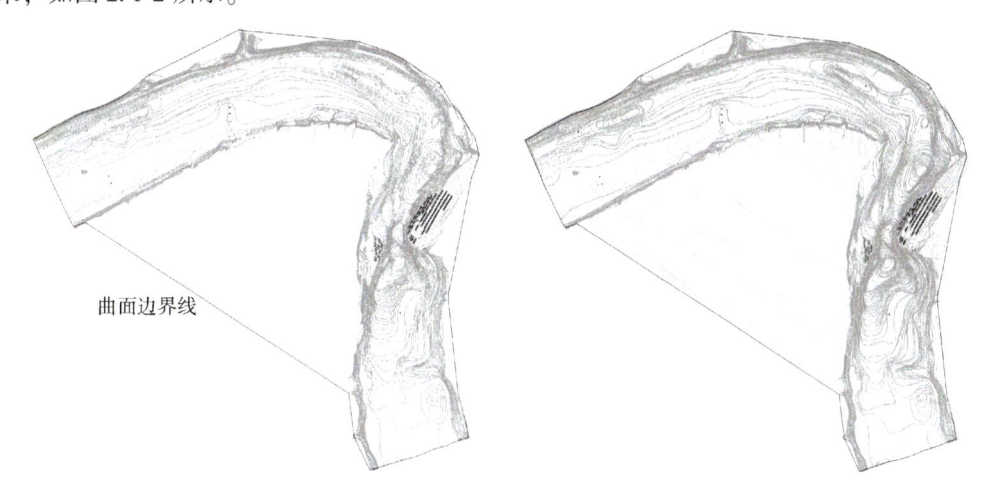

曲面边界线

图 2.1-2　从 CAD 文档和 Civil 3D 文档创建曲面效果对比图

2. 设置曲面边界

作为一个反映实际地形的曲面，边界怎能如此"狂野"？

选中曲面，右击→点击"曲面特性"→展开"定义"一栏，如图 2.1-3 所示→展开"生成"→"使用三角形最大边长"一栏，选择"是"→"三角形最大边长"一栏填写一个合适的长度，比如"100.000 米"→单击"确定"按钮，和测绘地形吻合较好的地形曲面就制作好了。

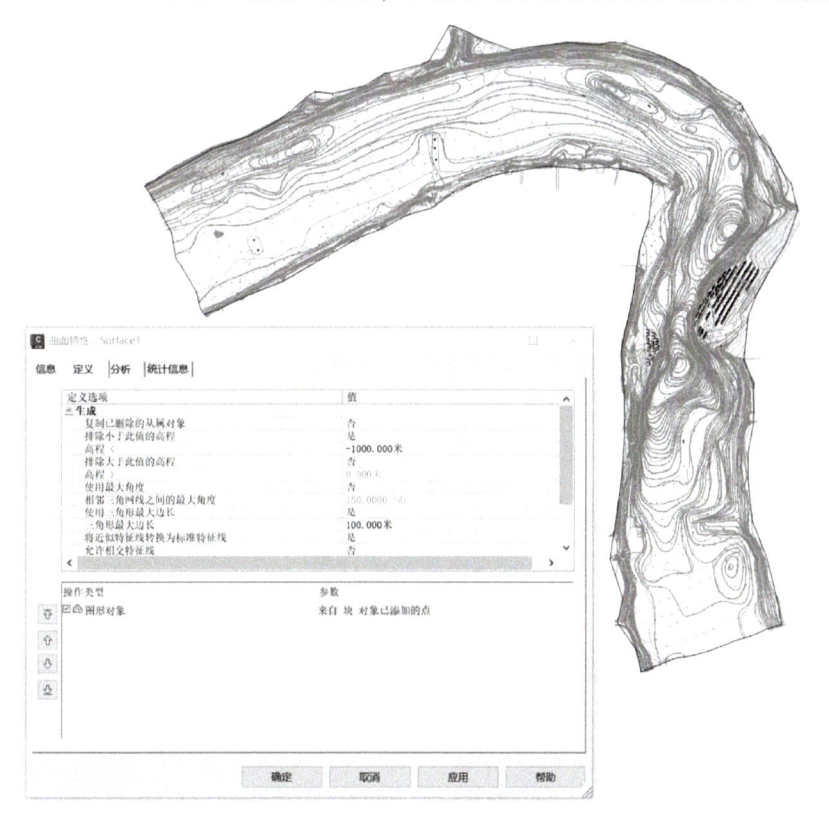

图 2.1-3　曲面边界设置

3. 编辑曲面样式

选择曲面，右击→"编辑曲面样式"，根据不同的习惯与需求，编辑曲面的边界、等高线、栅格、点、三角形、流域、分析、显示等样式→单击"确定"按钮。如图2.1-4所示。

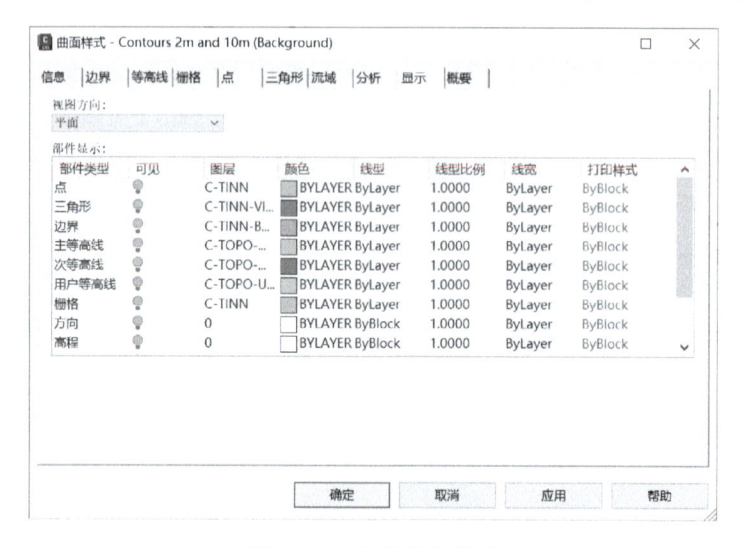

图2.1-4 编辑曲面样式

提示 如果曲面是由测绘提供的地形图.dwg文档生成的，需要把制作好的地形曲面复制出来，原坐标粘贴到新建的Civil 3D的.dwg文档上，再来进行后续的工作。因为测绘地形是在AutoCAD的基础上绘制的，CAD的.dwg文档不携带Civil 3D的属性，会丢失很多样式，甚至会遇到单位不能完全统一的情况，为了避免后续工作中遇到莫名其妙的麻烦，需要先把地形曲面复制到Civil 3D自身新建的文档中，或者复制到用户自定义的Civil 3D模板文档中，再开展后续工作。

提示 使用"图形对象"创建曲面（图2.1-1），"从图形对象添加点"的弹窗中，"点"指用对象坐标创建曲面；"直线"指用对象起始点坐标创建曲面；"块"和文本均指用对象插入点创建曲面。有时这些对象缺少高程信息，在创建曲面之前，需要过滤掉没有高程的对象，或者把没有高程的对象移动到对应高程。

2.1.2 从点文件创建曲面

从提取的坐标点文件生成曲面时，需要把提取的坐标点X、Y坐标互换，这是因为Civil 3D曲面添加点文件格式默认以北距、东距点高程"NEZ"的形式表达，如果X、Y坐标未做互换，就需要手动指定点文件格式为"ENZ（空格分割）"，即东距、北距点高程文件格式，如图2.1-5所示。

2.1.3 从等高线创建曲面

方法同2.1.1小节从测绘数据创建曲面，先新建一个

图2.1-5 从点文件创建曲面

三角网曲面，然后，展开工具空间中"曲面"一栏，如图 2.1-6 所示→展开"定义"→单击"等高线"，右击，在弹出的菜单中点击"添加"→"添加等高线数据"弹窗中所有设置保持不变，单击"确定"按钮，拾取需要添加的等高线，即可生成由等高线创建的曲面。

提示 创建曲面时，使用"等高线"功能添加对象可以是有高程的多段线、二维多段线、三维多段线、样条曲线以及云线等，但不能为直线或要素线，直线可通过"图形对象"功能来添加进曲面，要素线可通过"特征线添加"功能来添加进曲面，各司其职。

为了提高地形曲面的精度，创建曲面时，针对精度要求比较高的地形区域，可以同时添加高程点和等高线，以平滑地形，由于等高线数据信息比较庞大，全部添加计算机容易死机。

图 2.1-6　从等高线创建曲面

2.2　曲面编辑与优化

2.2.1　处理异点及漏洞

在曲面样式中打开曲面边界和等高线显示，检查曲面质量时，可能会出现曲面"千疮百孔"，个别点等高线堆积等情况，选中曲面，右击"对象查看器"，旋转视角，总会发现有几个突兀的异点（图 2.2-1），必须第一时间处理掉这些异点。

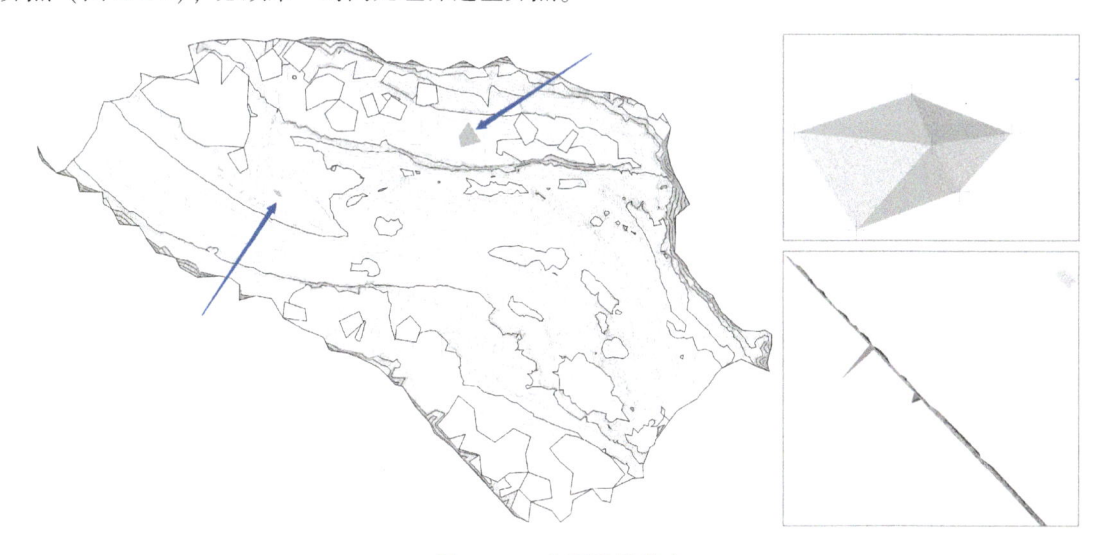

图 2.2-1　曲面质量检查

1. 删除点

删除点有两种方法：

（1）删除出错点

选中曲面，打开曲面中的点显示，上方选项板单击"编辑曲面"→"删除点"→逐个找到高程异常的异点→单击"确定"按钮，如图 2.2-2 所示。

（2）过滤出错点

在"曲面特性"（图 2.2-3）→定义"生成"→"排除小于此值的高程"一栏选择"是"，输入合理值→"排除大于此值的高程"一栏选择"是",输入合理值→单击"确定"按钮,出错的高程点随即被过滤掉。

图 2.2-2　编辑曲面

图 2.2-3　编辑曲面特性

2. 修改点

打开曲面中的点显示,选中曲面,上方选项板单击"编辑曲面"(图 2.2-2)→"修改点"→逐个找到高程线异常的异点,输入新高程→单击"确定"按钮。

3. 修补漏洞

如果曲面依旧"千疮百孔",说明最大边长设置偏小,不能涵盖三角网网格边长。选中曲面,右击,单击"曲面特性",在"定义"→"生成"→"三角形最大边长"中把上面设置的"100.000 米"修改为"200.000 米",重新生成曲面。

如果还是有大漏洞。选中曲面→"编辑曲面"→"添加点",补上漏洞,如图 2.2-4 所示。这里不建议把三角形边界设置太长,合适的范围即可,设置过长会出现弯曲的带状地形的弯道处或者不规则地形边界直接拉通的情况(图 2.2-5),造成地形失真严重。

图 2.2-4　曲面漏洞修补前后对比

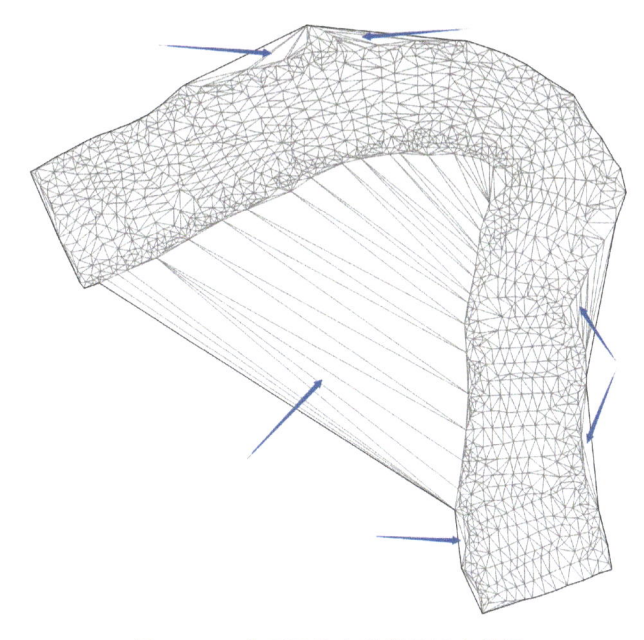

图 2.2-5　曲面网格边长设置过大效果

2.2.2　添加曲面边界

针对曲面中漏洞又大又多，弯曲的带状狭长地形，可以采取以下方法优化曲面。

1. 提取漏洞曲面边界

在"曲面特性"弹窗中展开"定义"→"生成"→"三角形最大边长"中设置一个较小的合理的三角形边长→在"编辑曲面样式"中打开曲面边界→选择曲面→上方选项板中单击"从曲面提取" →"提取对象" →只勾上"边界"选项→单击"确定"按钮。如图 2.2-6 所示。

2. 调大三角形边长

将"曲面特性"→"定义"→生成→"三角形最大边长"数值适当调大，重新生成曲面。

3. 添加外边界

"工具空间"→展开"曲面"→"定义"→"边界"，右击"添加"→如果没有特殊需求，弹窗中所有的选项设置保持不变，单击"确定"按钮，拾取第一步提取出来的外边界线，点击"确定"按钮，贴合测绘地形的边界线就赋给漏洞曲面了。

图 2.2-6　提取曲面边界

若仍然有顽固漏洞，选中曲面，上方选项板中单击"编辑曲面"→"添加点"→手动给有漏洞的区域添加点，输入一个合适的高程值，直到漏洞消失。

此时给曲面添加的是外部边界。如果想要曲面裁剪得漂亮规则，或者需要在曲面中裁剪出孔洞，在"添加边界"弹窗中，下拉"类型"菜单（图 2.2-7）→"隐藏"→点击"确定"按钮→

拾取需要裁剪的形状，按回车键即可，如图2.2-8所示。

如果在需要隐藏的范围内，有某个小区域需要留存，添加曲面边界时，在"添加边界"弹窗中，下拉"类型"菜单→"显示"→拾取需要保留的形状，点击"确定"按钮，如图2.2-8所示。

图2.2-7　添加曲面外部边界　　　　　图2.2-8　外部、显示、隐藏边界

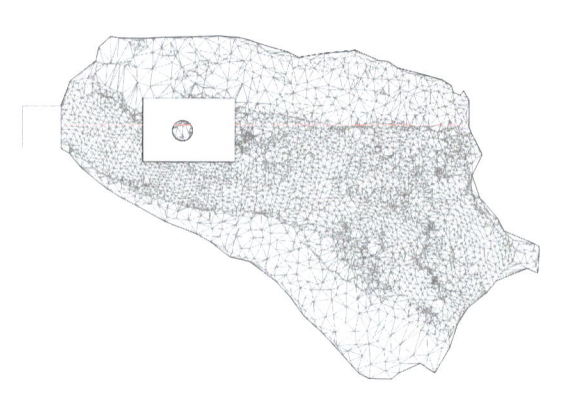

2.2.3　曲面平滑与三角网调整

➢ 平滑曲面

选中曲面，在上方选项板中单击"编辑曲面"→"平滑曲面"（图2.2-9）→在弹窗中选择一个合适的曲面平滑方式，比如常用的"自然临近内插法"→"点内插/外插输出"，设置平滑区域和栅格间距→点击"确定"按钮，曲面即刻丝滑起来。

图2.2-9　平滑曲面

➢ 添加、删除直线

这里的直线指的是构成曲面的三角形网格线。"添加直线"可用于绘制陡坎边界，也可用于修正局部地形三角网高程走向。"删除直线"可用于清理不规则的边界，或者清理网格较大的边界，如图2.2-10所示。

➢ 交换边

这里的边，依旧指的是曲面三角网的边。三角网的顶点为添加的对象基点或对象节点，在局部地形异常区域，通过交换三角形顶点的连接方式，达到平滑曲面的效果，交换效果如图2.2-11所示。

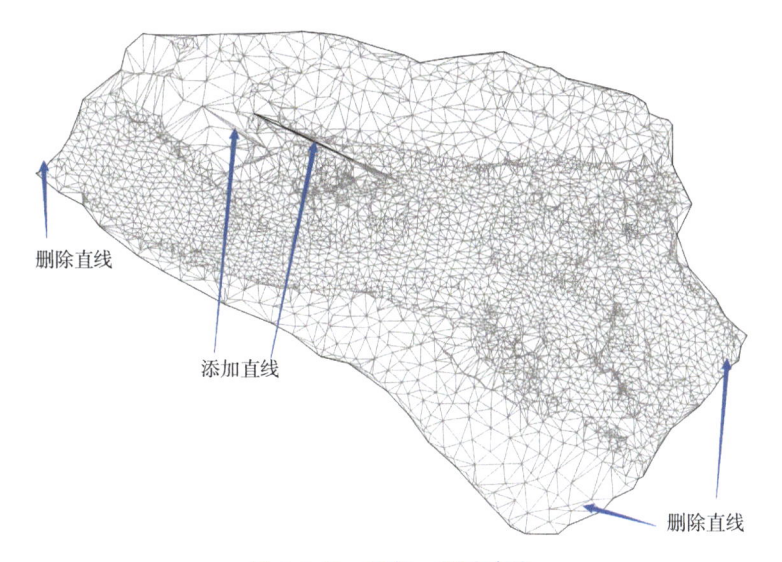

图 2.2-10　添加、删除直线

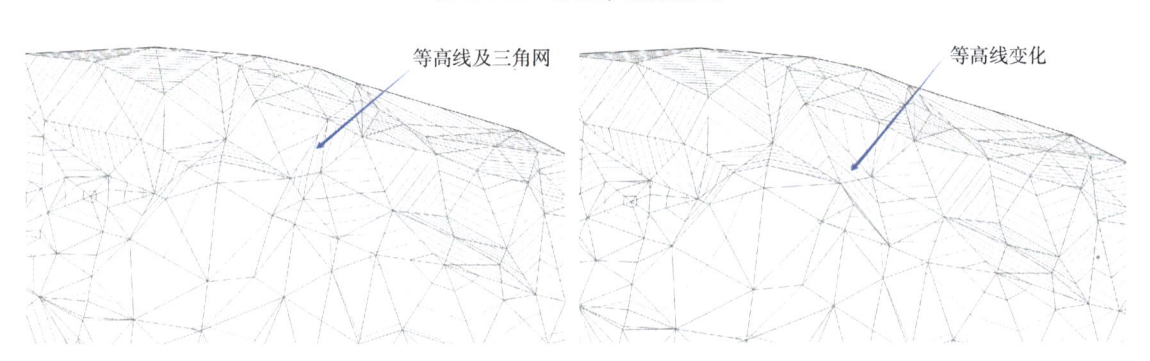

图 2.2-11　交换三角网边前后对比图

➤ 移动点

通过移动点的方式，也可以达到上述交换边的效果。打开捕捉对象，选中需要移动的点，拖动位置，等高线也会随之变化，能达到平滑等高线的目的，如图 2.2-12 所示。

2.3　曲面等高线

2.3.1　曲面等高线设置

选中曲面，右击→"编辑曲面样式"→"等高线"一栏（图 2.3-1）→"等高线间隔"→设置次要间隔→设置主要等高线间隔→"显示"一栏（图 2.3-2）→打开"主等高线"和"次等高线"可见的小灯→点击"确定"

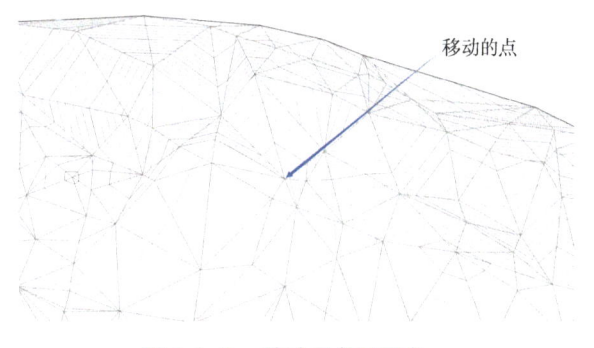

图 2.2-12　移动三角网顶点

按钮。这样就得到了一个和测绘地形等高线高度吻合的地形曲面。但通常习惯把地形曲面的主、次等高线都关掉，只留下外边界，能证明曲面的存在即可，这样不会干扰到结构线条，界面干净明了。

图 2.3-1　曲面等高线设置

图 2.3-2　曲面等高线显示设置

2.3.2　等高线平滑

自动生成的曲面等高线棱角分明，不够平滑，而平滑等高线有两种方式，一种是手动添加高程点，见上文"平滑曲面"，还有一种就是在曲面样式里面设置平滑参数。

选择曲面，右击→"编辑曲面样式"→"等高线"→"等高线平滑"（图 2.3-3）→"平滑等高线"选择"True"→"等高线平滑"阀值往右拖（"增加"）→点击"确定"按钮。

图 2.3-3 等高线平滑

2.3.3 等高线标签

1. 等高线—单条

给某一条等高线在某个位置添加标签，如图 2.3-4 所示。选择曲面，界面左上角找到"添加标签" →下拉菜单，选择"等高线—单条"→拾取等高线上的对应位置，添加效果如图 2.3-5 所示。

图 2.3-4 添加标签　　　　　　图 2.3-5 等高线—单条效果

2. 等高线—多重

给某区域内连续等高线在某个连续位置添加标签。选择曲面，上方选项板左上角找到"添加标签" →下拉菜单，选择"等高线—多重"→在需要添加的区域划线拾取，添加效果如图 2.3-6 所示。

3. 等高线—间隔处多重

给某区域内连续等高线按照某个固定间距添加标签。选择曲面，上方选项板左上角找到"添加标签"→下拉菜单，选择"等高线—间隔处多重"→在需要添加的区域划线拾取，设置标签间距，添加效果如图 2.3-7 所示。

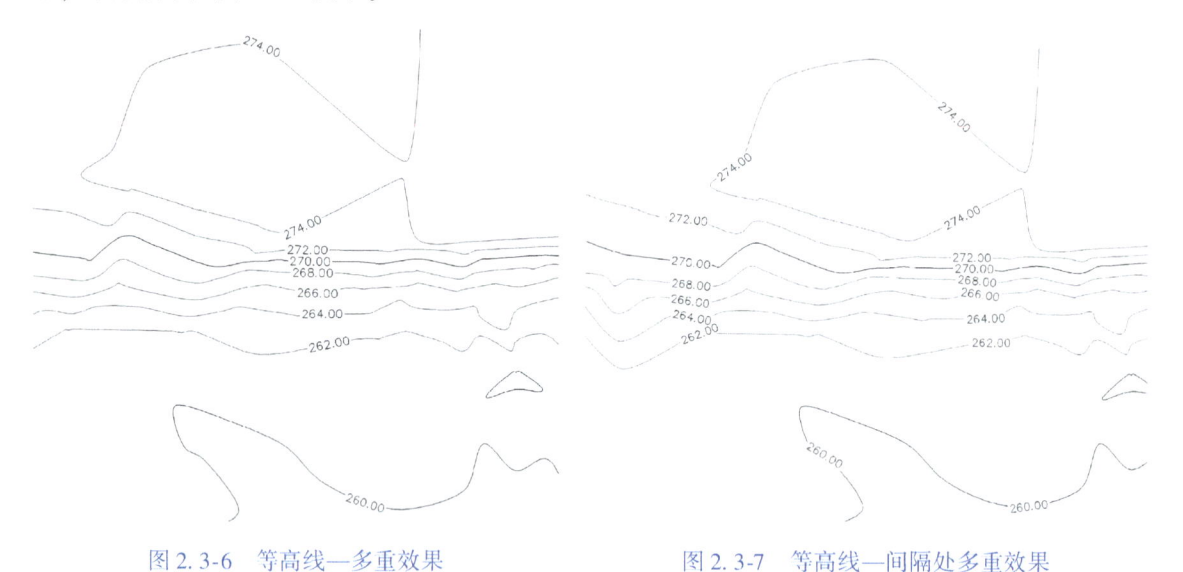

图 2.3-6　等高线—多重效果　　　　图 2.3-7　等高线—间隔处多重效果

2.3.4　等高线提取

在提取等高线之前，首先需要在曲面样式里面打开等高线。

1. 打开等高线

选择曲面，右击，"编辑曲面样式"→"显示"中打开"主等高线""次等高线"可见性小灯→单击"确定"按钮。

2. 提取等高线

选择曲面，上方选项板找到"从曲面提取"
从曲面提取 →下拉菜单，"提取对象"→弹窗中只勾选"主等高线"和"次等高线"（图 2.3-8）选项，在后面"值"一栏，可以根据需求提取全部等高线或者用户拾取等高线→点击"确定"按钮。

图 2.3-8　提取等高线

2.4　曲面编辑任务定向撤回

撤销上一步对曲面的编辑操作通常会用快捷键"Ctrl + Z"或者命令"U"，如果只想撤回某一步操作怎么办呢？

选择曲面，右击→"曲面特性"→弹窗里找到"定义"，窗口中记录了之前对曲面所有的操作，选中想撤回的操作记录，右击，"从定义中删除"，还可以对该操作步骤上下移动，或者置顶置底，如图 2.4-1 所示。

图 2.4-1　曲面任务撤回

提示　通过"从定义中删除"撤回的步骤仅限于编辑曲面的操作，不能撤回曲面分析的操作。

2.5　高程分析

2.5.1　高程分析彩虹色设置

高程分析主要应用于高程区间分布展示与输出。

1. 设置曲面高程范围颜色

选择曲面，右击→"曲面特性"→"分析"→下拉"分析类型"菜单选择"高程"，如图 2.5-1 所示→下拉"范围创建依据"菜单，选择合适的创建约束条件→设置"基准高程"（若选择"范围数"则不设置基准高程）→单击"基准高程"后面的向下的小箭头 ，把设置的范围数值传递下来→修改窗口中范围区间值→点击"确定"按钮。如果未对文档进行过曲面样式设定，这里颜色方案默认为"蓝色渐变"，生成的曲面平面、三维对象查看器显示均为蓝色渐变图。

图 2.5-1　曲面特性-分析

2. 设置彩虹色

怎样才能得到绚丽的彩虹色呢？按照下面的步骤来，可以合并，但不可以跳过，如果读者们一番辛苦之后仍然未得到彩虹色，请对号入座，查找缺了哪一步。

选择曲面，右击→"编辑曲面样式"→"分析"→展开"高程"→下拉"范围颜色方案"菜单选择"彩虹色"→单击"确定"按钮，如图 2.5-2 所示。

图 2.5-2　彩虹色设置

设定好后，需要再回到"曲面特性"→"分析"，重新点击一下刚刚单击过的那个"神奇"的小箭头，把彩虹色设置传递过来。

单击鼠标右键→"编辑曲面样式"→弹窗里找到"显示"→点亮"高程"后面的小灯→点击"确定"按钮，如图 2.5-3 所示。

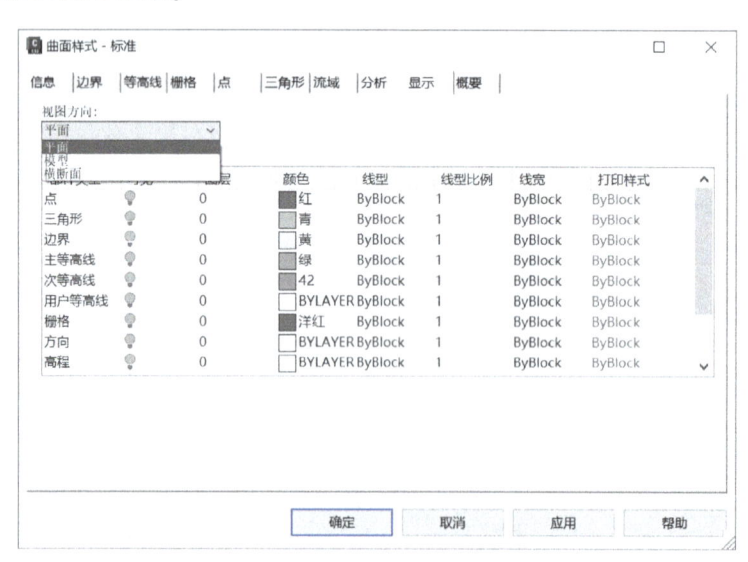

图 2.5-3　彩虹色显示打开

3. 查看三维曲面

选择曲面，右击，单击"对象查看器"，选择"着色"，"具有漂亮的彩虹色"，但不是三维，而是一个平面。右击→"编辑曲面样式"→找到"分析"→展开"高程"→单击"显示类型"后面的值,下拉菜单,选择"三维面"→单击"确定"按钮→再右击进入"对象查看器",终于得到"彩虹色",如图 2.5-4 所示。

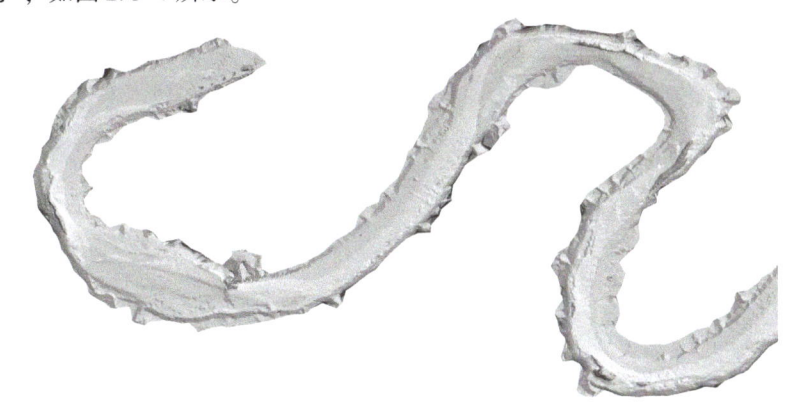

图 2.5-4　彩虹色对象查看器三维展示

2.5.2　高程分析河床演变案例

1. 任意两个年份河床演变对比分析

首先需要创建一个三角网体积曲面,即两个年份地形曲面高程差值的三维体积曲面。过程如下:

(1) 制作地形曲面

根据测绘地形图分别创建两个年份的三角网曲面,并按照本书第 2.2 节做好曲面的检查与优化,将地形曲面原坐标复制到一个新建 .dwg 文档,这样既可以避开测绘地形庞大的数据量,又不影响地形精度,内存由几百兆精简为几兆,提高运行速度。

(2) 制作体积曲面

"工具空间"→找到"曲面",右击"创建曲面"→下拉"类型"菜单,选择"三角网体积曲面"→为了自己某天突然用起的时候依旧一目了然,"名称"一栏建议取个好识别的名字,如图 2.5-5 所示,"体积曲面"中"基准曲面"选择早一点的年份,"对照曲面"选择晚一点的年份,两个曲面是被减数与减数的关系→单击"确定"按钮。

(3) 设置高程范围颜色

设置高程范围颜色又分为以下步骤,顺序可以打乱,代价就是比这个顺序多绕几圈。

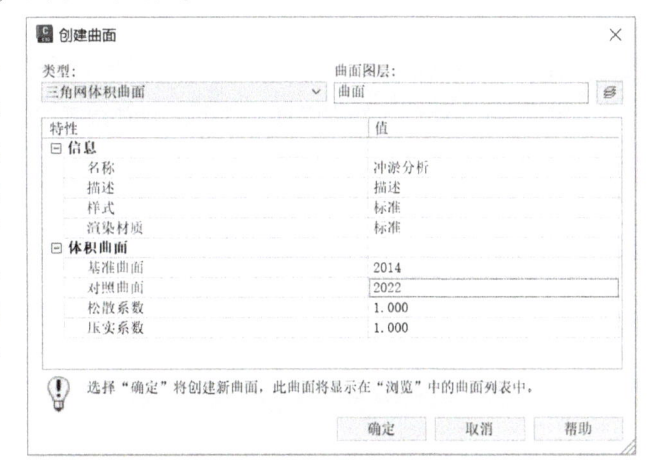

图 2.5-5　创建三角网体积曲面

1) 打开显示中的"高程"。选择创建好的三角网体积曲面,右击→"编辑曲面样式"→可见性一列中只打开"高程"和"边界"→单击"确定"按钮,但是只有"蓝色"。

2) 设置颜色方案为"彩虹色"。选择三角网体积曲面,右击→"编辑曲面样式"→"分析"→展开"高程"→下拉菜单选择"彩虹色"→单击"确定"按钮,但是只有红色。

> **提示** 以上两步可以合并一起设置，为什么分开呢，很多初学者的彩虹色不能保证每次都能做出来，又不知道问题出在哪里，漏掉了哪一步。

3）生成彩虹色曲面分析图。依旧选择三角网体积曲面，右击→"曲面特性"→"分析"→"范围间隔"输入合适的颜色范围数，点击下面的小箭头，传递到"范围详细信息"窗口，如图 2.5-6 所示。

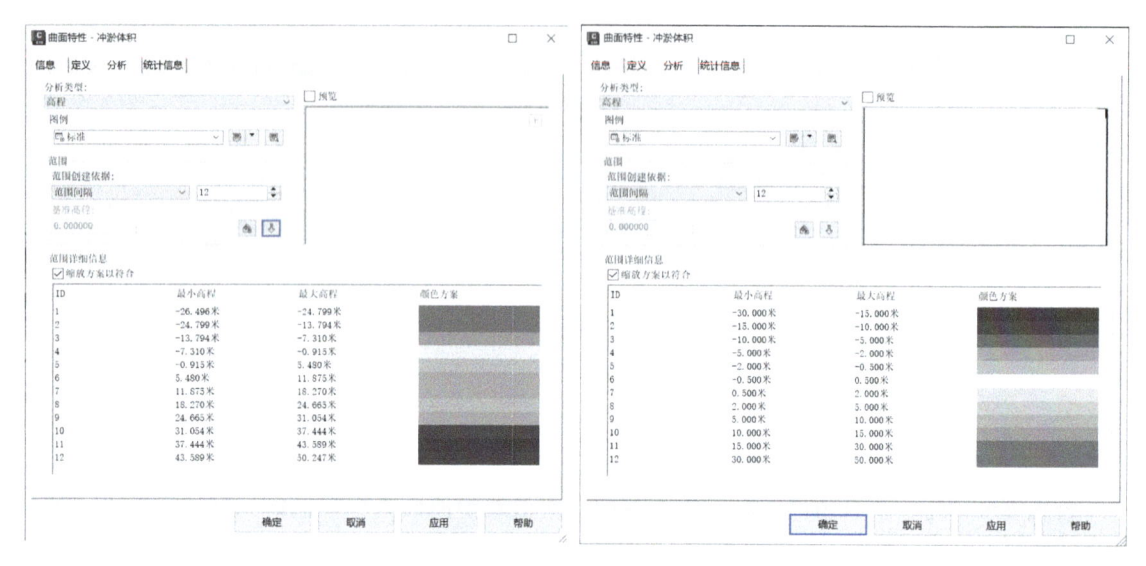

图 2.5-6 自动生成的色阶卡和调整后的色阶卡对比

4）色卡范围修正设置。如图 2.5-6 所示高程负值区间为冲刷，正值区间为淤积，图 2.5-6 左图为自动生成的冲淤分析图，颜色范围为平均分配，并不能达到我们想要得到的冲淤持平、冲刷或淤积 1m 左右微弱变化、冲刷或淤积 5m 左右巨大变化、冲刷或淤积 10m 左右剧烈变化等需求。手动用鼠标双击每一个高程值和颜色方案，修改到满意为止。修改色卡过程有点烦琐，二次开发后可实现一键自动生成。

冲刷区域为蓝色，淤积区域为红色，冲淤持平为白色，颜色越深冲刷或淤积越严重，调整色阶卡之后的冲淤分析一目了然，如图 2.5-7 所示。

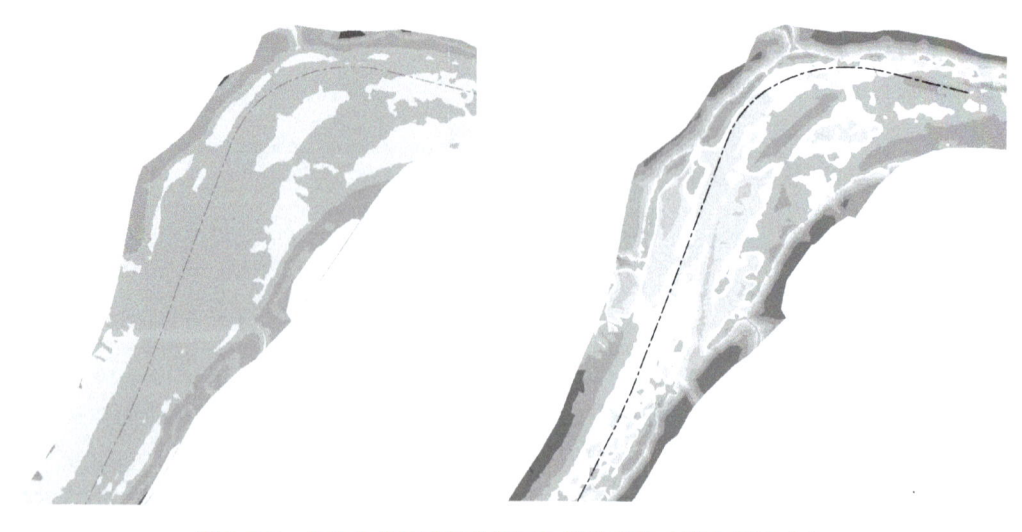

图 2.5-7 自动生成的冲淤分析图和调整后的冲淤分析图对比

5）添加冲淤分析量表。再一次选择三角网体积曲面，点击界面左上角"添加图例"如图 2.5-8 所示→下方命令栏选择"高程"→"动态"→拾取一个插入点，自动生成高程表，如图 2.5-9 所示。

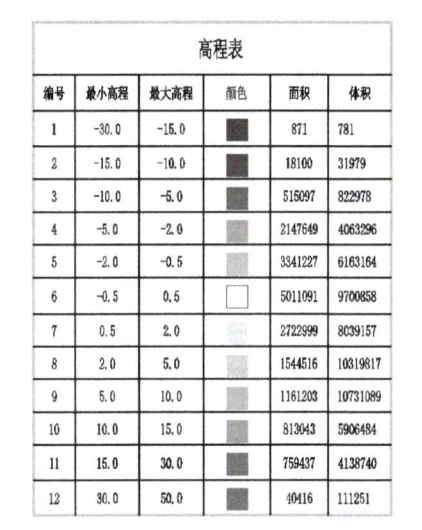

编号	最小高程	最大高程	颜色	面积	体积
1	-30.0	-15.0		871	781
2	-15.0	-10.0		18100	31979
3	-10.0	-5.0		515097	822978
4	-5.0	-2.0		2147649	4063296
5	-2.0	-0.5		3341227	6163164
6	-0.5	0.5		5011091	9700858
7	0.5	2.0		2722999	8039157
8	2.0	5.0		1544516	10319817
9	5.0	10.0		1161203	10731089
10	10.0	15.0		813043	5906484
11	15.0	30.0		759437	4138740
12	30.0	50.0		40416	111251

图 2.5-8 创建冲淤分析量表　　　　图 2.5-9 高程表

提 示　选择"动态"，高程分析色阶发生变化后，高程表也会自动更新，注意"静态"模式不会联动。

6）高程表样式设置。如图 2.5-9 所示，这个表和读者们生成的就是不一样，该表为"关掉不需要的项，打开需要的项，保存为样板后自动生成"的格式。选择表，右击→"编辑表格样式"，如图 2.5-10 所示→找到"数据特性"设置文本样式及高度→向下，找到"结构"窗口→逐个双击"列值"，设置文本样式→向上，找到"显示"，单击，关掉不需要的，打开需要的→点击"确定"按钮。

图 2.5-10 表格样式设置

提 示　最后，把文档中字体宽度因子设为"0.75"，保存为 .dwt 格式的模板文档，新建文档时选择该文档，今天设置的表格样式和彩虹色显示就可以用到地老天荒。

2.5.3 高程分析疏浚方案布置案例

要求：几十公里的测绘高程图，找出航道水深不足处，再针对航深不足处布置疏浚方案。

选择河道曲面，右击→"曲面特性"→"分析"→"范围详细信息"中修改最小、最大高程区间值，只给定设计水位以下的高程，最大一组数据设置为设计河底高程和设计水位高程的组合，其他高程随自己喜好设置，水深不足的区域跃然纸上，水深较大的深沱亦清晰可见，没有水深处不显示，如图 2.5-11 所示。

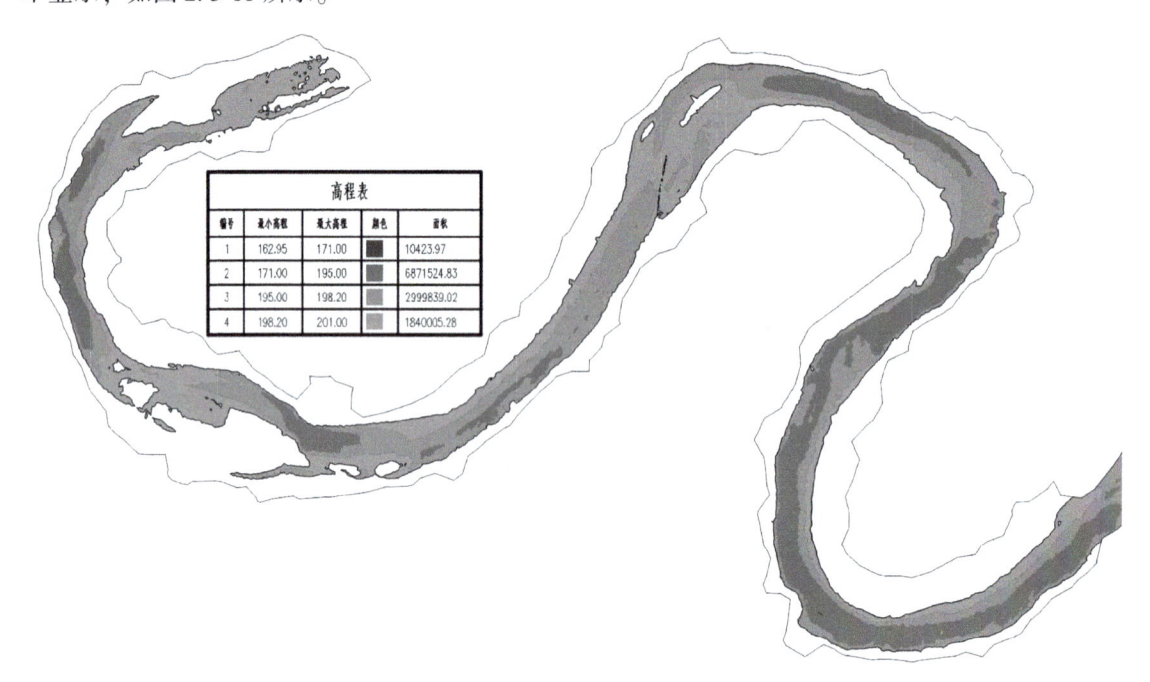

高程表

编号	最小高程	最大高程	颜色	面积
1	162.95	171.00		10423.97
2	171.00	195.00		6871524.83
3	195.00	198.20		2999839.02
4	198.20	201.00		1840005.28

图 2.5-11　水深不足处疏浚范围快速查找

提示　本案例比较特殊，嘉陵江合川段，位于长江三峡回水变动区，不考虑水面比降，设计水位和设计河底为固定值。沿程有比降的河道不适合用高程图分析，需要把高程图转换成水深图。

2.6　坡度分析

2.6.1　坡度分析设置

套路和高程分析类似，不同的是，高程默认蓝色渐变，坡度默认红色渐变。

选择曲面，右击→"编辑曲面样式"→"显示"中只打开坡度，"分析"一栏中展开坡度，"方案"选择"彩虹色"。

再次选择曲面，右击→"曲面特性"→"分析"→"分析类型"选择"坡度"→"范围"，设置编号，点击小箭头，获取设置的区间值→单击"确定"按钮，"即可看见彩虹色"。

提示　坡度分析的目的通常是挑出坡度大于某一值的陡坡或坡度小于某一值的缓坡，以便为后续工程项目服务，自动生成的颜色及区间值不能满足需求，手动按照工程需求或者 1∶3、

1∶2、1∶1 等常用坡度值设置坡度区间，效果如图 2.6-1 所示。

2.6.2 坡度分析补坡案例

以河道高滩护岸工程为例，设计要求在岸坡天然坡比大于 1∶2.5 时补坡，岸坡坡比小于 1∶2.5 时无需补坡，这时，需要挑出岸坡坡比大于 1∶2.5 的区域。过程如下：

（1）按照要求定制好高滩护岸部件，在部件中预留好边坡偏移线，如果在生成高滩道路时，选择了偏移线，则自动补坡，如果未选择，默认不补坡。这一部分内容相对复杂，用到很多知识点，后面章节中会陆续讲到，这里只为引出大于 1∶2.5 坡度时候补坡的使用方法。

（2）对地形曲面进行坡度分析，设定坡度区间范围，预留出 1∶2.5 坡度区域，如图 2.6-2 所示。

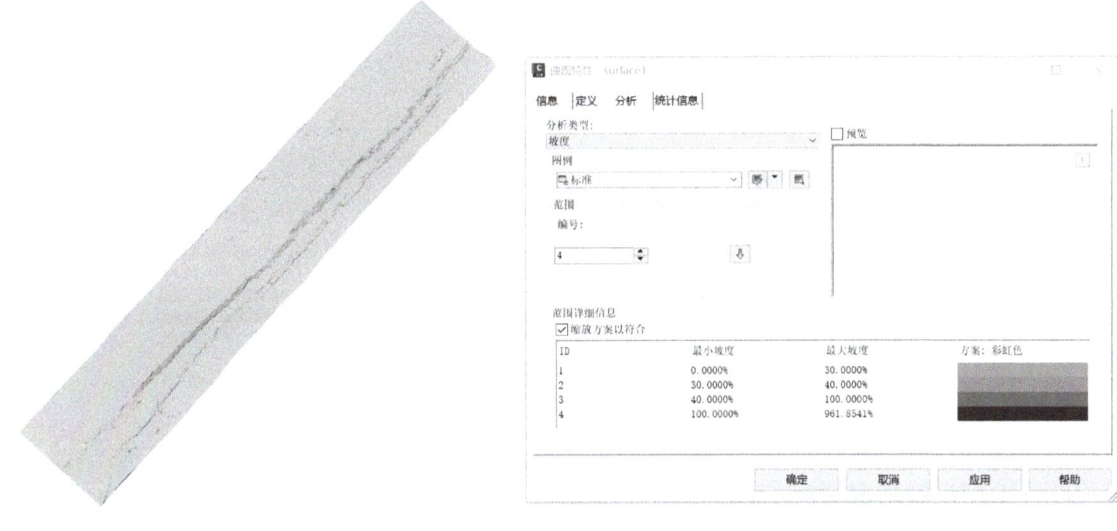

图 2.6-1　坡度区间平面分布图　　　　图 2.6-2　坡度区间范围设置

（3）找到坡比大于 1∶2.5 区域的边界线，用多段线勾勒出来，如图 2.6-3 所示选中的多段线。

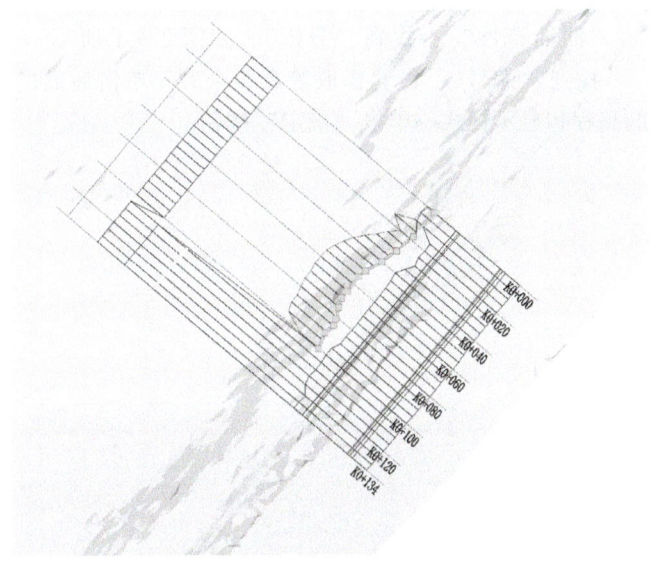

图 2.6-3　坡度边界勾勒

（4）选择高滩道路，右击→打开"道路特性"→单击"参数"→找到"设定所有目标"→指定坡度偏移时拾取刚勾勒的多段线→单击"确定"按钮并重新生成道路，平面布置图、横断面图随即自动更新，同时智能添加补坡并标注，出图效果如图2.6-4、图2.6-5所示。

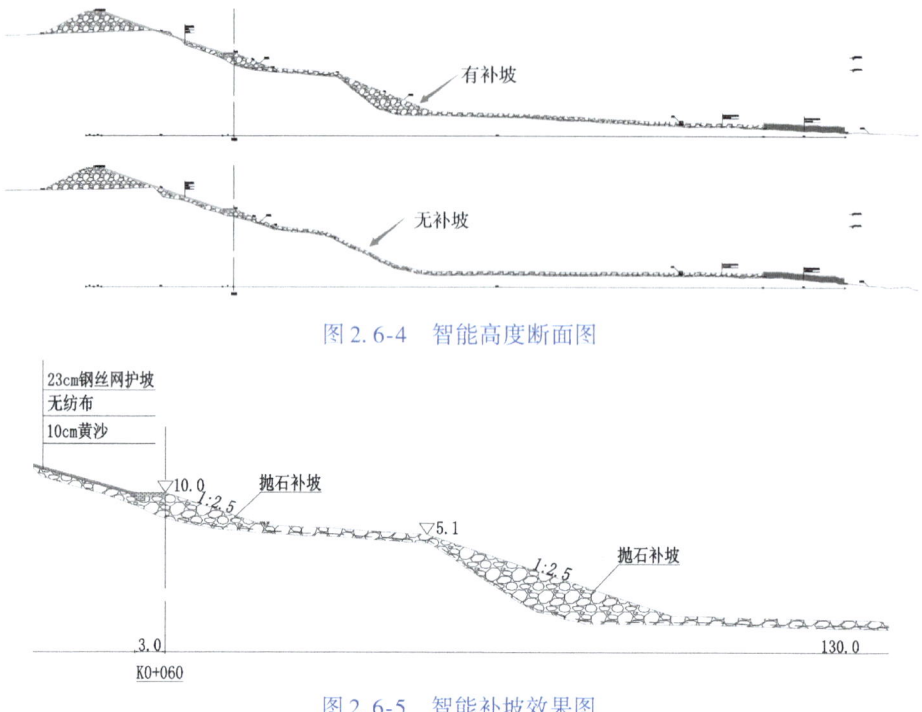

图2.6-4　智能高度断面图

图2.6-5　智能补坡效果图

2.7　用户自定义等高线

2.7.1　用户自定义等高线设置

选择曲面→右击→"曲面特性"→找到"分析"，如图2.7-1所示→"分析类型"→选中"用户定义的等高线"→找到"编号"，设置提取等高线个数，单击后面的小箭头，传递提取指令→修改提取等高线的高程和显示样式→单击"确定"按钮。

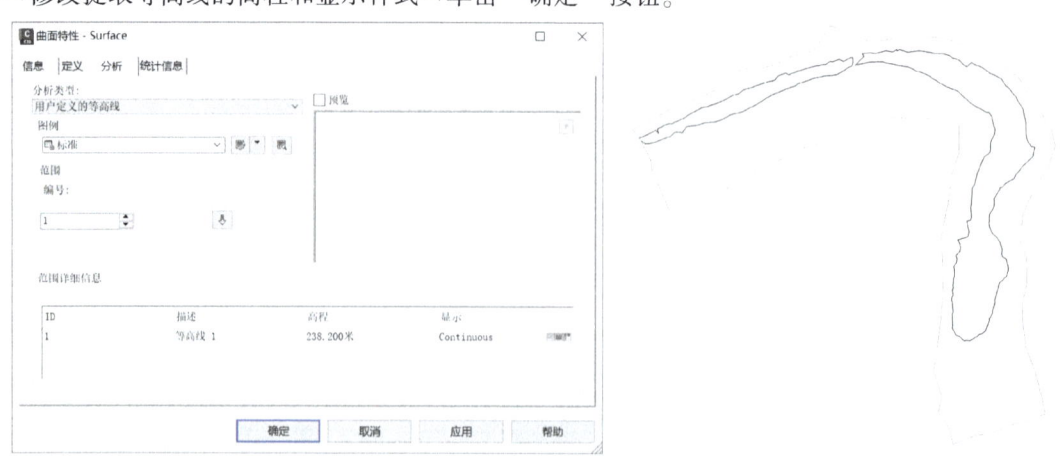

图2.7-1　用户自定义等高线设置

如果没有看见提取的自定义等高线，右击→打开"编辑曲面样式"→"显示"→打开"用户等高线"可见的小灯，顺便设置自定义等高线的颜色、线宽、线型→单击"确定"按钮。

2.7.2 用户自定义等高线提取

选中曲面，上方选项板找到"从曲面提取" ![从曲面提取]，在下拉菜单中单击"提取对象" ![提取对象]→在"从曲面提取对象"弹窗中勾选上"主等高线"，如图 2.7-2 所示，单击"确定"按钮，自定义等高线就以多段线的形式提取出来了。弹窗里没找到"用户等高线"的读者，在曲面样式里把"用户等高线"的小灯打开。

2.8 流域分析

图 2.7-2 用户自定义主等高线提取

> 跌水

"跌水"功能可自动绘制水流经过曲面的位置路径，用于确定道路沿线管涵埋设位置。选择曲面，上方选项板找到"跌水" ![跌水]，按需求设置弹窗中的选项，拾取曲面上高程相对较高的位置，可自动绘制跌水路径，如图 2.8-1 所示。

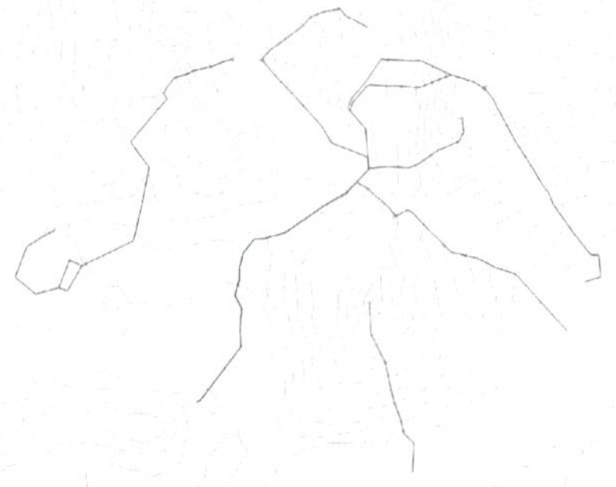

> 汇流区

汇流区用于自动计算某个位置管涵汇流面积，配合降雨量，从而得到该处管涵径流量，进而计算出管涵管径。选择曲面，上方选项板找到"汇流区" ![汇流区]，按需求设置弹窗中的选项，拾取汇流点的位置，可自动绘制汇流区范围，如图 2.8-2 所示。

图 2.8-1 跌水设置

> 视线距离及视野范围

选择曲面，上方选项板找到"可见性检查" ![可见性检查]，有"点到点"和"视线影响区"两个功能，可用于预测某点的视线距离及视野范围，效果如图 2.8-3 所示。

图 2.8-2 汇流区范围绘制

图 2.8-3 视野影响区绘制

2.9 从曲面提取实体

➤ 提取固定深度实体

在和其他软件交互时，有些软件不能识别"面"，需要把面转化为薄面体。

选择曲面→界面上方选项板找到"从曲面提取"→展开下拉菜单，"从曲面提取实体" 从曲面提取实体 →设置提取深度→单击"创建实体"按钮。如图 2.9-1 所示。

图 2.9-1 从曲面提取实体

➤ 提取在固定高程处实体

提取在固定高程处实体通过"从曲面提取实体"弹窗中"在固定高程处" 在固定高程处 按钮实现。此方法除了可用于提取固定高程以上的曲面实体以外，还可用于快速计算该部分体积量，命令栏输入"Volume"，即可查询体积大小，如图 2.9-2 所示。

➤ 提取曲面处实体

提取曲面处实体通过"从曲面提取实体"弹窗中"在曲面处" 在曲面处 按钮实现。比如提取不同材质曲面之间的实体，用于快速计算工程量，或者制作地质分层模型，如图 2.9-3 所示。

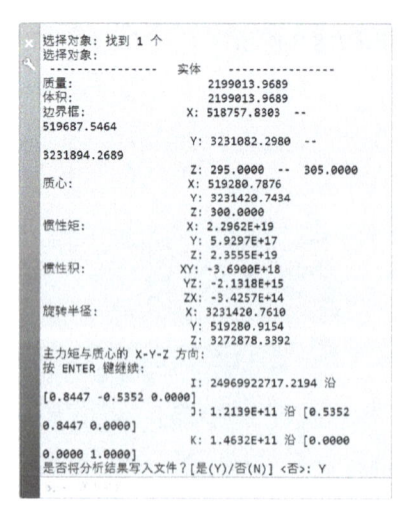

图 2.9-2 从固定高程处提取实体并查询实体量　　图 2.9-3 在曲面处提取实体制作地质分层

2.10 点位高程/坡度标签

➤ 点位高程标签

点位高程标签用于添加任意点位高程标签。选择曲面，在上方选项板找到"添加标签" → "点位高程" → 拾取要添加高程的区域。如图 2.10-1 所示。

➤ 坡度/斜率标签

坡度/斜率标签用于添加任意点坡度标签。Civil 3D 2020 以下版本为坡度，Civil 3D 2020 及以上版本把坡度改为斜率，效果等同。选择曲面，在上方选项板找到"添加标签" → "坡度"或"斜率" → 拾取要添加坡度的区域。如图 2.10-1 所示。

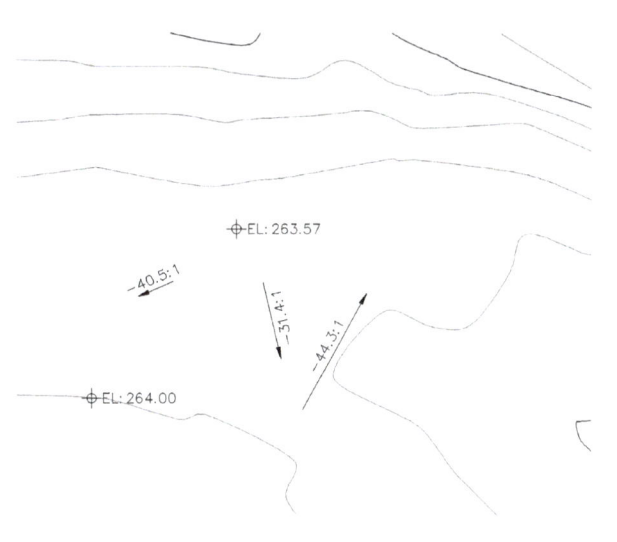

图 2.10-1 点位高程/坡度或斜率标签添加

2.11 曲面面积查询

选择曲面，右击 → "曲面特性" → 找到"统计信息"，如图 2.11-1 所示 → 单击"扩展"，提供了二维曲面面积和三维曲面面积，在统计开挖回填面积时比较常用。此外，"统计信息"中还提供了曲面坐标、高程、坡度/斜率、三角形面积、三角形边长等信息。

图 2.11-1 曲面统计信息查询

2.12 创建曲面工程案例

本案例为从 CAD 测绘地形到 Civil 3D 地形曲面操作过程。

测绘地形通常由高程点、等高线以及其他注释图元组成，占用资源空间大。本案例测图总长 60 余 km，占内存 139 兆，现只需要用到局部 4.5km 地形（如图 2.12-1 所示的左上角），面对这么一个庞然大物，首先解决的是死机问题。在不借助二次开发的情况下，最快捷且降低死机风险的方法是在测绘地形图上直接框选加载高程点，过程如下：

1. 创建一个空曲面

打开"工具空间"→单击"曲面"→右击"创建曲面"→为曲面命名，其他选项保持默认不变→单击"确定"按钮。

2. 加载高程点

选中一个高程点，查询其属性，本案例高程点属性为文本，故下文添加图形对象为"文本"。展开"工具空间"，如图 2.12-2 所示→"曲面"，找到上文创建的曲面→展开"定义"，单击"图形对象"，右击"添加"→展开"对象类型"，选择"文本"→单击"确定"按钮，框选需要创建曲面的地形，按回车键，地形曲面创建完毕。

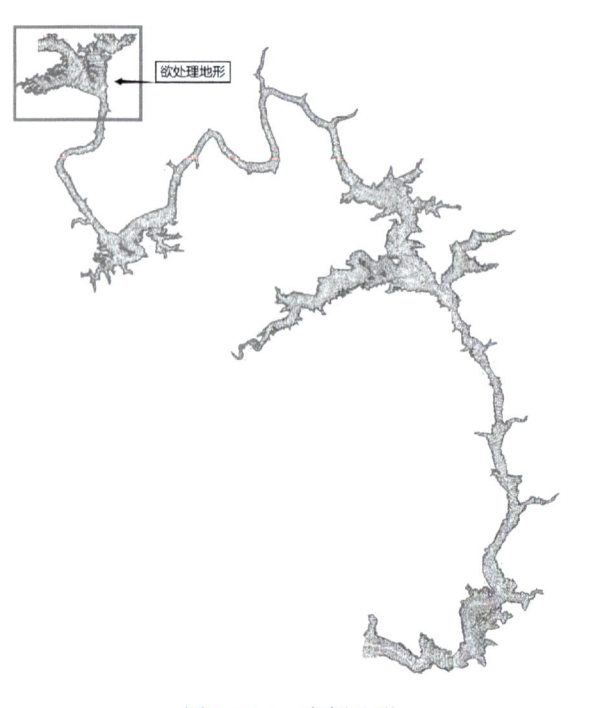

图 2.12-1　案例地形

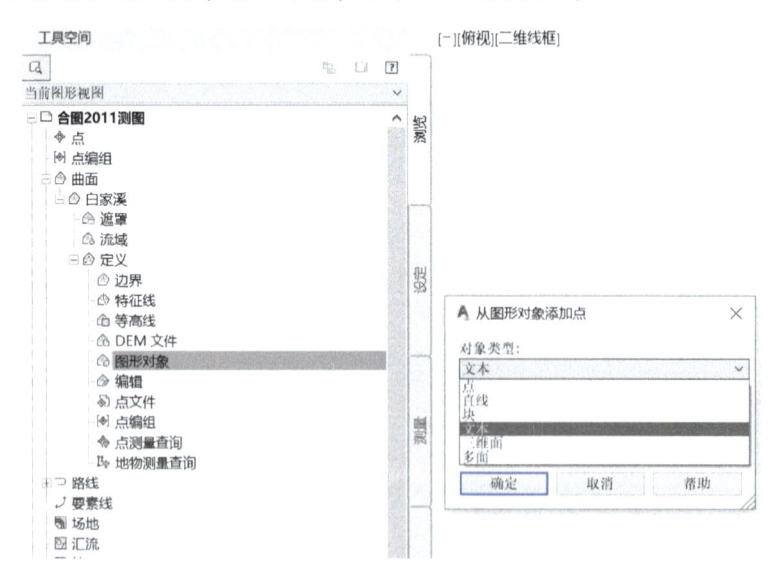

图 2.12-2　创建地形曲面

效果如图 2.12-3 所示，边界"张牙舞爪"，地形中有很多等高线密集区，密集区来自地形中无高程数据的文本文字，需要重新限定边界范围并排除测绘图中高程出错的异点。

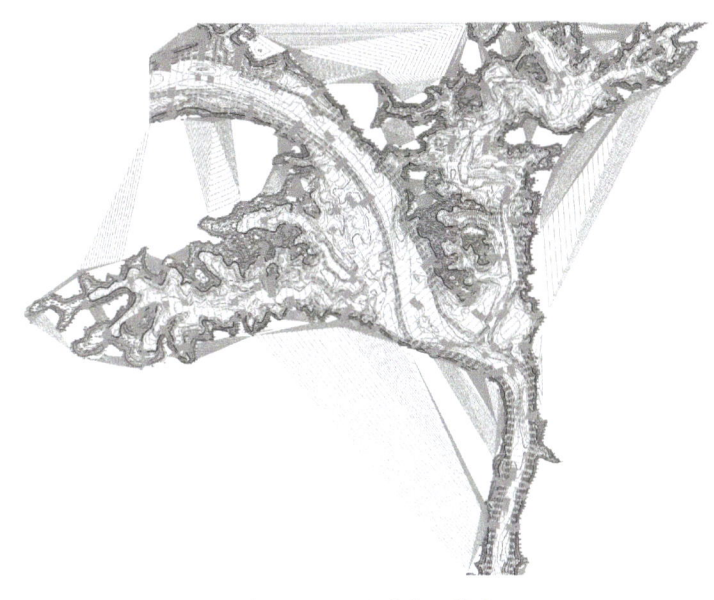

图 2.12-3　地形曲面检查

3. 排除出错异点

选中曲面，右击，单击"曲面特性"→"定义"，展开"生成"如图 2.12-4 所示→"排除小于此值的高程"，"值"设置为"是"，"高程＜"设置为"100.000 米"→"使用三角形最大边长"，"值"设置为"是"，"三角形最大边长"设置为"100.000 米"→单击"确定"按钮。查看曲面，发现异点和拉扯的边界均已消除，曲面等高线和测绘地形等高线吻合较好，如图 2.12-5 所示。

图 2.12-4　异点和边界处理

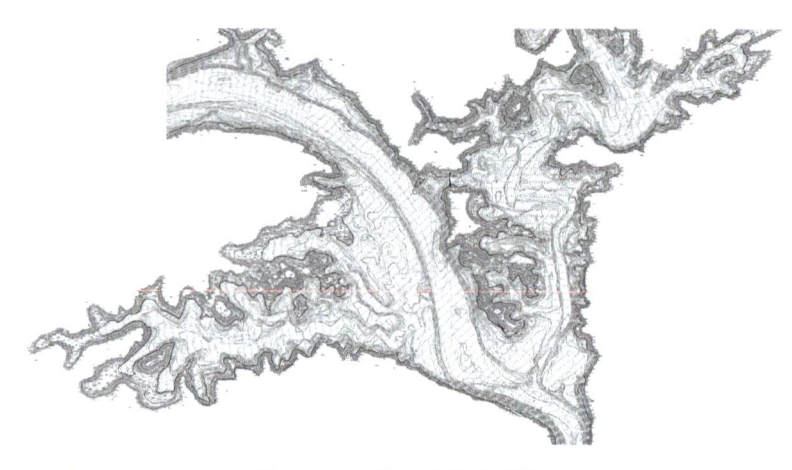

图 2.12-5　处理后的地形曲面

提示　通过等高线创建曲面和通过高程点创建曲面类似，最后都要检查曲面质量，等高线中同样存在没有高程的等高线或者其他线，鱼龙混杂，形成地形失真的等高线密集区。

2.13　免费地形高程图获取

获取免费 DEM 地形高程数据途径有很多种，可以在网站下载，也可以安装单机版软件下载，下载的 DEM 数据一般选取 .tif 格式，再从 tif 电子地图生成地形曲面。

1. 从 tif 地形创建曲面

下载好 tif 高程数据后，新建 Civil 3D 文档，在"工具空间"→"曲面"→"定义"→右击"DEM 文件"中的"添加"→单击对话框弹窗中"DEM 文件名"后面的加载按钮，如图 2.13-1 所示，添加下载好的 .tif 文件→点击"确定"按钮。双击鼠标滚轴或者在命令栏输入"Z/E"，缩放至窗口，即可看见由 .tif 文件生成的地形曲面，如图 2.13-2 所示。然后编辑曲面，修改曲面显示样式，为曲面添加高程标签，导出 Civil 3D 图形，即可得到通用的 CAD 地形等高线图。

图 2.13-1　为新建的地形曲面添加 DEM 数据

图 2.13-2　由 .tif 文件生成的地形曲面

2. 从 IMX 地形创建曲面

当需要从 InfraWorks 模型中裁取某块来制作地形等高线时，展开 InfraWorks "共享"选项板，如图 2.13-3 所示，找到"导出 IMX"，框选或拾取要输出的多边形范围，并输出 .imx 文件→展开 Civil 3D 中"InfraWorks"选项板，如图 2.13-4 所示，单击"导入 IMX"按钮，加载导出的 .imx 文件，缩放至窗口，即可看见生成好的地形曲面，效果等同方法 1→然后编辑曲面，导出 CAD 地形等高线图。

图 2.13-3　由 InfraWorks 导出 IMX 文件

图 2.13-4　导入 IMX 文件

2.14　曲面分析彩图区间边界提取

以本书第 2.5.2 节案例为例，最终出图时需要输出为 AutoCAD 文件，地形比较长时，打开文件动辄需要半个小时左右，为了提高运行速度，也可以只输出彩图区间边界，并给该边界标注高程值，图面清晰明了，效果不亚于彩图显示，如图 2.14-3 所示。

图 2.5-6 中高程分为 12 个区间，一共 13 个高程值，这就需要把用户自定义等高线范围设置为"13"，等高线高程值和高程分析区间值一一对应，过程如下：

1. 设置自定义等高线

选择曲面→右击→"曲面特性",如图 2.14-1 所示→下拉"分析"菜单选择"分析类型",选择"用户定义的等高线",在"编号"一栏输入"13",单击后面向下的箭头,导入"范围详细信息"栏中,重新设置等高线高程值,保持和图 2.5-6 中高程分析匹配→最后单击"确定"按钮。

图 2.14-1　用户自定义等高线设置

2. 设置显示

选择曲面→右击→"曲面样式",如图 2.14-2 所示→"显示"中只打开"用户等高线"可见性,单击"确定"按钮,显示效果如图 2.14-3 所示。

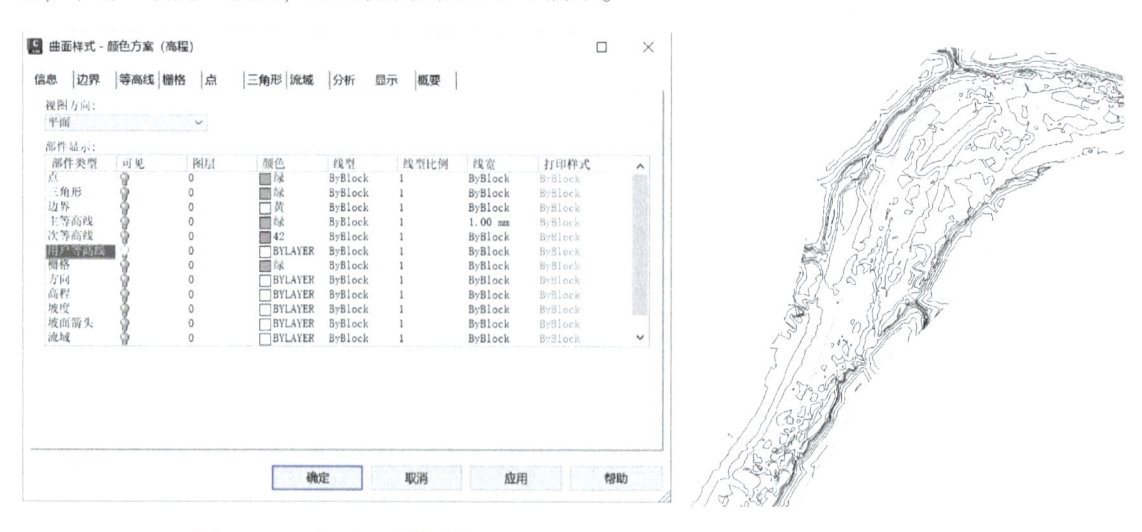

图 2.14-2　曲面显示样式设置　　　　　图 2.14-3　彩图区间边界显示

3. 设置边界线标签

如图 2.14-3 所示区间边界线本质为等高线，可以采取等高线间隔处多重方式添加标签。选中曲面，左上角选项板"添加标签"，选择"等高线-间隔处多重" 等高线-间隔处多重→按照命令栏提示，拾取等高线范围，设置标签间隔，放大后效果如图 2.14-4 所示。

图 2.14-4　区间边界等高线标签添加效果

2.15　曲面快速纵断面剖切

剖切曲面纵断面有 3 种方法：
（1）创建路线，通过剖切路线纵断面实现。
（2）创建路线，通过布置路线采样线批量实现。
（3）通过快速纵断面实现。

前两种方法后面章节有详细介绍，对路线不熟悉的初学者，快速纵断面是最便捷的方法，过程如下：
（1）先布置好需要剖切的断面位置，布置线为直线或者多段线均可。
（2）单击"常用"选项板中"纵断面" 纵断面 按钮→选择"快速纵断面"，如图 2.15-1 所示→选择布置好的剖切线。
（3）"创建快速纵断面"弹窗中勾选地形曲面，根据自己的需求，在"纵断面图样式"下拉菜单中选择一种"干净整洁"的样式（图 2.15-2），单击"确定"按钮，拾取插入点，放置纵断面图。若剖切纵断面的目的仅为查看，到此步就完成了。

图 2.15-1　快速纵断面　　　图 2.15-2　创建快速纵断面

（4）若剖切的纵断面还需要编辑或者保存，选中纵断面图中所有的图元，命令栏输入"X"，"炸开"，就得到了可编辑的纵断面图元。由于"快速纵断面"功能生成的断面图只能查看不能保存，想要输出断面图，将生成的临时查看断面图炸开即可保存。

用自定义模板创建的快速纵断面效果如图 2.15-3 所示。

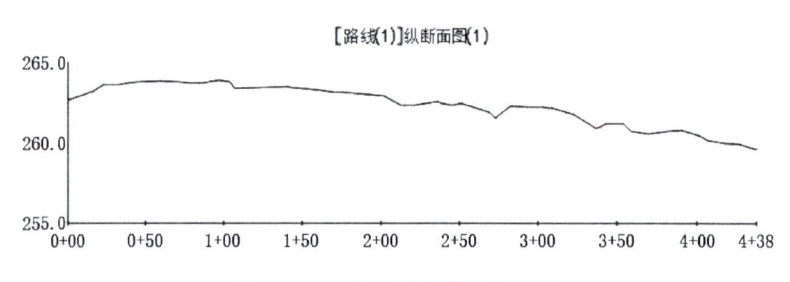

图 2.15-3　曲面快速纵断面效果

第 3 章 放 坡

> **本章主要内容**
>
> 放坡在快速计算工程量和场平时应用得比较多，本章主要讲放坡的创建与编辑，放坡工程量统计，以及放坡场地和原始地形的融合等内容。

3.1 地块

3.1.1 快速获取属性

地块在房屋建筑中应用得比较多，每个地块都有唯一的编号，可以按照需求添加容积率、绿化率、车位等属性和内容。对于较大的区域，以如图 3.1-1 所示地图为例，大致勾勒出该区域的封闭轮廓，创建地块，使用地块属性来提取经纬度还是很便捷的。

➢ 获取属性值

单击左上方工具选项板中"地块"按钮 地块 →下拉菜单→单击"从对象创建地块" 从对象创建地块，保持各项设置不变，选择出图需要创建地块的区域边界（如图 3.1-1 所示的外边界）→默认新建一个场地，并在场地中新建一个地块→选择该地块，地块属性创建完毕。

右击地块查看特性（图 3.1-2 左图），或者在命令栏输入"list"命令查看特性（图 3.1-2 右图），会快速得到地块各个节点的经纬度坐标、大地坐标、周长、面积以及用户自定义添加的其他属性等。

3.1.2 添加用户自定义属性

上文地块标签默认的格式并没有我们需要的面积、坡度、绿化等展示内容，需要手动添加相关属性。

1. 创建地块特性

找到"工具空间"面板→展开"场地"→"地块"（图 3.1-3 左图）→右击"标准：1"，单击"特性"→展开"组合"（图 3.1-3 右图）→单击"标准"后面的下拉菜单按钮 ，"复制

图 3.1-1 地图及轮廓

当前选择"→在弹出的对话框中"信息"一栏给新的标签样式重命名,在"布局"一栏修改或者添加组件,并修改组件特性。

图 3.1-2 地块特性

图 3.1-3 创建新的地块特性

2. 修改地块特性

如图 3.1-4 所示,在"布局"界面找到"文本"→单击"内容"后面一栏"＜[名称(CP)＞\P 面…]"→打开"文本部件编辑器"(图 3.1-5 左图)→选中右半边空白栏中"面积:＜[地块面积(Usq_ft|P2|RN|Sn|OF|AP|GC|UN)]＞",再把"单位"一栏由"平方英尺"修改为"平方米"→单击"地块面积"后面的向右的箭头 ⇨,把设置的新的面积单位导入右边空白栏并覆盖原有旧的面积单位(图 3.1-5 右图)→再修改"文本"中"文本高度""附着"及"偏移",以满足出图需求。

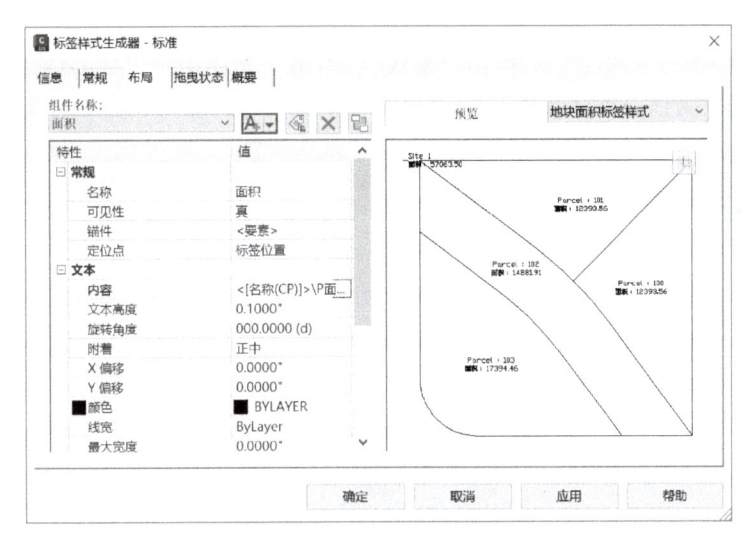

图 3.1-4　标签样式生成器

图 3.1-5　面积特性修改前后对比

3. 添加地块特性

如图 3.1-4 所示，在"布局"一栏，单击"复制组件"按钮，即可得到"面积［副本］"，修改名称为"坡度"→单击"内容"后面一栏"<［名称(CP)>\P面…］"→打开"文本部件编辑器"→选中右半边空白栏中"<［地块面积(Usq_m|P2|RN|AP|GC|UN|Sn|OF)］>"→展开"特性"下拉菜单，选择"坡度"（图 3.1-6 左图），同时，单击"坡度"后面的向右的箭头，把设置的坡度及单位导入右边空白栏，在右边空白栏添加一条"坡度"特性（图 3.1-6 右图）。地块标签添加效果如图 3.1-7 所示。

图 3.1-6　自定义特性添加

4. 添加自定义特性

"工具空间"→展开"设定"一栏→"地块",右击"新建用户定义的特性",如图 3.1-8 所示→新建一个分类,为该分类重命名→下拉"特性字段类型"菜单,为该分类添加需要的高程、测站、经纬度、体积等属性 →选择该地块,右击"地块特性",即可在"用户定义的特性"中修改自定义特性属性,如图 3.1-9 所示。

图 3.1-7　地块特性自定义标签　　　　图 3.1-8　"设定"中"新建用户自定义特性"

图 3.1-9　"地块特性"中用户自定义特性

3.2 挖方放坡

3.2.1 挖方放坡基本设置

以航道开挖为例，只需要对水深不足处做开挖，航道两侧边坡"1:3"，详细步骤如下：

1. 设置放坡区域

用多段线勾勒出开挖范围，并形成闭合的区域，修改多段线标高为开挖底高程。

2. 用"放坡创建工具"创建放坡

单击"常用"一栏中"放坡"按钮 ，在下拉菜单中单击"放坡创建工具"按钮 放坡创建工具。

3. 放坡组设置

如图 3.2-1 所示，单击"放坡创建工具"弹窗中第一个按钮"设定放坡组" → 在二级弹窗中点击"新建放坡组"按钮 →如图 3.2-2 所示，在三级弹窗中修改放坡组名称，勾上"自动创建曲面""体积基准面"选项，勾上选项的目的是为了计算放坡工程量以及制作放坡后的新地形粘贴曲面使用，若只为了生成放坡脚线以及三维查看放坡形态，可不勾选项→保持后面步骤各项设置默认不变，单击"确定"按钮。

图 3.2-1　放坡创建工具

图 3.2-2　放坡组设置

4. 设定目标曲面

单击"放坡创建工具"中第二个按钮"设定目标曲面" ，在弹窗中选择目标曲面，单击"确定"按钮。

5. 设置挖填模式

单击"曲面—挖填坡度"下拉菜单，选择"曲面—挖方坡度"，如图 3.2-3 所示。

图 3.2-3　挖填模式设置

6. 创建放坡

点击"放坡创建工具"中"创建放坡"按钮 →拾取第 1 步制作好的放坡区域，进入如图 3.2-4 所示弹窗，去掉"删除现有图元"前面的勾选项，以防万一后面修改放坡区域→下方命令栏提示"选择放坡边"，任意拾取有坡面的那一侧→"应用到整个长度?"选"否"，本案例只需要对航道两边放坡，只选择两边基线即可→检测测站间箭头括弧方向，选择始、末测站，确认桩号后按"回车"键，修改挖方坡度→再按照相同的方法制作下一测站区间边坡，最终得到两侧边坡，如图 3.2-5 所示。

图 3.2-4　放坡要素线创建　　　图 3.2-5　放坡边坡创建

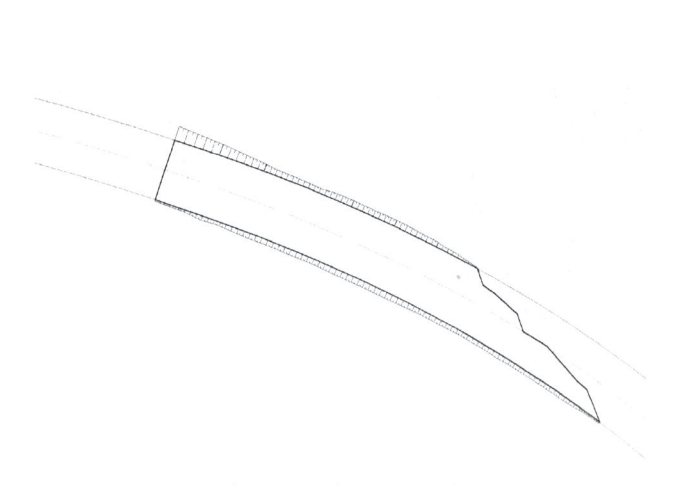

7. 放坡填充

"工具空间"→"场地"→"放坡组"→"挖槽"→右击"选择"→右击"对象查看器"查看，发现通过上一步生成出来的放坡只有边坡，中间是空的，需要对中空部分进行放坡填充→单击"创建填充"按钮，如图 3.2-6 所示，拾取中空部位，按回车键确认→"对象查看器"查看是否已经填充上，如图 3.2-7 所示。

图 3.2-6　创建放坡填充

8. 放坡编辑

单击"放坡创建工具"中"编辑放坡"按钮，拾取上文制作好的任意边坡内侧，按照命令栏提示修改边坡坡度。也可以点击"放坡创建工具"中"放坡编辑器"按钮，在"坡度"一栏修改边坡坡度。

图 3.2-7　放坡填充前后三维查看对比

3.2.2　工程量计算

这里提供了 3 种工程量计算方法：

➢ 第 1 种：单击"放坡创建工具"中"放坡体积工具"按钮，如图 3.2-8 所示。弹窗中有详细的填挖方体积及净值数据可供查看，"升高放坡组"和"降低放坡组"按钮可整体升高或降低放坡组高程设置，边坡示坡线及工程量随之联动更新，如图 3.2-9 所示。

图 3.2-8　放坡体积工具

图 3.2-9　工程量体积统计

➢ 第 2 种：在"工具空间"中整体选择该放坡组，右击"特性"，如图 3.2-10 所示，弹窗中会有填挖方及净方明细，若该处数据均为"空"，请在该弹窗"信息"一栏勾选"自动创建曲面"及"体积基准曲面"两选项。

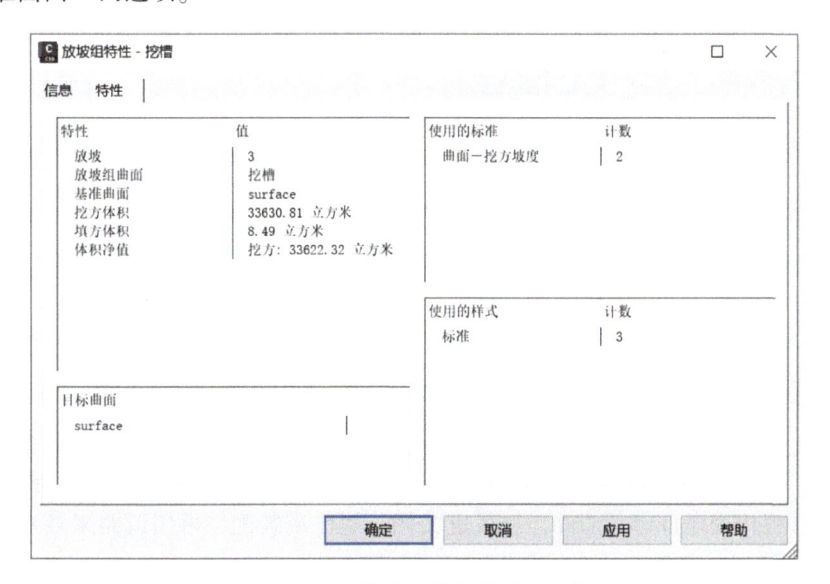

图 3.2-10　放坡组特性统计工程量

➢ 第 3 种：面板界面中找到"分析"栏，展开，找到"体积和材质"一栏，如图 3.2-11 所示，有独立出来的"放坡体积工具"，效果等同方法 1。

提示 在做放坡前，不同区域的放坡要创建不同的放坡组，不然默认全部在同一个放坡组里，无法区分工程量。

图 3.2-11 体积与材质统计工程量

3.2.3 挖填方体积自动平衡

单击"放坡创建工具"→"放坡体积工具"弹窗的"自动升高/降低以平衡体积"按钮，如图 3.2-12 所示，在"自动平衡体积"弹窗中设置所需要的体积，如图 3.2-13 所示。

图 3.2-12 "自动升高/降低以平衡体积"按钮

图 3.2-13 自动平衡体积设置

3.2.4 纵向坡率设置

这里也提供了 3 种方法：

➢ 方法 1：单击"放坡创建工具"中"高程编辑器"按钮，如图 3.2-14 所示，可以设置任意两节点之间的坡率、任意点高程、插入高程点、删除高程点、获取该处曲面高程、翻转坡率、展平坡率或高程、整体升降高程等。

➢ 方法 2：编辑要素线设置。选择作为放坡基线的要素线，点击上方选项板"快速高程编辑"按钮，进入编辑高程选项板，如图 3.2-15 所示，设置坡率，方法 1 中的编辑功能，这里亦能实现。

图 3.2-14 坡率及高程设置

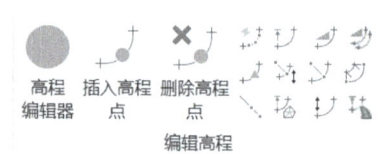

图 3.2-15 编辑高程选项板

➢ 方法 3：对于复杂的场地处理，使用放坡组已经不能满足工作需求，需要使用 Civil 3D 自带的部件编辑器可视化程序自定义部件，加载进文档，制作成装配，再用道路来处理，后面章节将有详细讲解。

3.2.5 编辑放坡样式

编辑放坡样式过程如下：

➢ 选择要修改样式的放坡示坡线。

➢ 上方选项板单击"放坡特性" 下拉按钮，选择"编辑放坡样式" 编辑放坡样式。

➢ 在弹窗中展开"坡型"，单击坡型样式后面的编辑按钮 ，如图 3.2-16 所示。

图 3.2-16　放坡样式设置（方法1）

➢ 在二级弹窗"布局"一栏，修改示坡线坡型样式设置参数，如图 3.2-17 所示，单击"确定"按钮。

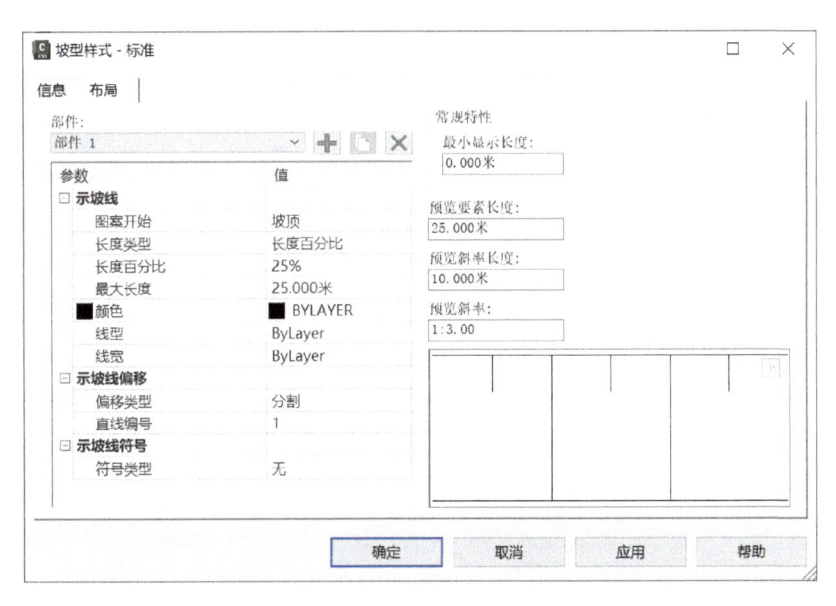

图 3.2-17　坡型样式设置

➢ 展开弹窗"显示"一栏，修改平面及模型的图层、颜色、线型、线宽等设置，完成放坡样式的修改。也可以展开"放坡创建工具"弹窗最后一个向下的按钮 ⌄，在"挖方斜率样式"和"填方斜率样式"中修改放坡样式，如图 3.2-18 所示。

图 3.2-18 放坡样式设置（方法 2）

3.2.6 快速放坡断面查看及剖切

放坡组不及路线灵活，不能布置采样线批量生成横断面或者纵断面，若要剖切放坡组断面，需要先手动布置好断面线，再用快速纵断面查看功能生成断面图，由于"快速纵断面"功能生成的断面图只能查看不能保存，想要输出断面图，只能将生成的临时查看断面图炸开。

类似于上文第 2.15 节"曲面快速纵断面剖切"，方法如下：

➢ 先布置好需要剖切的断面位置，布置线为直线或者多段线均可。

➢ 单击"纵断面"下拉菜单按钮 纵断面 → "快速纵断面"，选择布置好的剖切线。

➢ 在如图 3.2-19 所示弹窗中勾选上地形曲面和放坡组曲面（选择所有曲面），根据自己的需求在"纵断面图样式"下拉菜单中选择一种需要的样式，单击"确定"按钮，拾取插入点放置纵断面图。放坡组曲面的生成步骤参见上文"放坡组设置"章节。

➢ 全选纵断面图中所有的图元，命令栏输入"X"，"炸开"，就得到了可编辑的纵断面图元。不要漏选，注意漏选的会"消失"。最终效果如图 3.2-20 所示。

图 3.2-19 创建快速纵断面

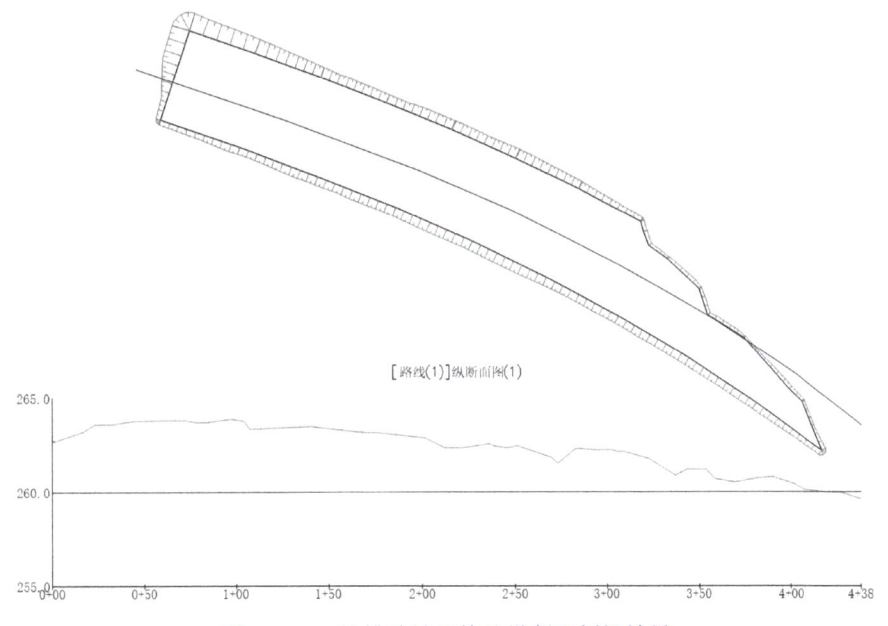

图 3.2-20　挖槽放坡组快速纵断面剖切效果

3.3　挖填坡度

以码头场地平整挖填为例，兼顾开挖和回填。

3.3.1　创建放坡

详细操作步骤参考本书第 3.2 章节，大概流程如下：

"放坡创建工具"弹窗中选择"曲面—挖填坡度"→选择放坡边→如果放坡应用到整个长度，则需要设置不同坡度区间→设置挖方坡度和填方坡度→完成边坡绘制→放坡场地空白区填充。自动创建的示坡线效果如图 3.3-1 所示，边坡三维查看效果如图 3.3-2 所示。

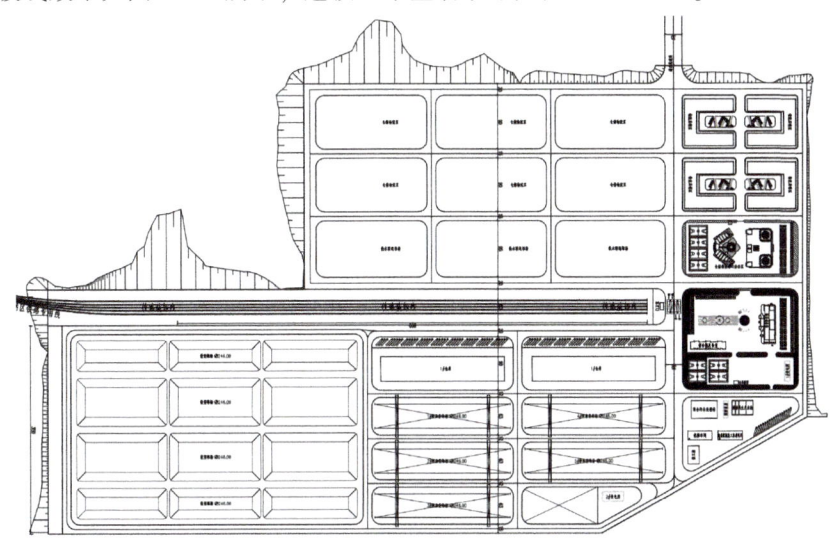

图 3.3-1　场地边坡绘制效果

图 3.3-2　场地边坡三维查看效果

3.3.2　编辑放坡

"工具空间"→"场地"→"放坡组",找到上文创建的码头放坡,右击"选择",然后移动鼠标指针到文档空白处右击用"对象查看器"检查码头放坡组是否有高程异点→选中出现异点的要素线,在上方选项板点击"快速高程编辑"按钮，修改异点高程,修改前后效果对比如图 3.3-3 所示。

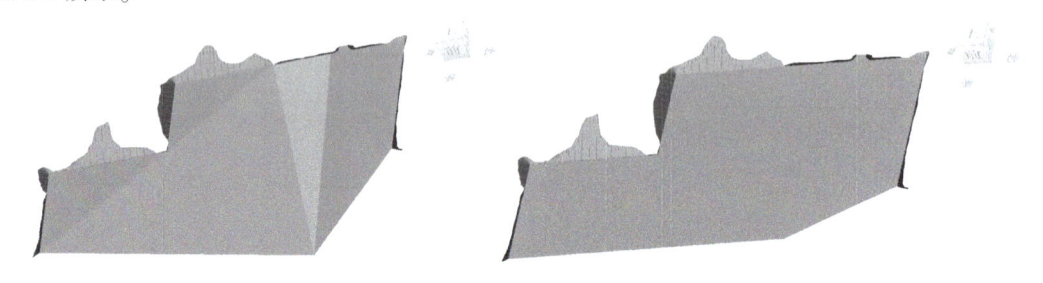

图 3.3-3　异点修改前后放坡组三维效果对比

3.3.3　放坡曲面与测绘地形的融合

➤ 第 1 步：创建拆离曲面

在"放坡创建工具"弹窗中点击下拉菜单按钮——"创建拆离的曲面",如图 3.3-4 所示

图 3.3-4　创建放坡拆离的曲面

→重命名放坡曲面,如图 3.3-5 所示,其他选项保持不变,创建码头拆离曲面三维效果如图 3.3-6 所示。这里"命名"要和上文创建放坡时自动创建的曲面区分开,以避免下文粘贴曲面时出错。

图 3.3-5　给放坡拆离的曲面命名

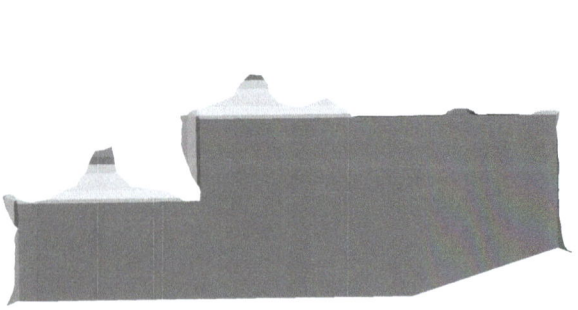

图 3.3-6　码头拆离曲面三维效果

第 3 章 放坡

➤ 第 2 步：粘贴曲面

选中原始地形曲面，上方选项板找到"编辑曲面" →单击下拉菜单中的"粘贴曲面" 粘贴曲面→在如图 3.3-7 所示弹窗中选中上文创建的码头拆离曲面→单击"确定"按钮，码头曲面随即融合至地形曲面。

粘贴曲面也可以在"工具空间"中"浏览"选项卡上完成。展开曲面"定义"一栏，在编辑按钮 编辑上右击→单击"粘贴曲面"→在"选择要粘贴的曲面"对话框的曲面列表中，选择要粘贴到当前曲面的拆离曲面→单击"确定"按钮。码头曲面粘贴前后地形如图 3.3-8、图 3.3-9 所示。

图 3.3-7　粘贴曲面

图 3.3-8　放坡场地和地形曲面三维效果

图 3.3-9　放坡场地拆离曲面粘贴至地形曲面三维效果

提示　上文在创建放坡时，特意提醒了要勾选"创建放坡组"弹窗中的"自动创建曲面"一项，已经创建了一次放坡曲面，这里又要再创建一次放坡曲面，为什么呢？上文勾选"自动创建曲面"创建的曲面，用来计算放坡工程量，和放坡组动态链接同步更新，不能用来粘贴到地形曲面；下文"创建拆离的曲面"创建的曲面不和曲面联动，用来粘贴融合到地形曲面，不然会报错，如图 3.3-10 所示。

图 3.3-10　自动创建的放坡曲面不能用来粘贴到地形曲面

3.4 多级放坡

以某船闸工程 13 级深挖方边坡为例,边坡基线高程 210m,边坡坡比 1∶1,马道宽度 2m,马道横坡 2%,单级边坡坡高 8m,操作过程如下:

1. 创建一级边坡

单击"放坡创建工具"弹窗中"选择标准集"按钮 →在如图 3.4-1 所示弹窗中下拉菜单选择"目标:高程"选项→高程规则一栏选择"高程-挖方坡度",如图 3.4-2 所示→单击"创建放坡"按钮 →选择"放坡基线",选择"放坡边",应用到整个长度,在下方命令栏输入高程"218",挖方坡度输入"1",按回车键确认。

图 3.4-1 放坡目标

图 3.4-2 放坡高程规则

2. 创建马道

单击"放坡创建工具"弹窗中"选择标准集"按钮 → 在如图 3.4-1 所示弹窗中下拉菜单选择"目标:距离"选项→高程规则一栏此时默认"距离-高程",和"距离-坡度"效果一样,二选一皆可,如图 3.4-3 所示,单击"创建放坡"按钮 →选择放坡基线(第 1 步中生成的一级边坡边线),选择"放坡边",应用到整个长度,在下方命令栏输入指定距离"2",坡度输入"50",按回车键确认。

图 3.4-3 放坡距离规则

3. 创建二级边坡

做二级边坡之前,需要大概判断二级边坡左右两侧的起止节点,以便下文选取边坡两侧边界。

单击"放坡创建工具"弹窗中"选择标准集"按钮 →在图 3.4-1 所示弹窗中下拉菜单选择"目标:相对高程"选项,点击"确定"→高程规则一栏选择"相对高程-坡度",单击"创建放坡"按钮 → 选择放坡基线（第 2 步中生成的马道边坡边线），选择"放坡边"，应用到整个长度选"否"，给二级边坡指定合适的起点和终点，在下方命令栏输入相对高程"8"，坡度输入"1"，按回车键确认。

4. 创建三至十三级边坡

依次用前 3 步的方法做好三至十二级边坡，最后一级边坡目标选择"目标：曲面"→"曲面-挖方坡度"，如图 3.4-4 所示，给最后一级边坡指定合适的起止点，挖方坡度输入"1"，按回车键确认。完整的十三级边坡及场平处理效果图如图 3.4-5 所示。

图 3.4-4　放坡曲面规则

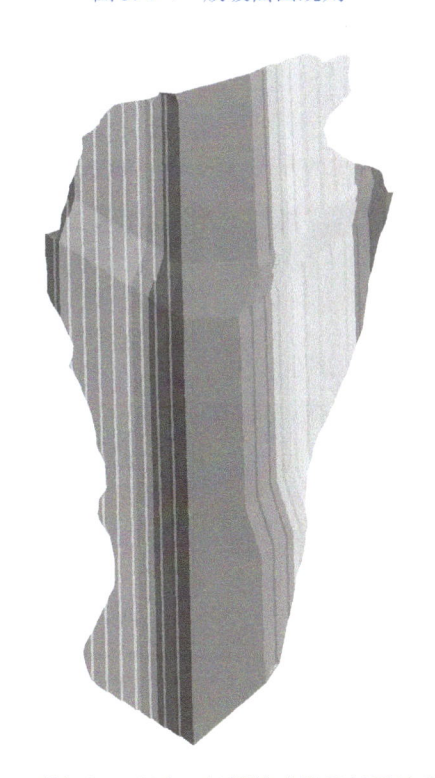

图 3.4-5　某船闸工程十三级深挖边坡及场平处理效果图

提　示　上文第 1 步和第 3 步的方法不同，效果一样。这种方法得到的多级边坡，左右两侧边线处不能很好地与地面结合，制作两边边坡和中间场地平整一共经历了 50 余次放坡操作，生成 50 余个放坡，单击"放坡编辑器"按钮，可对其中任意一个放坡修改编辑，它们均属于同一个放坡组。放坡仅适用于简单的边坡处理及计算工程量，若要高效率、高精度一次完成这种复杂的高边坡处理，放坡功能显然是不够的，后文会有用部件程序对多级边坡精细处理的案例。

第4章 点

> **本章主要内容**
>
> 本章主要讲解点的创建与处理，无高程的点、块、文本批量赋值高程 Z 坐标值，以及散点高程坐标 Z 值批量获取等。Civil 3D 点的内容相对简单，章节内容比较少，只介绍了几种常用方式，但是"很有趣"，掌握后可以快速解决某些实际问题。

4.1 创建点

4.1.1 从文本文件创建点

从文本文件创建点是点处理中最常见的方式，现以点坐标 X、Y、Z 文本创建点为例，步骤如下：

➢ 在"常用"选项板中找到"点" 点 ，单击下拉菜单第一行"点创建工具" **点创建工具** 。

➢ 单击图 4.1-1 弹窗中最后一个"导入点"按钮 。

图 4.1-1 点创建

➢ 单击图 4.1-2 弹窗中"选定的文件"一栏 按钮，添加准备好的文本文件，检查"指定点文件格式（过滤打开）"与"预览"中的"北距""东距"位置是否正确，及时调整。批量导入点效果如图 4.1-3 所示。

图 4.1-2 导入点　　　　图 4.1-3 批量导入点效果

提 示 Civil 3D 支持创建点的外部文件格式多样，包括 .prn、.csv、.xyz、.auf、.nez、.pnt 等格式，创建点的时候注意检查一下 X、Y 坐标是否和"北距""东距"匹配。

4.1.2 从曲面创建点

从点创建曲面比较常用，但是有些场合需要从曲面创建点，例如将 Civil 3D 处理好的曲面导入到 Revit 中，就需要通过点文件来传输。针对测绘地形图，高程点格式一般为块或者文本，想要获取点文件，最快捷的方法是先创建曲面，再从曲面提取点。下载的地形文件用 Civil 3D 打开也是以曲面形式呈现，可以用同样的方式提取栅格高程点。过程如下：

➢ 选择曲面，右击，在"编辑曲面样式"中"显示"一栏打开"点"的可见性，如图 4.1-4 所示。

➢ 再次选择曲面，在界面上方功能面板找到"从曲面提取" ，下拉菜单，单击"提取对象" 。

➢ 在"从曲面提取对象"弹窗中只勾上"点"这一项，如图 4.1-5 所示单击"确定"按钮，即可得到对应的 AutoCAD 的点，由于点样式问题，可能会看不到，命令栏输入"ddptype"，修改点样式即可看见点。

图 4.1-4 显示曲面点　　　　　　图 4.1-5 从曲面提取点

提 示 从曲面创建随机点、栅格点、多段线/等高线点、多段线/等高线顶点，相关功能都很实用，且简单便捷。

4.1.3 从路线创建点

从路线创建点适用于沿着路线布置比较规则的树木、路灯、景观等，过程如下：

➢ 检查已建好的路线是否创建纵断面图，若没有，补建一个路线纵断面图，高程可根据实际需求拟定；也可随手拉一条直线，根据点高程精度需求定。

➢ 在功能选项板找到"点" 点 ，下拉菜单，单击"点创建工具"，或者单击"创建点—路线"→"定距等分路线"。

➢ 在"创建点"弹窗中第三个按钮下拉菜单，如图 4.1-6 所示，单击"定距等分路线"，按照命令栏窗口提示，选择路线，需要注意下，下面会出现以下两种情况：

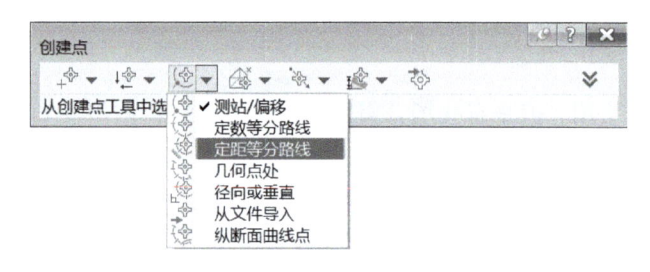

图 4.1-6　定距等分路线

• 如果文档中没有已建路线纵断面，命令栏会提示设置起始桩号、终点桩号、偏移值、间隔等选项，"然后会逐个提示输入点描述、高程。"，这就需要提前设置好创建规则，在"工具空间"→"设定"→"点"展开→"命令"展开→双击"CreatePoints"→在弹窗中找到"点创建"，设定提示输入高程、点名称、描述均为自动，如图 4.1-7 所示，即一键自动创建点。

图 4.1-7　点特性设置

• 如果文档中已建路线纵断面，则会弹窗提示选择路线纵断面，如图 4.1-8 所示，下拉菜单选择纵断面设计线，设置起始桩号、终点桩号、偏移值、间隔等选项。

最终创建效果如图 4.1-9 所示。

图 4.1-8　选择路线纵断面

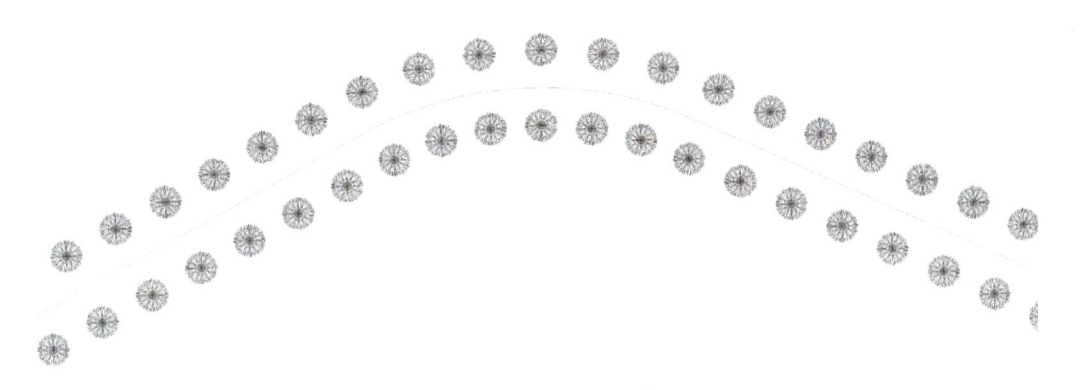

图 4.1-9　沿路线植树效果

提示　创建点后有可能并没有出现新建点，框选一下就会高亮显示，在"特性"里面重新设置点样式即可，可以设置成树、灯、雨水口……。没有现成样式的，找一个，做成块，复制过来，新建一个样式，重命名，样式选中这个块，搞定。

4.1.4　从道路创建点

例如，在研发建设管理系统时，不能直接引用 Civil 3D 道路模型，而是提取结构点信息重新在建设管理平台底层数据库建模。从道路提取结构点坐标及排列信息到数据库，经过数据轻量化处理后，在 GIS 底层系统平台重新创建道路，设置其属性，最终显示到用户界面。从道路创建点过程如下：

➢ 在功能选项板找到"点"　点 ▾，下拉菜单，单击"从道路创建几何空间点"，弹出"创建几何空间点"弹窗如图 4.1-10 所示。

➢ 按照命令栏的提示，选择道路，在"创建几何空间点"弹窗中勾选结构点代码，单击"确定"按钮。道路中勾选代码的所有结构点属性信息即可提取出来，如图 4.1-11、图 4.1-12 所示。这里的代码为部件制作时预留的结构点代码。

图 4.1-10　创建几何空间点

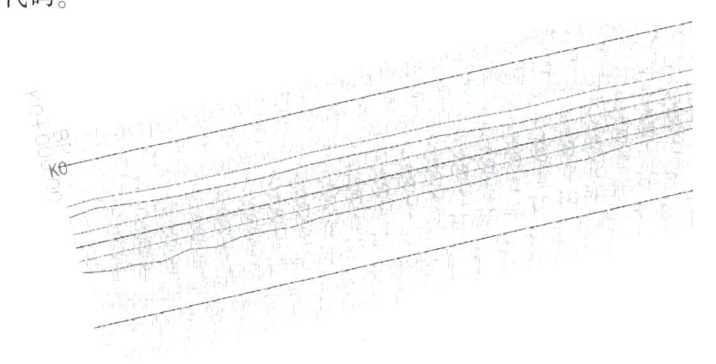

图 4.1-11　提取几何空间点

图 4.1-12　任意某几何空间点属性查看

4.1.5 从交点创建点

案例：求某点 A 到折线距离相等的所有点，如图 4.1-13 所示，所求点必须满足在多段线上，且到图中给定的点距离相等。过程如下：

➢ 在功能选项板找到"点" 点 ，下拉菜单，单击"创建点—交点"，选择"距离/对象"。

➢ 根据命令栏提示，选择图中多段线折线，偏移值默认为"0"，指定半径的位置时选择点"A"，半径值输入"500"，选择"全部创建 < 全部(A) >"，如果在设定中已设置好高程默认值，则无须设置高程，否则，需要逐个设置高程，才能把满足要求的点全部创建出来。创建效果如图 4.1-14 所示。

➢ 最后以 A 点为圆心以"500"为半径画圆，经验证，所求点精准无误。

图 4.1-13　创建某点到折线距离相等的点　　　图 4.1-14　创建某点到折线距离相等的点效果展示

4.2　给点赋值高程

这里的点不仅仅局限于 AutoCAD 的点，还包括常见的测绘高程点中的块或者文本。

4.2.1 块高程获取-将块移动到曲面高程

把没有高程属性的块移动到曲面，并赋予曲面高程。如图 4.2-1 所示，在测绘地形基础上需要获取右侧选中圆点的高程值，注意人工读取即不精准，又费时费力，现将圆点块整体移动到曲面，步骤如下：

➢ 选择曲面→上方选项板找到"移动到曲面" 移动到曲面 ，展

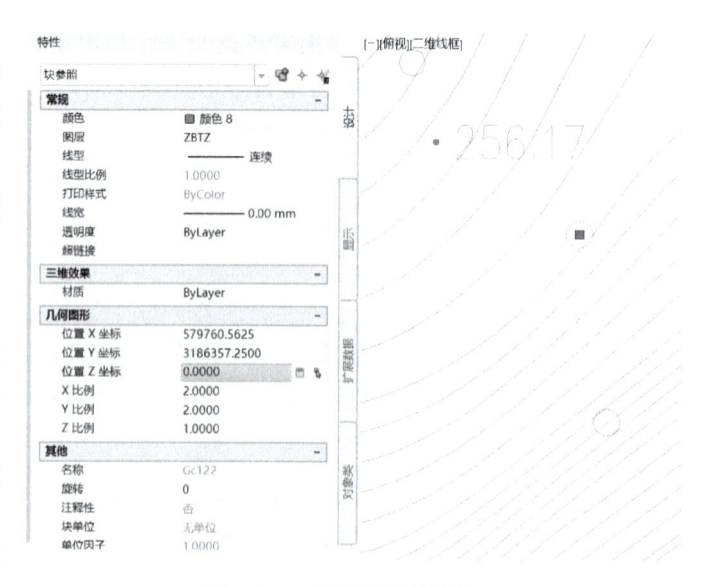

图 4.2-1　无高程属性的块

开，单击"将块移动到属性高程" 将块移动到属性高程 。

➤ 弹窗中选择或者拾取要移动的块，如图 4.2-2 所示→单击"确定"按钮。查询该块，位置 Z 坐标随即获取了曲面高程。

4.2.2 块高程获取-将块移动到属性高程

将块移动到属性高程功能用于给没有高程属性的块赋值其属性高程。出于地图保护的目的，有些测绘高程点不携带高程 Z 坐标信息，需要把高程数据赋值到高程点 Z 坐标上。如图 4.2-3 所示，查看右侧"219.28"高程点块特性，是无高程信息的高程点（块），Z 值为"0.000"，双击该块，属性里面是有高程信息的，如图 4.2-4 所示，这种情况可采取以下措施。

图 4.2-2 为块赋值高程

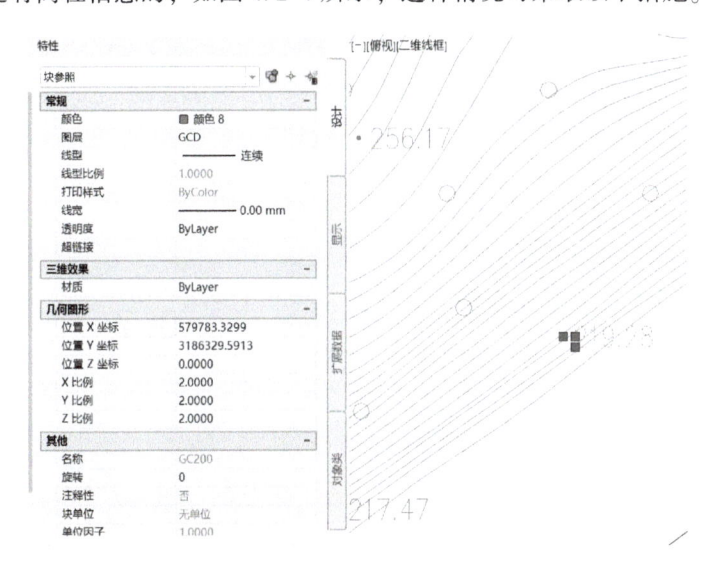

图 4.2-3 无高程信息的高程点（块）

图 4.2-4 块属性查询

1. 辅助曲面

在文档中选择任意一个曲面，或者新建一个空曲面，直接选中这个曲面，或者在"工具空间"选项板中展开"曲面"，找到新建的曲面，右击"选择"，选中该空曲面。

2. 移动块

➢ 上方选项板找到"移动到曲面" ![移动到曲面] →展开,点击"将块移动到属性高程" ![将块移动到属性高程]。

➢ 弹窗中选择或者拾取要移动的块→单击"确定"按钮。查询该块,属性高程已赋值到位置 Z 坐标上。

4.2.3 文字高程获取-将文字移动到高程

以没有高程属性的高程点为例,如图 4.2-5 所示,右侧高程点"﹣0.7"文本 Z 坐标值为"0",有个非常快速获取文本值并赋值到位置 Z 坐标的方法,步骤如下:

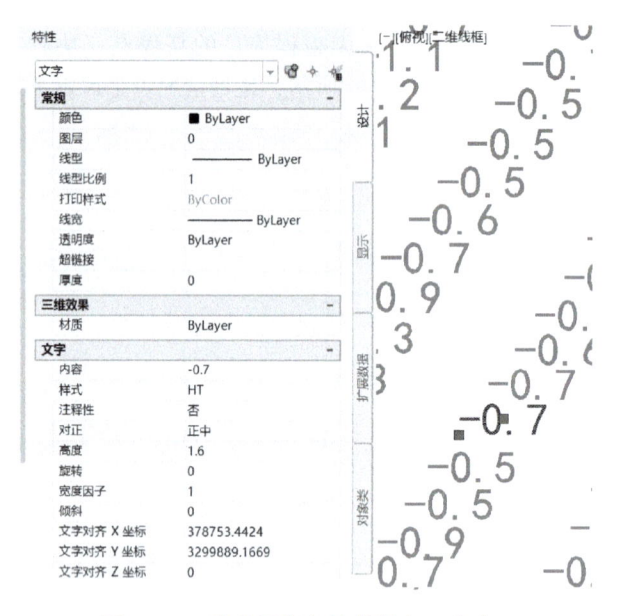

图 4.2-5 无高程信息的高程点(文本)

1. 辅助曲面

在文档中选择任意一个曲面,或者新建一个空曲面,直接选中该曲面,或者在"工具空间"选项板中展开"曲面",找到新建的曲面,右击"选择",选中这个空曲面。

2. 移动文本

上方选项板"曲面工具"一栏目找到"移动到曲面"→展开,单击"将文本移动到高程"→选择文本(仅指数字文本)→按回车键即可。最后,查询该文本,随即获取了文本数字值并赋给位置 Z 坐标。

4.3 从外业原始数据创建曲面

用"纬地"创建的路线,如何把外业横断面数据转化成 Civil 3D 能识别的坐标点,并创建出地形曲面呢?需要以下两个步骤。

1. 从外业原始数据创建坐标点

外业横断面原始数据固定格式如图 4.3-1 所示,对应的外业中桩放线数据固定格式如图 4.3-2 所示。

第4章 点

图 4.3-1　纬地外业横断面原始数据固定格式　　图 4.3-2　纬地外业中桩放线数据固定格式

首先，需要把纬地外业横断面数据转换成 Civil 3D 能识别的数据格式，这里选取一种最简单的数据格式——"桩号，偏移，高程"，可以借助 Excel "宏"来完成这个简单又单调的格式转换工作，将转换好的 Civil 3D 格式数据复制到 .txt 文本中，每个数据之间用空格分隔，如图 4.3-3 所示。

数据格式转换好后，开始创建 Civil 3D 点，在左上角选项板"常用"一栏找到"点" 点 →单击下拉菜单"创建点—路线"的二级菜单"从文件导入"，如图 4.3-4 所示，选择上文制作好的外业数据文本文件→这时命令栏会提示点文件格式，如图 4.3-5 所示，选 2，按回车键确认→分隔符选 1，空格→无效标识符不输入，直接按两次回车键，最后生成的横断面点如图 4.3-6 所示，测绘数据已经很好的拟合在路线周围。

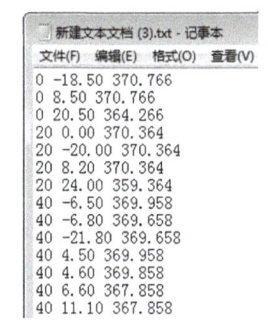

图 4.3-3　外业数据的 Civil 3D 数据格式

图 4.3-4　从文件创建点

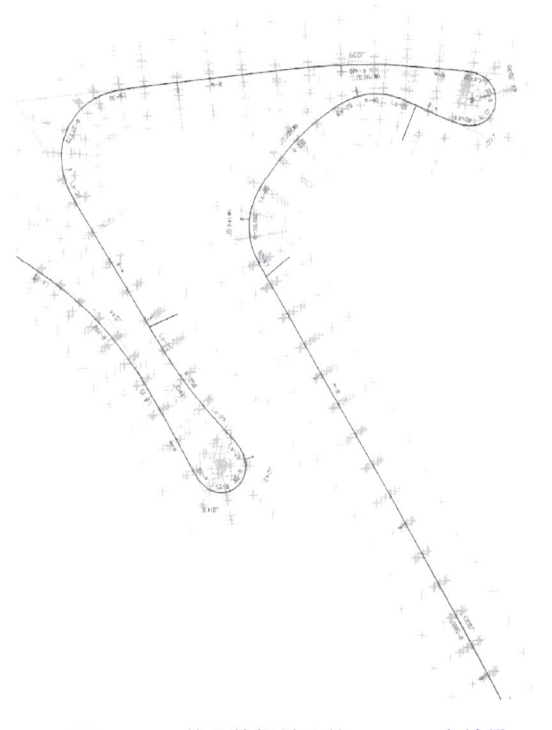

图 4.3-5　点文件格式　　图 4.3-6　外业数据导入的 Civil 3D 点效果

2. 从外业横断面原始数据创建曲面

工具空间找到曲面，创建一个新曲面，展开该曲面的"定义"结构树 ⌂ 定义，找到"点编组" [⊕] 点编组 ，右击，单击"添加"，在"点编组"弹窗中单击"所有点"，单击"确定"按钮创建曲面。由于外业数据点间距不均匀，为了保证曲面质量，最后通过手绘道路红线范围控制曲面外部边界轮廓，生成的曲面如图4.3-7所示，原有老路的轮边界清晰可见。

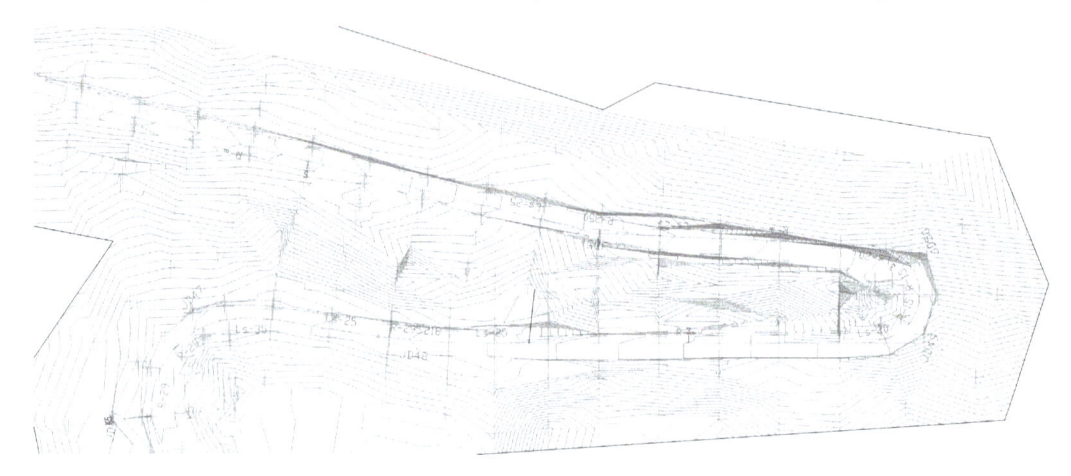

图4.3-7　从外业数据创建曲面效果

第 5 章 路 线

> **本章主要内容**
> 本章主要介绍路线的创建、编辑以及路线标签、路线纵断面标签、路线纵断面图、路线模板设定等内容。

5.1 创建路线

Civil 3D 提供了十余种路线创建方法，基本能够满足用户的常用需求，可以通过路线创建工具、散点、图元、对象、道路、网络零件、压力管网、现有路线、偏移路线、链接路线、加宽路线等众多方式创建，简单快捷。

5.1.1 从对象创建路线

从对象创建路线为路线创建中最常用的方式。

➤ 点击"路线"按钮后面的下拉菜单按钮 路线 ▼，点击"从对象创建"，如图 5.1-1 所示，进入如图 5.1-2 所示弹窗。

➤ 选择多段线/直线或圆弧，检查路线方向是否正确，按回车键接受方向，或者（R）反向。也可以框选来自其他软件生成的零碎的首尾相交的直线、圆弧、多段线，生成出来的路线一气呵。

➤ 设置路线样式、路线标签样式、曲线半径，具体设置方式下文将有详细讲解。

图 5.1-1 创建路线　　图 5.1-2 从对象创建路线

> **提 示** 若起始路线桩号不是从"0"开始,需要在"从对象创建路线"(适用于从对象创建路线)或者"创建路线"(适用路线创建工具创建路线)弹窗中"起始桩号"一栏设置桩号值。

5.1.2 创建最佳拟合路线

最佳拟合路线由一系列要素线、几何空间点、线、圆弧、点或块等创建路线。其中用点或者类似于点的块来创建效果最好,寻找通过散点的最佳拟合路线。例如,寻找通过某一高程的高程点最佳拟合线路:

➢ 挑出符合需求的高程点,点击"路线"按钮后面的下拉菜单按钮 路线 ▾,点击"创建最佳拟合路线"。

➢ 如图 5.1-3 所示,在"创建最佳拟合路线"弹窗中选择输入类型,在屏幕上拾取要创建点的图元。根据需求设置"最佳拟合选项"参数、路线名称、样式以及标签等,最佳拟合报告如图 5.1-4 所示。

图 5.1-3 创建最佳拟合路线

图 5.1-4 最佳拟合报告

➢ 在"最佳拟合报告"弹窗中,点击复制按钮,表格数据即可用文本打开(图 5.1-5),点击复制按钮,即可复制所选行数据。由高程点创建的最佳拟合路线效果如图 5.1-6 所示。

图 5.1-5 最佳拟合报告复制

图 5.1-6 由高程点创建的最佳拟合路线效果

5.1.3 创建偏移/加宽路线

市政道路中有公交车站台或者行车道需要加宽的路段，布置路缘石、非机动车道或者栏杆时，会经常用到偏移或加宽路线，下文以布置公交车道为例。

➢ 创建主线路的偏移线路

点击"路线"按钮后面的下拉菜单按钮 路线 →点击"创建偏移路线" 创建偏移路线 →拾取要偏移的路线→如图 5.1-7 所示，在"创建偏移路线"弹窗中设置偏移路线名称、桩号范围、偏移量、偏移增量、路线样式、标签样式等→点击"确定"按钮，偏移路线创建完成。

➢ 创建加宽路线

点击"路线"按钮后面的下拉菜单按钮 路线 →点击"创建加宽区域" 创建加宽区域→ 拾取要加宽的路线→下方命令栏提示"是否创建加宽区域部分作为新路线？"选择"否"→如图 5.1-8 所示，在"偏移路线参数"中设置偏移距离、起终点桩号、区域长度、出入口处曲线半径等参数。

偏移路线创建效果如图 5.1-9 所示，图中未设置标签样式，故有点光溜。

图 5.1-7 偏移路线参数设置

图 5.1-8 加宽路线参数设置   图 5.1-9 偏移路线加宽效果（无标签）

5.1.4 创建连接路线

将两条相交的路线用适当的曲线连接起来,在处理匝道或者路线协同设计时表现出强大的功能,"好家伙,还附带了设计规范、曲线参数、连接纵断面设置,一连串的大动作"。

两条要连接的路线必须相交。点击"路线"按钮后面的下拉菜单按钮 路线 →点击"创建连接的路线" 创建连接的路线,出现如图 5.1-10 所示弹窗→按照命令栏提示分别拾取两条要连接的路线→在空白处分别为连接的路线拾取位置,位置不能在路线上,否则无法判断圆曲线布置在交线左侧还是右侧→在"创建连接的路线"弹窗上设置路线名称、曲线半径、连接重叠、样式、标签等选项。转弯连接路线效果如图 5.1-11 所示,最终创建的平交匝道连接路线效果如图 5.1-12 所示。

图 5.1-11　转弯连接路线效果

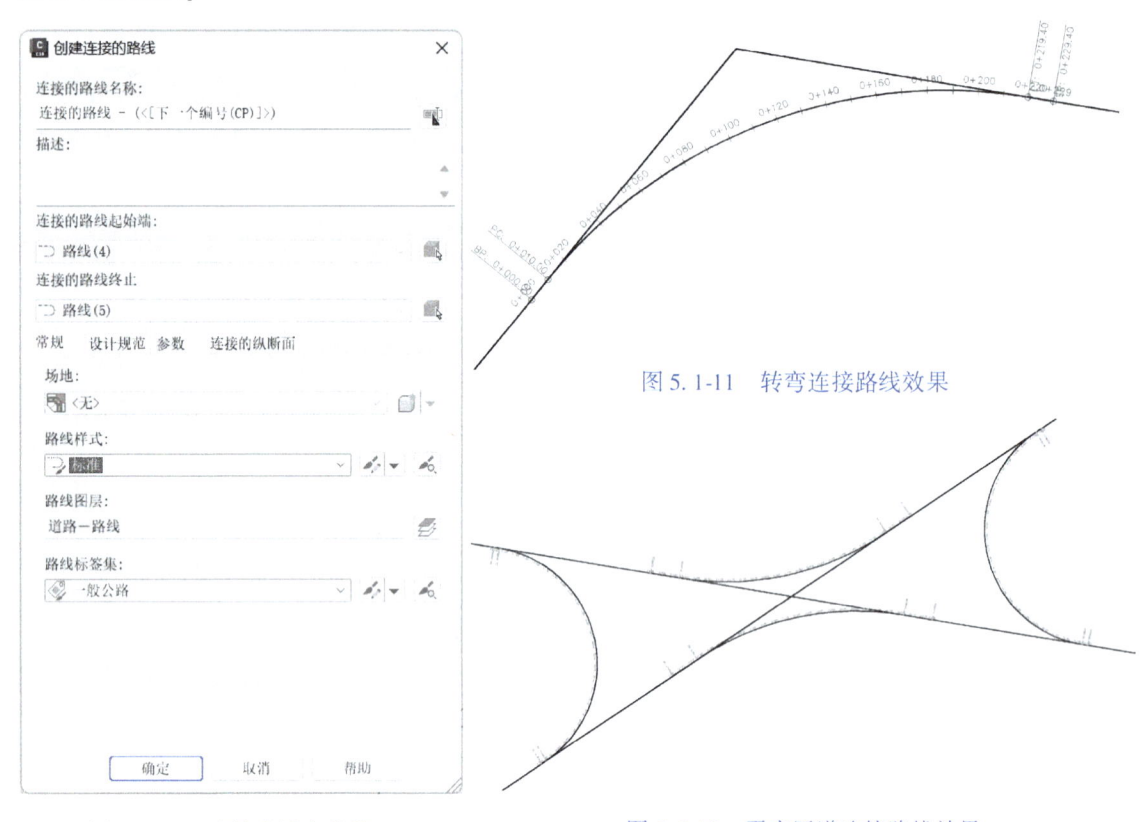

图 5.1-10　连接路线参数设置

图 5.1-12　平交匝道连接路线效果

5.2　路线的编辑与修改

5.2.1　通过夹点调整

选择路线,路线上所有节点会高亮显示,直接拖动各个夹点的平面位置移动到想去的地方,曲线半径、过渡段、交点、起终点、直线顶点,乃至直线中点皆可拖动,如图 5.2-1 所示。

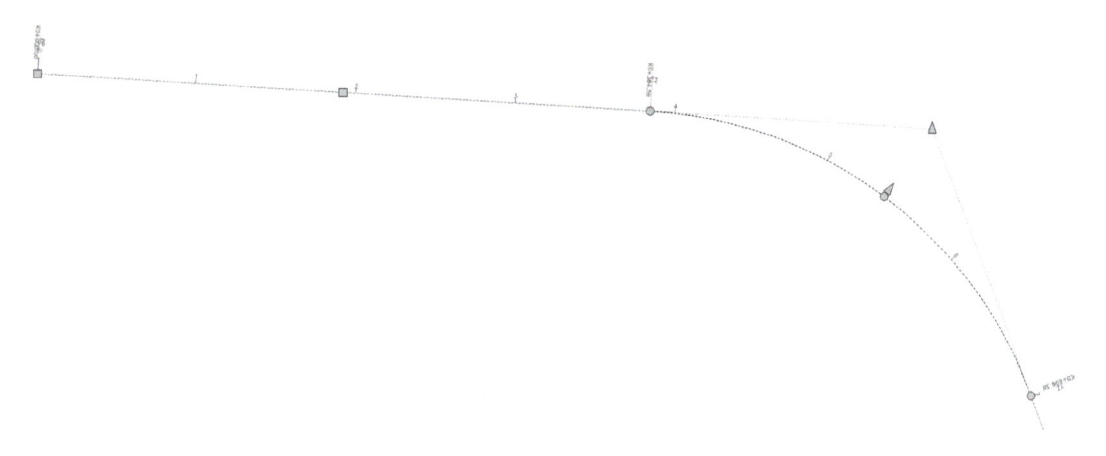

图 5.2-1　路线节点调整

5.2.2　通过路线布局工具调整

选择"路线"，上方选项板自动跳转到路线模式，点击"几何图形编辑器"按钮，在"路线布局工具"弹窗中可对所有路线图元进行直线、圆曲线、缓和曲线、添加、删除、编辑、转换为 AutoCAD 图元、输出设计参数等精细编辑，如图 5.2-2 所示。

图 5.2-2　路线几何图形编辑布局工具

5.2.3　路线信息提取

点击"路线布局工具"弹窗中"路线栅格视图"按钮 → 在如图 5.2-3 所示"路线图元"弹窗中可以查看路线任意图元详细设计参数，点选任一行，对应的路线图元会高亮显示，右击，可以缩放到或者平移到该图元视口，也可以复制该图元设计参数，亦可全部复制路线所有图元设计参数，以便数据备份和查阅。

图 5.2-3　路线图元参数

在路线图元弹窗中任意一行用鼠标右键点击"自定义列"，如图 5.2-4 所示，可以任意修改及新建配置表。

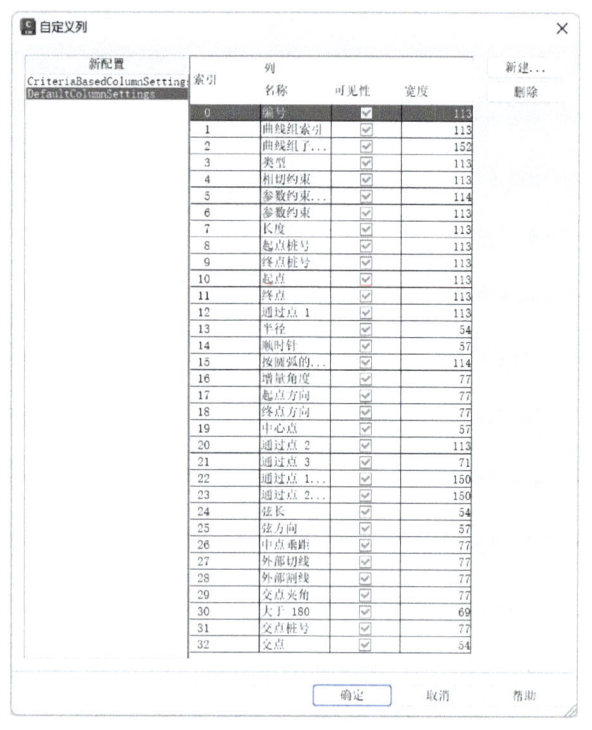

图 5.2-4　参数配置表

5.2.4　添加路线曲线

➤ 添加平曲线

选中路线（图 5.2-6 左），上方选项板点击"几何图形编辑器"按钮 ，进入"路线布局工具"弹窗，如图 5.2-5 所示，选择一种合适的平曲线添加方式，根据命令行提示拾取插入点，布置平曲线（图 5.2-6 右），最后根据实际情况拖动夹点位置调整切线长度及圆弧半径。

图 5.2-5　路线布局工具-创建平曲线

➤ 添加竖曲线

选择纵断面线，上方选项板点击"几何图形编辑器"按钮 ，进入"纵断面布局工具"弹窗，添加竖曲线，如图 5.2-7 所示，选择"自由竖曲线（抛物线）"，拾取拐点左右两侧的直线段，输入长度或半径，效果如图 5.2-8 所示。

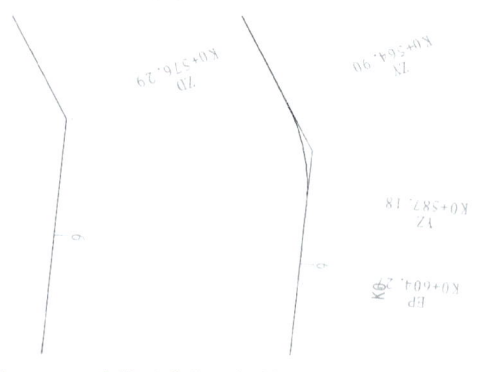

图 5.2-6　路线平曲线添加效果（切线-圆弧-切线）

图 5.2-7　路线布局工具-创建竖曲线

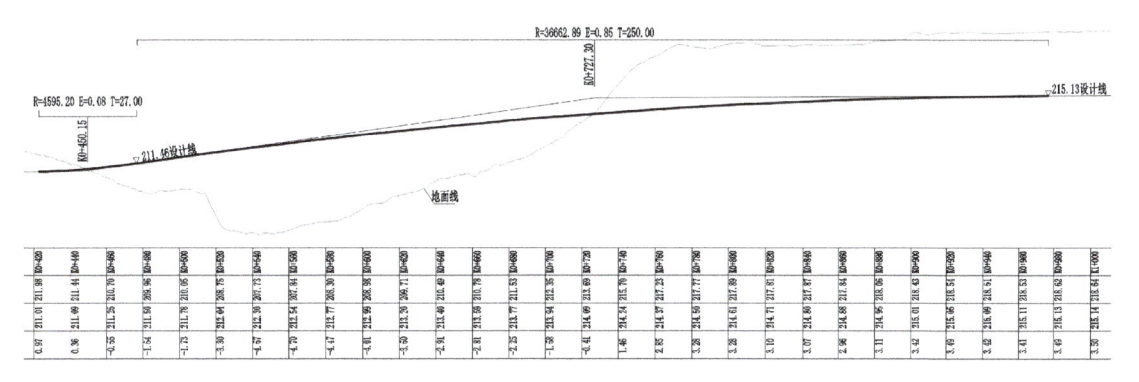

图 5.2-8　路线竖曲线添加效果［自由竖曲线（抛物线）］

5.2.5　超高规范设计

在路线创建设计时，创建路线弹窗中提供"设计规范"选项可供选择，如图 5.2-9 所示，但是软件自带为美国道路设计规范，需要修改为国内现行规范标准。

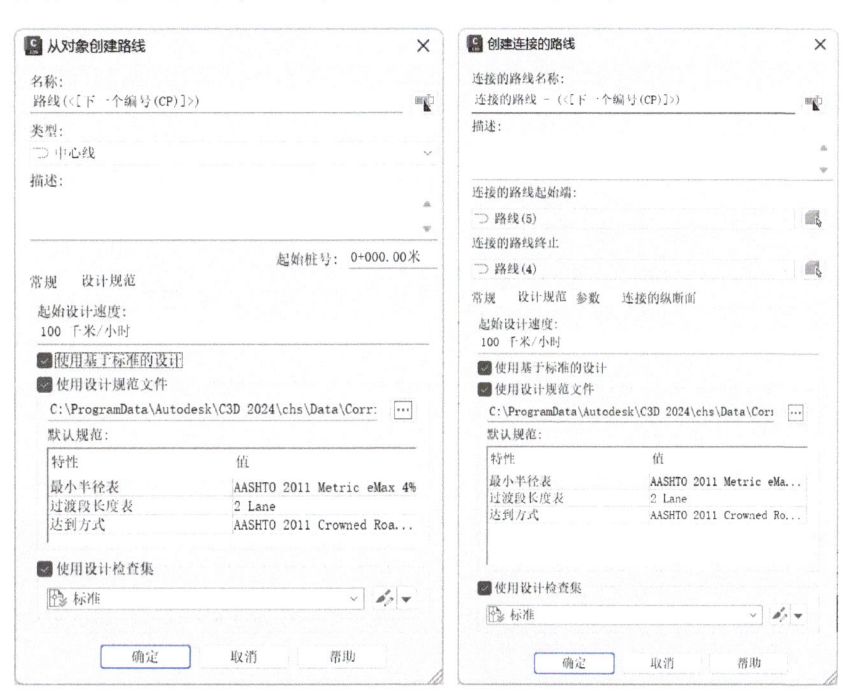

图 5.2-9　设计规范选择

选择路线，点击上方选项板"设计规范编辑器"按钮 ![设计规范编辑器]，在弹窗中设置符合国内制图标准的路线及超高设计参数，如图5.2-10所示。

5.3 路线标签样式

5.3.1 路线标签样式设置

在没有自定义图形样板文件时，创建路线的.dwg文件来自新建文档或者测绘图纸，在这两种文档基础上创建出来的路线会出现没有标签或标签不满足需求的情况（在新建文档创建路线的弹窗及样式如图5.3-1、图5.3-2所示，在测图文档创建路线的弹窗及样式如图5.3-3、图5.3-4所示），需要手动修改路线样式和路线标签集样式。

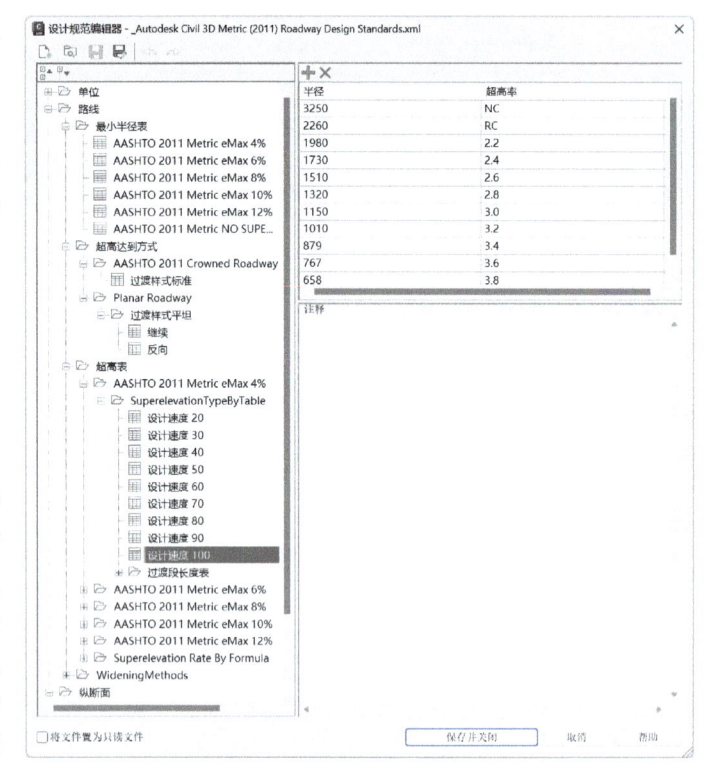

图5.2-10 设计规范编辑器

图5.3-1 从对象创建路线（新建.dwg文档弹窗界面）

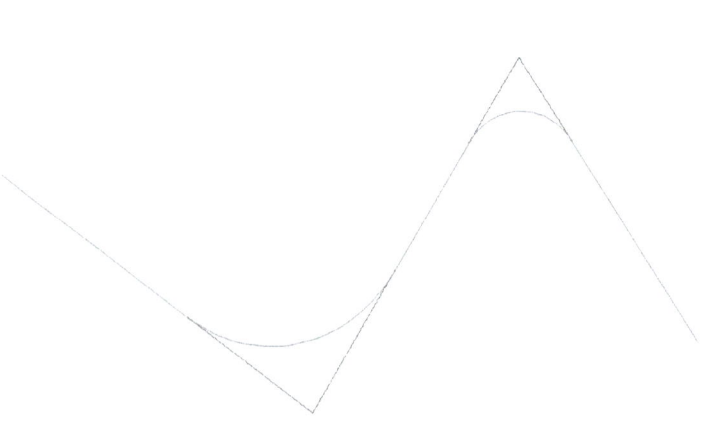

图5.3-2 从对象创建路线效果（新建.dwg文档创建效果）

图 5.3-3　从对象创建路线　　　图 5.3-4　从对象创建路线效果（测图.dwg 文档创建效果）
（测图.dwg 文档弹窗界面）

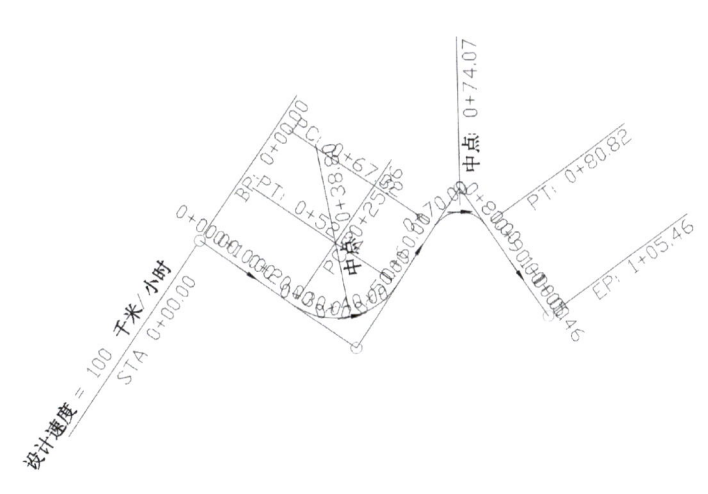

➤ 修改线路样式

新建文档默认路线样式为"Proposed"，无标签样式；测绘图纸文档默认路线样式和标签样式均为"标准"。选中该路线，右击，单击"编辑路线样式"→在"路线样式"弹窗中展开"标记"选项板，修改交点样式；展开"显示"选项板，修改可见性、颜色及线型等样式，如图 5.3-5 所示。

图 5.3-5　设置路线样式

➤ 修改标签样式

针对无标签的路线，选中该路线，右击，单击"编辑路线标签样式"→在"路线标签"弹窗中找到"主桩号标签样式",展开下拉菜单选择一种合适的样式,单击后面的"添加"按钮→逐个编辑刚添加的桩号样式,单击样式编辑图标→再单击"拾取标签样式"弹窗中的编辑按钮,→在"标签样式生成器"弹窗的"常规"一栏修改文本样式,在"布局"一栏修改标签组件锚件、定位点、文本内容、文本高度、偏移、颜色、线型、线宽、旋转角度等参数。逐个修改主桩号、副桩号、曲线点及超高临界点样式、增量等内容。如图 5.3-6 ~ 图 5.3-9 所示。

针对无标签的样式,手动逐项添加很费事,可以在"路线标签"弹窗中找到导入标签集按钮,选择一种标签集导入(图 5.3-6),再来添加和编辑导入的现有标签样式,顿时轻松多了。针对有标签的路线,直接编辑现有标签样式,直到满意为止。

图 5.3-6　路线标签样式设置

图 5.3-7　拾取标签样式

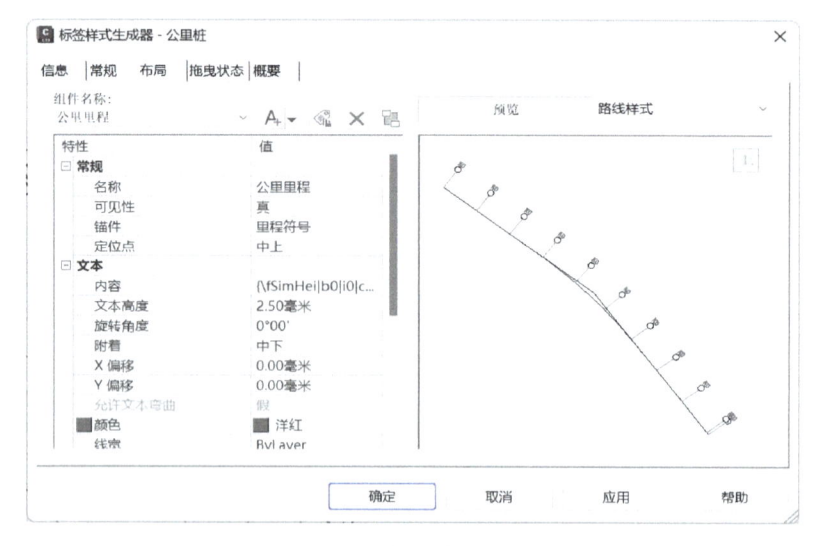

图 5.3-8　标签样式生成器

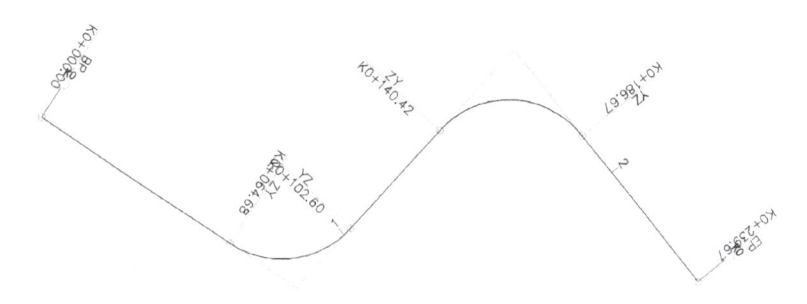

图 5.3-9　路线标签样式设置效果

5.3.2　路线标签样板文件设置

先完成路线标签样式设置，再在路线标签样式设定中指定新设置的样式，即可完成路线标签样板文件设置。

用户新建的.dwg 文档默认创建的模板为系统盘"Template"文件夹下的"_AutoCAD Civil 3D (Metric) NCS.dwt"图形样板文件，在该新建文件上创建的路线标签一般不满足用户需求，需要手动设置各种样式。设置好后，再创建新的路线，发现刚设置的标签集样式又要重新设置一遍。

使用导入标签集可以解决上文反复设置的问题。新建路线时样式选择为该自定义样式，或者为新路线导入该自定义样式。每次创建路线都要手动选择或者导入一次样式，"有没有一种办法一劳永逸呢？"

图 5.3-10　编辑要素设定

在"工具空间"选项板的"设定"一栏，右击"路线"选项，单击"编辑要素设定"→如图 5.3-10 所示，在"编辑要素设定-路线"弹窗中展开"默认样式"→修改路线及各种标签样式→单击"确定"按钮，保存文件，在该文件上创建的路线就会自动变换成自定义样式。

提示　若想长期使用上文自定义样式，保存设置好的文档，删除所有图元，注意不是"purge

清理图元",另存为图形样板（*.dwt）文档,新建文档时选择该样板,所有新建路线即为自定义样式。该方法同样适用于道路、采样线、放坡、横断面、纵断面等一切样式及标签设置。

5.4 路线纵断面

5.4.1 路线纵断面图设计

➤ 创建纵断面图

选中路线,上方选项板会自动跳转到路线模式,找到"曲面纵断面"按钮,"戳它"→如图 5.4-1 所示,在弹窗中"选择曲面"一栏选中要添加的地形曲面,单击下方的"添加"按钮,添加地形曲面到列表,再单击"在纵断面图中绘制"→跳转到"创建纵断面图"弹窗,直接单击"创建纵断面图"按钮完成纵断面图创建。若需要重命名纵断面图、设置纵断面图样式、桩号范围、纵断面图高度、标注栏样式等,单击"下一页（N）"逐个设置→最后在界面中拾取插入点,完成纵断面图创建。

图 5.4-1 创建纵断面图

最后选择纵断面图图表,右击,选择"编辑纵断面图样式",设置纵断面图样式。

➤ 创建纵断面

选择上文创建的纵断面图图表,上方选项板自动跳转到纵断面图模式,单击"纵断面创建工具"按钮,如图 5.4-2 所示,在"创建纵断面"弹窗中修改纵断面名称、样式、标签集等,单击"确定"按钮→如图 5.4-3 所示,在"纵断面布局工具"弹窗中单击第一项绘制按钮,绘制纵断面,为了确保不漏掉首尾段,绘制纵断面时最好捕捉到地面线纵断面的起点、终点进行绘制,然后单击"纵断面栅格视图"按钮,修改变坡点高程,如图 5.4-4 所示。最终效果如图 5.4-5 所示。

图 5.4-2 创建纵断面

图 5.4-3 纵断面布局工具

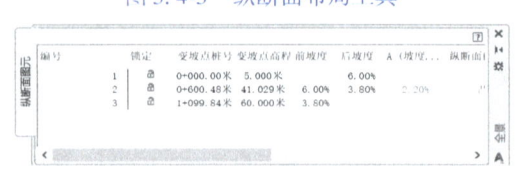

图 5.4-4 修改变坡点高程

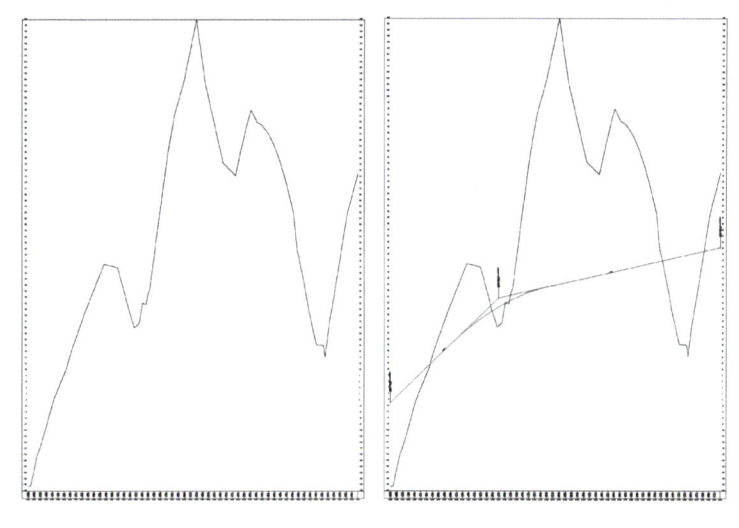

图 5.4-5　纵断面图（前图）和纵断面（后图）的区别

提示　创建纵断面图和创建纵断面不同，纵断面图中包含地面线剖切线、图表标题、注记、栅格等，而纵断面则为路线设计线，是创建道路的纵向控制线。

5.4.2　路线纵断面标签设置

纵断面标签"设置"方法类似上文路线标签"设置"方法；纵断面标签"设定"方法类似上文路线标签"设定"方法。

在纵断面图中拾取创建好的纵断面线，右击，选择"编辑标签"→如图 5.4-6 所示，在弹窗中修改"直线"样式，单击样式编辑图标 →再单击"拾取标签样式"弹窗中的编辑按钮 →在"标签样式生成器"弹窗的"常规"一栏修改文本样式，在"布局"一栏修改标签组件锚件、定位点、文本内容、文本高度、偏移、颜色、线型、线宽、旋转角度等参数。逐个修改直线、转折线及曲线样式、起始桩号、标注定位选项、标注定位值、错开线等内容，如图 5.3-7～图 5.3-9 所示。

"所有的样式设置都一个套路，我点我点我继续点，一顿操作行云流水一气呵成"。

图 5.4-6　纵断面标签设置

5.4.3 路线纵断面图设置

拾取纵断面图，右击，选择"纵断面图特性"→如图 5.4-7 所示，在弹窗中展开"信息"一栏，修改纵断面图样式→展开"测站"一栏，设置起终点桩号→展开"高程"一栏，设置最大、最小高程→展开"纵断面"一栏，设置纵断面样式（和拾取纵断面，右击设置纵断面样式效果等同）→展开"标注栏"一栏，设置纵断面图桩号标注栏→展开"填充"一栏，设置挖填方填充造型样式。

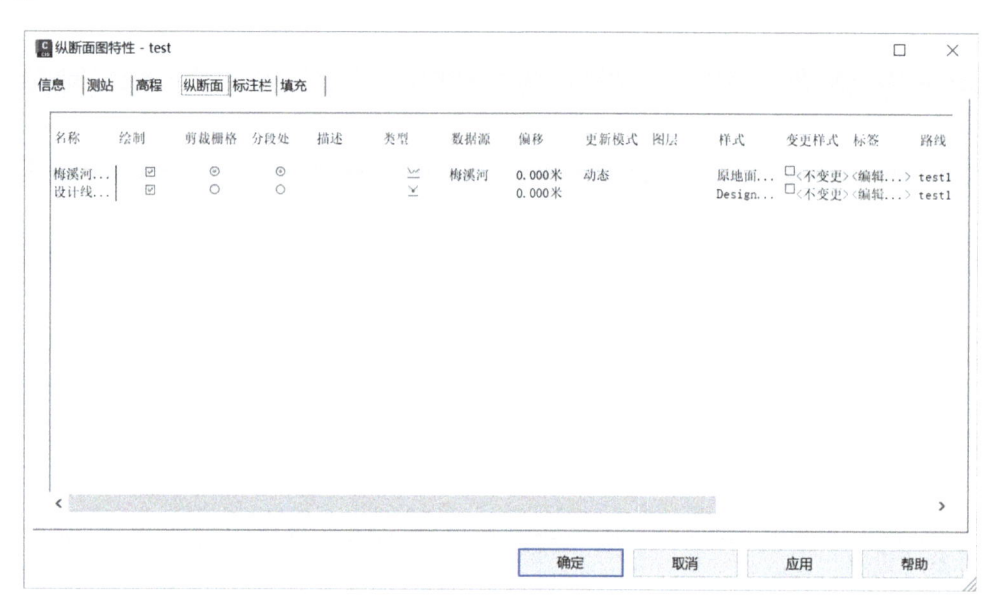

图 5.4-7　纵断面图特性设置

提示　路线纵断面和路线纵断面图的区别在于，路线纵断面是路线纵断面图的一部分，指的是那条控制路线纵向高程的设计线；路线纵断面图指的是花里胡哨的图框、图表标注栏、图表标题、栅格等。

5.5　路线协同设计

协同设计前首先需要指定一台用作服务器的计算机，创建一个局域网，设置一个协同作业文件夹，组员都能访问该文件夹，创建快捷方式到该文件夹，并实时更新数据，方便与他人共享。过程如下：

➤ 打开工具空间，单击"工具空间"选项板侧边的"浏览"选项，找到"数据快捷方式"（图 5.5-1）。

➤ 右击，单击"设定工作文件夹"（图 5.5-2），在服务器上为数据快捷方式设定一个项目组成员都能访问的文件夹。

➤ 单击图 5.5-2 中的"新建数据快捷方式项目文件夹"，

图 5.5-1　数据快捷方式

第 5 章 路线

在弹窗中为新建的数据快捷方式文件夹命名,并根据需要指定自定义模板文件(图 5.5-3)。

➢ 单击图 5.5-2 中的"创建数据快捷方式",把需要创建数据快捷方式的曲面、路线、纵断面、道路等选项勾选上,单击"确定"按钮,相关信息即可映射到服务器共享文件夹(图 5.5-4)。

➢ 项目组其他成员可自如引用已创建好的数据快捷方式,先设定上文创建好的数据快捷方式文件夹,然后单击图 5.5-2 中的"将项目与当前图形相关联",即可引用项目组其他成员的成果(图 5.5-5)。

➢ 若任何人在任何环节有任何改动,单击图 5.5-2 中的"刷新"并保存,其他组员再刷新一次自己的文档,即可保持所有组员计算机上的信息同步更新。

图 5.5-2 数据快捷方式创建方法

图 5.5-3 新建数据快捷方式文件夹

图 5.5-4 创建数据快捷方式

图 5.5-5 关联数据快捷方式

提示 通过数据快捷方式创建的数据参照可以供他人正常使用,但不能修改,只能在源映射文件修改，再分别刷新各自文件，更新参照。

5.6 路线纵断面图设置案例

公路施工图用到的道路纵断面基本采用模板自带的栅格形式（图 5.4-5），相对比较简单，稍作调整即可。但如图 5.6-1 所示和模板自带风格完全不同的航道纵断面图如何得到呢？本节走完，读者基本对各类纵断面图攻无不克了。

5.6.1 路线纵断面图样式设置

拾取已经创建好的路线纵断面图图框，右击，单击"编辑纵断面图样式"，如图 5.6-2 所示，在弹窗中从第一项"信息"到第七项"显示"逐个修改及设置，设置效果如图 5.6-1 所示。过程如下：

图 5.6-1　自动剖切的航道纵断面图效果

图 5.6-2　纵断面图样式设置

➢ 展开"信息"一栏，修改纵断面样式"名称"，也可以不修改，这是为后面设定模板样式服务，用于区分自定义样式。

➢ 展开"图形"一栏，修改垂直放大比例为"10"，即纵向放大 10 倍，横向保持不变。纵向比例视出图习惯而定，航槽地形比较平缓，设计航槽深度一般只有 1～5m 之间，纵向放大 10 倍有利于区分地形起伏。

➢ 展开"栅格"一栏，去掉"裁剪垂直栅格"和"裁剪水平栅格"前面的"勾"选项，保持图面清爽干净，其他项不变。

➢ 展开"标题注记"一栏，下拉"文本样式"菜单，选择"宋体"，文本高度填写"5.00 毫米"。单击"标题内容"后面的编辑按钮 → 展开"文本部件编辑器"弹窗中的"特性"一栏，

把光标打到右侧空白栏的"<[图表视图名称(CP)]>"文字后面，按回车键，把光标移到下一行→单击左侧"特性"栏下拉菜单，找到"图表视图垂直比例"，设置精度为"1"→单击"图表视图垂直比例"后面的箭头按钮，将设置导入到右侧空白栏→在"<[图表视图垂直比例(PO|RN|AP|GC|UN|OF)]>"前面添加文字"垂直比例1:"→全选右侧空白栏中的文字，展开该弹窗中的"格式"一栏，修改字体样式为"宋体"，单击"确定"按钮。如图5.6-3所示。

图5.6-3 标题内容文本设置

"标题位置"选择"上"，中心对正，Y偏移"10.00毫米"，单击"确定"按钮。图表标题设置成功。

➤ 展开"水平轴"一栏，"选择要控制的轴"选"下"→"主记详情"中"间隔"设置"100.000米"，"次记详情"中"间隔"设置"20.000米"，其他所有选项均不用设置，这一步只用到主记号和次记号。若这里是设置公路线路纵断面图，主记次记都需要详细设置，航道纵断面图相对简单。如图5.6-4所示。

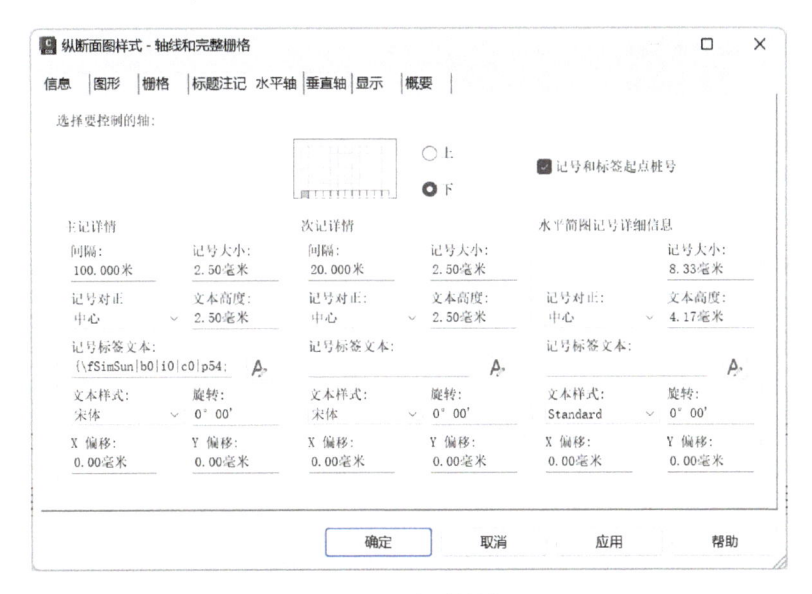

图5.6-4 水平轴设置

➤ 展开"垂直轴"一栏，"选择要控制的轴"选"左"→"主记详情"中"间隔"设置"1.000米"，"记号大小"设置"2.50毫米"，中心对正，文本高度填写"5.00毫米"。如图5.6-5所示。

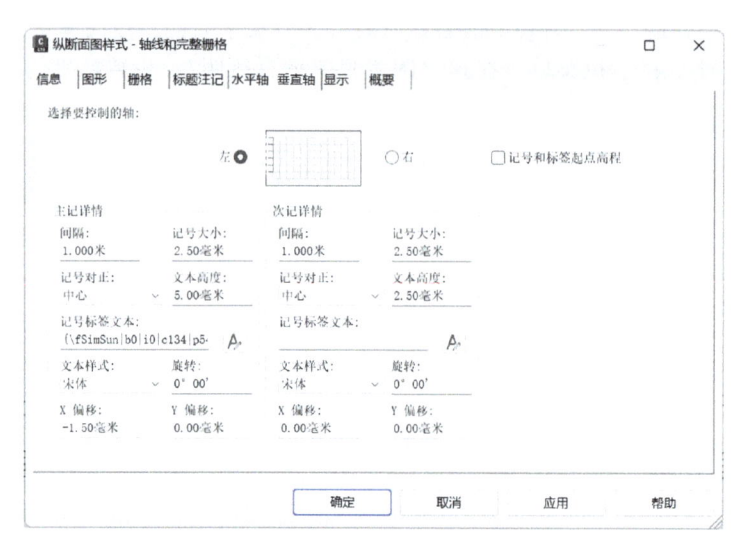

图 5.6-5 垂直轴设置

单击"记号标签文本"后面的编辑按钮 → 展开"文本部件编辑器"弹窗中的"特性"一栏，全选右侧空白栏中的文字，左侧"精度"设置为"1.00 毫米"，单击"图表视图垂直比例"后面的箭头按钮，将设置导入到右侧空白栏，替换原来的文字，单击"确定"按钮。

"X 偏移"设置为"–1.50 毫米"。"次记详情"无需设置，该项最后被关闭未显示。

➢ 展开"显示"一栏，关闭掉无需显示的项，只保留图表标题、左轴、主要左轴注记、主要左轴记号、次要底轴注记几项即可，并设置颜色及线宽。如图 5.6-6 所示。

图 5.6-6 显示设置

5.6.2 路线纵断面图特性设置

上文只设置到纵断面图样式，这一节完成纵断面及标注栏设置。拾取已经创建好的路线纵断面图图框，右击，单击"纵断面图特性"，在图 5.6-7 弹窗中从左到右逐个修改及设置，设置效果如图 5.6-1 所示，过程如下：

第 5 章 路线

➤ "高程"设置。针对高程不在设计值范围内的纵断面图，这里需要用户指定高度，纵断面图会自动更新高程。

➤ "纵断面"设置。单击"样式"，设置地面线及设计线显示样式、打印样式、线宽、标签等。

图 5.6-7 纵断面设置

➤ "标注栏"设置。"标注栏类型"选择"纵断面数据"，"选择标注栏样式"选择"地面高程"，单击"添加"按钮 添加 >> ，添加到下方空白处。

→单击样式设置按钮 ，在"拾取标注栏样式"弹窗中单击编辑按钮的下拉菜单，选择"复制当前选择"，进入"纵断面数据标注栏样式"弹窗，如图 5.6-8 所示。

→在弹窗中展开"信息"一栏，将"名称"改为"桩号"。

图 5.6-8 复制当前样式

→展开"标注栏详细信息"，右侧"标签和记号"选择"主桩号"，开始设置左侧主桩号信息，"标注栏高度"设置为"15.00 毫米"，"文本框宽度"设置为"45.00 毫米"，"自标注栏的偏移"设置为"0.00 毫米"，如图 5.6-9 所示。再单击上侧"设计标签"按钮，如图 5.6-10 所示，在"标签样式生成器"弹窗的"布局"一栏，找到"文本高度"，设置高度为"5.00 毫米"，"X 偏移"设置为"-6.00 毫米"，"颜色"设置为"白色"，再找到"内容"，单击内容后面的展

图 5.6-9 纵断面标注栏样式设置

开按钮 ，在下一级"文本部件编辑器"弹窗的右侧文字前添加大写字母"K"，代表桩号，如图 5.6-10 所示，单击"确定"按钮。再按照相同的方式设置副桩号，最终完成桩号标注栏设置，如图 5.6-11 所示。

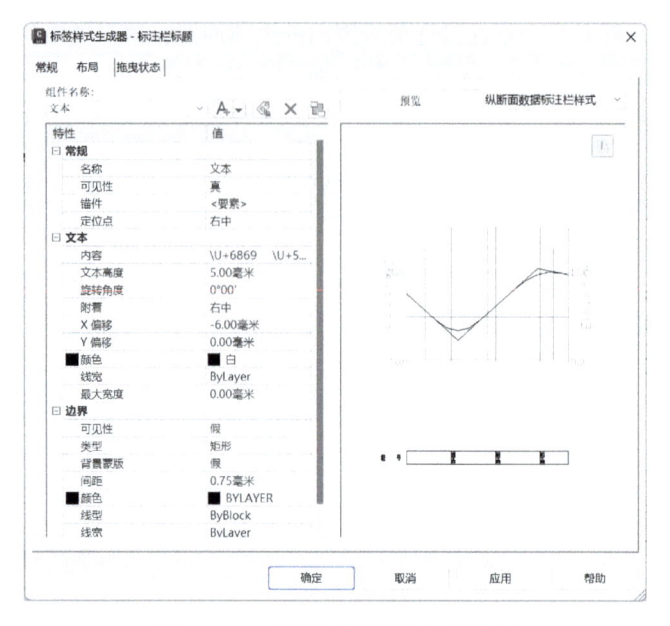

图 5.6-10　纵断面标注栏内容设置

图 5.6-11　桩号标注栏文字设置

→展开"显示",打开标注栏边界、标注栏标题框、标注栏标题框文本、主记号、次记号、主桩号处的标签、次桩号处的标签等项"可见",如图 5.6-12 所示。

图 5.6-12　标注栏显示设置

> 按照上文设置桩号的方式完成"设计水位"设置，唯一的区别是把每隔 20 米的桩号值换成设计水位值，其他保持不变，只修改"纵断面数据标注栏样式"弹窗右侧的"设计标签"一项。单击"设计标签"，进入"标签样式生成器"弹窗，其他选线和上文桩号设置保持一致，只有"内容"导入的数据不同，单击内容后面的展开按钮 ⋯，进入下一级"文本部件编辑器"弹窗，删除右侧空白栏中的文字，在"特性"的下拉菜单中找到"纵断面 2 高程"，单位设置为"米"，精度设置为"0.01"，单击右侧的箭头按钮 ⇨，导入空白栏，单击"确定"按钮。如图 5.6-13 所示。

图 5.6-13 设计水位标注栏文字设置

> 按照设置"设计水位"的方法设置"设计河底"，"文本部件编辑器"弹窗中导入到右侧的选项为"纵断面 1 高程"。
> 按照设置"设计水位"的方法设置"原河底高程"，"文本部件编辑器"弹窗中导入到右侧的选项为"纵断面 2 高程"。
> 按照设置"设计水位"的方法设置"挖深"，"文本部件编辑器"弹窗中导入到右侧的选项为"纵断面 2 高程减去纵断面 1 高程"。
> 设置标注栏桩号间距。在"纵断面图特性"弹窗中将"主要等高线间隔"设置为"100.000 米"，"次要间隔"设置为"25.000 米"。可能会发现这两个选项是灰色的，不能修改，去掉左下角"将主要/次要增量与垂直栅格间隔匹配"前的"勾"选项去掉，即可编辑。

最终完成如图 5.6-14 所示纵断面图特性设置。

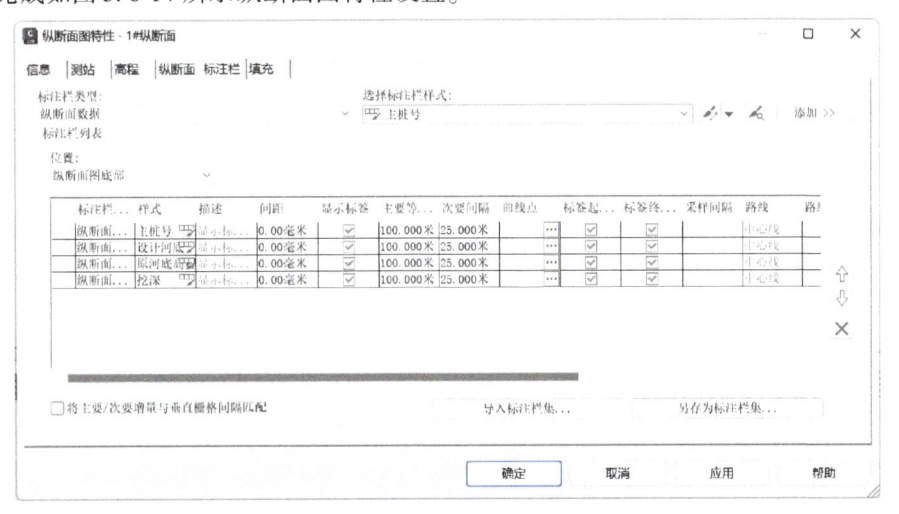

图 5.6-14 纵断面图特性设置效果

提 示 在本案例中，桩号值保留整数，某些情况下，即使在"文本部件编辑器"弹窗中设置了单位精度为"1"，仍然会出现桩号值有小数，此时，不妨尝试把"输出"选项设置为"小数点左侧"，就可以解决整数输出的问题。

5.6.3 路线纵断面图样板文件设置

先完成路线纵断面图样式设置，再在路线纵断面图设定中指定新设置的样式，即可完成路线纵断面图样板文件设置。

在"工具空间"选项板的"设定"一栏，单击"纵断面图"→右击"路线"选项，单击"编辑要素设定"→如图 5.6-15 所示，在弹窗中展开"默认样式"→修改"纵断面图样式"为上文设置的"航道纵断面图"，修改"纵断面图标注栏集"为"疏浚标注栏"→单击"确定"按钮，保存文件。

将该文件复制一份出来，打开复制的文件，删除掉文件中所有的图元，注意不是"purge 清理"！另存为 .dwt 样板文件，新建文档时，选择该 .dwt 文档，在该文件上创建路线纵断面图时默认为自定义样式。

图 5.6-15 纵断面图样式设定

提 示 路线各种样式设置和设定区别在于，样式的设置只对当前设置的文档有效，若样式设置时对样式名称进行了重命名，再创建该部分图元时，需要在样式下拉菜单中手动选择自定义样式，新设置的样式才能生效。样式设定则把该自定义样式设置为文档的默认样式，不管有没有重命名，在创建类似图元时，即可自动匹配到自定义样式，当完成对所有常用样式的设定后，全部删除文档中的图元，并保存该文档为 .dwt 模板格式，自定义样式及样式设定依旧保留在该模板中，再开展工作时，新建 .dwg 文件选择该模板文档，不用重新设置样式，"一劳永逸"。

第 6 章 道 路

> **本章主要内容**
>
> 本章主要讲述创建道路装配、道路采样线、道路横断面、道路曲面创建、各个环节样式的设置,以及道路工程量统计等内容。

6.1 创建装配

装配是部件的载体,部件是创建道路的横断面构件,Civil 3D 自带有常用装配及构件,可满足简单需求,对于进阶需求,需要自己编写部件,本书第 7、第 8 章节有介绍。

初级用户创建装配有两种方式,一种是创建软件自带的组装好的公制装配,一种是创建装配,然后给装配添加部件,最后修改部件设计参数,以满足工程需求。

1. 创建整装公制装配

➤ 单击界面左上角"常用"一栏"工具空间"右侧的竖排第三个小按钮"工具选项板" ,打开公制部件界面(也可以通过"Ctrl+3"快捷方式来打开公制部件界面),如图 6.1-1 所示。

图 6.1-1 公制部件

➤ 在"公制部件"弹窗中展开第一项"装配-公制"→单击所需的装配类型,再单击空白文档界面添加装配→按"ESC"键退出加载装配模式,退出时有可能会弹窗报错,不用管。

➤ 拾取装配插入点符号→右击选择"装配特性",或者单击上方选项板中的"装配特性"按钮 →如图 6.1-2 所示,展开"装配特性"弹窗中"信息"一栏修改装配名称,展开"构造"一栏,修改边坡、铺装、沟渠、路缘、路面

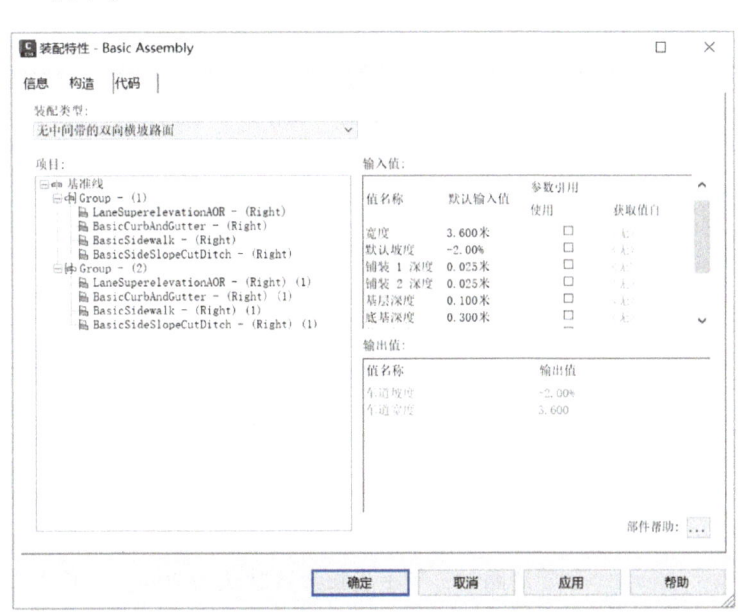

图 6.1-2 公制部件参数设置

等设计参数，单击"确定"按钮完成设置。

> **提 示** 整装公制部件装配中的任何一个零部件都是一个独立的个体，可以任意删除，删除后相邻零部件自动对齐，还可以根据需求给删减后的部件添加新的构件。

2. 创建零部件装配

首先需要创建一个装配插入点符号，再在这个插入点符号上添加连接、边坡、中间带、路肩、车道等基本构件，任意组装，最后根据需求修改装配名称及设置构件参数，实现参数化建模。

6.2 创建道路

6.2.1 创建道路

➤ 单击"常用"选项板中"道路"按钮 道路。

➤ 在弹窗中修改道路名称，如图 6.2-1 所示，选择创建好的路线、纵断面、装配，选择地形曲面，单击"确定"按钮。

➤ 在"基准线和区域参数"弹窗中设置频率，如图 6.2-2 所示，单击"频率"一栏的编辑按钮 。

➤ 在图 6.2-3 "应用装配的步长"弹窗中把沿切线、曲线增量、沿缓和曲线、沿竖曲线等选项步长均设置为 5 米，单击"确定"按钮。

➤ 在"道路特性"弹窗中单击"重新生成道路"，等待道路自动创建完成。

图 6.2-1 创建道路

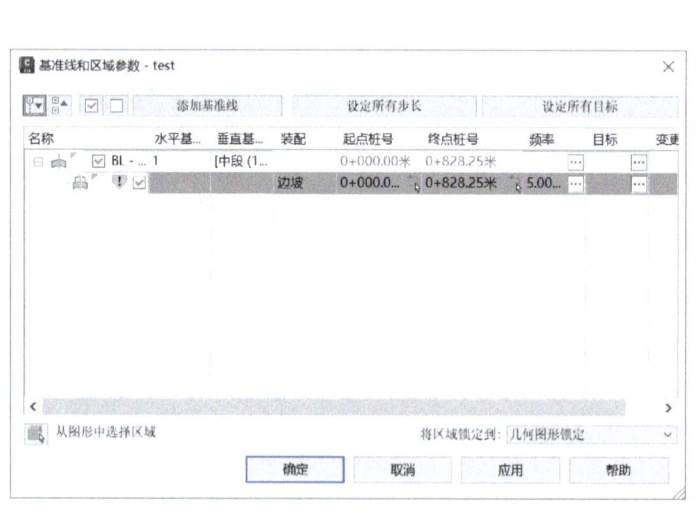

图 6.2-2 设置基准线和区域参数

图 6.2-3 步长设置

> **提 示** 创建道路时，频率步长参数默认为 20m，步长太大，基本不满足要求，普通道路工程设置 5m 步长精度足够使用，针对弯道或者平交路口等比较精细的区域，可以拆分区域，局部设置 1m 或者更小单位，针对线路比较长的道路，全路段设置较小步长对计算机性能要求很高，

且容易"死机",不推荐。

6.2.2 拆分区域设置

➤ 道路创建阶段

若正处于创建道路阶段,如图 6.2-2 所示,用右击要拆分的区域,单击"拆分区域",如图 6.2-4 所示→路线上拾取区域桩号,按回车键确认后,如图 6.2-5 所示,精确修改每个区域的"起点桩号"和"终点桩号"→单击每个区域"装配"一列,为每个区域设置与之相匹配的装配→单击每个区域"频率"一列,为每个区域设置合适的步长→若需要设置偏移目标,单击"目标"一列的编辑按钮,设置偏移目标。

图 6.2-4 区域右键菜单

➤ 道路已创建完毕阶段

若道路已经创建完成,选中已经创建好的道路,右击,单击"道路特性"→展开"道路特性"弹窗中的"参数"一栏,完成拆分区域设置,如图 6.2 -6 所示,方法和上文相同。也可以由"工具空间"→道路→右击该道路,单击第一项"特性",进入"道路特性"弹窗,设置拆分区域。还可以选中创建好的道路,右击,在"修改区域"中单击"拆分区域"(图 6.2-6),效果一样。

图 6.2-5 拆分区域

图 6.2-6 修改区域

6.2.3 偏移目标设置

偏移目标有 3 种形式,分别为曲面目标、宽度目标、高程目标,其中宽度目标对象类型有路线、要素线、测量地物和多段线 4 种类型,高程目标对象类型有纵断面、要素线、测量地物和三维多段线 4 种类型。

在设置偏移目标之前准备好要指定的宽度目标和高程目标。过程如下:

➤ 选择创建好的道路,右击"道路特性"→展开"参数"一栏,单击"设定所有目标"按钮或者单击"目标"编辑按钮。

➢ 在"目标映射"弹窗中找到"偏移"或"高程"列，单击"<无>"这一栏（图 6.2-7），弹窗下方自动显示偏移目标设置相关内容，可供选择的路线、要素线、测量地物和多段线全部集合在此，也可以单击绿色拾取按钮 ，手动拾取偏移目标。

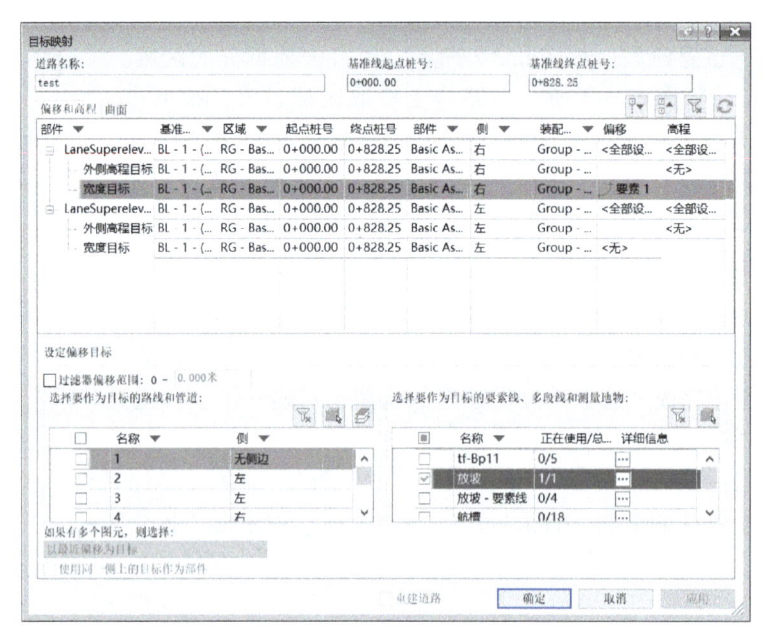

图 6.2-7　设置偏移和高程目标

➢ 展开"目标映射"弹窗中"曲面"一栏，如图 6.2-8 所示，在"目标"一栏指定曲面目标。如果没有特殊需求，曲面目标一般默认为创建道路时选择的曲面，无须重新指定。

➢ 重新生成道路，完成道路创建。

Civil 3D 2020 以后的版本"目标映射"弹窗界面发生了改变，觉得没有老版本一目了然，呈上老版本对比如图 6.2-9 所示，老版本直接单击"<无>"即可设置距离和高程偏移。

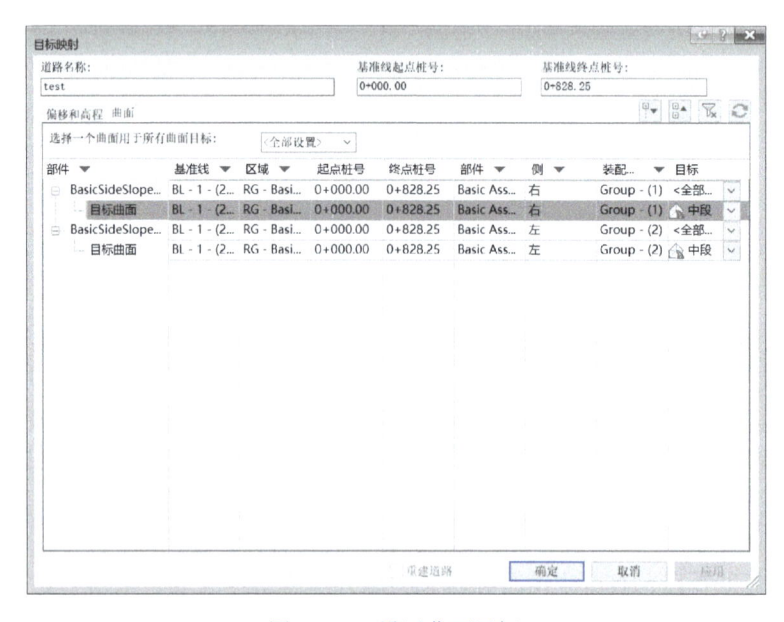

图 6.2-8　设置曲面目标

图 6.2-9　2020 以下老版本 Civil 3D 目标映射设置

6.3　道路采样线

6.3.1　采样线创建

采样线创建的基础是路线，只要有路线就可以用采样线剖切地形曲面横断面，在采样源中添加道路、道路曲面、放坡曲面以及不同年份测图曲面，即可同时在横断面图中剖切出来。采样线创建过程如下：

1. 选择采样路线

展开左上角"常用"选项板，单击"采样线"按钮 采样线 →命令栏会提示"选择路线＜或按 Enter 键从列表中选择＞："，单击回车键，从列表中选择要采样的路线，单击"确定"按钮，如图 6.3-1 所示。

2. 设置采样源

如图 6.3-1 所示，单击"创建采样线编组"按钮，弹窗中只勾上要采样的曲面和道路，这里默认所有的曲面均被勾上，若采样区没有重叠的曲面，这一步可以不管被勾上的无用的曲面，单击"确定"按钮即可。

图 6.3-1　创建采样线

3. 设置采样线宽度及间距

如图 6.3-2 所示，单击"采样线创建方式" ✕ ▼ 下拉菜单按钮，选择一种合适的采样方式，以全线采样为例，单击"按桩号范围…"→如图 6.3-3 所示，在"创建采样线"弹窗中设置样本宽度、采样增量、附加采样控制等，单击"确定"按钮→此时，命令栏依旧提示"CREATESAM-PLELINES 沿基准线指定桩号："，若不继续采样，按"Esc"键退出，采样线即可创建出来，如图 6.3-4 所示。

图 6.3-2 采样线创建方式

图 6.3-3 采样线宽度及增量设置

6.3.2 采样线设置

➢ 调整采样线宽度

如图 6.3-4 所示，按照上述方法创建的采样线，道路左侧样本宽度略有多余，右侧最后 3 个断面样本宽度不能覆盖道路结构，需要修改样本宽度。

批量修改采样线宽度。选择任意一条采样线，注意不是选择采样线标签，上方选项板单击"编组特性"按钮 （老版

图 6.3-4 采样线布置效果

本需再次拾取采样线）→如图 6.3-5 所示，在"采样线编组特性"弹窗展开"采样线"一栏，单击第一行，按住"Shift"键，单击最后一行，即可全选所有采样线，单击"左偏移"或"右偏移"一列中任意一格，批量修改数值，也可以只修改单个或者某区间宽度数值，最后单击"应用"→检查采样线是否能全部覆盖道路结构，直到每个采样线能全部采样为止→单击"确定"按钮。

图 6.3-5 采样线宽度设置

> 调整采样源

选择任意一条采样线，单击左上方选项板中"采样更多源"按钮（"2020"以下老版本需要根据命令栏提示再次拾取任意一条采样线），如图 6.3-6 所示，在弹窗中将左侧"可用源"添加到右侧，将右侧"采样的源"删除到左侧，单击"确定"按钮。

图 6.3-6 采样源设置

6.3.3 采样线样板文件设置

先完成采样线样式设置，再在采样线样式设定中指定新设置的样式，即可完成采样线样板文件设置，删掉文档中所有图元，保存为 .dwt 文档，文档中依旧携带设置好的样式及标签，新建该文档，创建的采样线默认为自定义设置的样式。

➤ 采样线样式设置

选择任意一条采样线，右击，单击"编辑采样线样式"，或者单击上方"采样线特性"的下拉菜单按钮 采样线特性 ）→单击"编辑采样线样式" 编辑采样线样式 →如图 6.3-7 所示，在"采样线样式"弹窗中展开"显示"一栏，编辑采样线颜色、线型、线宽、打印样式等。

图 6.3-7　采样线样式设置

➤ 采样线标签样式设置

选中采样线标签，右击，选择"编辑编组中的采样线标签"，或者单击上方选项板中的"编辑标签组" 编辑标签组 →进入"采样线标签"弹窗，如图 6.3-8 所示，单击"样式"一列的编辑按钮 →单击"拾取标签样式"弹窗中的编辑按钮 →进入"标签样式生成器"弹窗，在"布局"一栏，修改采样线标签文本内容、字体样式、颜色、附着、偏移等项，单击"确定"按钮，完成标签样式设置。

标签文字设置详细步骤可参照本书第 5.4.2 章节"路线纵断面标签"设置，一层一层迷宫一样点进去，没完没了。

➤ 采样线样式设定

在"工具空间"选项板的"设定"一栏，右击"采样线"选项 采样线 ，单击"编辑要素设定"→在"编辑要素设定-采样线"弹窗中展开"默认样式"→修改采样线及其标签样式→单击"确定"按钮，保存文件，在该文件上创建的采样线默认为自定义样式。

图 6.3-8　采样线标签样式设置

6.4　道路横断面图

6.4.1　横断面图创建

展开左上角选项板"常用"一栏，单击"横断面图"按钮下拉菜单中的"创建多个视图" 创建多个视图，进入"创建多个横断面图"弹窗→如图 6.4-1 所示，在"常规"界面"选择路线"一栏选择正确的路线（忘选会出错哦），先不管横断面图样式设置，后面章节有详细讲解，单击"下一步"→如图 6.4-2 所示，在"横断面定位"界面，定位选项改为"草图"，"施工图"有点"花里胡哨不好驾驭"，若没有其他修改需求，直接单击"创建横断面图"，拾取界面空白处，放置横断面图。

图 6.4-1　创建多个横断面图

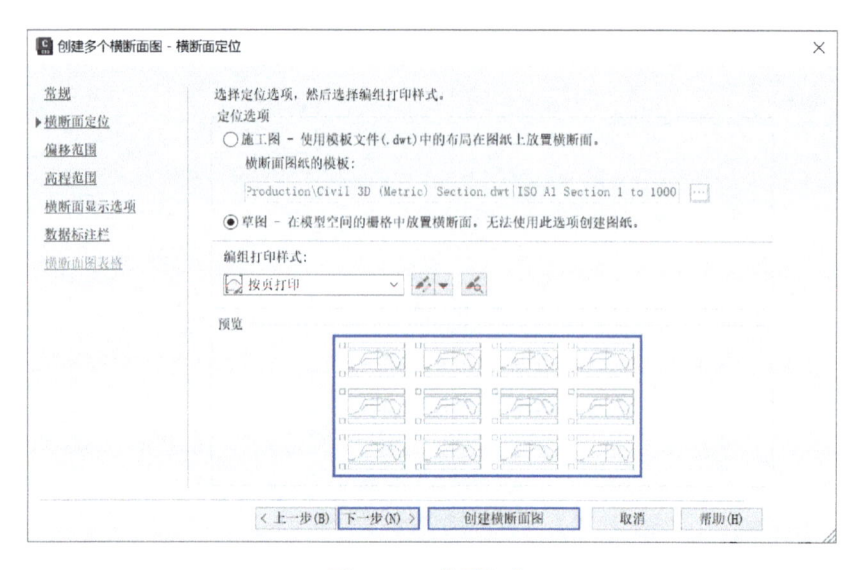

图 6.4-2 草图打印

"施工图"模式中横断面图纸模板只有较大的 A0 和 A1 图框,如图 6.4-3 所示,施工图常用的 A3 图框需要自定义制作,A3 图框排列出来的横断面很不友好,会浪费大量图纸空间。"草图"模式所有横断面都排列在一个矩形区域内,如图 6.4-4 所示,方便查看和装图排版。以某工程为例,路线长度 4180m,施工图断面间距 20m,共出 210 个横断面,自定义 A3 图框占据 36 张图纸,而手动排列紧凑的 A3 图纸只需要 16 张即可。

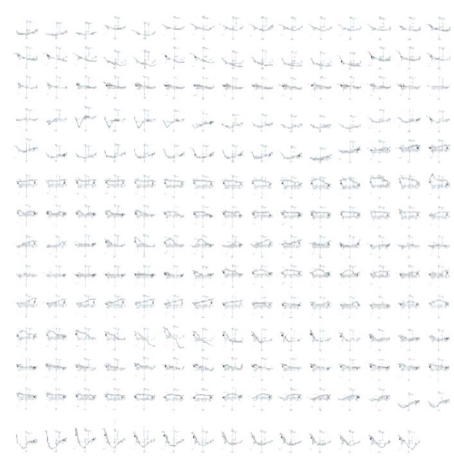

图 6.4-3 软件自带图纸模板　　　　　图 6.4-4 草图横断面出图示意

6.4.2 横断面图显示及布局

批量横断面图创建好以后,若再对该组采样线样本宽度大幅修改,横断面图会跟着变化,但是横断面图位置布局不会改变,要么堆叠在一起,要么间距很大。此时,选中任意一条横断面中心轴线(没有中心轴线的图纸,任意选一个横断面图桩号),单击上方选项板中的"更新编组布局"

(或者右击中的"更新编组布局"),会自动刷新横断面图位置,效果如图 6.4-5、图 6.4-6 所示。

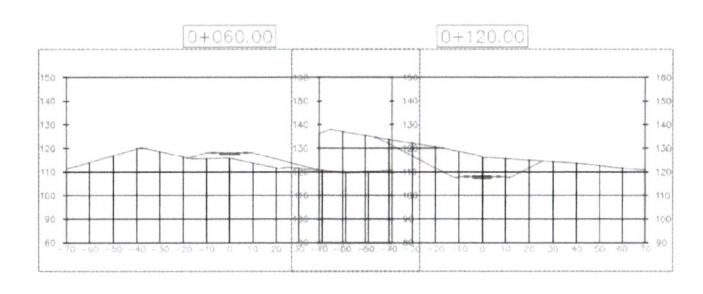

图 6.4-5　横断面图布局更新前

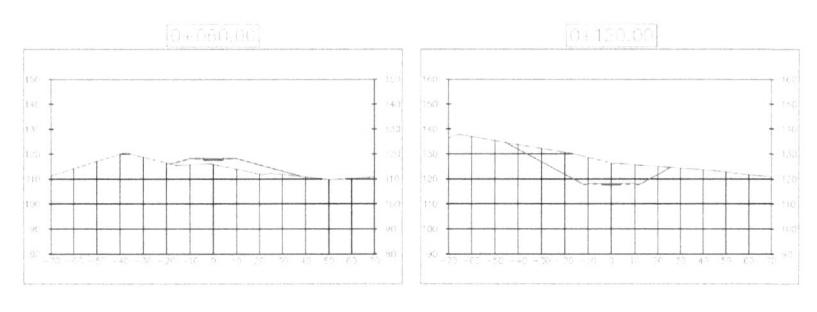

图 6.4-6　横断面图布局更新后

6.4.3　横断面图样板文件设置

先完成横断面图样式设置，再在横断面图样式设定中指定新设置的样式，即可完成横断面图样板文件设置。过程如下：

1. 横断面样式设置

横断面的控制要素有部件和模板两项，部件控制横断面结构体框架，模板控制结构体标签、标注、显示样式、打印样式等，两者需配合使用。设置横断面样式的本质就是设置部件代码在文档中的显示样式。本章道路创建中用到的部件和模板为软件自带的公制部件和模板，横断面样式设置时需要多次反复调试摸索，才能把每个连接和造型对应的横断面、平面、模型结构体设置完善。过程如下：

➤ 第一步，检查代码是否齐全。

选择任意一个道路横断面（选择道路结构体剖面，而非图框，且非地面线），右击，单击"编辑代码集样式…" 编辑代码集样式…（或者单击选项板"编辑代码标签"按钮 编辑代码标签）→如图 6.4-7 所示，进入"代码集样式"弹窗中的"代码"一栏，逐个展开连接、点、造型三项，可以发现横断

图 6.4-7　初始代码集样式

面不携带代码。

> 第二步，导入代码。

单击如图 6.4-7 所示弹窗右下角的"导入代码"按钮 导入代码...，命令栏会自动提示"选择要导入其代码的部件、装配和/或道路:"，拾取道路，或者框选部件和装配，按回车键确认，又回到"代码集样式"弹窗，再展开连接、点、造型查看，如图 6.4-8 所示。

图 6.4-8 导入代码后的代码集样式

> 第三步，设置代码连接及造型样式。

一般无须设置横断面点样式，连接和造型样式设置方式类似，在"代码集样式"弹窗中单击代码"样式"一列的编辑按钮 →单击"拾取连接样式"弹窗中的编辑按钮 →如图 6.4-9 所示，展开"连接样式"弹窗中的"显示"一栏，单击"视图方向"的下拉菜单，选择"横断面"，设置横断面连接颜色、造型边框颜色、填充颜色及填充图案等，为了区分明显，这里也可以将"视图方向"下拉菜单中的平面、模型、纵断面等显示样式及颜色一并设置。

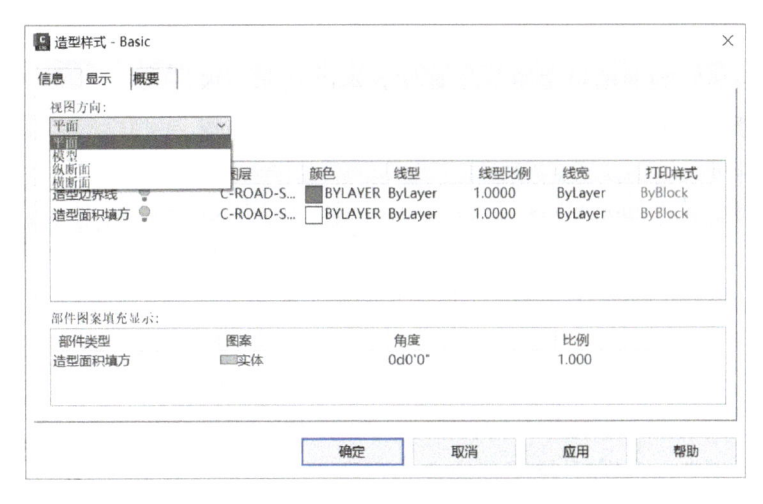

图 6.4-9　代码造型样式设置

> 第四步，设置代码标签样式。

在"代码集样式"弹窗中单击代码"标签样式"一列的编辑按钮 →如图 6.4-10 所示，进入"拾取样式"弹窗，默认无样式，单击"＜无＞"后面的下拉菜单，选择一种合适的样式，在编辑按钮的下拉菜单中选择"复制当前选择"→如图 6.4-11 所示，展开"标签样式生成器"弹窗中"信息"一栏修改名称，用于和其他标签区分开→展开"布局"一栏，单击组件下拉菜单按钮，添加文本、直线、块或方向箭头等常用标签结构，并调整定位点、文本内容、文本样式等项，最后单击"确定"按钮，完成标签样式设置。

图 6.4-10　拾取样式设置

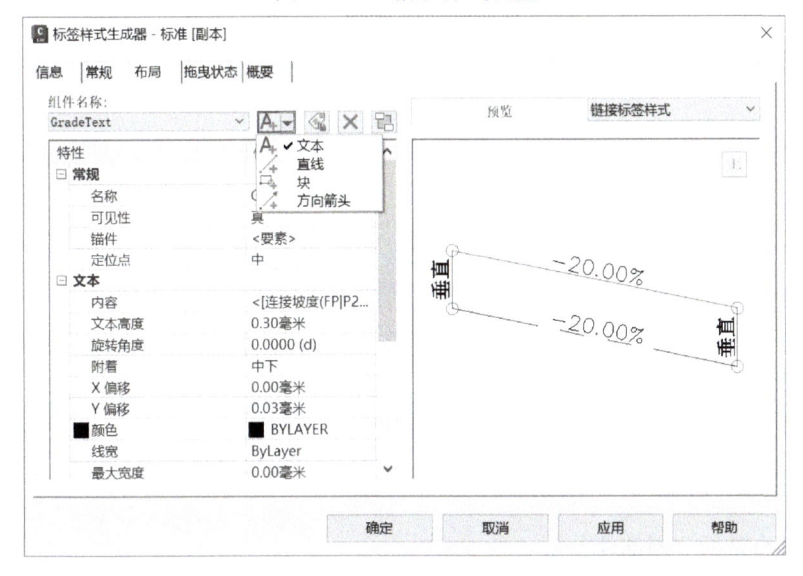

图 6.4-11　标签布局设置

第五步，渲染材质设置。

单击"渲染材质"列的编辑按钮 ⊗，如图 6.4-12 所示，展开"选择渲染材质"弹窗中"＜无＞"后面的下拉菜单，选择一种合适的材质即可。

渲染材质仅用于导入 InfraWorks 建模，把 Civil 3D 生成的道路曲面和材质导入 InfraWorks 模型，再把渲染材质覆盖在道路曲面上，调整材质在模型中的显示样式，一条华丽的道路随即展现出来。

图 6.4-12　渲染材质

2. 横断面图样式设置

选择任意一个横断面图桩号或者中轴线，右击，单击"编辑横断面图样式"（或者在上方选项板"横断面图特性"的下拉菜单中单击"编辑横断面图样式"）→如图 6.4-13 所示，展开"横断面图样式"弹窗中"图形"一栏，设置垂直放大比例→展开"栅格"一栏，设置栅格裁剪及填充→展开"标题注记"一栏，设置横断面图标题文本高度、文本样式，单击"标题内容"编辑按钮，设置横断面图桩号名称，最后设置横断面图标题放置位置，这一步类似本书第 5.6.1 章节路线纵断面图样式设置→根据需求设置"水平轴"和"垂直轴"→展开"显示"关掉所有不需要的图层，保持图幅简洁美观。

图 6.4-13　横断面图样式设置

提　示　横断面和横断面图的区别在于，横断面是采样线剖切的地面线、道路结构、标签标注以及其他曲面等，横断面图指的是图框、中轴线、图表标注栏、图表标题、栅格等。

横断面图样式设定

参见路线章节。

6.4.4　道路超高设置

来自软件自带的公制部件

如图 6.4-14 所示，软件自带公制部件预留有超高斜率百分比参数设置，默认值为"美国 3%

超高设计标准"，使用时修改为项目实际设计超高。

图 6.4-14 公制部件超高设置

➤ 来自自定义部件

根据每个项目实际情况，软件自带公制部件不可能满足所有项目需求，道路断面设计一般需要自定义部件，在自定义部件的同时，预留横断满超高设置参数。自定义部件相关内容将在第 7 章将讲解。

6.5 道路曲面创建

道路结构体主要用于剖切横断面，道路曲面主要用于计算工程量、制作道路地形以及导入 InfraWorks 建模。

选中道路，右击，单击"道路特性"→展开"道路特性"弹窗中"曲面"一栏，如图 6.5-1 所示，单击弹窗中左侧的"创建道路曲面"按钮，自动创建道路曲面，并为该曲面添加连接，展开"数据类型"下拉菜单，选择"连接"，单击左上方的添加按钮，将"指定代码"下拉菜单中相关代码添加进道路曲面（经验证，

图 6.5-1 创建道路曲面

将全部连接都添加进去后生成的曲面即为道路表面层)→展开"边界"一栏,如图 6.5-2 所示,用右击道路曲面,单击"作为外部边界的道路范围"→单击"确定"按钮,完成道路曲面创建。

选择道路曲面,右击,单击"对象查看器",创建效果如图 6.5-3 所示。

图 6.5-2　创建道路边界

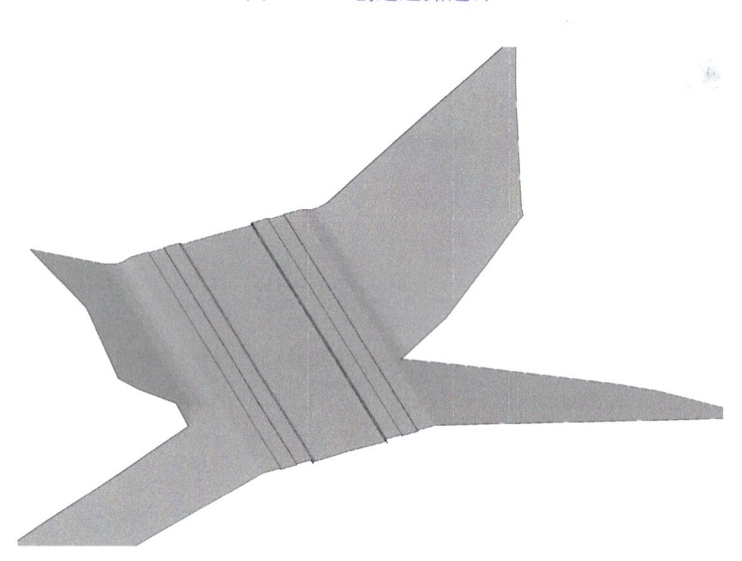

图 6.5-3　道路曲面查看效果

提示　如图 6.5-1 所示,创建道路曲面时,可以添加连接,也可以添加要素线,或者将连接和要素线一起添加,连接即为道路结构点代码,要素线即为结构线代码,第 7 章将会详细讲解,软件自带公制部件只添加连接即可,自定义部件要结合编写部件时预留的代码情况而定。

6.6　道路工程量计算

道路工程量计算的原理为用地形曲面和道路曲面创建三维体积曲面,该体积曲面的填挖方量即为道路工程量。分为以下两步:

1. 创建三维体积曲面

打开"工具空间"选项板→用右击"曲面"选项,再单击菜单中的"创建曲面"→如图 6.6-1 所示,进入"创建曲面"弹窗,展开"类型"下拉菜单,选择"三角网体积曲面",修改曲面名称,"基准曲面"选择地形曲面,"对照曲面"选择道路曲面,然后单击"确定"按钮。

图 6.6-1　创建体积曲面

2. 查看三维体积曲面属性

在"工具空间"选项板找到刚创建的三维体积曲面,右击,单击"曲面特性",在"曲面特性"弹窗中展开"统计信息"一栏的"体积"一项,填、挖方和净方量清楚明了,如图 6.6-2 所示。

图 6.6-2　统计土方量

第 7 章 部件参数化设计

> **本章主要内容**
> 1. 部件主要构件的作用及使用方法
> 2. 如何设置代码

7.1 部件编辑器简介

Civil 3D 部件编辑器"Subassembly Composer"（简称 SAC）是一款可视化编程软件，可定制各种结构体部件，如行车道、多级边坡、隧洞、挡墙、航道、坝体等。安装方法见本书第 1.2 章节，安装路径一般位于 C:\Program Files (x86)\Autodesk\Subassembly Composer 20XX，双击 Subassembly-Composer.exe 文件即可运行。

目前，SAC 部件是向下兼容模式，低版本的 Civil 3D 不能加载高版本的部件，为了保证部件的通用性，在制作部件时，最好采用低版本的部件编辑器编写。官方发布的部件编辑器为英文版，有网友自己汉化的部件编辑器，不习惯英文界面的读者可以找来用。

SAC 部件采用可视化 VB 程序编写，软件自带公制部件代码开源安装目录在 C:\Program Files\Autodesk\AutoCAD 201X\Civil 3D\Sample\Civil 3D API\Civil 3DStockSubassemblies\Subassemblies，功能强大，理论上可实现任何形状的横断面形式。

7.1.1 部件工具箱

如图 7.1-1 所示，部件工具箱包括几何元素（Geometry）、高级几何元素（Advanced Geometry）、辅助元素（Auxiliary）、工作流程（Workflow），以及杂项（其他，Miscellaneous）中的设置输出参数（Set Output Parameter）、定义变量（Define Variable）、设置变量值（Set Variable Value）、设置标记点（Set Mark Point）、报告信息（Report Message）等项，其中，几何元素和高级几何元素为制图工具，当载入.dwg 文档时，最终会在部件几何图形及横断面中显示，辅助元素为辅助标记点工具，最终不出现在部件或横断面中，通过辅助工具可以创建实体几何点或连接。

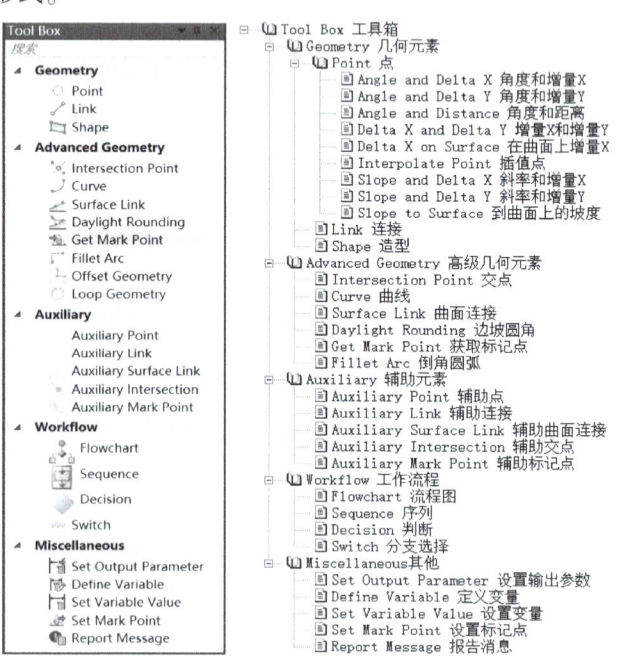

图 7.1-1 部件工具箱中英文注释对照

7.1.2 流程图

如图 7.1-2 所示，流程图为创建点、线、面及逻辑关系的可视化界面，打破了传统人工绘制断面的常规方法，通过参数控制部件结构单元的方式，用点、线、面等部件结构单元及逻辑单元流程图表达出复杂的断面结构衔接及变化形式，最终达到参数化设计智能化出图的效果。

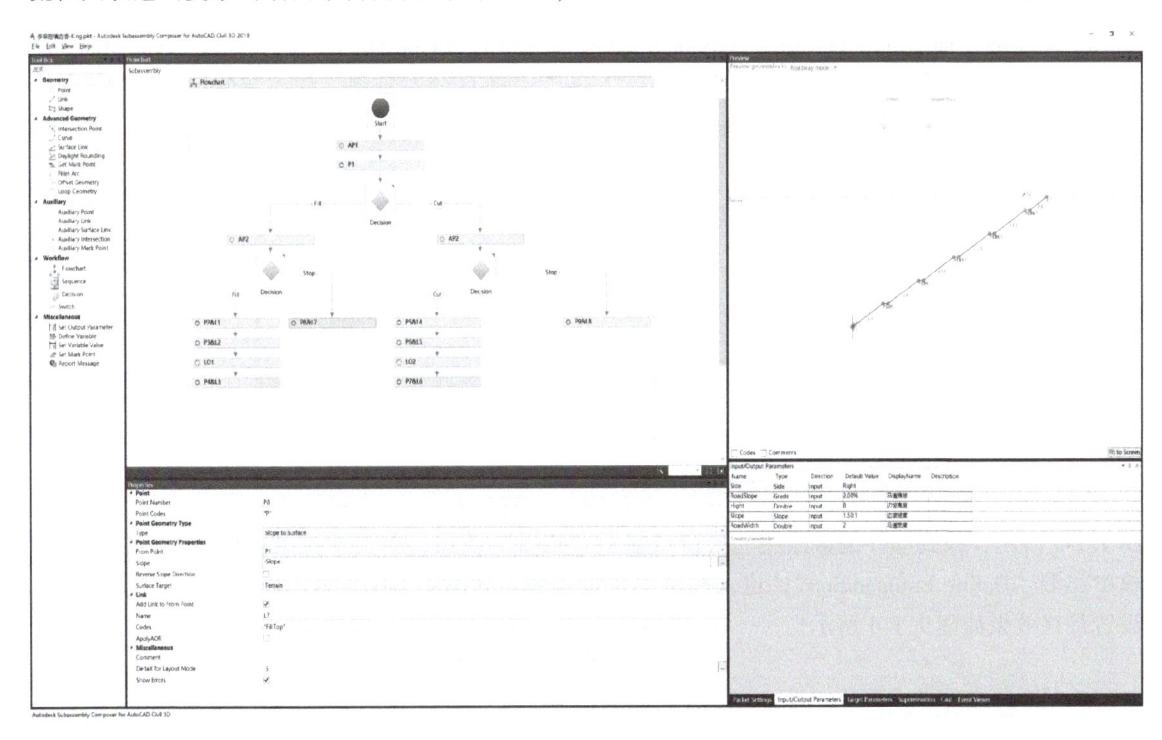

图 7.1-2　流程图

流程图中每个部件结构单元都对应下方的一个属性栏，通过属性控制每个部件结构单元的代码、位置、长、宽、高、坡度、偏移目标、几何特性、运算表达式等。

图 7.1-2 左下方属性栏的数据受右下方输入/输出参数及目标参数控制，属性栏一般不出现具体数字，所有数据都以属性的形式在输入/输出参数中设置，部件结构单元属性除受量化数据参数的限制，还受地面、距离偏移、高程偏移等参数控制。

7.1.3　常用参数设置

➢ 部件名称设置（Packet Settings）：

右下角"Packet Settings"界面中的名称、描述、帮助文件和图标用来定义部件，该名称为加载进部件选项板的名称，还可以为该部件设置描述和帮助文件，如图 7.1-3 所示。

图 7.1-3　部件名称设置

> **提示** 加载进.dwg 部件选项板的名称为"Packet Settings"中设置的"Subassembly Name"名称,而非部件文档"File"名称。

➤ 输入/输出参数设置(Input/Output Parameters):

定义部件用于道路建模时可以指定的参数,包括整型(lnteger)、双精度(Double)、字符串(String)、坡率(Grade)、坡度(Slope)、是非判断(Yes/No)、侧(Side)、超高(Superelevation)、超高旋转轴(Superelevation Axis of Rotation)、坡向(Slope Direction)、势轴(Potential Pivot)等11种类型设置。"Side"判断左右侧,"None"为不区分左右侧,载入装配后的部件不具备镜像功能,"Right"或"Left"为只编写半边部件,另外半边可通过镜像获得,这减少了重复工作量。输入/输出参数设置如图 7.1-4 所示。

图 7.1-4　输入/输出参数设置

输入/输出参数类型除了软件自带的 11 种以外,用户还可以根据需求自定义枚举类型,如图 7.1-5 所示,找到部件编辑器左上角窗口显示"View"按钮,单击下拉菜单的最后一栏自定义枚举类型"Define Enumeration",进入枚举类型设置弹窗如图 7.1-6 所示,设置自定义参数类型,设置最终效果如图 7.1-4 所示。

图 7.1-5　View 窗口按钮下拉菜单　　　　图 7.1-6　自定义枚举类型

➤ 目标参数设置(Target Parameters):

为部件定义高程、偏移和目标曲面参数,包括地面(Surface)、平面偏移(Offset)、高程偏移(Elevation)三项,如图 7.1-7 所示。在创建道路过程中,目标参数优先级别高于部件属性设置中的其他参数,如图 7.1-7 所示。

图 7.1-7　目标参数设置

➤ 超高设置（Superelevation）：

用于在预览面板中显示超高坡度，包括左右侧内外车道坡度、左右侧内外路肩坡度设置，如图 7.1-8 所示。

图 7.1-8　超高设置

提　示　当部件修改后重新加载时，Civil 3D 2017 及以下版本需要先把部件选项板中旧部件删除，重启软件后才能加载进更新后的部件，再替换掉装配上已加载的更新之前的旧部件；或者更改部件在"Packet Settings"界面中的名称后再加载部件，此种方法不用重启 Civil 3D 软件。Civil 3D 2018 及以上版本可以直接加载更新后的部件，不用重启软件，亦不用重命名部件。

7.2　部件结构

7.2.1　几何单元

部件是组成道路或带状结构体的基本横断面装配构件，几何体又是组成部件的基本单元。几何体包括组成部件断面的点、线、面、连接等实体结构单元和用于辅助运算的虚拟单元，其中，点用于搭建部件框架结构，固定部件结构点位置，连接为框架结构点之间的连线，用于勾勒断面形式，面主要用于横断面图中区域填充、提取实体及获工程量。几何单元实例如图 7.2-1 所示。

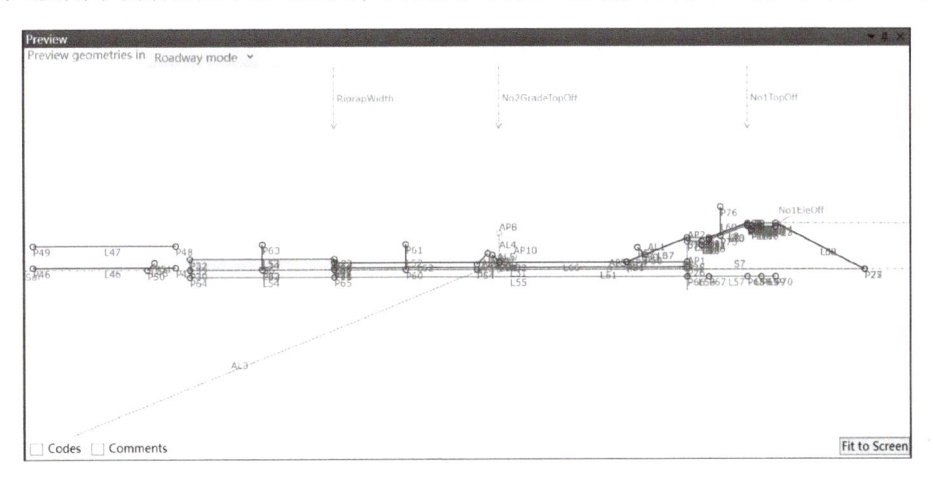

图 7.2-1　几何单元实例预览

7.2.2　点案例

点（Point 或 Auxiliary Point）位置确定可通过数字、参数、表达式来控制。如图 7.2-2 所示，AP2 为从 AP1 引出的虚拟点，通过坡度（Slope）和 X 增量来控制（Slope and Delta X）来控制位置,坡度为参数"CrossSlope",X 增量为一个表达式"if(Width = 0,0.01,Width)",即:如果参数 Width = 0,则 X 增量为 0.01,如果参数 Width≠0,则 X 增量为参数 Width,此外,控制该点位置的还有一个平面偏移参数"Offset"。

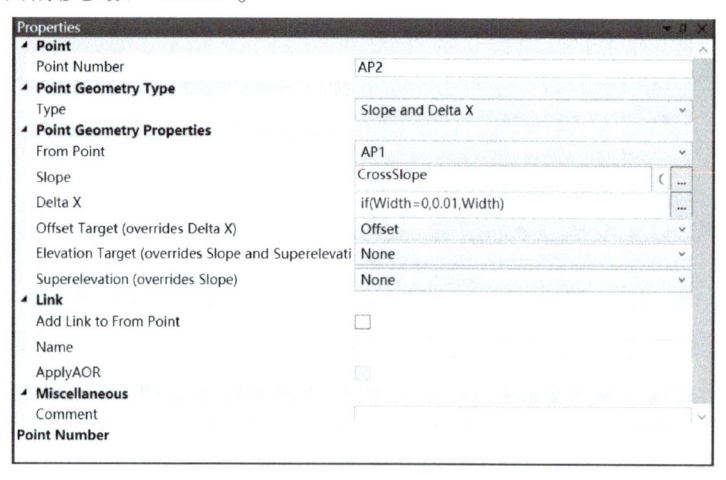

图 7.2-2 点属性控制

该案例点摘自某道路部件设计,AP2 为路面和边坡的衔接控制点,当只需要边坡不需要路面时,设置路面宽度参数为 0,此时边坡不能正常生成出来,原因是路面宽度为 0 造成 AP2 不能生成出来,跟 AP2 衔接的边坡亦不能生成出来,当路面宽度为 0 时,试着给路面考虑一个很小的宽度"0.01",即能顺利的制作出边坡,又去掉了不关注的路面。

7.2.3 曲面连接及造型案例

曲面连接(Surface Link 或 Auxiliary Surface Link)用于获取曲面上两点之间的地面线。如图 7.2-3 所示," L32&P28&P29"表示曲面连接线编号为"L32",曲面目标参数为"Sur",X 值起点为实体点"P1"的 X,X 值终点为虚拟点"AP3"的 X,该地面线 Y 值整体平移参数为" – Riprap Thick",最后给这条新的地面线偏移线起始点编号:"P28""P29"。曲面连接绘制效果如图 7.2-4 所示。

最后,再把曲面连接顺序添加入造型,如图 7.2-5 所示,并给该造型赋代码"抛石压底",在模板文件中设置代码填充样式,自动批量剖切的横断面图效果如图 7.2-6 所示。

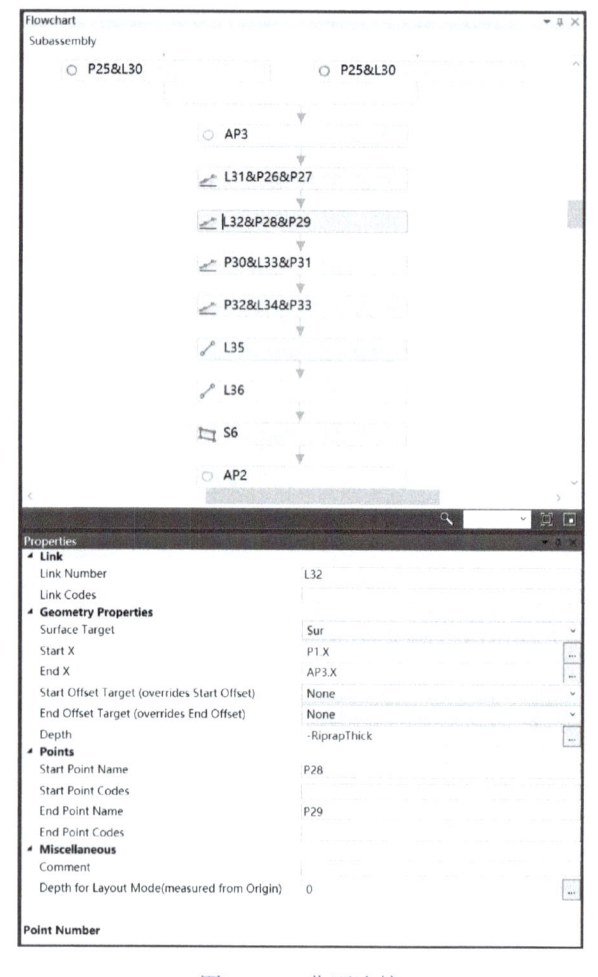

图 7.2-3 曲面连接

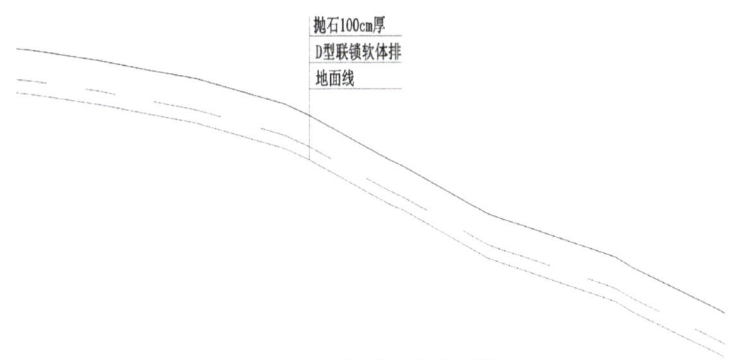

图 7.2-4　曲面连接绘制效果

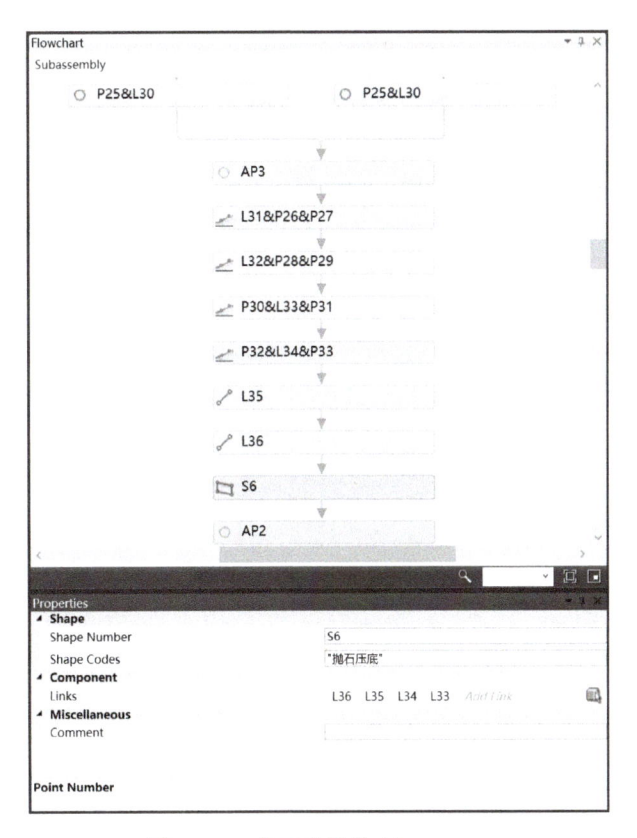

图 7.2-5　曲面连接造型（Shape）

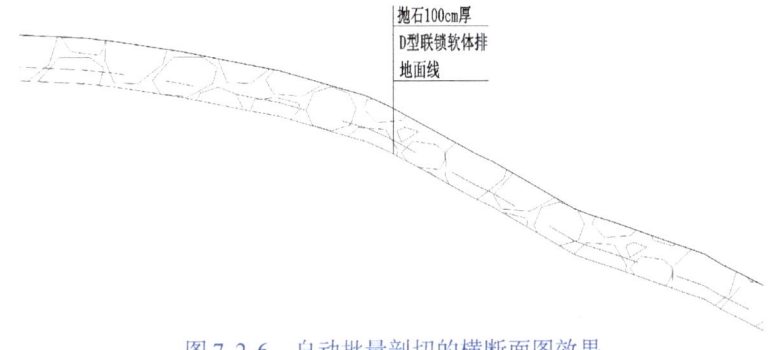

图 7.2-6　自动批量剖切的横断面图效果

> **提示** 曲面连接几何属性中的"Depth"一项负值代表地面以上,如上例,地面线属性中"Depth"为" – Riprap Thick",得到铺排效果如图7.2-6所示,若为参数"RiprapThick",铺排就"在"地面以下去了。

7.3 工作流

工作流包含两种用途,一种用于折叠流程,一种用于逻辑运算。

7.3.1 逻辑判断案例(Decision)

如图7.3-1所示,最上方的逻辑判断"Decision"图标 ，对应下方属性栏有三项内容,第一项"Condition"为判断条件,"FalseLabel"和"TrueLabel"为命令流标签。判断条件"AP2.DistanceToSurface(Sur) > =0"表示当虚拟点AP2到地面(目标参数Sur)的距离≥0时执行命令流"Fill",当虚拟点AP2到地面(目标参数Sur)的距离<0时执行命令流"Cut",即:当虚拟点AP2在地面以上时,执行填方程序,当虚拟点AP2在地面以下时,执行挖方程序。

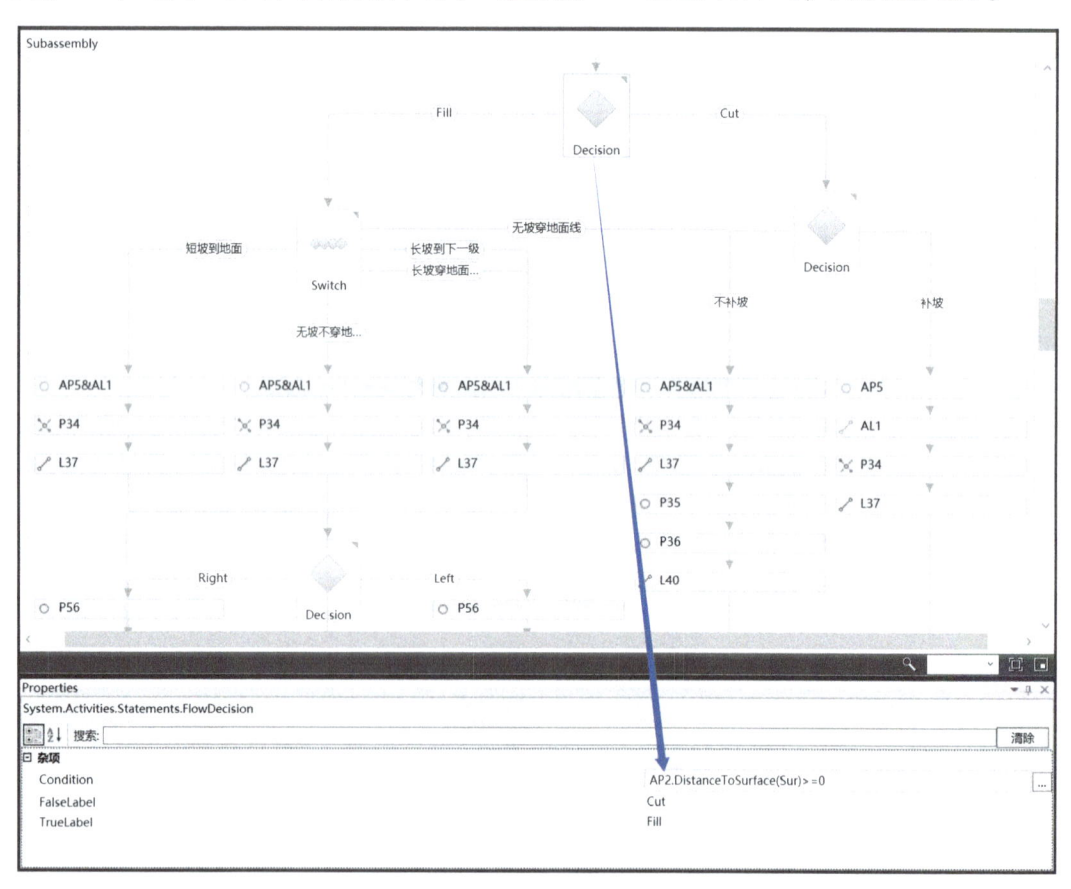

图7.3-1 流程图

7.3.2 逻辑分支案例(Switch)

当判断条件超过2项时,就要用到逻辑分支,如图7.3-1所示,左侧"Switch" 用到了

5 种判断，单击模块图标 ，再单击下方属性栏"Expression"后面的展开按钮 ，进入"表达式编辑器"弹窗（图 7.3-2），内容如下：

if(P1. DistanceToSurface(Sur) > = 1.0 and P1. Y-AP4. Y < = 2.7,"短坡到地面",

if(P1. DistanceToSurface(Sur) < = 1.0 and P1. Y-AP4. Y < = 2.7 and AP2. DistanceToSurface(Sur) < =0,"无坡穿地面线",

if(P1. DistanceToSurface(Sur) < = 1.0 and P1. Y-AP4. Y < = 2.7 and AP2. DistanceToSurface(Sur) >0,"无坡不穿地面线",

if(P1. DistanceToSurface(Sur) > = 1.0 and P1. Y-AP4. Y > = 2.7,"长坡到下一级",

if(P1. DistanceToSurface(Sur) < 1.0 and P1. Y-AP4. Y > = 2.7,"长坡穿地面线到下一级","报错")))))

这 5 种逻辑关系表达的意思如下：

如果 P1 到地面（目标参数"Sur"）的距离≥1，并且 P1 的 Y 值减去 AP4 的 Y 值≤2.7，执行命令流"短坡到地面"；

如果 P1 到地面（目标参数"Sur"）的距离≤1，并且 P1 的 Y 值减去 AP4 的 Y 值≤2.7，并且 AP2 到地面（目标参数"Sur"）的距离≤0，执行命令流"无坡穿地面线"；

如果 P1 到地面（目标参数"Sur"）的距离≤1，并且 P1 的 Y 值减去 AP4 的 Y 值≤2.7，并且 AP2 到地面（目标参数"Sur"）的距离>0，执行命令流"无坡不穿地面线"；

如果 P1 到地面（目标参数"Sur"）的距离≥1，并且 P1 的 Y 值减去 AP4 的 Y 值≥2.7，执行命令流"长坡到下一级"；

如果 P1 到地面（目标参数"Sur"）的距离<1，并且 P1 的 Y 值减去 AP4 的 Y 值≥2.7，执行命令流"长坡穿地面线到下一级"；

如果不符合上述情况中的任何一种，程序报错。

图 7.3-2　转换条件

7.4　杂项（Miscellaneousm）

7.4.1　设置输出参数案例（Set Output Parameter）

设置输出参数，输出一个可以作为其他部件输入参数的值。输出参数是用来在部件和部件之间传递参数的变量，不受用户输入控制。例如边坡部件挂接在路面部件的边缘，路面宽度是确定的，路面边缘位置可能是填方也可能是挖方，挂接在边缘的边坡部件就需要根据实际情况选择是填方形式还是挖方形式，这个判断就可以让路面部件作为输出参数抛出来，边坡部件来接收，并绘制合适的结构形式。

先以软件自带的边坡坡度输出案例为例，简单易懂，如图 7.4-1 所示，输出参数"Slope"的值"L1. Slope",即输出点 P1 到 P2 连线 L1 的坡度值,一方面可以在装配特性中查看,另一方面,输出参数可以使用 API 调用获得连接线 L1 的斜率,其他部件可以引用该值作为输入参数。

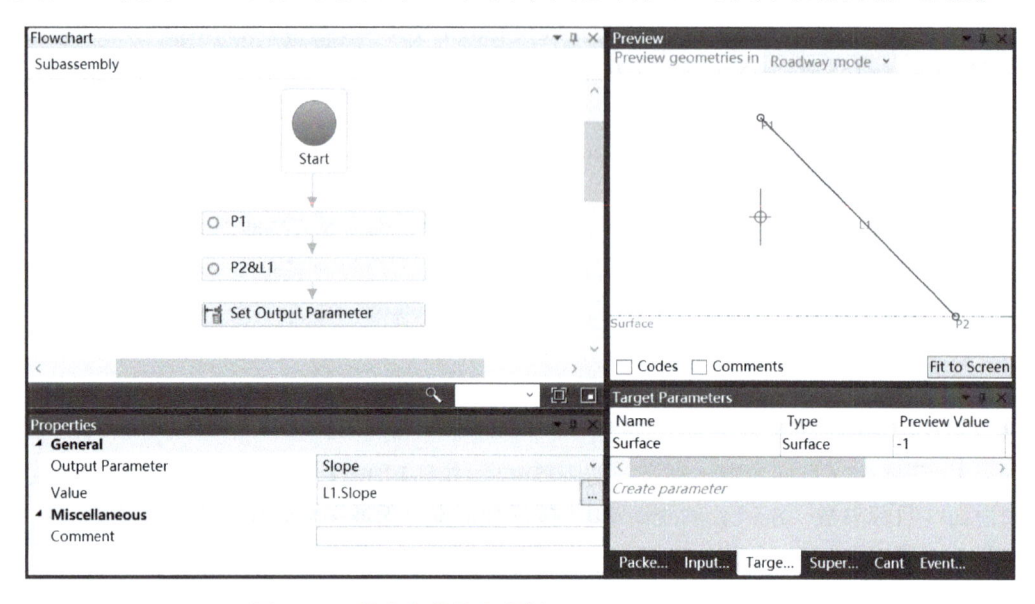

图 7.4-1 输出参数坡度案例(Set Output Parameter)

再以挡墙为例,如图 7.4-2 所示,输出路堤墙偏移线距离输出参数表达式为"AP4. X-P2. X",即输出 AP4 与 P2 的 X 差值,对应的输出参数在 Civil 3D 装配特性中显示查看如图 7.4-3 所示。

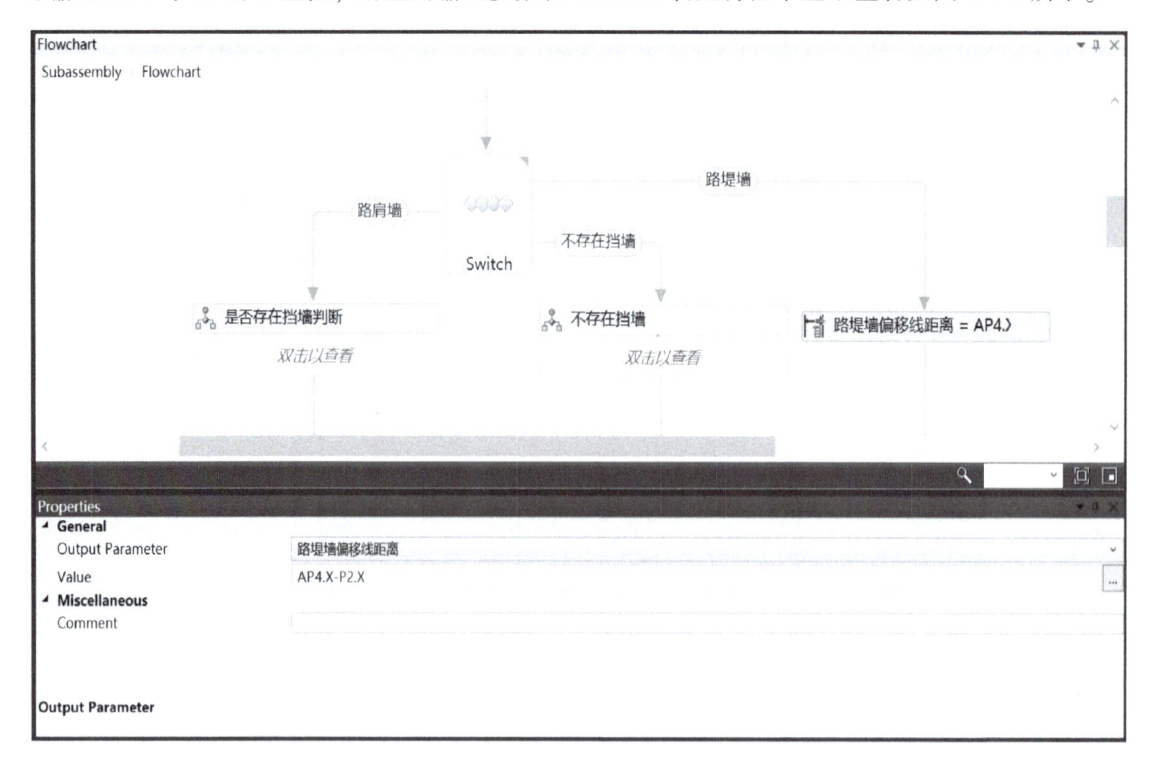

图 7.4-2 输出参数挡墙案例

图 7.4-3　输出参数挡墙装配特性查看

7.4.2　定义变量案例（Define Variable）

为一个参数指定一个值或计算表达式，然后在后续计算中重复使用该变量。

挡墙结构尺寸随着墙高及受力变化而变化，尺寸参数繁多，若结构尺寸都靠输入参数让用户输入，既麻烦又容易出错，可以把每个墙高的参数先用定义变量的方式设置好，让程序自己判断并选取合适的参数组，以取代大量的参数输入。如图 7.4-4 所示，用一个 Switch 转换接口把不同的墙高参数分支到各个组，展开 ◇◇◇◇ "Switch" 模块图标，表达式如下：

if(H = 3 , "3m" ,
if(H = 4 , "4m" ,
if(H = 5 , "5m" ,
if(H = 6 , "6m" ,
if(H = 7 , "7m" ,
if(H = 8 , "8m" ,
if(H = 9 , "9m" , "挡墙高度不再标准图范围内")))))))

分支逻辑关系表达的意思为：

如果挡墙墙高为 3m 时，执行 "3m" 分支流程，
如果挡墙墙高为 4m 时，执行 "4m" 分支流程，
如果挡墙墙高为 5m 时，执行 "5m" 分支流程，
如果挡墙墙高为 6m 时，执行 "6m" 分支流程，
如果挡墙墙高为 7m 时，执行 "7m" 分支流程，
如果挡墙墙高为 8m 时，执行 "8m" 分支流程，

如果挡墙墙高为 9m 时，执行"9m"分支流程，

如果挡墙墙高为其他时，执行"挡墙高度不再标准图范围内"分支流程。

最后，给每组参数设置一个默认值，如图 7.4-4 属性栏。

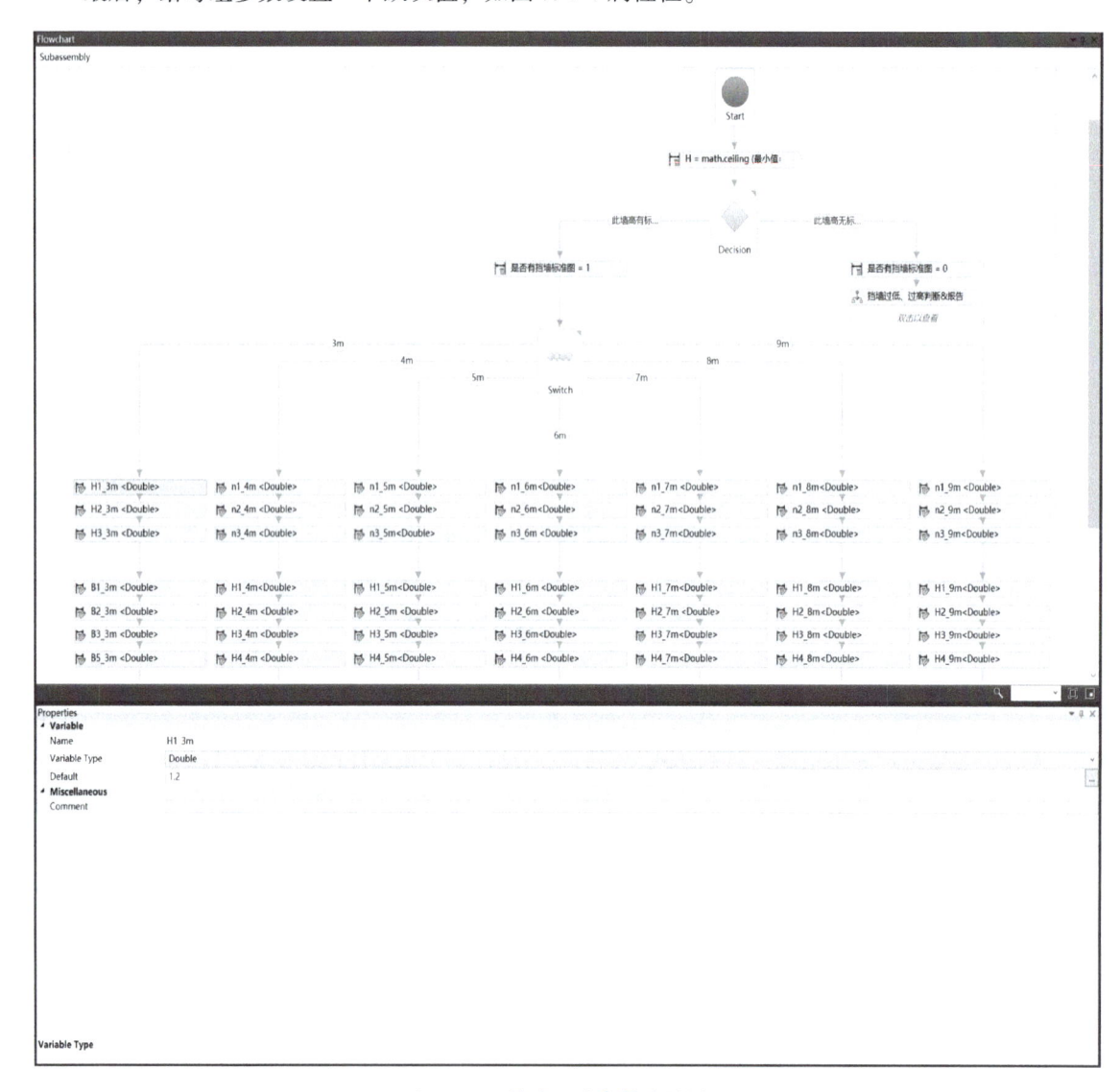

图 7.4-4　挡墙尺寸参数变量设置

7.4.3　设置变量案例（Set Variable Value）

设置变量和定义变量是成对出现的，先定义变量类型及默认值，再对其设置变量值。变量类型有 9 种形式：Integer、Double、String、Yes \ No、Side、Superelevation、Superelevation Axis of Rotation、Slope Direction、Potential Pivot。还以挡墙参数为例，先定义挡墙尺寸及坡度参数变量，如图 7.4-5 所示，再设置挡墙尺寸及参数变量，如图 7.4-6 所示，参数变量值可以为具体数字，也可以为表达式，展开变量值后面的省略按钮⋯，以 B3 为例，变量 B3 值的表达式如下：

if(H = 3 , B3_3m ,

if(H = 4 , B3_4m ,

if(H = 5，B3_5m，
if(H = 6，B3_6m，
if(H = 7，B3_7m，
if(H = 8，B3_8m，B3_9m))))))

再结合上一节的图 7.4-4，表达式逻辑关系的意思为：

如果挡墙墙高为 3m 时，B3（墙趾宽）为 B3_3m（对应图 7.4-4 中设置的默认值为 0.3），
如果挡墙墙高为 4m 时，B3（墙趾宽）为 B3_4m（对应图 7.4-4 中设置的默认值为 0.5），
如果挡墙墙高为 5m 时，B3（墙趾宽）为 B3_5m（对应图 7.4-4 中设置的默认值为 0.5），
如果挡墙墙高为 6m 时，B3（墙趾宽）为 B3_6m（对应图 7.4-4 中设置的默认值为 0.6），
如果挡墙墙高为 7m 时，B3（墙趾宽）为 B3_7m（对应图 7.4-4 中设置的默认值为 0.7），
如果挡墙墙高为 8m 时，B3（墙趾宽）为 B3_8m（对应图 7.4-4 中设置的默认值为 0.8），
如果挡墙墙高为 9m 时，B3（墙趾宽）为 B3_9m（对应图 7.4-4 中设置的默认值为 0.9）。

图 7.4-5　定义挡墙尺寸及坡度参数变量 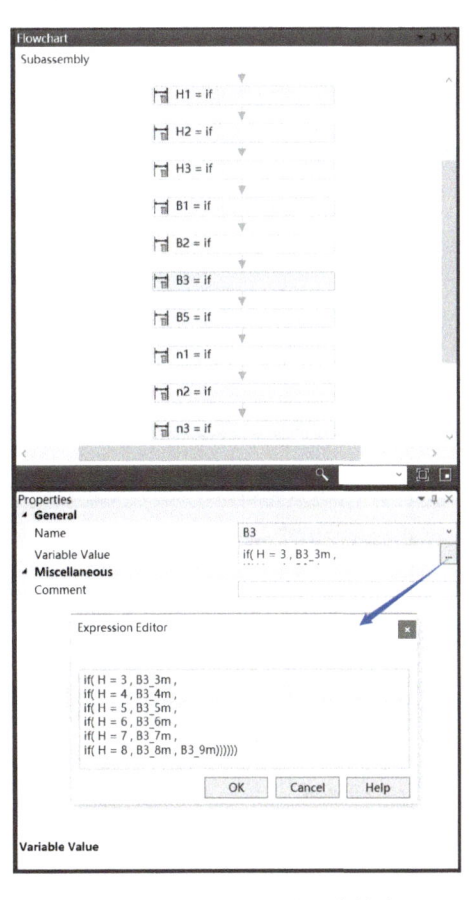　　图 7.4-6　设置挡墙尺寸及参数变量

7.4.4　设置标记点案例（Set Mark Point）

设置标记点是指定其他部件可以参照或连接的点，是编写部件时设置的一个变量，对外部输出了一个标记点，编写其他部件时可以通过标记点里面设置的字符串识别到这个标记点，并获取到标记点位置信息，另一部件可以参照或连接到此点。如图 7.4-7 所示，挡墙结尾的地方接边坡，"P3"这个标记点就可以作为边坡部件的起点位置。

7.4.5 报告消息案例（Report Message）

报告消息有信息（Informational）、警告（Warning）、错误（Error）三种类型，类似于 Visual Studio 中程序调试排查错误的断点，在有问题争议的地方打断点，打断点的方法有两种：

（1）在判断的左右侧加消息提示，监控程序流程。

（2）严格二分法把某个点卡出来，二分法也为最快的方法，不能想当然的凭运气去试某个区间值。

单击流程图标 Report Error ，在下方属性栏设置报告消息内容（Message）和误差级（Error Level），具体应用如图 7.4-8 所示，还可以根据分支修改流程图默认的"Report Error"为想要输出的报告消息内容。

图 7.4-7 边坡标记点设置

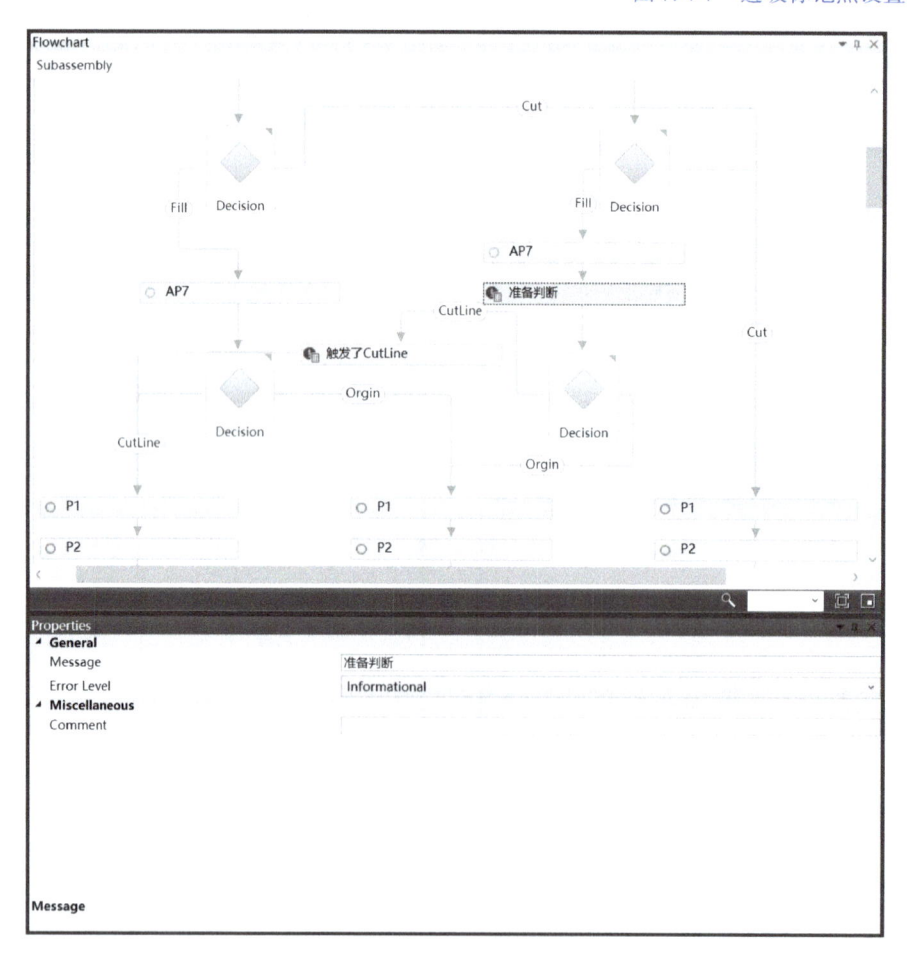

图 7.4-8 判断法报告消息设置

在判断的左右侧加消息提示法如图 7.4-8 所示，案例发生环境为，只有满足右侧判断（Decision）的左分支"CutLine"这一种条件的挖方断面未绘制出来，需要排查问题出在哪里，此时，需要在断面绘制之前打一个断点，设置一个消息报告，根据需求，选择在第一次判断的左分支"Fill"流程上打一个信息断点（Informational），调试时程序走到这里会抛出一个"准备判断"的消息，再在下一个判断（Decision）左分支"CutLine"流程上打一个信息断点，程序走到这里会抛出一个"触发了CutLine"的消息，以排查此种情况流程究竟有没有走过。

严格二分法如图7.4-9所示，案例发生环境为，当AP38的X值>=150时横断面都能绘制成功，当AP38的X值<150时横断面有时绘制不成功，需要找到AP38绘制不成功的X值区间，从AP38.X<75开始，每次取上次设置参数的一半，当程序走到这里时，抛出一个错误，把绘制不成功的区间值精确的"卡"出来。

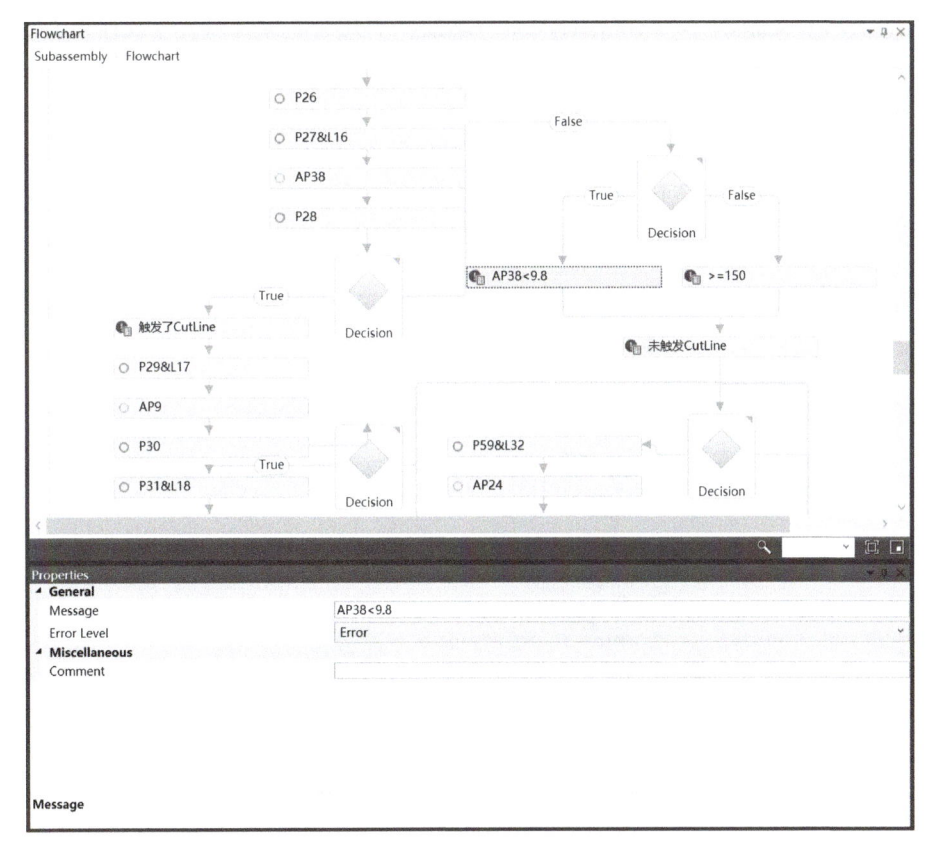

图7.4-9 严格二分法报告消息设置

提示 不管是用判断法，还是用二分法，每次调试前，需要先清理掉报错信息，操作→清理，然后单击类型，过滤消息，排查问题。若不清理上次调试的报告消息，新的调试消息提示会尾随其后，不能区分新的程序究竟有没有解决刚才的问题。

提示
➢ Geometry 和 Auxiliary 区别：
"Geometry"为实体点或连线，可以在.dwg文档中装配部件或横断面中显示出来，还可以添加标签以及赋渲染材质导入InfraWorks建模使用；"Auxiliary"为辅助点或辅助连线，只在部件编辑器中可见，不能导入.dwg文档，有时实体几何点或连接需要借助辅助工具才能创建。
➢ Mark Point 和 Point 区别：
"Mark Point"是点对象，有坐标值，在一个部件中设置一个标记点，在其他部件中可以获取这个标记点，这是"Point"没有的功能。

"Mark Point"还有一个功能，即为指向标记点的连接预留接口，用于连接从附着点到上一个命名标记点的连接，可以在多种情况中使用，包括在相对偏移和高程发生变化的相邻路面之间进行连接，或者连接相交路面之间的三角形区域，详细讲解见 Autodesk 帮助文档"指向标记点的连接"章节，软件自带"指向标记点的连接"公制部件在"常用"一栏，如图 7.4-10 所示。

➤ Set Output Parameter 和 Set Mark Point 区别：

"Set Output Parameter"输出一个可以作为其他部件输入参数的值，只是一个参数，且只有一个值，软件自带有 11 种类型（如图 7.4-11 所示英文部分），还可以根据用户需求设置更多类型（如图 7.4-11 所示中文部分）；"Set Mark Point"设置一个其他部件可以参考或连接的点；这两个参数都是为其他部件编写预留的接口。

➤ Input 和 Output 类型区别：

"Input"是用户能输入的参数，"OutPut"是其他部件能识别到的参数。如图 7.4-3 所示，右半边上面一栏"输入值"为"Input"参数，用户根据需求自行输入，下面一栏"输出值"为"OutPut"参数，预留给其他部件的接口。

图 7.4-10　公制常用部件　　　图 7.4-11　参数类型

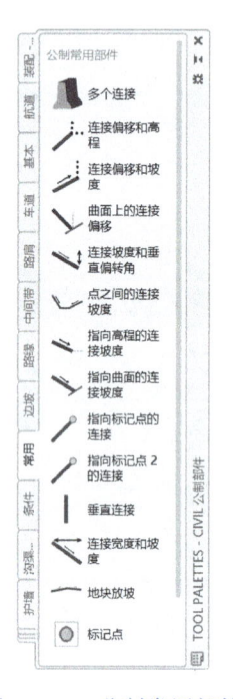

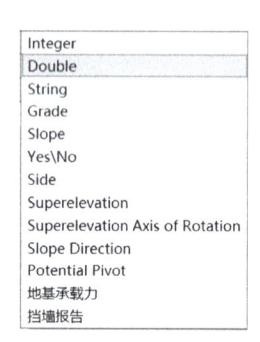

7.5 代码

7.5.1 代码作用

框架点和结构形式在部件编辑器搭建好后，需要通过代码的形式添加到模型空间才能在.dwg文档中显示出来。代码主要针对部件中各种不同属性结构单元（如路面、路缘、边沟、边坡等）赋予不同属性，方便不同属性结构的颜色、线宽、样式等都能独立批量修改，提高效率。

第7章 部件参数化设计

代码集由连接线代码、点代码和造型代码三种类型组成。如图 7.5-1 所示。

7.5.2 代码设置

代码控制着带状构筑物平面、横断面、纵断面及模型的可见性、图层、颜色、线型、线型比例、线宽样式及打印样式等，需要显示或需要设置标签的结构线或结构点则赋代码，根据不同用途，点、线、面均可设置多个代码。

如图 7.5-2，流程 "P4&L2" 中点 "P4" 预留一个代码 "P4" 供计算工程量所用，连接 L2 预留 3 个代码："TopSurface" "CutTop" "LabelSlope"，分别预留给计算工程量、导入 "InfraWorks" 渲染材质以及横断面添加坡度标签所用。

若没有特殊用途，结构点无需设置代码。

图 7.5-1 代码集（一）

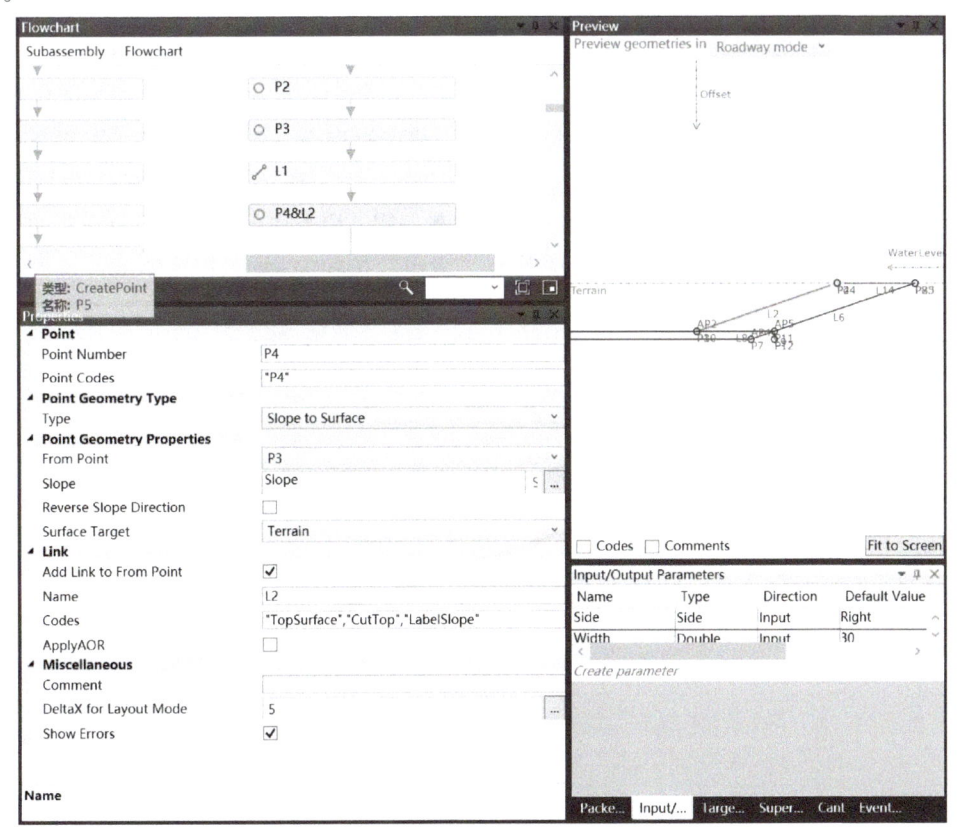

图 7.5-2 代码集（二）

> **提示** 编写部件时,对结构连接线及预留的标签点或连接线一定要逐个设置代码,不能有遗漏,否则绘图时遗漏掉的结构线或标签标注将会缺失。

7.5.3 代码导入

代码导入分 4 步完成:

1. 导入部件

打开部件选项板→新建选项板→导入部件。具体操作如下:单击界面左上角"常用"一栏"工具空间"右侧的竖排第三个小按钮"工具选项板" ,打开公制部件界面(也可以通过键盘"Ctrl+3"快捷方式来打开公制部件界面)→右击部件选项板左侧任意一栏标题栏,在弹窗中单击"新建选项板"(图 7.5-3),并为其命名→右击新建的自定义选项板,在弹窗中单击"导入部件"(依旧如图 7.5-3 所示)→在"导入部件"弹窗中载入源文件,效果如图 7.5-4 所示。

图 7.5-3　新建选项板　　　图 7.5-4　自定义部件选项板

2. 加载部件

部件必须搭载在装配上才能使用,首先需要创建一个装配,操作步骤见本书第 6.1 章节,然后单击新建选项板中的部件,拾取装配,加载部件,或者根据命令栏窗口提示,选择合适的部件加载模式。

如果部件编写时区分了侧(Side),若只需要加载一侧,检查加载的侧是否为需要的侧,若不是,选中挂接上的部件,界面上方选项板中单击"镜像"按钮 ,把该侧镜像过去,再删掉不需要的这侧。

若两侧都需要加载,拾取装配时点击两次,分别添加左右侧,或者单击一次,添加一侧,另外一侧通过镜像获得。

部件挂接到装配效果如图 7.5-5 所示。

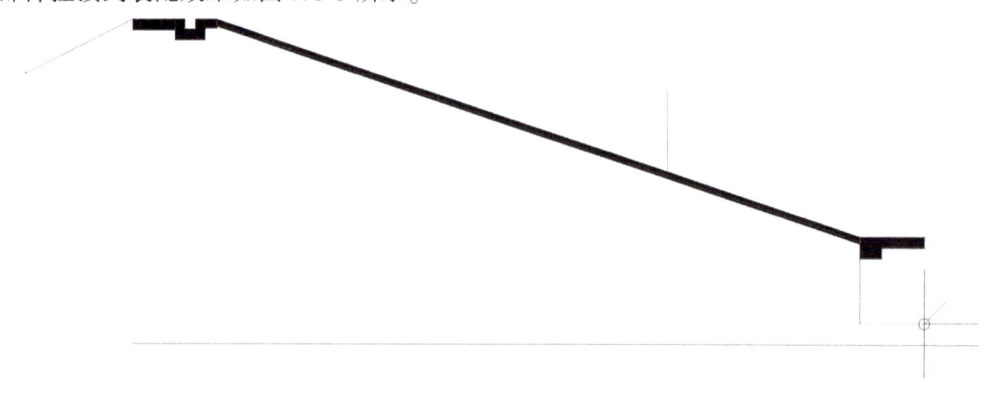

图 7.5-5　部件挂接到装配效果

提示 创建装配、加载部件两步操作也可以合并在一起，选中挂接好的装配，拖到自定义部件选项板中，就生成了一个带装配的完整部件。要特别注意，是拖那个基准线十字架。装配拖入后效果如图 7.5-6 所示，单击"创建"即为完整且拼装好的装配。

提示 很多复杂的部件挂接到装配上去后，结构线并不会全部显示，或者结构线完全不显示，由于缺少指向目标，不影响创建道路时使用，所有偏移指向目标依旧存在。

图 7.5-6 筑坝装配组装效果

3. 导入代码

选中装配基准线，单击"装配特性"→如图 7.5-7 所示，展开"装配特性"弹窗中"代码"一栏，单击"代码集样式"后面的编辑按钮 →在"代码集样式"弹窗右下角找到"导入代码"，单击，拾取挂接好的部件，按回车键确定→再回到"代码集样式"弹窗，如图 7.5-8 所示，逐个展开连接、点、造型折叠树，可以发现，代码都来了。

图 7.5-7 装配特性

图 7.5-8 导入代码

> **提示** 很多时候，通过以上方式代码并不能全部被导入，导入后需要逐个检查是否有漏掉的代码，若有遗漏，右击"连接"或"点"或"造型"，选择"添加"，新建一个代码，将名称修改为缺失的代码，设置属性。

4. 样式设置

如图 7.5-5 所示，设置代码样式之前结构线样式只有一种，标签标注也未显示，设置代码样式后的装配效果如图 7.5-9 所示，不同材质及标签标注清晰可见。

"样式"一栏中，只对需要在平面及横断面中显示的代码设置样式，无需显示的保持默认样式"无显示"，对于标签标注代码，设置其对应的标签样式，对于需要导入 InfraWorks 的代码，设置渲染材质。样式设置类似路线标签样式设置，不再累述。

使用该装配自动剖切出来的断面效果如图 7.5-10 所示。

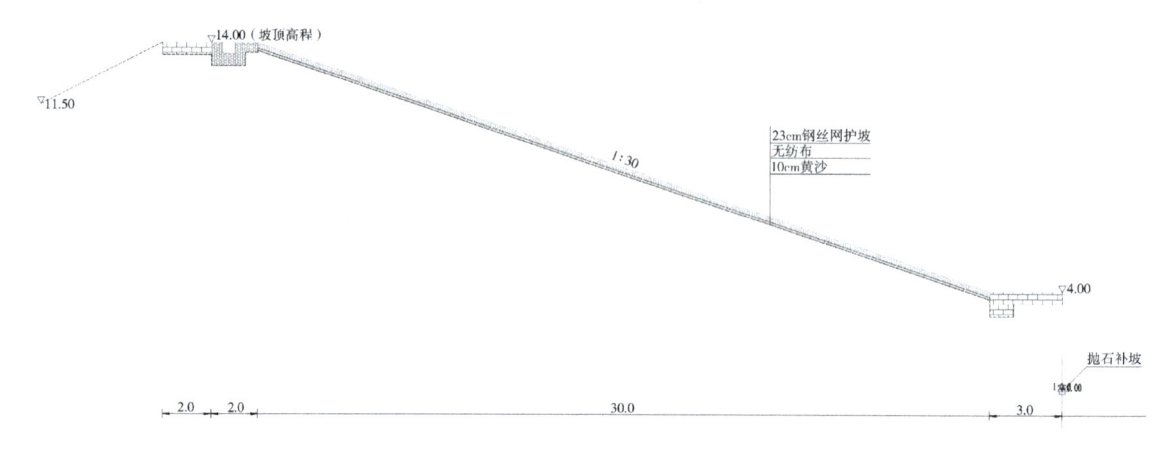

图 7.5-9 装配代码样式设置效果

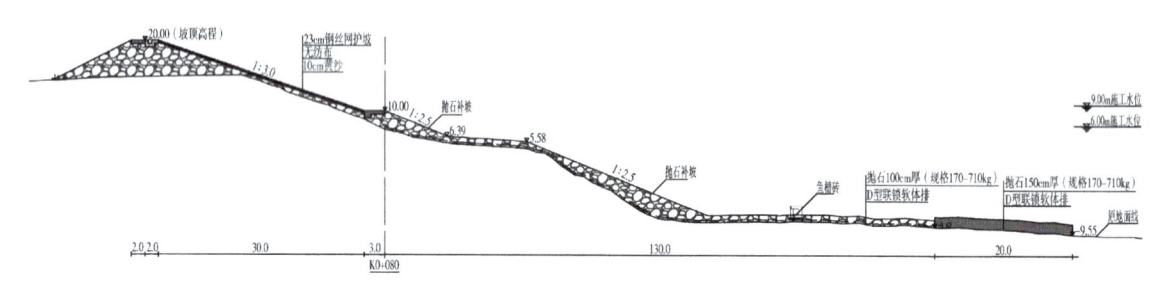

图 7.5-10 代码集控制下的断面效果

> **提示** 最终要显示的结构线或预留的标签标注必须赋代码，只有需要显示的结构线才设置代码样式，对于其余点、造型及预留的标签代码，样式均应选择"无显示"，避免平面及横断面图显示杂乱。

当代码挂接到装配上不显示或者仅部分显示时，"不必惊慌"，只是缺失目标曲面或附着点而已，不影响导入代码和设置样式，更不影响部件使用。

为了修改代码方便，可以先为需要显示的结构代码赋值一个变量，引用这个变量时，只需要修改变量值，即可修改所有几何结构代码名称。

第 8 章 道路参数化设计

> **本章主要内容**
> 1. 如何设置代码
> 2. 代码如何应用

8.1 多级边坡部件应用案例

边坡要求：同时具备挖方和填方功能，边坡坡度 1∶0.75，马道宽度 2m，每级边坡高度 10m，第一级边坡坡度根据地形实际情况确定。

8.1.1 部件制作

根据边坡要求，部件制作分以下两步：
1. 设置部件名称、输出/输入参数、目标参数
2. 制作部件

部件制作包含几何结构和代码两部分内容，在搭建几何结构框架的同时，为点或线设置代码。

针对几何结构：确定边坡坡脚线起始点为部件原点，判断该点与地面的关系，确定是挖方坡还是填方坡→再判断该点到地面的距离与边坡高度的关系，确定是单级边坡还是多级边坡→每做一级边坡判断一次与地面的关系，并绘制出该级边坡马道。

针对代码：预留代码能满足横断面出图样式、计算边坡工程量、标签标注设置、InfraWorks 渲染等需求，根据实际情况确定代码类型及数量。如图 8.1-1 所示，P10&L9 针对马道预留了 3 个线代码 1 个点代码：RoadSurface、CutTop、RoadSlope。

线代码"RoadSurface"为马道导入 InfraWorks 预留的代码。设置多个代码时，只有第一个代码才能进入 InfraWorks 显示。

线代码"CutTop"为挖方坡预留的代码，可用于控制结构线样式、打印样式及计算工程量。

线代码"RoadSlope"为马道横坡标签预留的代码，用于标注路面横坡。

点代码"P"为马道标高标签预留的代码，用于标注该处路面高程。

代码用中文和英文标识均可，视个人习惯而定。

8.1.2 创建装配

创建装配细节见本书第 6.1 节，导入代码细节见本书第 7.5.3 节。大概步骤如下：在 Civil 3D 中导入多级边坡部件→创建装配→挂接多级边坡部件→导入部件代码→设置结构线样式、标签样式、渲染样式。

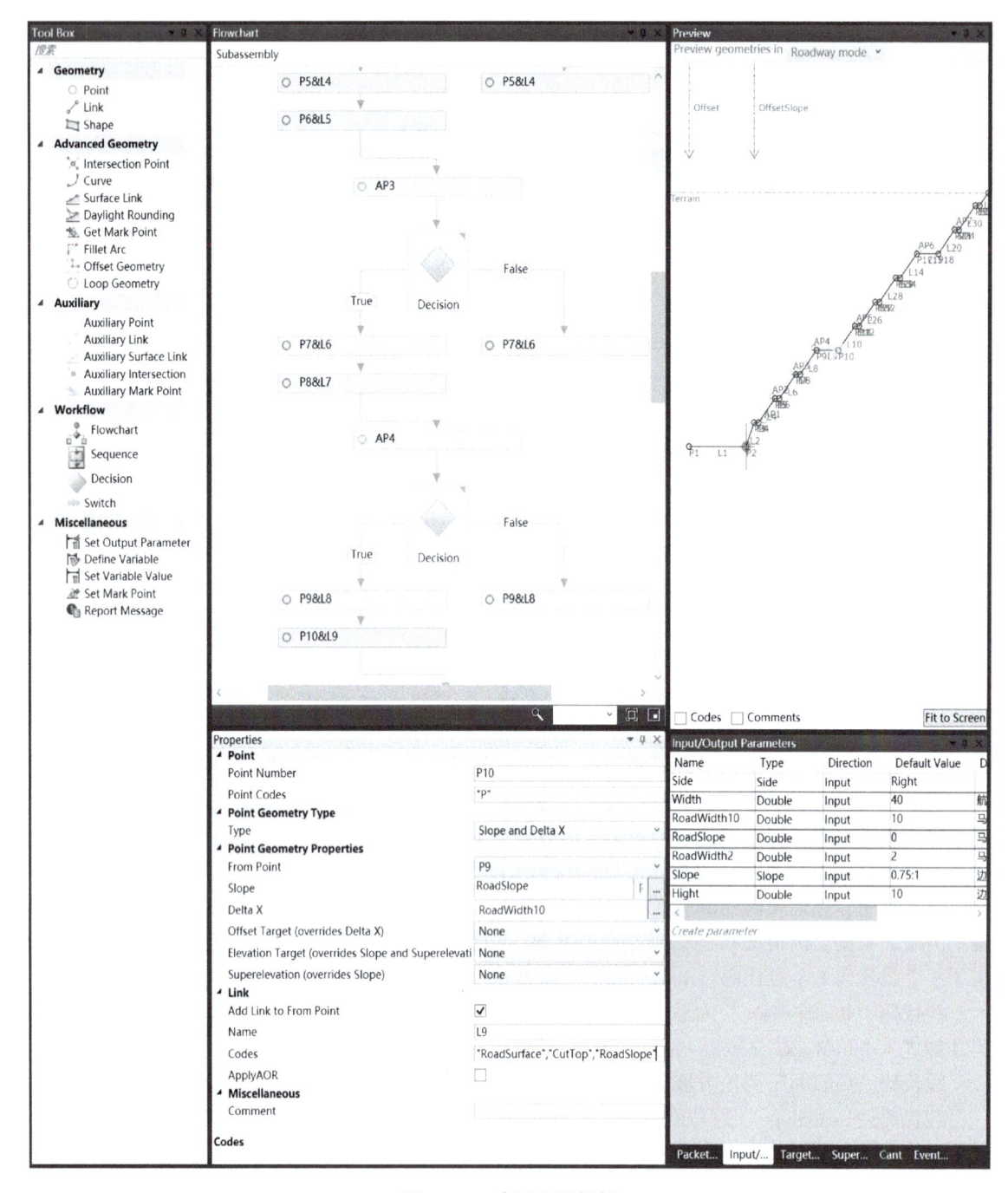

图 8.1-1　多级边坡部件

8.1.3　创建边坡

以重力式码头边坡为例,创建边坡分为以下几个步骤:

1. 创建边坡路线

拾取码头平台边缘线,从对象创建路线,注意路线走向要和创建的装配边坡侧保持一致,以确保边坡创建在码头平台边缘线外侧,如图 8.1-2 所示。

直角转角处需要做倒圆角处理，在创建路线时，勾上"在切线间添加曲线"，"默认半径"设置为一个较小值，比如 5~20m（图 8.1-3，10.000 米），才能做出完美的圆角转角边坡。

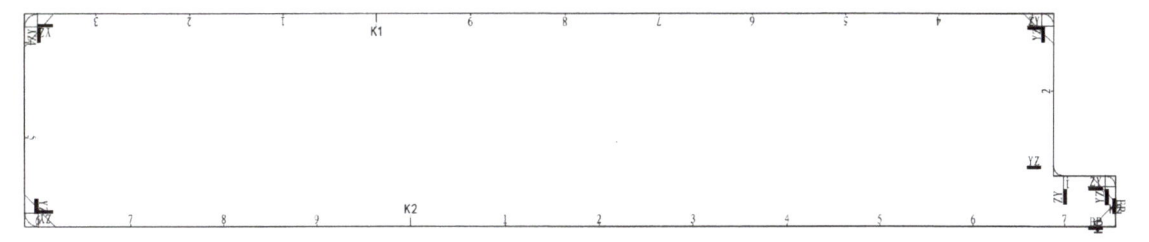

图 8.1-2　创建边坡路线

图 8.1-3　直角转角做倒圆角设置

2. 创建边坡路线纵断面

根据码头平台设计标高，创建边坡纵断面，如图 8.1-4 所示。

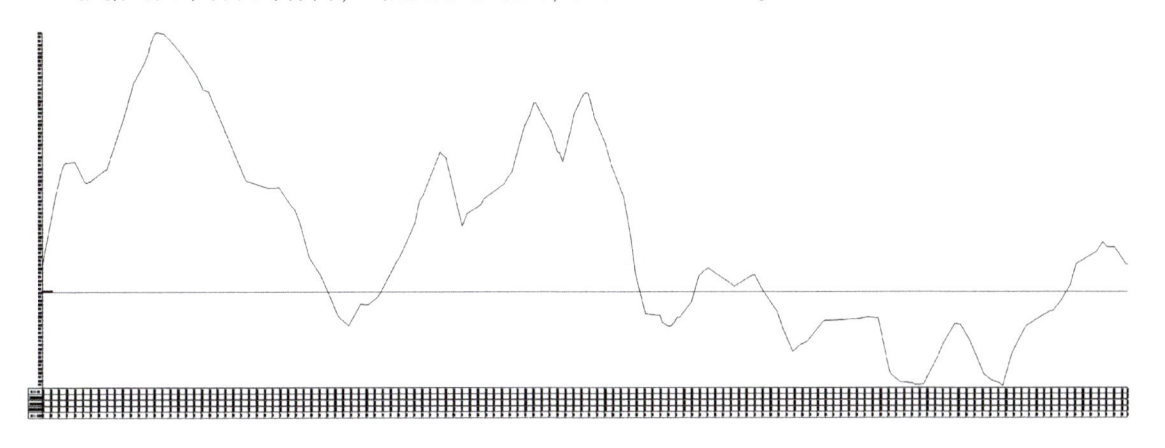

图 8.1-4　创建边坡纵断面

3. 创建边坡道路

创建道路时，选择上一步创建的纵断面和本书第 8.1.2 节创建的装配，步长频率设置为"5.000 米"，如图 8.1-5 所示，单击"确定"按钮后会弹出"道路特性－重新生成"的界面（图 8.1-6），单击"重新生成道路"，稍等片刻，码头边坡即可生成，如图 8.1-7 所示。

图 8.1-5　边坡道路设置

图 8.1-6　重新生成道路

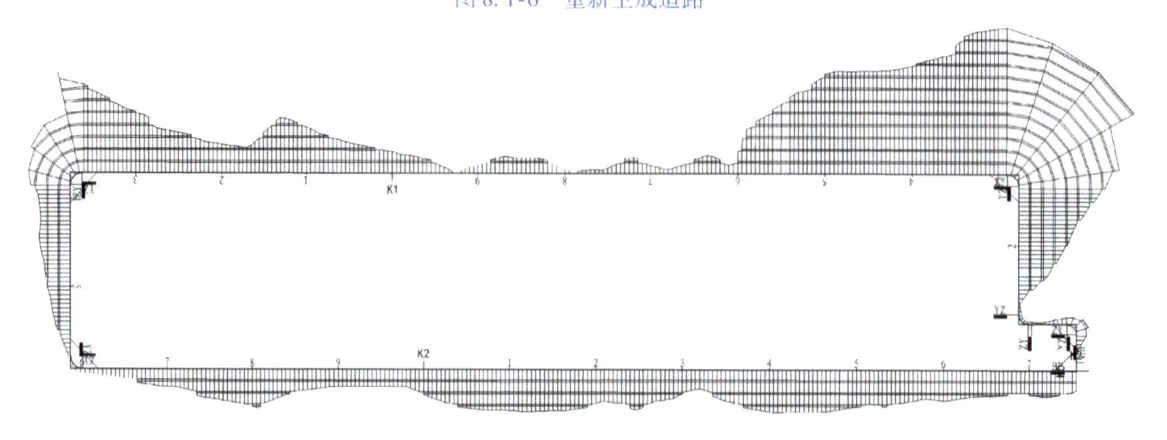

图 8.1-7　边坡道路生成

4. 调整道路拐角步长

如图 8.1-7 所示，边坡生成的道路在顺直段，5m 步长频率能满足边坡精度，在两侧拐角坡脚线处，5m 步长扇形展开到地面线处最大已经发散到了 63m，圆弧形的拐角被拉成多边形，严重失真，需要在拐角处加密步长处理。

加密步长有以下两种方式：

➢ 添加区域法

先在道路中查找需要加密步长的转角桩号，记录下

图 8.1-8 添加区域

来，再选择道路，右击，单击"道路特性"，如图 8.1-8 所示，在弹窗中展开"参数"一栏，选中第一行，右击添加区域，修改新添加的区域的装配为上文创建的边坡装配，输入起点桩号和终点桩号，频率修改为"1.000 米"。

原有区域为从 0 桩号到终点桩号，这里需要添加两个拐角区域，一共将完整的边坡道路分为 4 个区域，添加区域时注意起点桩号和终点桩号的连贯性。

➢ 拆分区域法

选择道路，右击，如图 8.1-9 所示，单击"修改区域"，选择"修改区域"二级菜单中的"拆分区域"，单击道路平面模型，拾取需要拆分区域的位置，会出现拆分区域标识符，如图 8.1-10 所示，再单击下一处需要拆分区域的位置，直到所有区域拆分完毕。

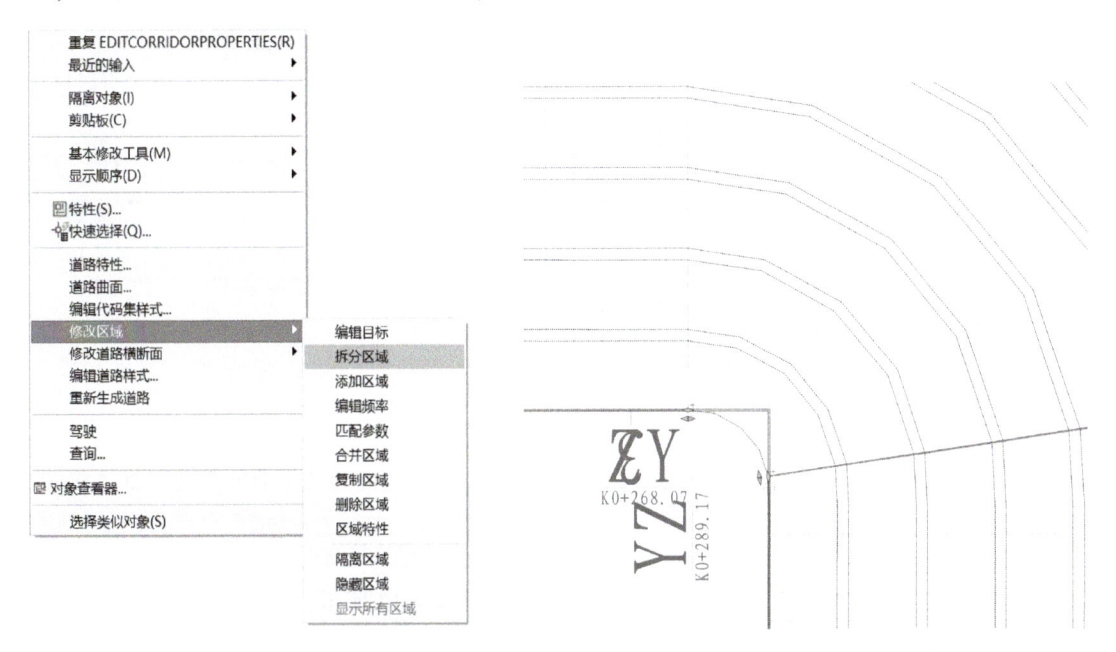

图 8.1-9 拆分区域　　　　　　　　　图 8.1-10 拆分区域标识符

然后，选择道路，右击，单击"道路特性"，在"参数"一栏修改转角处的步长频率为1m，如图8.1-11所示。修改转角步长后效果如图8.1-12所示，圆滑逼真。

拖动拆分区域标识符，即可修改道路拆分区域，丝滑移动，直到满意。

图8.1-11 转角步长频率设置

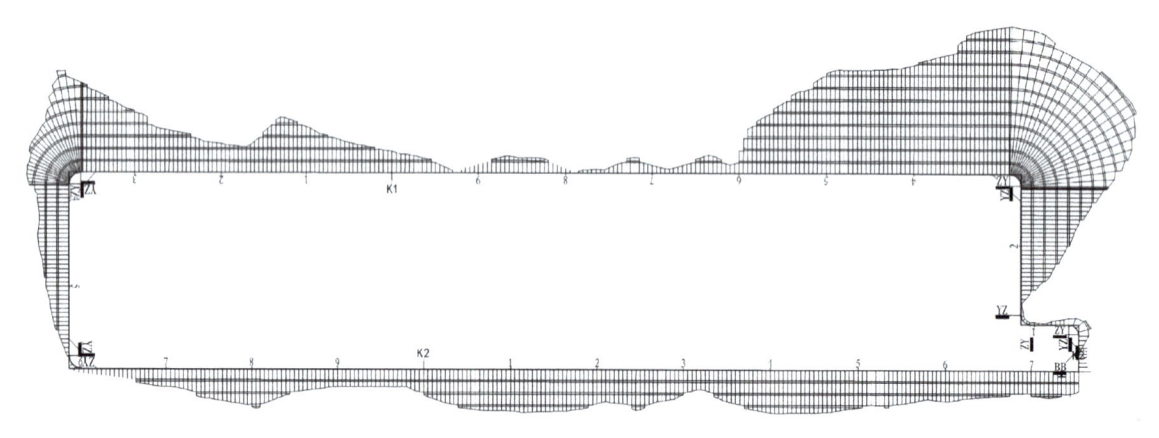

图8.1-12 修改转角步长后效果

8.1.4 计算边坡土方量

计算边坡土方量需要先创建边坡道路曲面，再用边坡道路曲面和地形曲面创建三维体积曲面，从体积曲面属性可获取边坡体积以及边坡面积。

1. 创建边坡道路曲面

选择边坡道路，右击→进入"道路特性"界面→如图8.1-13所示，展开"曲面"一栏，单击"创建道路曲面"按钮，"数据类型"选择"连接"，单击"指定代码"后面的添加按钮，把挖方和填方的两种连接代码都添加进新建道路曲面。

图 8.1-13　创建边坡道路曲面

2. 添加边坡道路曲面边界

给边坡道路曲面添加边界有两种方法，直接添加道路边界作为曲面边界，以及添加边界代码控制曲面边界。

➢ 添加道路边界作为曲面边界

如图 8.1-14 所示，展开"道路特性"界面中"边界"一栏，右击上文创建的道路曲面，单击第一项"作为外部边界的道路范围"，重新生成道路，道路曲面即可依附道路生成，如图 8.1-15 所示。

图 8.1-14　为边坡道路曲面添加边界

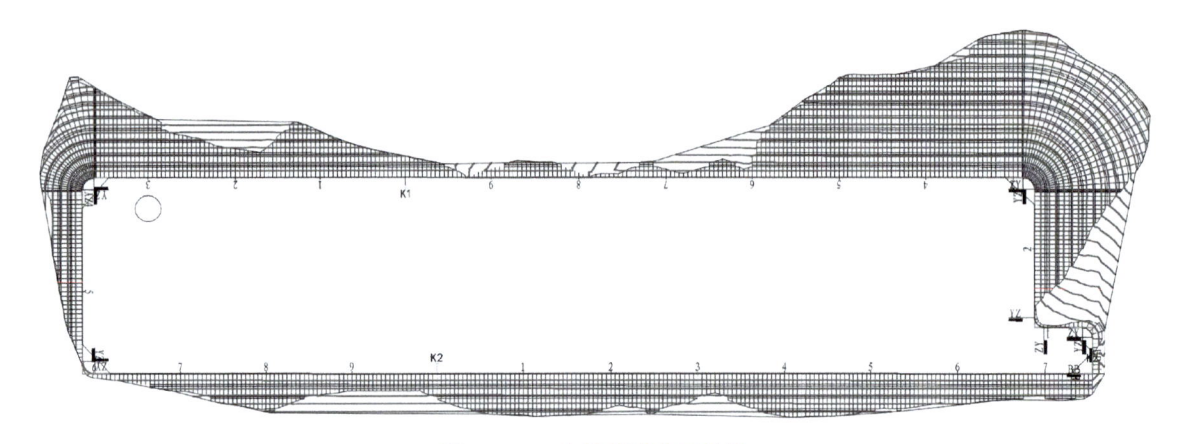

图 8.1-15　边坡道路曲面效果

但是，这种方法生成的曲面边界可能并没有严格受制于道路外轮廓，在边坡凸起处边界范围正常，在边坡凹陷处边界被拉平，如图 8.1-15 所示。

此时，可手动调节曲面最大网格来控制边界。选择道路曲面，右击，单击"曲面特性"，如图 8.1-16 所示，在弹窗中展开"定义"一栏展开"生成"结构树，找到"使用三角形最大边长"，值修改为"是"，"三角形最大边长"设置为"20.000 米"，重新生成曲面，效果如图 8.1-17 所示，重新生成后曲面边界和道路边界拟合良好。

图 8.1-16　修改边坡道路曲面三角形最大边长

➢ 添加边界代码控制曲面边界

有些情况并不适合用三角形边长的方法来控制曲面边界，比如要同时生成边坡和中间的码头平台部分，码头平台长 1100m，宽 220m，曲面最小三角形边长最少设置 110m 才能覆盖到全部码头平台，三角形最大边长设置太小，码头平台不能生成，三角形最大边长设置太大，就会造成边坡失真。

此时，需要在编写部件时为所有指向地面的边坡连接点赋一个边界代码，自动添加该边界代码作为道路曲面的边界，如图 8.1-18 所示。生成效果三维查看如图 8.1-19 所示。

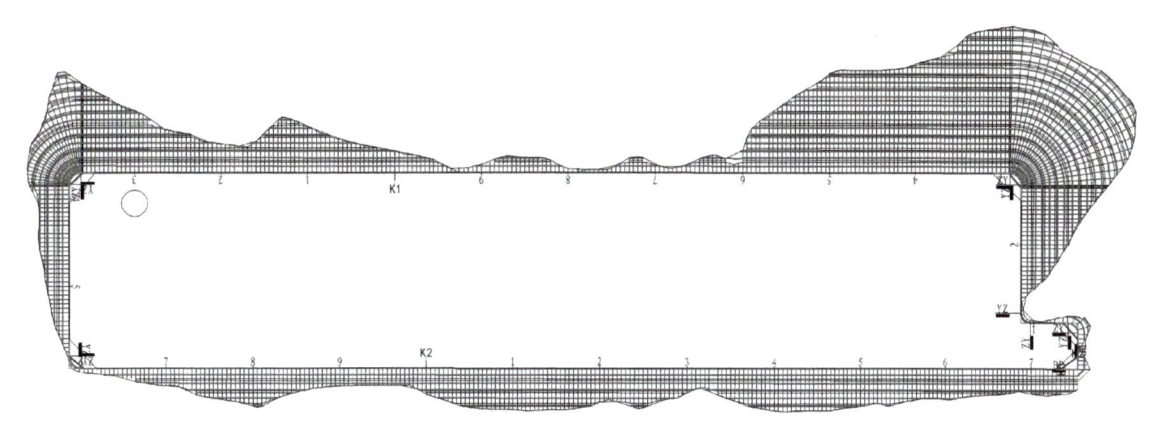

图 8.1-17　边坡道路曲面调整后效果

图 8.1-18　自动添加边坡道路曲面边界

图 8.1-19　边坡道路曲面三维查看效果

3. 土方量查询

创建三角网体积曲面,"基准曲面"选择地形曲面,"对照曲面"选择上文创建的道路曲面,创建好后,选择该三角网体积曲面,右击,查看曲面特性,在"曲面特性"弹窗中展开"统计信息"一栏,再展开"体积"结构树,统计土方信息如图 8.1-20 所示。

图 8.1-20　边坡土方量查询

8.2　结构形式多变道路案例

本案例为贯穿某工业园区的一条景观渠化河道干流洗瓦堰,在河道中游有一条支流沙河沟汇入,其余道路均为市政道路,如图 8.2-1 所示,"野性十足"。

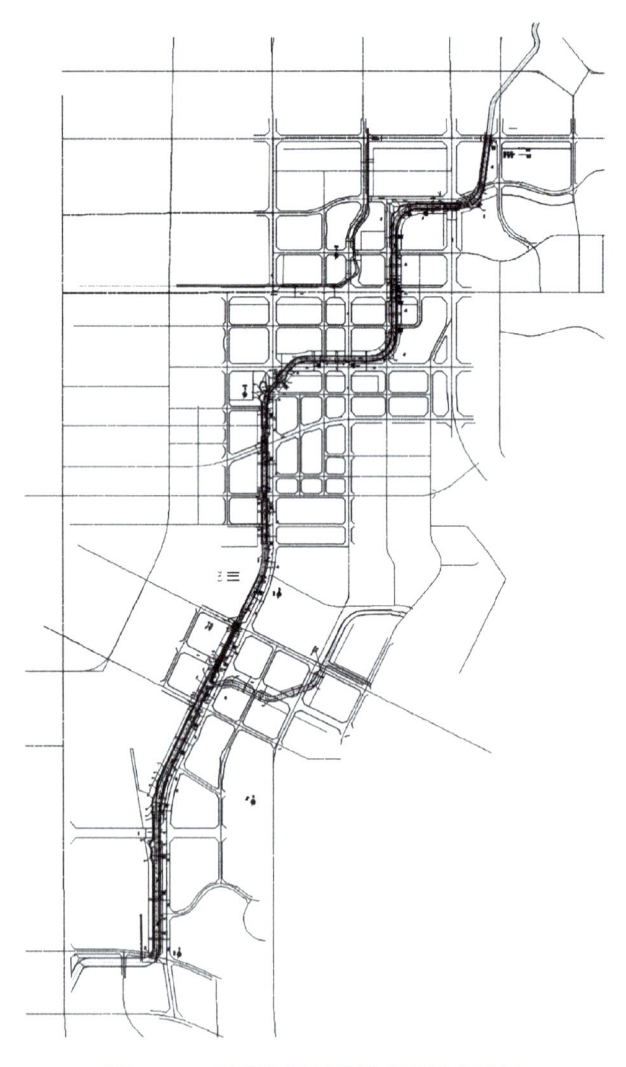

图 8.2-1　干流洗瓦堰沿线交通网布局图

8.2.1 三岔口应用

截取沙河沟入河口段，边坡土方量查询如图 8.2-2 所示，左侧为干流洗瓦堰，右侧为支流沙河沟，两河交汇于 O 点，河道无横向比降，结构断面形式如图 8.2-3 所示。这是一个相对简单的三岔路口，通过部件解决过程如下：

图 8.2-2　边坡土方量查询

图 8.2-3　洗瓦堰、沙河沟结构断面形式

1. 划分三岔口区域

根据三岔口线路实际情况，把三岔口分为 3 个区域，如图 8.2-2 所示，洗瓦堰上游从桥下点 A 开始截断，下游任选一个交岔口区域以外的点 B 截断，沙河沟亦从桥下点 C 开始截断，洗瓦堰左侧 AOB 为一个区域，洗瓦堰和沙河沟交汇的 AOC 为一个区域，BOC 为一个区域，精简后示意如图 8.2-4 所示。

2. 部件制作

完整河道部件的装配基点在河道中心，只制作半边河床，另外半边通过镜像获得。交岔口部件制作思路为装配基点在河床边缘点，河心处预留偏移线，河道中心线通过偏移对象获得，如图 8.2-5 所示。

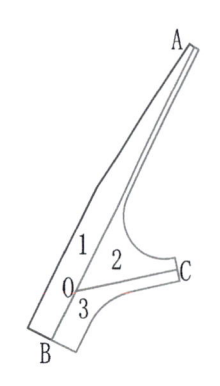

图 8.2-4 三岔口分区示意图

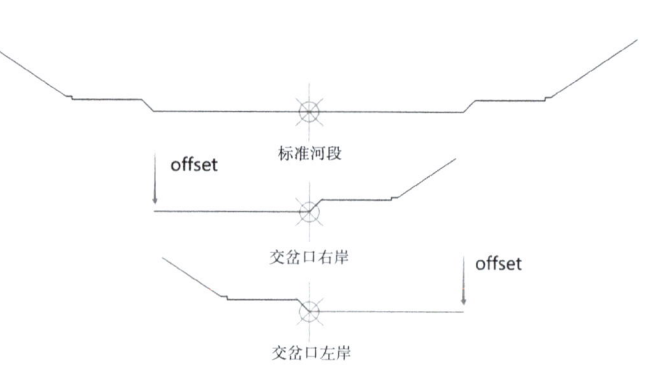

图 8.2-5 交岔口河段装配

3. 交岔口制作

洗瓦堰左侧 AOB 区域，路线选择河床边缘线，河道中心线偏移选择多段线 AB；洗瓦堰和沙河沟交汇的 AOC 区域，路线选择图 8.2-4 区域 2 中弧形河床边缘线，河道中心线偏移选择多段线 AOC；BOC 区域，路线选择图 8.2-4 区域 3 中弧形河床边缘线，河道中心线偏移选择多段线 COB，创建效果如图 8.2-6 所示。

提示 本案例的思路也同样适用于四岔口、五岔口等多岔路口，最后生成曲面时需要设置网格最大三角形边长，裁剪掉拐角处连接起来的多余的曲面。

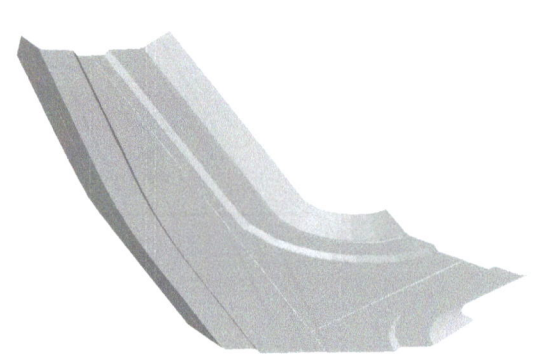

图 8.2-6 交岔口河段三维查看

8.2.2 复杂结构形式应用

如图 8.2-1 所示，河道在园区与道路相交 30 余次，与道路相交处采用桥梁、暗涵连接，干流上设有 3 座水闸，河道边坡采取斜坡式和直立挡墙两种结构形式，沿程根据需求设置多处加宽景观造型带，干流全长 4.2km，结构断面错综复杂眼花缭乱，一眼看去害怕极了，这可咋办？最简单的办法就是拆分区域，区别对待。

1. 拆分区域

先把整条干道用同一种装配生成道路跑通，再把结构形式有变化的所有节点拆分开来，结构形式相同的采用同一种部件装配形式。经统计，共计拆分 35 个区域，需要 14 个横断面结构形式，如图 8.2-7 所示。

2. 编写部件

初学者建议分开编写一系列简单的断面部件，针对每个拆分区域，替换对应的部件，省时省力，创建装配如图 8.2-8 所示，不同区域装配参数设置如图 8.2-9 所示。"实力雄厚的大咖"可以选择一个部件"跑"到底，遇到不同类型的

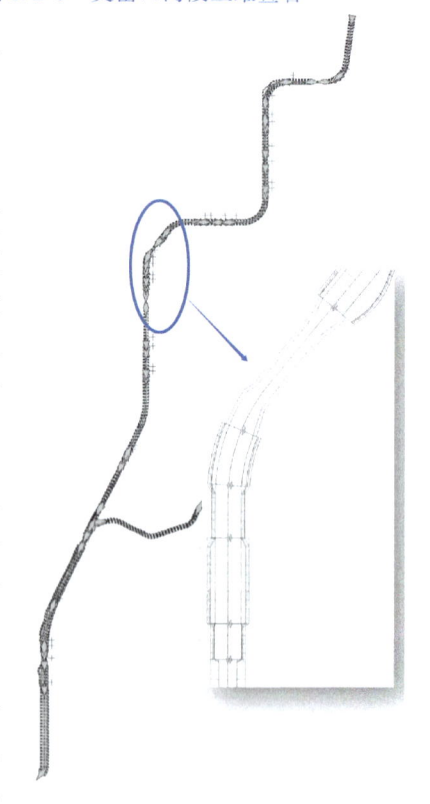

图 8.2-7 拆分区域

结构形式部件自动判断。最终生成道路平面布置如图 8.2-7 所示。

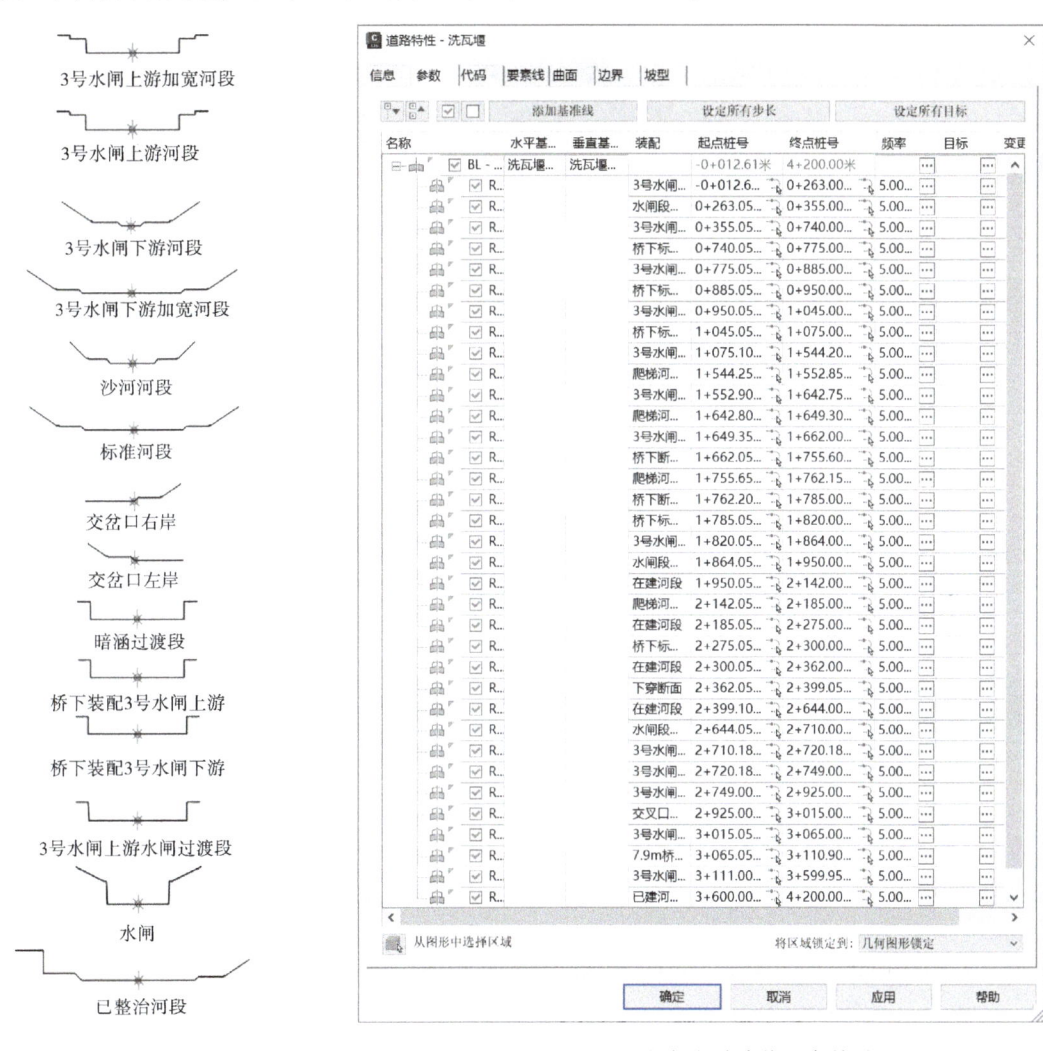

图 8.2-8　干流全线装配

图 8.2-9　干流全线道路装配参数设置

提示　仔细观察图 8.2-9，为了不同装配结构在衔接的时候不彼此纠缠出错，"建议给一个施工缝隙"。

8.2.3　道路曲面扭曲修正

如图 8.2-10 所示，在转弯处出现曲面扭曲的情况，检查道路部件和由此创建的道路平面并没有错误（图 8.2-11），剖切道路横断面，把道路曲面和道路同时添加进采样源，会发现道路结构线没有错，但是道路曲面线没有跟着结构线走。

曲面扭曲处为直立挡墙结构，下方河道亦为直立挡墙结构，出错的只有上方矮挡墙。

首先，检查道路曲面创建方式，本案例道路曲面由连接创建，顺藤摸瓜，检查部件代码（图 8.2-12），这时会发现曲面扭曲处的连接代码是一样的，曲面正常处的连接代码不一样；相邻的两条连接线的代码不能相同，曲面连接时默认的相同代码直接连接起来，造成了转弯处曲面"搅起来"（图 8.2-10）。

为了避免转弯处曲面"打搅"，在创建道路曲面时，需添加要素线创建曲面，或者要素线和连接同时添加，或者相邻的连接线代码区分开，重新调整后的曲面如图 8.2-13 所示，导入 Infra-Works 效果如图 8.2-14 所示。

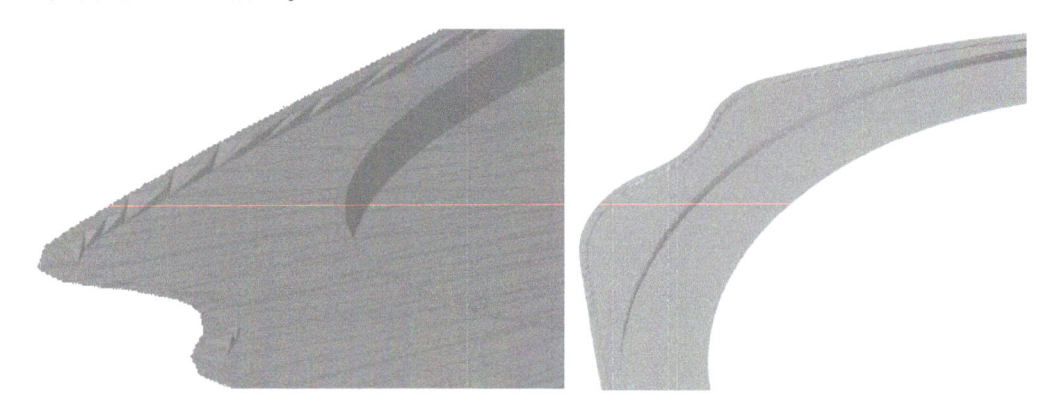

图 8.2-10 转弯处曲面扭曲

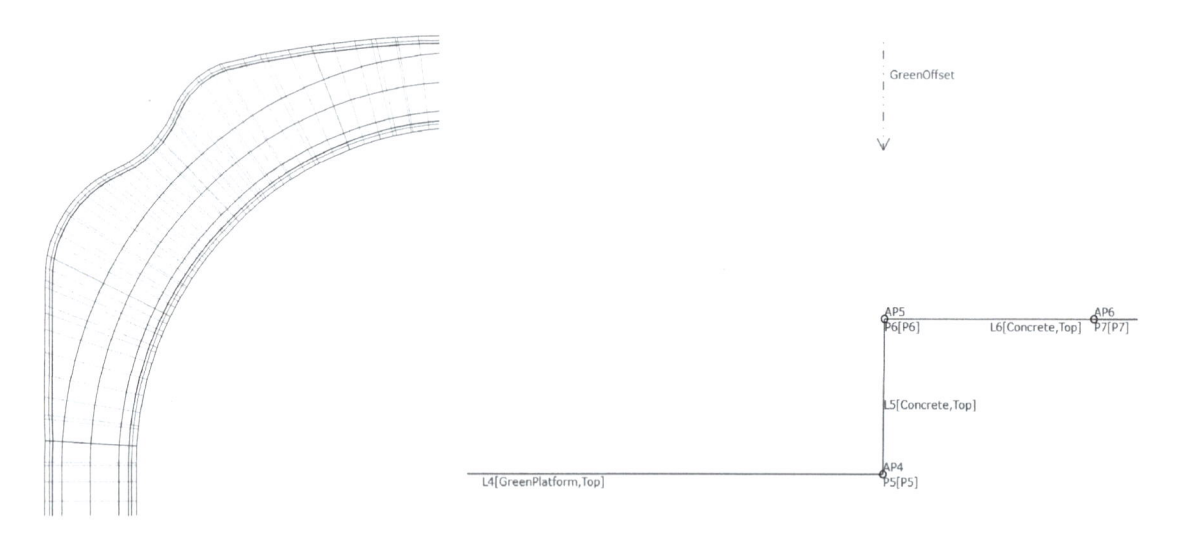

图 8.2-11 转弯处道路平面图

图 8.2-12 曲面扭曲部分局部代码

图 8.2-13 转弯处调整后曲面

图 8.2-14　创建好的河道在 InfraWorks 模型中展示效果

提示　创建完道路曲面，最后别忘记修改曲面最大三角形边长，裁减掉转弯处多余的曲面粘连部分。

提示　直立式挡墙结构创建曲面时，需要在部件制作时选用"Slope and Delta Y"，"Slope"可以是一个接近无穷大的坡度，但是不能给直角，创建曲面时无法区分到底是上面的点还是下面的点。

8.3　平交路口应用案例

平交路口案例依旧来自本书第 8.2 节图 8.2-1 某工业园区市政道路，提取出来一段平交路口如图 8.3-1 所示。

图 8.3-1　平交路口平面布置

基本操作步骤大致如下：

1. 制作部件，创建装配

主干道、次干道无交叉路口段分别使用各自道路完整装配，平交交叉路口段划分为 5 个区域，如图 8.3-2 所示，中间区域 A 预留出来作为主干道路面，上面两个区域 B、C 为次干道上部左幅、右幅，下面两个区域 D、E 为次干道下部左幅、右幅，制作部件时需要预留好非机动车道及交叉口边界的偏移线。平交路口用到的 8 个装配如图 8.3-3 所示。

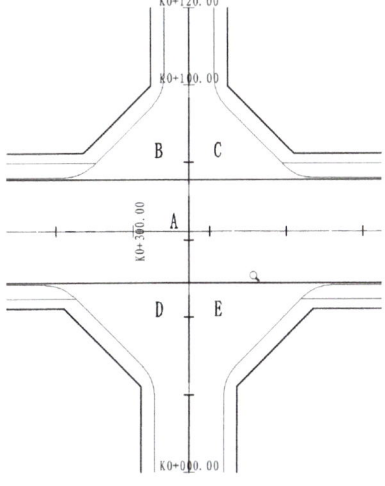

图 8.3-2　平交路口区域划分

主干道装配

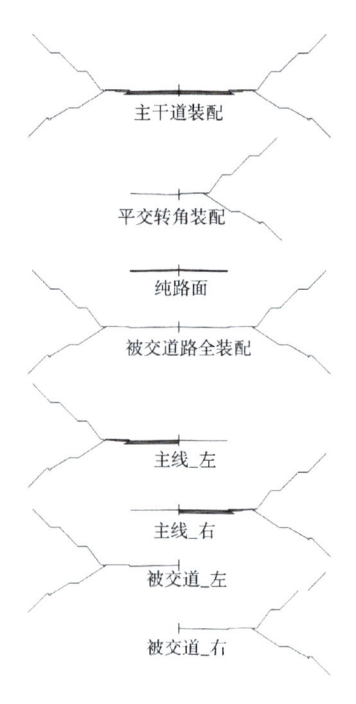

平交转角装配

纯路面

被交道路全装配

主线_左

主线_右

被交道_左

被交道_右

图 8.3-3　自定义交叉口装配集合

2. 创建主干道、次干道路线
3. 创建主干道、次干道路线曲面纵断面
4. 创建交叉点

界面左上角"常用"选项板找到"交叉口"按钮 交叉口，下拉菜单，单击"创建交点" 创建交点，运气好可以一次创建成功，"运气不好，点了个寂寞"，创建好后命令栏会提示"选择主要道路路线＜或按回车键从列表中选择＞："。

5. 创建交叉口

➤ 交叉点创建好后，选择创建好的主干道路线，单击"确定"按钮。
➤ 如图 8.3-4 所示，在"创建相交道路"弹窗中修改交叉口名称，单击"下一步"。

图 8.3-4　创建相交道路

第 8 章 道路参数化设计

➤ 如图 8.3-5 所示，单击"偏移参数"→如图 8.3-6 所示，在弹窗中设置主干道、次干道左右偏移路线宽度，单击"确定"按钮。

➤ 回到图 8.3-5 所示，单击"加铺转角参数"，如图 8.3-7 所示，在弹窗中设置当前"NE-象限"加铺转角类型和半径，单击弹窗上方"下一个"按钮，逐个设置"SE-象限""SW-象限""NW-象限"加铺转角参数单击"确定"按钮。

➤ 回到图 8.3-5 所示，再用同样的方法设置主干道、次干道"车道坡度参数"，如图 8.3-8 所示，都设置完成后，单击"创建相交道路"按钮，交叉口自动创建如图 8.3-9 所示。

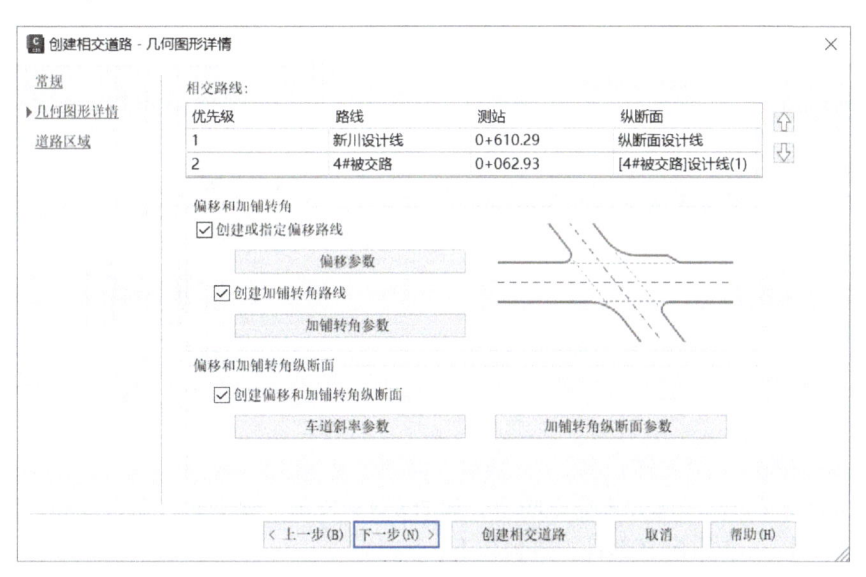

图 8.3-5　设置偏移参数、加铺转角参数、车道坡度参数

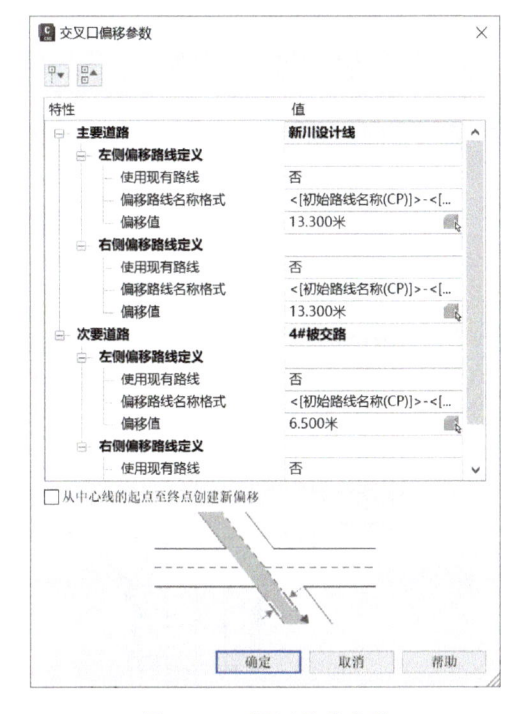

图 8.3-6　设置偏移参数

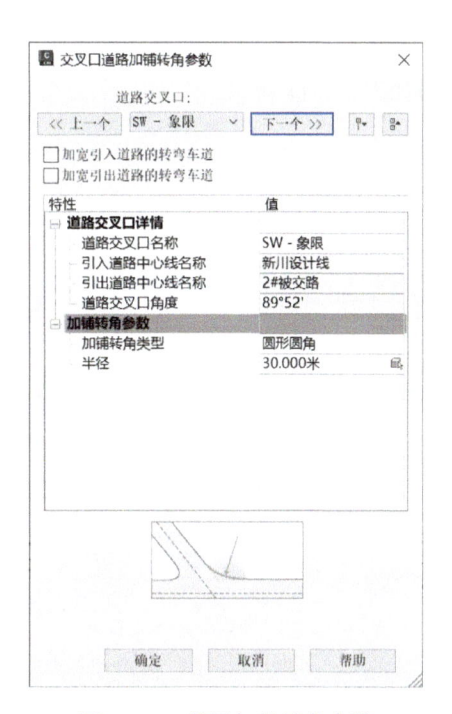

图 8.3-7　设置加铺转角参数

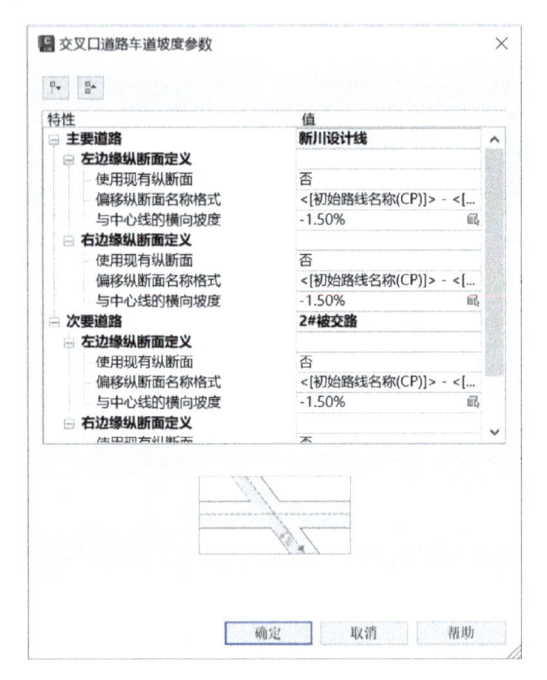

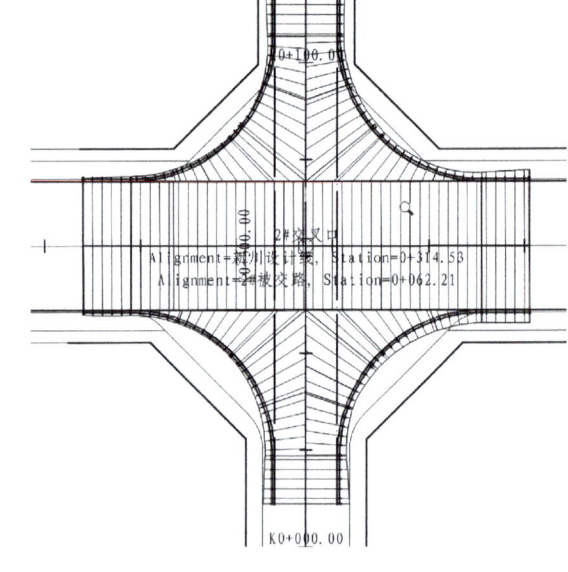

图 8.3-8　设置车道坡度参数　　　　　　　　图 8.3-9　自动创建的交叉口

6. 修改交叉口

自动创建的交叉口和实际并不完全吻合，如图 8.3-9 所示，缺少非机动车道和边坡，"是时候展现真正的技术了"，上自定义部件，过程如下：

➢ 选择中间的交叉口标记，点击"重建道路区域"按钮，或者右击，单击"重建道路区域"。

➢ 把软件自带的所有部件按照部件位置替换为自定义交叉口部件，如图 8.3-10 所示。

➢ 为每个区域中的非机动车道及交叉口边界指定对应的偏移线，最后单击"重建"，重新生成交叉口如图 8.3-11 所示。

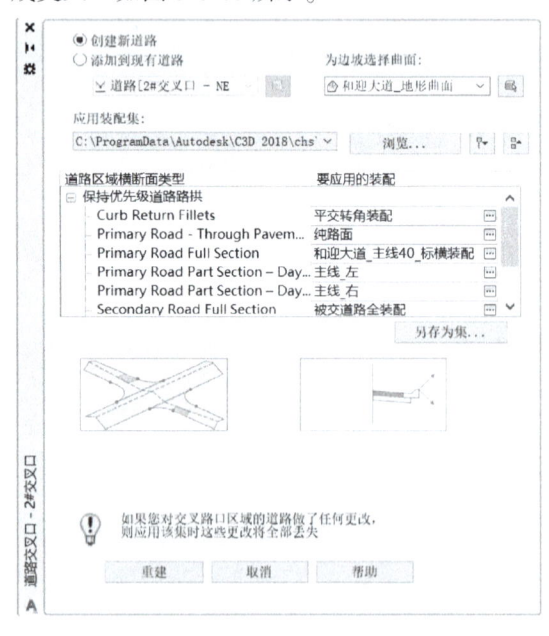

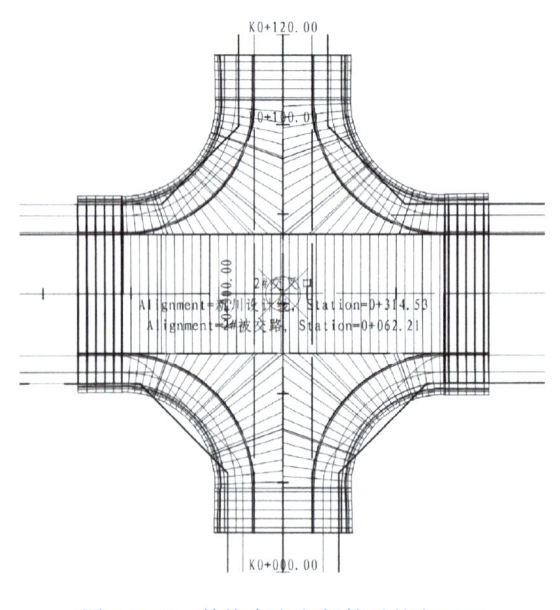

图 8.3-10　交叉口部件替换　　　　　　　　图 8.3-11　替换自定义部件后的交叉口

替换自定义部件也可以在如图 8.3-5 所示，界面中设置偏移参数、加辅转角参数、车道坡度参数后单击"下一步"按钮设置，方法一样。

7. 设置交叉口偏移目标

但是，如图 8.3-11 所示，交叉口 4 个圆角转角边线与原设计菱形边角依旧不吻合，南北走向的次干道下方出口路面宽度与原设计亦不吻合。所谓"一方有难，八方刁难"。

针对次干道下方出口路面宽度较原设计窄的问题，选中上文创建的偏移路线，单击路线中点附近的"＋"号，偏移路线会自动折弯，如图 8.3-12 所示，再拖动三角符号，调整到设计宽度。

针对 4 个转角边线与原设计菱形边角依旧不吻合问题，选中交叉口道路，右击，进入"道路特性"→展开"参数"一栏，如图 8.3-13 所示→逐个单击"目标"展开按钮 ⋯，设置非机动车道与人行道宽度偏移目标到正确的位置，如图 8.3-14 所示。

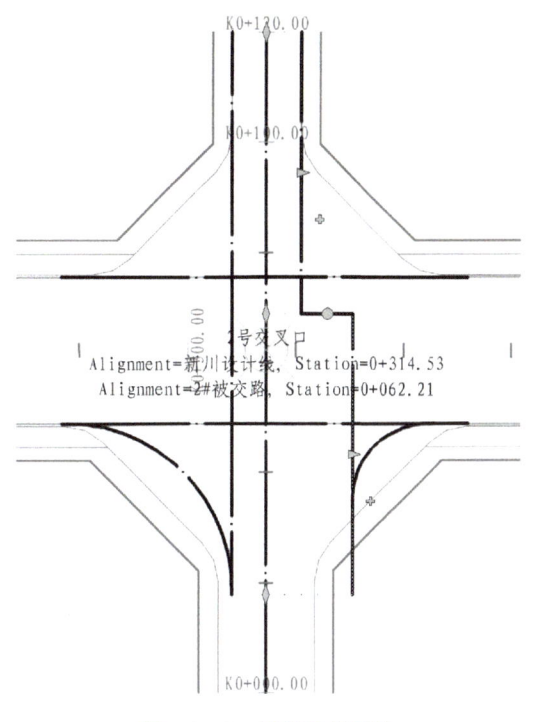

图 8.3-12　偏移路线调整

一个交叉口一共设置了 24 个偏移目标，重新生成交叉口后如图 8.3-15 所示。

图 8.3-13　交叉口道路特性参数设置

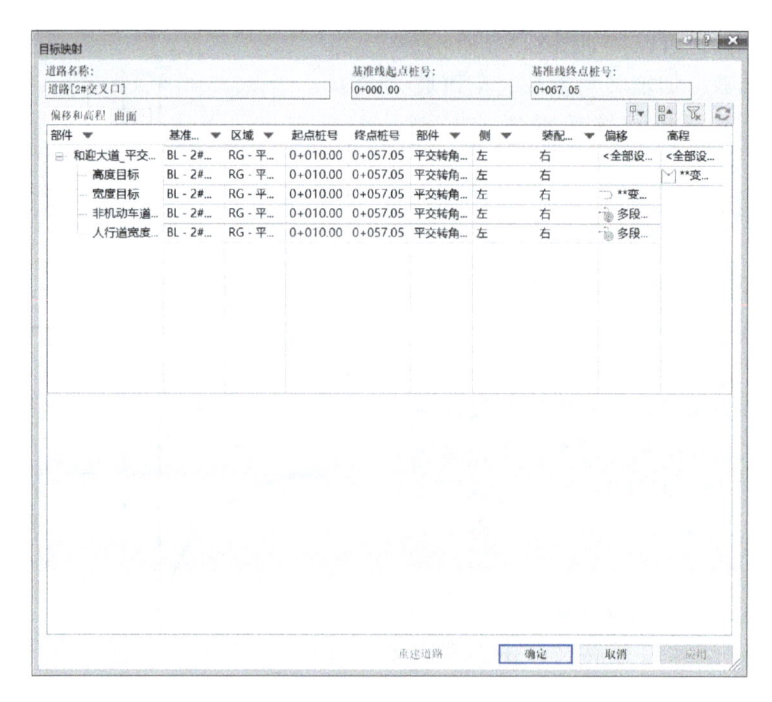

图 8.3-14 偏移目标设置

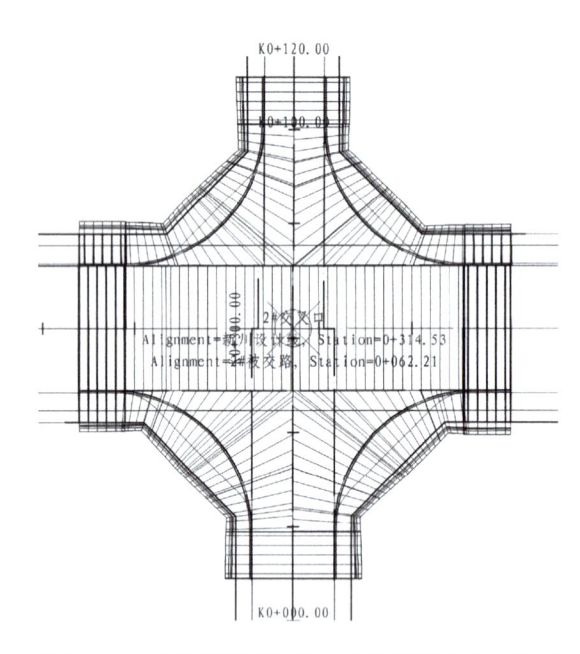

图 8.3-15 设置偏移目标后与原设计吻合的交叉口

8.4 材质与体积案例

8.4.1 创建材质

计算不同材质体积的本质是创建各个不同材质的三角网曲面，利用材质三角网曲面创建体积曲面，从而获取材质体积，再利用采样线获取每个桩号采样横断面的体积曲面，从而获取每个桩号断面的材质面积、体积及累计面积、体积，最终生成"牛气哄哄"的体积报表。

现以某江段航道疏浚为例，针对水深不足处开挖至设计水位以下 3.5m，超挖深度 0.4m，坡比 1:3，示意图如图 8.4-1 所示。

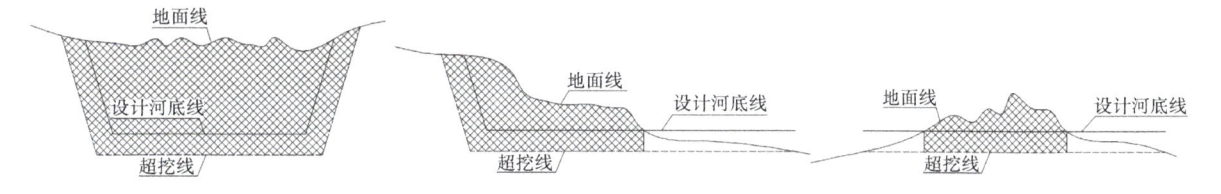

图 8.4-1　航道疏浚基本断面示意图

1. 编制疏浚部件，创建疏浚道路

在编制疏浚部件时，预留好结构体代码和生成不同材质曲面所需代码→创建疏浚路线→路线纵断面→道路，一气呵成。

2. 制作材质曲面

在 1#疏浚道路特性中，利用部件中预留的代码创建挖槽曲面和超挖曲面，如图 8.4-2 所示，最后别忘了给曲面添加一个"贴身"的边界。

图 8.4-2　道路特性

3. 添加采样源

选择 1#疏浚道路的任意一根采样线，上面界面自动跳转到"采样线"功能模式，点击"采样更多源"按钮，进入"横断面源"弹窗，如图 8.4-3 所示，将 1#疏浚的挖槽曲面和超挖曲面都添加至右边"采样的源"里面，再把"采样的源"里面不需要的曲面删除至左边"可用源"里，单击"确定"按钮。

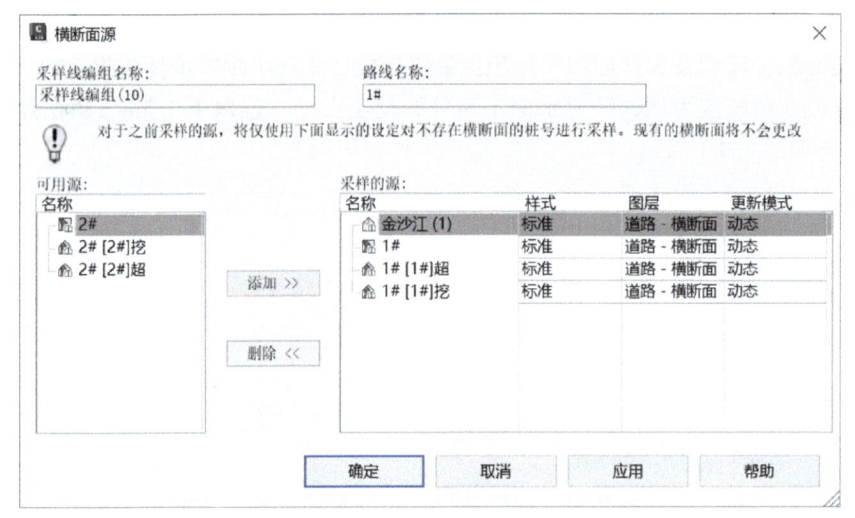

图 8.4-3 横断面源

4. 创建材质

在采样线编组特性中创建材质。

➢ 选中一根采样线,在上方选项板单击"编组特性"按钮,或者右击,单击"编组特性",进入"采样线编组特性"弹窗。

➢ 展开"材质列表"一栏,如图 8.4-4 所示,单击"添加新材质",将新添加的材质名称修改为"挖槽"→再单击"选择曲面"后面的"+"按钮,给该新建材质添加一个地面曲面,"条件"一列修改为"下方",再添加一个挖槽曲面,"条件"一列修改为"上方"。

➢ 再用同样的方法,单击"添加新材质",如图 8.4-4 所示,将新添加的材质名称修改为"超挖"→再单击"选择曲面"后面的"+"按钮,给该新建材质添加一个挖槽曲面,"条件"一列修改为"下方"→再添加一个超挖曲面,"条件"一列修改为"上方"→单击"确定"按钮。

自动更新并创建横断面不同材质填充以及面积、体积统计,如图 8.4-5 所示。

图 8.4-4 创建材质

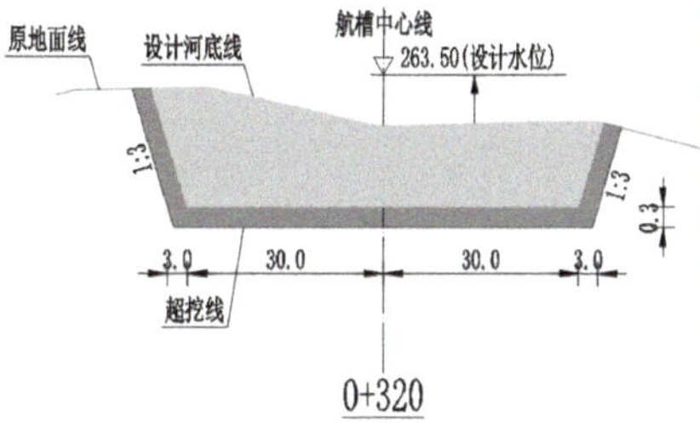

里程处的材质 0+320.000			
材质名称	面积	体积	累计体积
挖槽	909.11	989.76	40263.12
超挖	285.49	298.16	9915.52

图 8.4-5　里程处的材质图及量表

8.4.2　创建体积报表

界面上方选项板展开“分析”功能区，在“体积与材质”一栏单击“体积报告”按钮 体积报告 →如图 8.4-6 所示，在“报告土方”弹窗中选择 1#（疏浚），单击“确定”按钮，自动生成 XML 格式网页版量表，如图 8.4-7 所示，默认打开方式为 IE 浏览器，再复制到 Excel 里编辑。

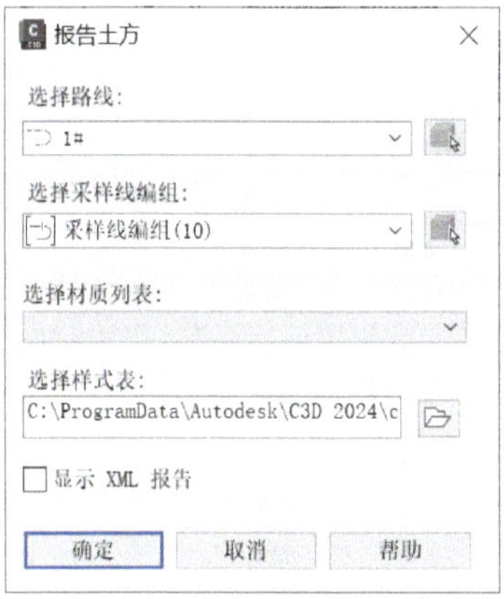

图 8.4-6　报告土方

体积报告

项目：E:\01-工作\岷江岷江龙溪口至白甲滩一批次-疏浚工程\岷江疏浚.dwg
路线：1#
采样线编组：采样线编组(14)
起点桩号：0+000.000
终点桩号：2+380.676

桩号	挖方面积（平方米）	挖方体积（立方米）	可重复使用的体积（立方米）	填方面积（平方米）	填方体积（立方米）	累计挖方体积（立方米）	累计可重复使用的体积（立方米）	累计填方体积（立方米）	累计净体积（立方米）
0+000.000	14.38	0.00	0.00	0.00	0.00	0.00	0.00	0.00	0.00
0+020.000	1.72	160.99	160.99	0.00	0.00	160.99	160.99	0.00	160.99
0+040.000	14.88	165.94	165.94	0.00	0.00	326.94	326.94	0.00	326.94
0+060.000	56.35	712.27	712.27	0.00	0.00	1039.20	1039.20	0.00	1039.20
0+080.000	93.76	1501.12	1501.12	0.00	0.00	2540.32	2540.32	0.00	2540.32
0+100.000	122.64	2164.03	2164.03	0.00	0.00	4704.35	4704.35	0.00	4704.35
0+120.000	144.95	2675.94	2675.94	0.00	0.00	7380.29	7380.29	0.00	7380.29
0+140.000	162.15	3071.03	3071.03	0.00	0.00	10451.33	10451.33	0.00	10451.33
0+160.000	184.30	3464.49	3464.49	0.00	0.00	13915.82	13915.82	0.00	13915.82
0+180.000	204.51	3888.11	3888.11	0.00	0.00	17803.93	17803.93	0.00	17803.93
0+200.000	223.30	4278.15	4278.15	0.00	0.00	22082.08	22082.08	0.00	22082.08
0+220.000	232.26	4555.61	4555.61	0.00	0.00	26637.68	26637.68	0.00	26637.68
0+240.000	240.93	4731.84	4731.84	0.00	0.00	31369.52	31369.52	0.00	31369.52
0+260.000	252.49	4934.14	4934.14	0.00	0.00	36303.66	36303.66	0.00	36303.66
0+280.000	260.20	5126.87	5126.87	0.00	0.00	41430.53	41430.53	0.00	41430.53
0+300.000	271.43	5316.25	5316.25	0.00	0.00	46746.78	46746.78	0.00	46746.78

图 8.4-7　网页版体积报表

8.4.3　创建总体积表

1. 创建总体积表

界面上方选项板展开“分析”功能区，在“体积与材质”一栏单击“总体积告”按钮 总体积表，在“创建总体积表”弹窗中选择 1#（疏浚），如图 8.4-8 所示，按照个人习惯修改“每个表格内的最大行数”和“每个堆栈内的最大表格数”，单击“确定”按钮，拾取插入点自动生成 CAD 量表，效果如图 8.4-9 所示。

图 8.4-8　创建总体积表

总体积表

里程	挖方面积	填方面积	挖方体积	填方体积	累计挖方体积	累计填方体积	净体积
0+00.00	14.38	0.00	0.00	0.00	0.00	0.00	0.00
0+20.00	1.72	0.00	160.99	0.00	160.99	0.00	160.99
0+40.00	14.88	0.00	165.94	0.00	326.94	0.00	326.94
0+60.00	56.35	0.00	712.27	0.00	1039.20	0.00	1039.20
0+80.00	93.76	0.00	1501.12	0.00	2540.32	0.00	2540.32
1+00.00	122.64	0.00	2164.03	0.00	4704.35	0.00	4704.35
1+20.00	144.95	0.00	2675.94	0.00	7380.29	0.00	7380.29
1+40.00	162.15	0.00	3071.03	0.00	10451.33	0.00	10451.33
1+60.00	184.30	0.00	3464.49	0.00	13915.82	0.00	13915.82
1+80.00	204.51	0.00	3888.11	0.00	17803.93	0.00	17803.93
2+00.00	223.30	0.00	4278.15	0.00	22082.08	0.00	22082.08
2+20.00	232.26	0.00	4555.61	0.00	26637.68	0.00	26637.68
2+40.00	240.93	0.00	4731.84	0.00	31369.52	0.00	31369.52
2+60.00	252.49	0.00	4934.14	0.00	36303.66	0.00	36303.66
2+80.00	260.20	0.00	5126.87	0.00	41430.53	0.00	41430.53
3+00.00	271.43	0.00	5316.25	0.00	46746.78	0.00	46746.78

图 8.4-9　自动创建 CAD 总体积表

2. 设置总体积表样式

表格风格没上图这么"清秀"的小伙伴，拿起小手，选中表格，右击，单击"编辑表格样式"→在"表格样式"弹窗中展开"数据特性"一栏,在"结构"框右侧找到添加按钮,添加表格属性栏,如图 8.4-10 所示。

添加的新属性栏表头和内容均为空白,双击鼠标点进去,在"文本部件编辑器"弹窗中展开"特性"一栏,全选右侧空白框中看不懂的文字,下拉左侧特性列表菜单,如图 8.4-11 所示,找到需要输出的内容,单击后面的箭头按钮,导入并替换掉右侧选中的文字,生成一串新的看不懂的文字→再展开"格式"一栏,修改字体及颜色。

再按照这种方法把所有需要的内容都添加进去,最后修改表格显示样式即可,"一顿操作猛如虎"。

图 8.4-10　表格样式设置

图 8.4-11　表格内容添加及设置

提　示　有些小伙伴自动生成的 XML 格式网页版量表打不开,是不是公司的 CAD 软件被自动加密的原因呢,受加密限制的 CAD 软件生成出来的 XML、DXF、JPG、PDF 等一切文件都会被"加密","防不胜防",找到源文件,解密即可正常打开。

8.4.4　体积面板

界面上方选项板展开"分析"功能区,在"体积与材质"一栏单击"体积面板"按钮,进入“体积面板”弹窗，如图 8.4-12 所示，若三角网体积曲面已创建好，单击添加界内体积曲面按钮，把体积曲面添加进体积面板；若只有材质三角网曲面，单击创建新体积曲面按钮，利用现有的材质三角网曲面创建体积曲面，二维面积、挖方、填方、净值等如图 8.4-12 所示。

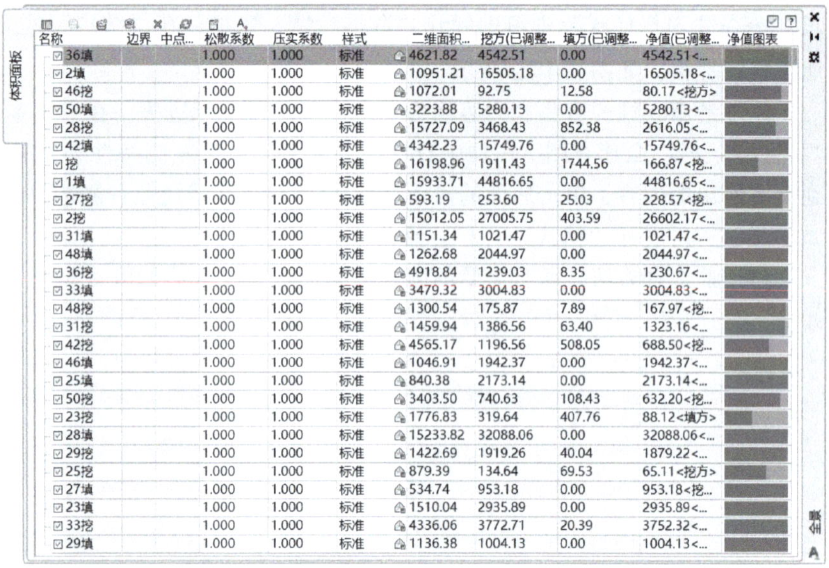

名称	边界	中点...	松散系数	压实系数	样式	二维面积...	挖方(已调整...	填方(已调整...	净值(已调整...	净值图表
36填			1.000	1.000	标准	4621.82	4542.51	0.00	4542.51<...	
2填			1.000	1.000	标准	10951.21	16505.18	0.00	16505.18<...	
46挖			1.000	1.000	标准	1072.01	92.75	12.58	80.17<挖方>	
50填			1.000	1.000	标准	3223.88	5280.13	0.00	5280.13<...	
28挖			1.000	1.000	标准	15727.09	3468.43	852.38	2616.05<...	
42填			1.000	1.000	标准	4342.23	15749.76	0.00	15749.76<...	
挖			1.000	1.000	标准	16198.96	1911.43	1744.56	166.87<挖...	
1填			1.000	1.000	标准	15933.71	44816.65	0.00	44816.65<...	
27挖			1.000	1.000	标准	593.19	253.60	25.03	228.57<挖...	
2挖			1.000	1.000	标准	15012.05	27005.75	403.59	26602.17<...	
31填			1.000	1.000	标准	1151.34	1021.47	0.00	1021.47<...	
48填			1.000	1.000	标准	1262.68	2044.97	0.00	2044.97<...	
36挖			1.000	1.000	标准	4918.84	1239.03	8.35	1230.67<...	
33填			1.000	1.000	标准	3479.32	3004.83	0.00	3004.83<...	
48挖			1.000	1.000	标准	1300.54	175.87	7.89	167.97<挖...	
31挖			1.000	1.000	标准	1459.94	1386.56	63.40	1323.16<...	
42挖			1.000	1.000	标准	4565.17	1196.56	508.05	688.50<挖...	
46填			1.000	1.000	标准	1046.91	1942.37	0.00	1942.37<...	
25填			1.000	1.000	标准	840.38	2173.14	0.00	2173.14<...	
50挖			1.000	1.000	标准	3403.50	740.63	108.43	632.20<挖...	
23挖			1.000	1.000	标准	1776.83	319.64	407.76	88.12<填方>	
28填			1.000	1.000	标准	15233.82	32088.06	0.00	32088.06<...	
29挖			1.000	1.000	标准	1422.69	1919.26	40.04	1879.22<...	
25挖			1.000	1.000	标准	879.39	134.64	69.53	65.11<挖方>	
27填			1.000	1.000	标准	534.74	953.18	0.00	953.18<挖...	
23填			1.000	1.000	标准	1510.04	2935.89	0.00	2935.89<...	
33挖			1.000	1.000	标准	4336.06	3772.71	20.39	3752.32<挖...	
29填			1.000	1.000	标准	1136.38	1004.13	0.00	1004.13<...	

图 8.4-12　体积面板

若文档中曲面有改动，单击体积面板中的刷新按钮，自动更新最近土方量；单击生成挖/填方报告按钮，可生成 XML 格式网页版挖/填方报告，如图 8.4-13 所示；单击第一个切换净值图表面板按钮，可生成体积面板中所有项目的总挖方、总填方及净值量；单击最后一个插入挖/填方概要按钮，界面中拾取插入点，可自动创建 CAD 挖/填方表格，如图 8.4-14 所示。

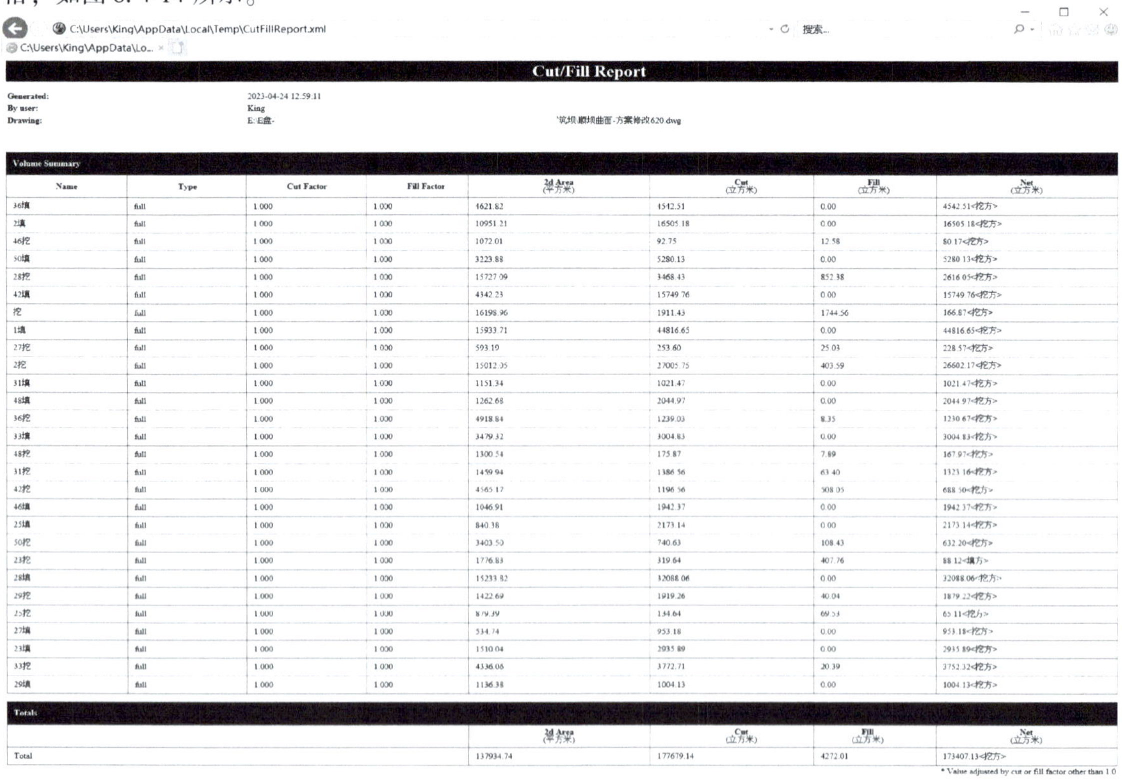

C:\Users\King\AppData\Local\Temp\CutFillReport.xml

Cut/Fill Report

Generated: 2023-04-24 12:59:11
By user: King
Drawing: E:\E盘- '筑坝\顺坝曲面-方案修改620.dwg

Volume Summary

Name	Type	Cut Factor	Fill Factor	2d Area (平方米)	Cut (立方米)	Fill (立方米)	Net (立方米)
36填	full	1.000	1.000	4621.82	4542.51	0.00	4542.51<挖方>
2填	full	1.000	1.000	10951.21	16505.18	0.00	16505.18<挖方>
46挖	full	1.000	1.000	1072.01	92.75	12.58	80.17<挖方>
50填	full	1.000	1.000	3223.88	5280.13	0.00	5280.13<挖方>
28挖	full	1.000	1.000	15727.09	3468.43	852.38	2616.05<挖方>
42填	full	1.000	1.000	4342.23	15749.76	0.00	15749.76<挖方>
挖	full	1.000	1.000	16198.96	1911.43	1744.56	166.87<挖方>
1填	full	1.000	1.000	15933.71	44816.65	0.00	44816.65<挖方>
27挖	full	1.000	1.000	593.19	253.60	25.03	228.57<挖方>
2挖	full	1.000	1.000	15012.05	27005.75	403.59	26602.17<挖方>
31填	full	1.000	1.000	1151.34	1021.47	0.00	1021.47<挖方>
48填	full	1.000	1.000	1262.68	2044.97	0.00	2044.97<挖方>
36挖	full	1.000	1.000	4918.84	1239.03	8.35	1230.67<挖方>
33填	full	1.000	1.000	3479.32	3004.83	0.00	3004.83<挖方>
48挖	full	1.000	1.000	1300.54	175.87	7.89	167.97<挖方>
31挖	full	1.000	1.000	1459.94	1386.56	63.40	1323.16<挖方>
42挖	full	1.000	1.000	4565.17	1196.56	508.05	688.50<挖方>
46填	full	1.000	1.000	1046.91	1942.37	0.00	1942.37<挖方>
25填	full	1.000	1.000	840.38	2173.14	0.00	2173.14<挖方>
50挖	full	1.000	1.000	3403.50	740.63	108.43	632.20<挖方>
23挖	full	1.000	1.000	1776.83	319.64	407.76	88.12<填方>
28填	full	1.000	1.000	15233.82	32088.06	0.00	32088.06<挖方>
29挖	full	1.000	1.000	1422.69	1919.26	40.04	1879.22<挖方>
25挖	full	1.000	1.000	879.39	134.64	69.53	65.11<挖方>
27填	full	1.000	1.000	534.74	953.18	0.00	953.18<挖方>
23填	full	1.000	1.000	1510.04	2935.89	0.00	2935.89<挖方>
33挖	full	1.000	1.000	4336.06	3772.71	20.39	3752.32<挖方>
29填	full	1.000	1.000	1136.38	1004.13	0.00	1004.13<挖方>

Totals

	2d Area (平方米)	Cut (立方米)	Fill (立方米)	Net (立方米)
Total	137934.74	177679.14	4272.01	173407.13<挖方>

* Value adjusted by cut or fill factor other than 1.0

图 8.4-13　体积面板 XML 挖/填方网页报表

挖/填方概要

名称	松散系数	压实系数	二维面积	挖方	填方	净值
36填	1.000	1.000	4621.82平方米	4542.51 立方米	0.00 立方米	4542.51 立方米<挖方>
2填	1.000	1.000	10951.21平方米	16505.18 立方米	0.00 立方米	16505.18 立方米<挖方>
46挖	1.000	1.000	1072.01平方米	92.75 立方米	12.58 立方米	80.17 立方米<挖方>
50填	1.000	1.000	3223.88平方米	5280.13 立方米	0.00 立方米	5280.13 立方米<挖方>
28挖	1.000	1.000	15727.09平方米	3468.43 立方米	852.38 立方米	2616.05 立方米<挖方>
42填	1.000	1.000	4342.23平方米	15749.76 立方米	0.00 立方米	15749.76 立方米<挖方>
挖	1.000	1.000	16198.96平方米	1911.43 立方米	1744.56 立方米	166.87 立方米<挖方>
1填	1.000	1.000	15933.71平方米	44816.65 立方米	0.00 立方米	44816.65 立方米<挖方>
27挖	1.000	1.000	593.19平方米	253.60 立方米	25.03 立方米	228.57 立方米<挖方>
2挖	1.000	1.000	15012.05平方米	27005.75 立方米	403.59 立方米	26602.17 立方米<挖方>
31填	1.000	1.000	1151.34平方米	1021.47 立方米	0.00 立方米	1021.47 立方米<挖方>
48填	1.000	1.000	1262.68平方米	2044.97 立方米	0.00 立方米	2044.97 立方米<挖方>
36填	1.000	1.000	4918.84平方米	1239.03 立方米	8.35 立方米	1230.67 立方米<挖方>
33填	1.000	1.000	3479.32平方米	3004.83 立方米	0.00 立方米	3004.83 立方米<挖方>
48挖	1.000	1.000	1300.54平方米	175.87 立方米	7.89 立方米	167.97 立方米<挖方>
31填	1.000	1.000	1459.94平方米	1386.56 立方米	63.40 立方米	1323.16 立方米<挖方>
42填	1.000	1.000	4565.17平方米	1196.56 立方米	508.05 立方米	688.50 立方米<挖方>
46填	1.000	1.000	1046.91平方米	1942.37 立方米	0.00 立方米	1942.37 立方米<挖方>
25填	1.000	1.000	840.38平方米	2173.14 立方米	0.00 立方米	2173.14 立方米<挖方>
50挖	1.000	1.000	3403.50平方米	740.63 立方米	108.43 立方米	632.20 立方米<挖方>
23填	1.000	1.000	1776.83平方米	319.64 立方米	407.76 立方米	88.12 立方米<填方>
28挖	1.000	1.000	15233.82平方米	32088.06 立方米	0.00 立方米	32088.06 立方米<挖方>
29填	1.000	1.000	1422.69平方米	1919.26 立方米	40.04 立方米	1879.22 立方米<挖方>
25填	1.000	1.000	879.39平方米	134.64 立方米	69.53 立方米	65.11 立方米<挖方>
27填	1.000	1.000	534.74平方米	953.18 立方米	0.00 立方米	953.18 立方米<挖方>
23填	1.000	1.000	1510.04平方米	2935.89 立方米	0.00 立方米	2935.89 立方米<挖方>
33填	1.000	1.000	4336.06平方米	3772.71 立方米	20.39 立方米	3752.32 立方米<挖方>
29填	1.000	1.000	1136.38平方米	1004.13 立方米	0.00 立方米	1004.13 立方米<挖方>
总数			137934.74平方米	177679.14 立方米	4272.01 立方米	173407.13 立方米<挖方>

图 8.4-14　体积面板挖/填方 CAD 报表

8.5　提取道路实体

8.5.1　提取路面实体

选择道路，界面上方选项板自动跳转到"道路"模式，单击"提取道路实体"按钮 ，根据下方命令栏提示"选择要导出为实体的道路区域 或 [桩号范围（S）多边形内（P）所有区域（A）]:"选择合适的区域→进入"提取道路实体"弹窗，选择需要提取的结构连接，如图 8.5-1 所示，单击"提取实体"，提取的连接实体随即附着在道路平面位置，拾取后用对象查看器查看如图 8.5-2 所示，导出 .fbx 格式，即可转换为其他软件能打开的格式。

图 8.5-1　提取道路实体

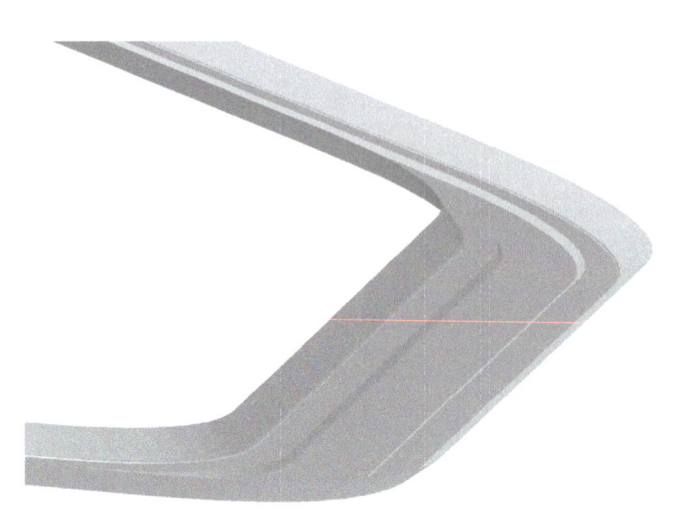

图 8.5-2　路面连接实体效果图

8.5.2　提取造型实体

电缆线沟、排水沟、管涵等封闭构件，以及类似道路面层有厚度的材质层，在编写部件时，需要把结构体拼装成造型（图 8.5-3），并为造型赋代码，创建道路完成后，选择道路，单击"提取道路实体"按钮 ![], 再选择合适的区域→进入"提取道路实体"弹窗，选择需要提取的造型，如图 8.5-4 所示，单击"提取实体"，造型实体随即附着在道路平面位置，选择造型实体，用对象查看器查看效果如图 8.5-5 所示。导出 .fbx 格式，即可进入其他软件使用。

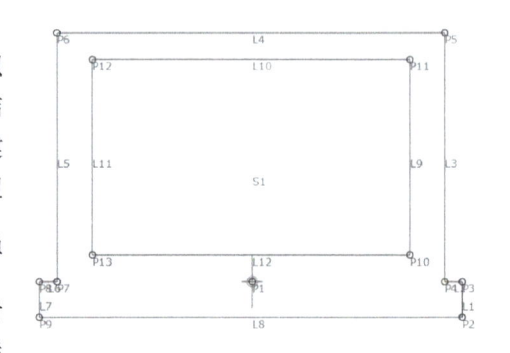

图 8.5-3　部件造型连接

感兴趣的读者可以试一下"三维实体扫掠"，通过扫掠得到的管涵为实心体，通过造型得到的管涵为空心体。

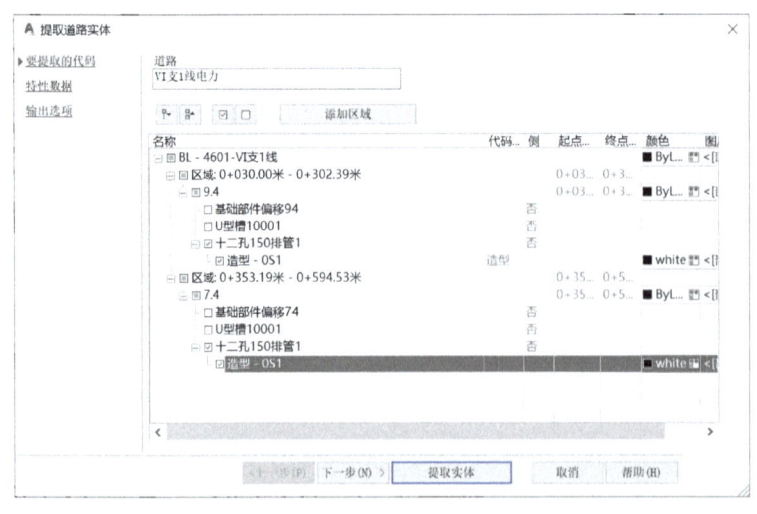

图 8.5-4　路面连接实体效果图

图 8.5-5　造型实体效果图

8.6 从道路创建要素线、路线、多段线

8.6.1 从道路创建要素线

选中道路，界面上方选项板自动跳转到"道路"模式，单击"从道路创建要素线"按钮 从道路创建要素线→根据命令栏提示选择要素线→进入"提取道路要素线"弹窗（图8.6-1），单击左上角空框按钮 □，一次性去掉所有代码前面的选项，选择要创建要素线或者路线的代码行，勾上前面的选项，注意观察，选中的代码在道路平面中对应的那条线会高光显示，单击"提取"即可。

图 8.6-1　提取道路要素线

8.6.2 从道路创建路线

选中道路，界面上方选项板单击"从道路创建路线"按钮 从道路创建路线，命令栏会提示选择道路要素线，在道路平面中拾取要创建路线的纵向线条，若该线条仅有一个代码，进入创建路线弹窗；若该线条有多个代码，界面会弹窗提示选择一个代码作为要素线（图8.6-2），再弹窗提示创建路线。

图 8.6-2　选择要素线

8.6.3 从道路创建多段线

从道路创建多段线相对简单,主要用于提取各种边界。选中道路,界面上方选项板下拉"启动平台"菜单,单击"从道路创建多段线"按钮 从道路创建多段线 （图 8.6-3）,直接拾取道路平面中的纵向线条即可。

图 8.6-3 从道路创建多段线

第 9 章 坐标系转换

> **本章主要内容**
>
> 本章坐标系转换只适用于 Civil 3D 到 InfraWorks 模型及 GIS 空间的坐标系匹配，主要有以下内容：
> 1. 坐标系及条带划分
> 2. 测绘坐标系转经纬度坐标系
> 3. 自定义坐标系
> 4. 匹配坐标系

本章坐标系转换只适用于 Civil 3D 到 InfraWorks 模型及 GIS 空间的坐标系匹配。建模时，需要将测绘坐标系转换成经纬度坐标系，再把测绘地形和工程模型匹配到卫星影像上，还原项目的地形地貌、几何尺寸、环境因素等，实现 GIS 数据与测绘图及 BIM 模型信息交互。

9.1 坐标系

9.1.1 常用坐标系

➢ 地理坐标系（GIS）
参心坐标系：西安 80、北京 54
地心坐标系：国家 2000、WGS84
➢ 投影坐标系
高斯-克吕格投影（横轴等角切圆柱投影）
UTM 投影（横轴等角割圆柱投影）
Alberts（阿伯斯投影，正轴等面积割圆锥投影）
Lambert（兰伯特正形圆锥，正轴等角割圆锥投影）
➢ 笛卡尔坐标系（BIM）
AutoCAD：XY-M
➢ 独立坐标系
这里的独立坐标系是指任意选定原点和坐标轴的直角坐标系。
地理坐标系、投影坐标系、笛卡尔坐标系各自投影示意如图 9.1-1 所示。

9.1.2 北京 54 坐标系

新中国成立初期，为了迅速开展我国的测绘事业，鉴于当时的实际情况，将我国一等控制点与原苏联远东一等控制点相连接，然后以连接处呼玛、吉拉宁、东宁基线网扩大边端点的原苏联

地理坐标系（GIS）　　　　　投影坐标系　　　　　笛卡尔坐标系（BIM）

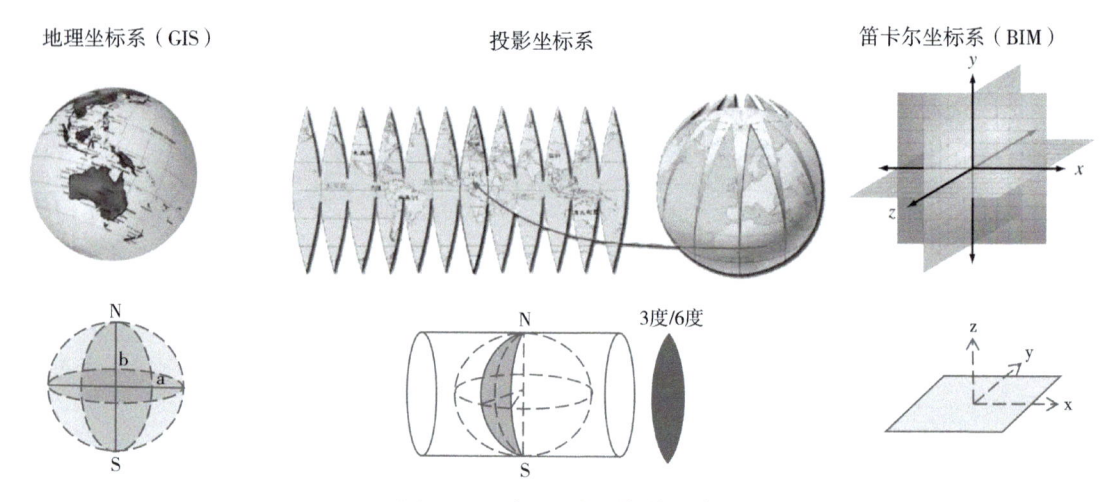

图 9.1-1　常用坐标系投影示意

1942 年普尔科沃坐标系的坐标为起算数据，平差我国东北及东部区一等控制点，这样转换过来的坐标系就定名为"1954 年北京坐标系"，简称"北京 54 坐标系"，原理图析如图 9.1-2 所示。可归结为：

➢ 属参心大地坐标系；
➢ 采用克拉索夫斯基椭球的两个几何参数；
➢ 大地原点在原苏联的普尔科沃；
➢ 采用多点定位法进行椭球定位；
➢ 高程基准为 1950～1956 年青岛验潮站求出的黄海平均海水面（即 1956 国家高程基准，已废止）；
➢ 高程异常以原苏联 1955 年大地水准面重新平差结果为起算数据，按我国天文水准路线推算而得。

建立以来，在该坐标系内进行了许多地区的局部平差，成果得到了广泛应用。

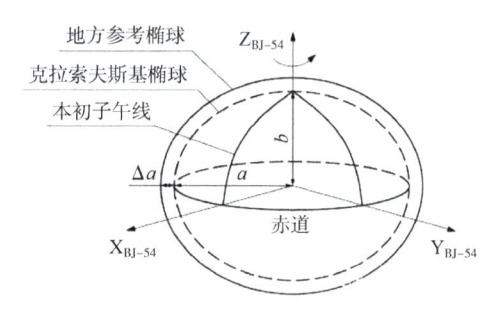

图 9.1-2　北京 54 坐标系原理图析

9.1.3　西安 80 坐标系

北京 54 坐标系自建立以来得到了广泛应用，但是，该椭球在计算和定位的过程中没有采用中国的数据，系统在中国范围内符合得不好，不能满足高精度定位以及地球科学、空间科学等发展的需要。

我国在积累了近 30 年测绘资料的基础上，终于完成了全国一、二等天文大地网的布测，1978 年 4 月在西安召开全国天文大地网平差会议，确定重新定位，建立西安 80 坐标系，此后西安 80 坐标系取代北京 54 坐标系成为新的国家坐标系。根据椭球定位的基本原理，在建立西安 80 坐标系时有以下先决条件：

➢ 大地原点在陕西省西安市西北方向约 60km 处泾阳县永乐镇；
➢ 参心坐标系，椭球短轴 Z 轴平行于地球质心指向地极原点方向，大地起始子午面平行于格林尼治天文台子午面；X 轴在大地起始子午面内与 Z 轴垂直指向经度 0 方向；Y 轴与 Z、X 轴成右手坐标系；
➢ 椭球参数采用 1975 年第 16 届国际大地测量及地球物理联合大会推荐的参数，得出西安 80 椭球两个最常用的几何参数，长半轴：6378140 ± 5m；短半轴：6356755.2882m；扁率：

1：298.257。椭球定位时按我国范围内高程异常值平方和最小为原则求解参数。
- 多点定位的平面坐标系；
- 大地高程以 1952—1979 年青岛验潮站求出的黄海平均水面为基准（即 1985 国家高程基准）。

自北京 54 坐标系建立以来，在该坐标系内进行了许多地区的局部平差，成果得到了广泛应用。1978 年 4 月在西安召开全国天文大地网平差会议，确定重新定位，即建立西安 80 坐标系，此后西安 80 坐标系取代北京 54 坐标系成为新的国家坐标系。

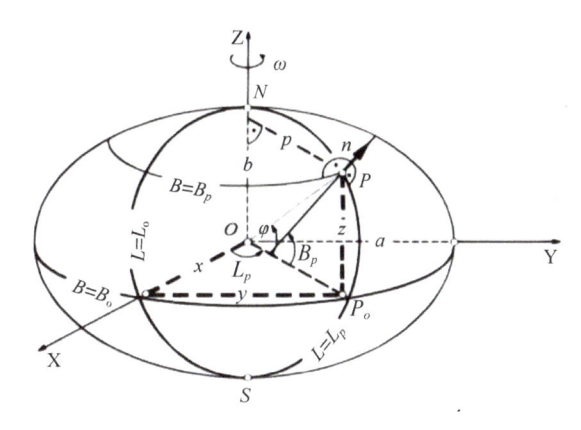

图 9.1-3 西安 80 坐标系原理图析

9.1.4 大地 2000 坐标系

20 世纪以来，北京 54 和西安 80 坐标系（图 9.1-3）在国民经济、国防建设和科学研究中发挥了巨大作用，但是，由于其成果受技术条件制约，精度偏低、无法满足新技术的要求。随着社会的进步，国民经济建设、国防建设、社会发展、科学研究、空间技术等对国家大地坐标系提出了新的要求，迫切需要采用原点位于地球质量中心的坐标系统，即地心坐标系，作为国家大地坐标系。采用地心坐标系，有利于采用现代空间技术对坐标系进行维护和快速更新，测定高精度大地控制点三维坐标，并提高测图工作效率。

2008 年 3 月，由国土资源部正式上报国务院《关于中国采用 2000 国家大地坐标系的请示》，并于 2008 年 4 月获得国务院批准。自 2008 年 7 月 1 日起，中国全面启用 2000 国家大地坐标系，如图 9.1-4 所示。有以下特点：
- 原点：位于包括海洋和大气的整个地球的质量中心的三维国家大地坐标系，2000 国家大地坐标系是全球地心坐标系在我国的具体体现；
- Z 轴：由原点指向历元 2000.0 的地球参考极的方向；

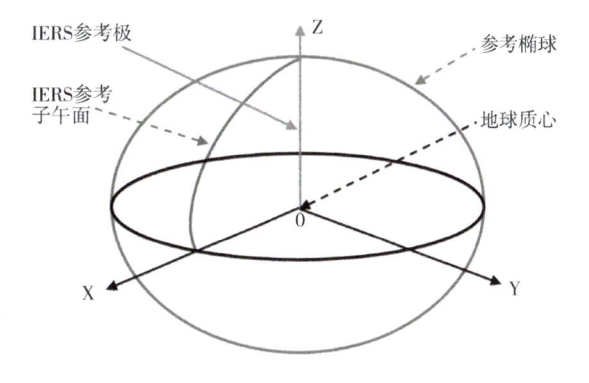

图 9.1-4 大地 2000 坐标系原理图析

- X 轴：由原点指向格林尼治参考子午线与赤道面（历元 2000.0）的交点；
- Y 轴：与 Z 轴、X 轴构成右手正交坐标系；
- 椭球：CGCS2000 对应的椭球为一等位旋转椭球，几何中心与坐标系原点重合，旋转轴与坐标系 Z 轴一致；
- 参数：长半轴：6378137m；短半轴：6356752.31414m；扁率：1：298.257222101；
- 高程基准：大地高程依旧采用 1985 国家高程基准。

9.1.5 独立坐标系

独立坐标系是任意选定原点和坐标轴的直角坐标系，相对于统一的国家坐标系而言，是独立于国家坐标系外的局部的平面直角坐标系。

进行工程测量建立平面控制网时，如局部地区没有已知控制点可利用，则选择网中某一点假定其坐标，选定某一边假定其坐标方位角，以此为起算数据推算网中各点的坐标。

在国家控制网未扩展到的地区，为了测绘地形图而布设控制网时，可在网中选一点观测其天文经纬度和至另一点的天文方位角，按统一投影带的划分，将该点的天文经纬度换算为平面直角坐标，将天文方位角换算为坐标方位角，以此为起算数据，推算网中各点的坐标。

9.2 自定义坐标系

9.2.1 为什么自定义坐标

在实际工程项目中，为了限制投影变形，通常需要采用任意中央子午线配合测区平均高程面或高程抵偿面作为投影面建立工程独立坐标系。长带状的工程通常由于高程变化还需要建立多个工程独立坐标系，测量人员为了使设计人员使用地形图更方便，通常会将多个工程独立坐标系的地形图成果合并为到一个工程独立坐标系，因此，没有一个准确的转换参数可以实现统一后的工程独立坐标系到经纬度坐标系转换。

除非整个工程项目采用的都是投影高为 0 的标准坐标系，否则，不同测区的地形图不能直接简单的合并或者等同。所以，虽然我们日常使用的地形图大多标注了坐标系为 CGCS2000 或者西安 80，但通常可以发现坐标的描述有非整数的中央子午线和投影高，因此，它们并不是标准坐标系，不能采用标准坐标系进行坐标转换。所以，除了投影高为 0 的标准坐标系，我们使用工程独立坐标系地形图和卫星影像匹配时，需要自定义坐标系，即定义一个转换参数将工程独立坐标系成果转换到近似经纬度，使工程坐标成果可以快速在经纬度场景展示。

9.2.2 自定义坐标系原理

独立坐标系通常具有特定的中央子午线和投影高程。若要将该坐标系下的元素转换到经纬度坐标系，传统的坐标转换方法是：首先将该独立坐标系下的图形通过坐标系参数转换到国家标准坐标系下，然后再转换到经纬度坐标系。

自定义坐标系的原理是通过两个特征点计算一个项目到经纬度坐标的大致转换关系。在测绘地形图上选取两个特征点，获取其测绘坐标，再在卫星影像图上找到这两个点，并获取其经纬度坐标，对特征点的平面坐标和对应的经纬度坐标计算出该地区的大致坐标转换关系，得到一个适用于项目的自定义坐标系。该坐标系精度取决于特征点的选取精度，虽然总体精度不如参数转换，但是对于三维建模精度已足够，模型及测绘地形内部的几何精度依然由原坐标系下的几何精度决定，与自定义坐标关系不大。

提示 该方法虽然精确，但是在实际操作中存在以下问题：
➤ （1）部分地形图坐标系参数未知；
➤ （2）坐标系转换操作专业性强，一般设计人员无法完成；
➤ （3）转换过程涉及的图形平移、旋转、缩放和投影变换，操作过程烦琐。

可以借助二次开发的力量解决以上问题，把烦琐的转换计算写进程序后台，做成一个按钮，一键单击即可得到自定义坐标系。

9.3 高斯-克吕格投影

自定义坐标系前,首先要大致确定测绘地形图在几度带的多少经度上,再就近选择用什么经纬度坐标系来修正转换,条带和投影关系大致如下:

9.3.1 高斯-克吕格投影 6 度带和 3 度带

我国大中比例尺地图均采用高斯-克吕格投影,通常按 6 度和 3 度分带投影,1:2.5 万~1:50 万比例尺地形图采用经差 6 度分带,1:1 万比例尺的地形图采用经差 3 度分带,如图 9.3-1 所示。

6 度分带从本初子午线(prime meridian)开始,按经差 6 度为一个投影带自西向东划分,全球共分 60 个投影带,带号分别为 1~60;三度带是在六度带的基础上分成的,它的中央子午线与六度带的中央子午线和分带子午线重合,即自 1.5 度子午线起每隔经差 3 度自西向东分带,全球共分 120 个投影带。

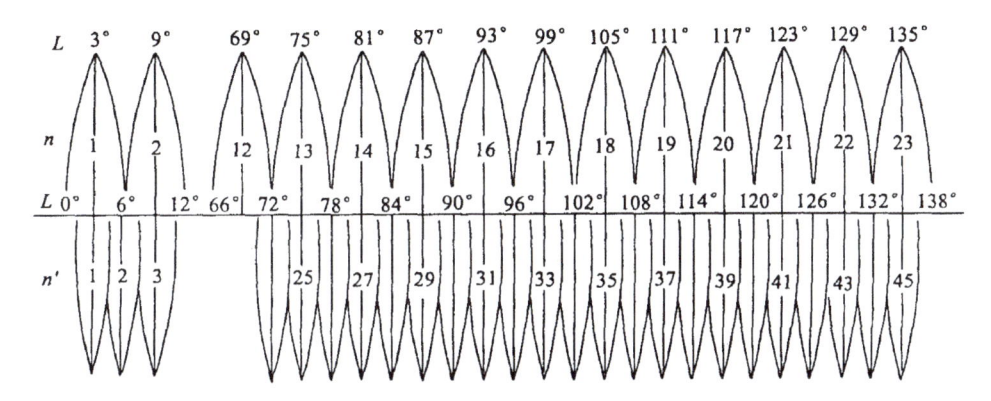

图 9.3-1 高斯-克吕格投影 6 度带和 3 度带划分

为了便于地形图的测量作业,在高斯-克吕格投影带内布置了平面直角坐标系统,规定中央经线为 X 轴,赤道为 Y 轴,中央经线与赤道交点为坐标原点,x 值在北半球为正,南半球为负,y 值在中央经线以东为正,中央经线以西为负。由于我国疆域均在北半球,x 值均为正值,为了避免 y 值出现负值,规定各投影带的坐标纵轴均西移 500km,中央经线上原横坐标值由 0 变为 500km。为了方便条带间点位的区分,可以在每个点位横坐标 y 值的百千米位数前加上所在带号,如 20 带内 A 点的坐标可以表示为 YA = 20 745 921.8m。

9.3.2 坐标系条带号

中国及一些常见国家常用坐标系在 Civil 3D 的安装文件封装在路径 C:\ProgramData\Autodesk\Geospatial Coordinate Systems XXX 文件夹中,对应 GIS 软件安装目录 Coordinate Systems\Projected Coordinate Systems\Gauss Kruger\Beijing 1954(或 Xian 1980 或 CGCS2000)文件夹中相同命名的 prj 文件。

➤ 北京 54 坐标系

北京 54 坐标在 Civil 3D 中坐标系命名如图 9.3-2 所示,我们可以看到四种不同的命名方式:

Beijing 1954/a. GK3d/CM-75E

Beijing 1954/a. GK3d-25

Beijing 1954/a. GK/CM-75E

Beijing 1954/a.GK-13

看着每个字都会，联合在一起不知道什么鬼。

注释：GK 是高斯克吕格，CM 是 Central Meridian 中央子午线，说明一栏中 Zone 是分带号。对它们的说明分别如下：

三度分带法的北京 54 坐标系，中央经线在东 75 度的分带坐标，横坐标前不加带号

三度分带法的北京 54 坐标系，中央经线在东 75 度的分带坐标，横坐标前加带号

六度分带法的北京 54 坐标系，分带号为 13，横坐标前不加带号

六度分带法的北京 54 坐标系，分带号为 13，横坐标前加带号

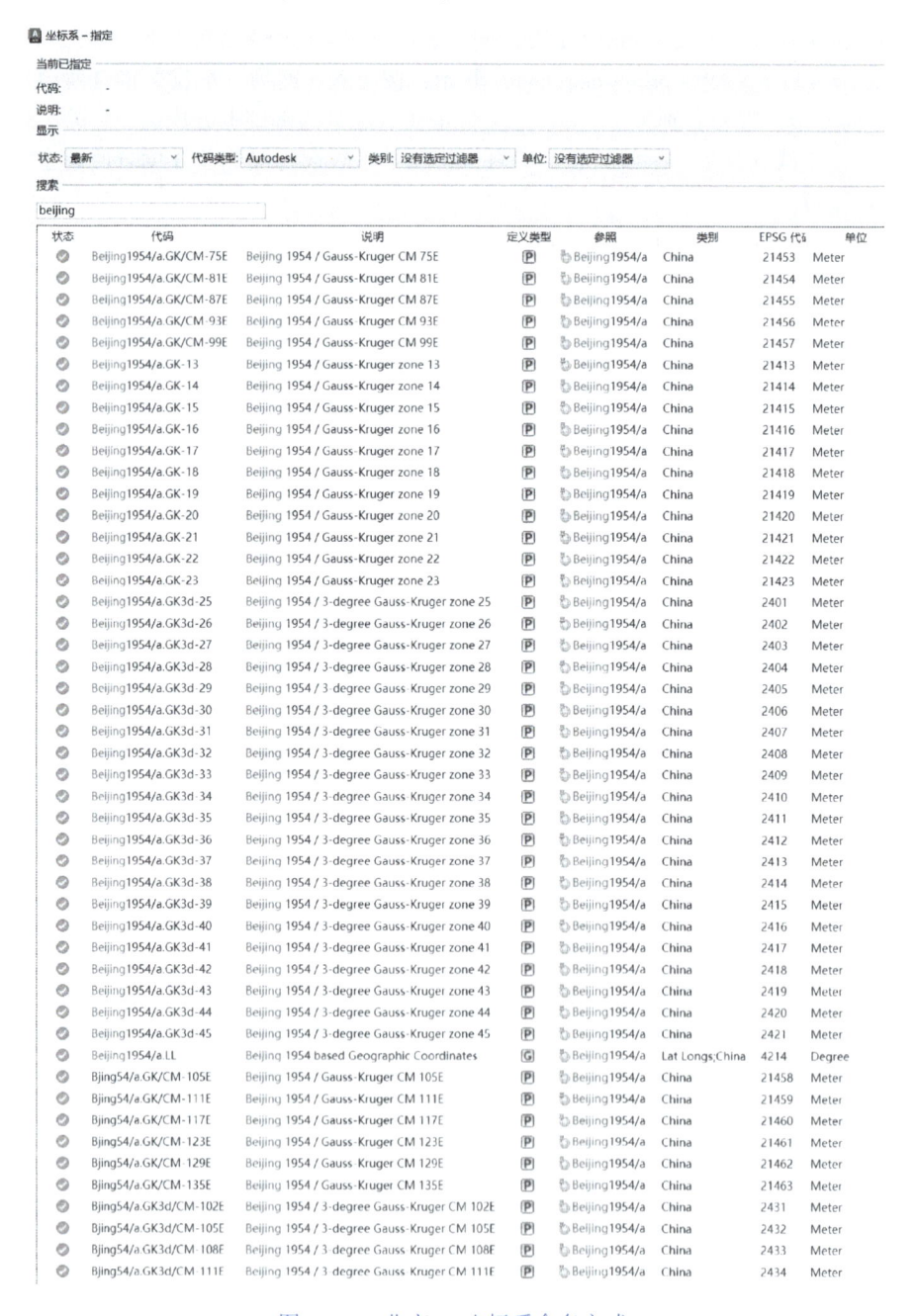

图 9.3-2 北京 54 坐标系命名方式

感兴趣的读者可以研究一下坐标系源文件参数，配置坐标系的本质就是修改坐标系 prj 文件中的参数，对应 GIS 软件安装目录下的源文件如下：

Beijing 1954 3-Degree GK CM 75E. prj

Beijing 1954 3 Degree GK Zone 25. prj

Beijing 1954 GK Zone 13. prj

Beijing 1954 GK Zone 13 N. prj

注释：Zone 是分带号，N 是表示不显示带号。

➢ 西安 80 坐标系

上文北京 54 坐标系 75 度带对应西安 80 坐标系表达方式如下：

Xian80. GK3d/CM-75E

Xian80. GK3d-25

Xian80. GK/CM-75E

Xian80. GK-13

西安 80 坐标系相比北京 54 坐标系，文件命名方式少了一个"a"，注释如北京 54 坐标系，如图 9.3-3 所示。

对应 GIS 软件安装目录下的源文件如下：

Xian 1980 3 Degree GK CM 75E. prj

Xian 1980 3 Degree GK Zone 25. prj

Xian 1980 GK CM 75E. prj

Xian 1980 GK Zone 13. prj

➢ 2000 国家大地坐标系

Civil 3D 2024 面向中国客户更新了 CGCS2000 坐标系本地化增强包，包括 3 度带和 6 度带的投影坐标系，安装一次，同时支持 Civil 3D、InfraWorks、Map 3D 等产品。

针对自定义坐标系问题，Civil 3D 2024 版本需要先在官网下载 dictionaries_V1_March 16. zip 坐标系文件包，备份好 C：\ProgramData\Autodesk\Geospatial Coordinate Systems 14. 10

图 9.3-3 西安 80 坐标系命名方式

位置下的 CSD 文件，并替换此处的 CSD 文件，重新启动 Civil 3D，检查 CGCS 2000 坐标系是否成功加载。如图 9.3-4 所示。

上文北京 54 和西安 80 坐标系 75 度带对应 CGCS 2000 坐标系在 Civil 3D 中的表达方式如下：

CGCS2000. GK3d/CM-75E

CGCS2000. GK3d-25

CGCS2000. GK/CM-75E

CGCS2000. GK-13（注释如北京 54 坐标系）

图 9.3-4　CGCS 2000 坐标系命名方式

提示 在实际运用中，测量坐标 Y 值经常会加一个大数，比如 3532408.5871，35 为条带号，去掉或加上条带号要用上述命名投影方法转换，一般不建议人为地移动 3500000，这样容易混淆。带号小于或等于 23 肯定是 6 度带，大于或等于 24 肯定是 3 度带。

提示 设计人员很容易混淆测量坐标和笛卡尔坐标，测量上 Y 坐标指的是东坐标，所以条带号是加在 Y 坐标上的，CAD 视口的坐标是笛卡尔坐标，正好和测量坐标颠倒过来，带号在笛卡尔坐标上系看起来就是加在 X 上，这也是为什么本书第 2.1.2 章节中 XY 要颠倒过来后再加载的原因。

9.4 Civil 3D 内置必应卫星影像

调出 Civil 3D 内置必应卫星影像基本步骤：命令栏输入"MAPCSASSIGN"定义坐标系→调出"地理位置"选项板→从地图编辑位置→输入项目所在地大概经纬度→选择地图混合查看影像。以重庆市彭水江口镇乌江芙蓉江河口为例，测图为 CGCS2000 坐标系，具体操作如下：

9.4.1 坐标系确定

➢ 针对某个精细部位

在卫图上查出芙蓉河河口经纬度，经度大概为 107.87 度，可以确定工程位置为东经 108 度，为了提高精度，一般选用 3 度分带法，条带号为 36 度带。

再检查测绘图坐标，视口中心点坐标为（489239.2984，3237910.6578），由此坐标可知，测绘坐标系横坐标前未加带号。

结合本书第 9.3.2 章节基础知识可知，选择距离测绘项目最近的经度及带号，最终确定测图坐标系为 CGCS2000.GK3d/CM-108E，即 2000 国家大地坐标系，高斯-克吕格投影，3 度分带，无带号，中央经度是东经 108 度。

但是，试一下 3 度带东经 108 度加带号坐标系，即 CGCS2000.GK3d-36，效果一样，匹配的精确无误，又试了一下西安 80 坐标系 108 度带加带号和未加带号，匹配效果亦一样，毫厘未动，这就很费解了，开始怀疑 Civil 3D 封装起来的不同类型坐标系了。

➢ 针对大范围项目

查看相关卫片影像软件，看项目位于哪个经度范围，国内分别为 75、78、81、84、87、90、93、96、99、102、105、108、111、114、117、120、123、126、129、132、135，例如四川地区 99、102、105、108 常用，如果项目位于东经 103 附近，通常选择 102E。

在 Civil 3D 中指定初始坐标系（命令为 MAPCSLIBRARY），把这个坐标系复制出来，修改投影参数。初始坐标系选择也可通俗地操作例如：如果 x 坐标为 6 位，y 坐标为 7 位，项目距离东经 102 较近，建议采用 Xian80.GK3d/CM-102E 或 CGCS2000.GK3d/CM-102E；如果 x 坐标为 8 位，y 坐标为 7 位，项目距离东经 102 较近，x 坐标前两位为 34，建议采用 Xian80.GK3d-34 或 CGCS2000.GK3d-34。

9.4.2 选择坐标系

在命令栏输入"mapsc"（即 MAPCSASSIGN），会弹出如图 9.4-1 所示的弹窗，选择"CGCS2000.GK3d-36"，双击鼠标或者单击"指定"。

早几年常用 Xian80 坐标系，近年逐渐通用 CGCS2000 坐标系，当然根据实际情况也可以选 WGS84.PseudoMercater 指定。

图 9.4-1　选择经纬度坐标系

提示　Civil 3D 2024 版本更新了 CGCS2000 大地坐标系增强包，需要手动下载并更新。近年来，随着测绘的正规化，测图基本都使用 CGCS2000 大地坐标系，在 Civil 3D 里直接指定 CGCS2000 坐标系，在 InfraWorks 直接配置 CGCS2000 坐标系。但是，截至目前，Civil 3D 2024 虽然已经支持了 CGCS2000 标准坐标系，还不支持自定义中央子午线和自定义投影面高程，也就是不支持以 CGCS2000 椭球为基础的工程独立坐标系（例如几十乃至几百公里的公路、河流测量，为了减小误差，通常会分段建立独立坐标系）。

9.4.3　指定坐标系

指定坐标系分为两种情况，一种类似本案例芙蓉江河口项目，测绘坐标系为标准 CGCS2000，直接指定 CGCS2000.GK3d-36 坐标系，另一种为独立坐标系，需要手动匹配。现将两种情况操作过程累述如下：

1. 标准坐标系

经上步选择坐标系后，此时界面上方选项板多了一个"地理位置"条目（选项板），如图 9.4-2 所示，下拉"关闭地图"菜单按钮→单击"地图混合"，见证奇迹的时刻来了，片刻后界面出现了乌压压一团，缩放到项目所在地，测绘图和卫图神奇的匹配起来，如图 9.4-3 所示。

图 9.4-2　地理位置选项板

2. 独立坐标系

如图 9.4-2 所示，下拉"编辑位置"菜单按钮，单击"从地图"按钮，片刻后地理位置自动跳转到指定东经 108 度北纬 30 度附近，如图 9.4-3 所示。

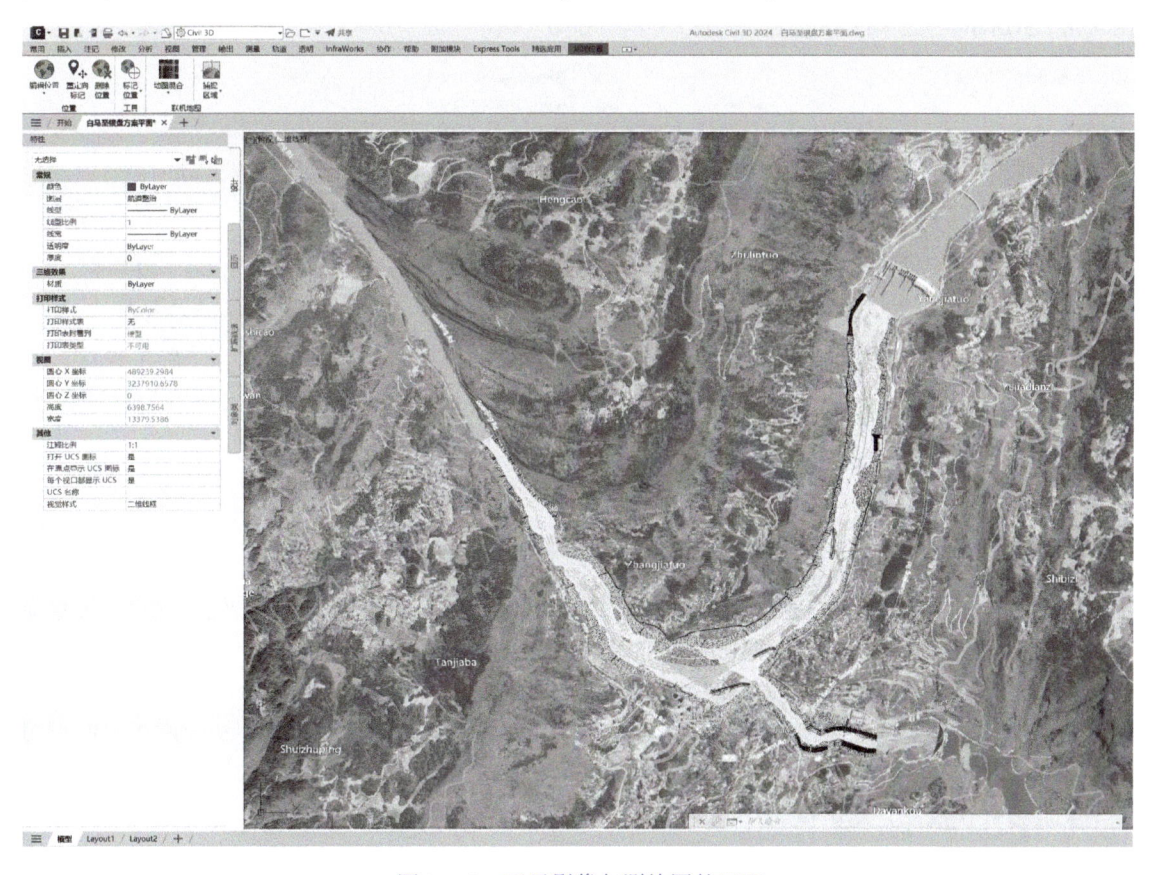

图 9.4-3　卫星影像与测绘图的匹配

→在地图上找到工程所在地某个特征点位置精确的经纬度，如河口跨江大桥桥中央位置为 (29.241801，107.875861)，将该数字输入如图 9.4-4 所示弹窗中的搜索栏，单击搜索，如图 9.4-5 左

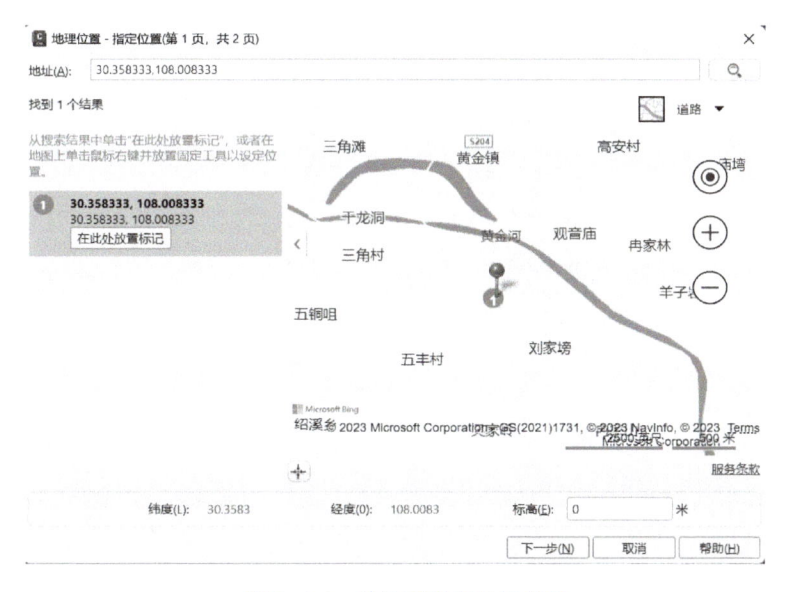

图 9.4-4　从地图指定坐标位置

所示，单击"在此处放置标记"按钮→再将红色标记指针移动到跨江大桥桥中央位置，如图 9.4-5 右所示。

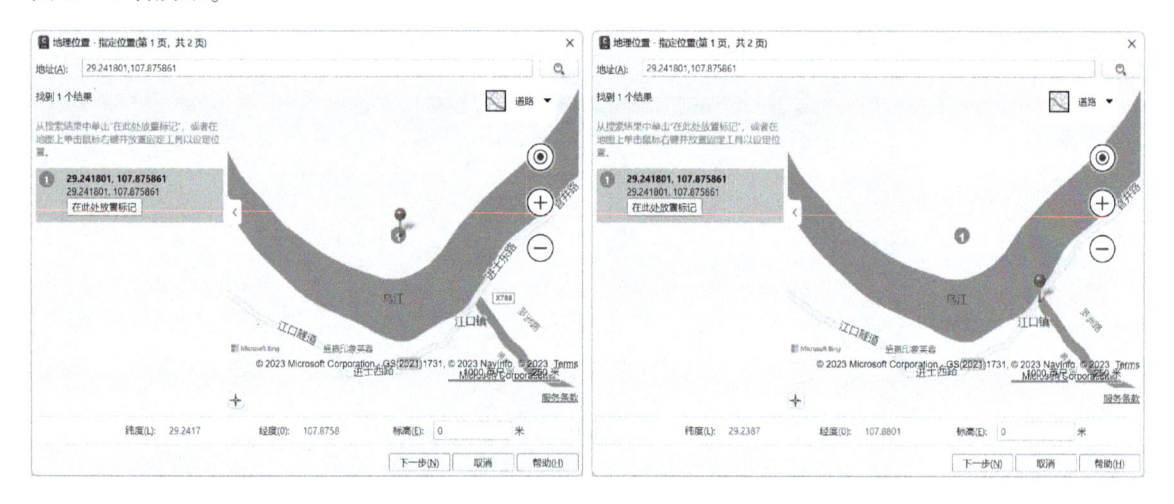

图 9.4-5　特征点位置定位前后对比

→单击"下一步"，指定要分配给地图的坐标系，如图 9.4-6 所示→单击"下一步"，根据命令栏提示，"选择位置所在点"，双击拾取测图中桥梁中央位置→命令栏提示"指定北向角度"默认 90 度（°），稍等片刻，地图道路即可加载到测图中，如图 9.4-7 所示。

这里加载的是道路地图，切换到影像卫图会有偏差，需要手动再次校准，从地图指定匹配时（图 9.4-4）并未看见有可以匹配"卫片影像图"。

图 9.4-6　指定要分配给地图的坐标系

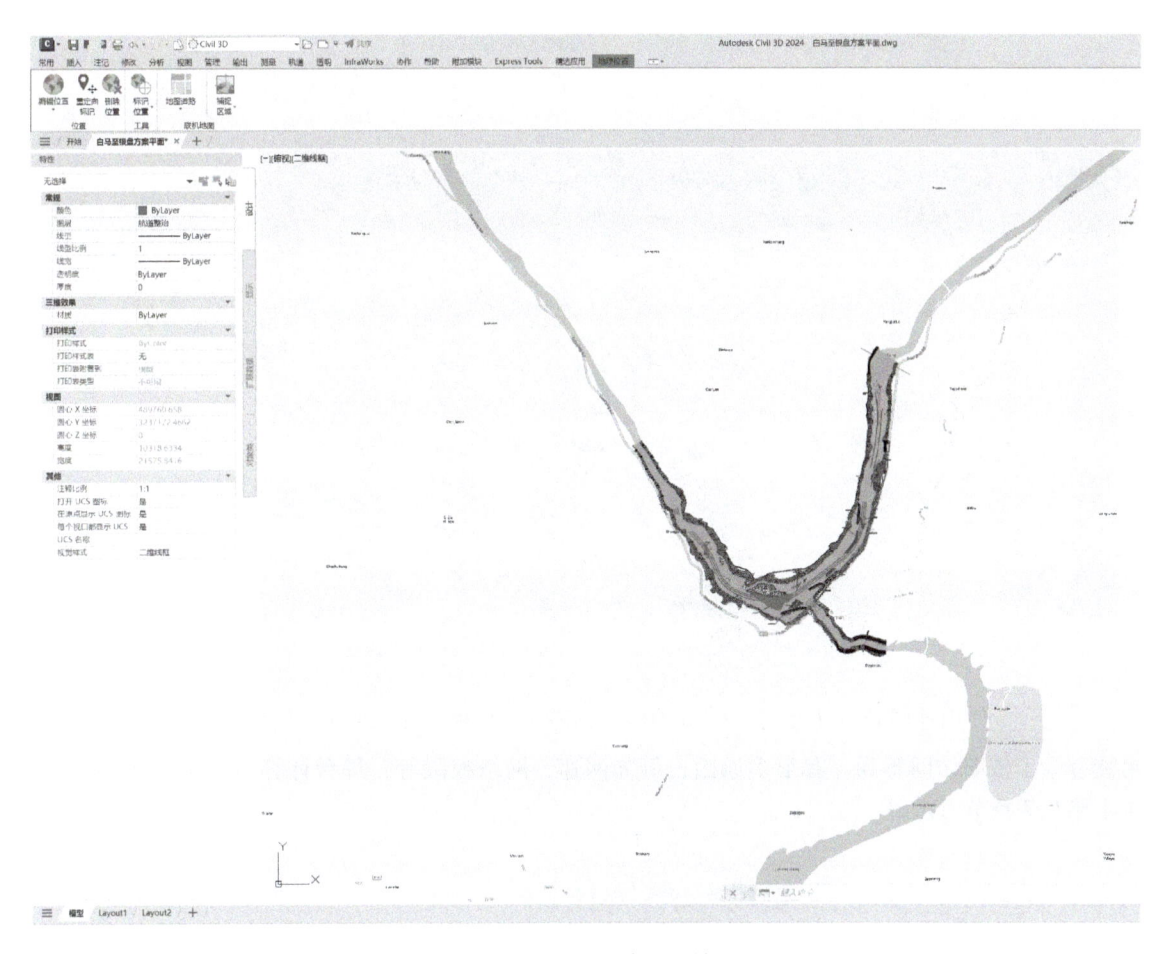

图 9.4-7　地图道路匹配效果

提　示　此处打开的卫图影像默认为一个 3 度条带，数据量庞大，打开速度和网速及计算机性能有关。

9.4.4　关于卫图查看

Civil 3D 内置卫图有 3 种形式：地图鸟瞰、地图混合、地图道路，在 CAD 窗口显示效果如图 9.4-8 所示，地图鸟瞰效果如图 9.4-9 所示。可能会出现地图显示宽度不够用的情况，工程正好跨越了两个 3 度带，可以换一个 6 度带坐标系。

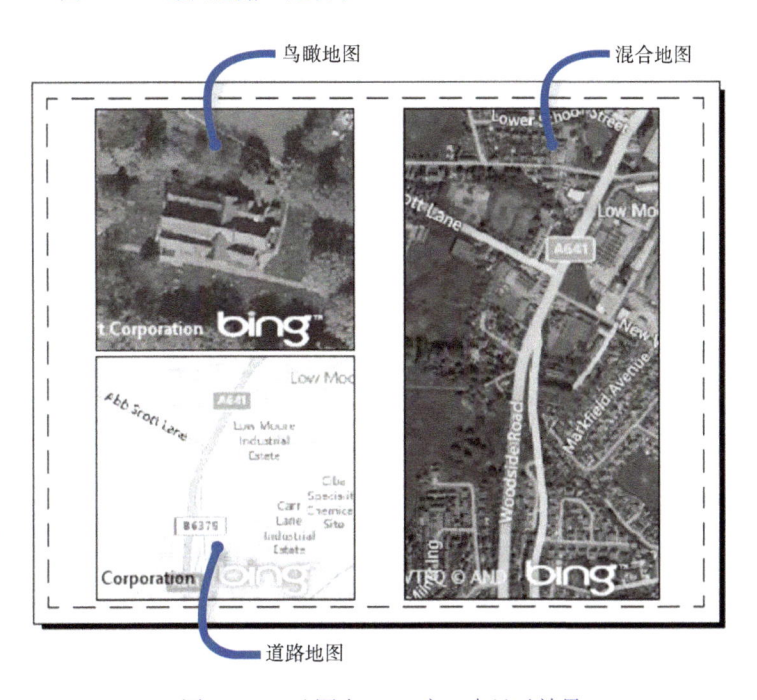

图 9.4-8　地图在 CAD 窗口中显示效果

图 9.4-9　测绘地形和影像卫图 6 度带地图鸟瞰匹配显示效果

提　示　使用地图查看功能时，Civil 3D 会弹窗提示必须登录 A360 才能访问联机地图，有时可能登录了依旧访问不到，有很多原因，例如网速、网络权限等，每台计算机的情况各不一样，本书第 9.7 章节有讲解。

9.5　Raster Tools 测绘地形贴影像图

影像图来源有两种，一种来自卫图软件下载，一种来自无人机航拍，格式一般为 .tif 或 .jpg。下载的卫图一般自带经纬度坐标系配置文件，大多都需要和测绘坐标系转换后才能匹配，部分免费软件不提供坐标系配置文件，无人机航拍影像一般不提供坐标系文件。

无人机航拍的影像不带坐标系信息，有些免费软件下载的影像图源也不带坐标系，如何将影像图匹配到地形图呢？直接粘贴、旋转、平移、缩放、对齐吗？

这里就需要用到 Autodesk 的一款常用插件——"Raster Design"，可以根据需要去官网下载，插件安装好后，Civil 3D 功能区会增加一项"Raster Tools"功能（选项板），如图 9.5-1 所示。相比简单粗暴的传统贴图法，Raster Tools 贴图只需要几秒钟，非常好操作。

图 9.5-1　Raster Tools 选项板

提　示　Raster Tools 贴图同样也适用于自带坐标系配置文件的卫星照片贴图，没有自定义坐标系那么复杂又晦涩难懂，基本原理都是寻找两个参照点做平移、旋转、缩放。大致分为以下简单的四步：

9.5.1　插入影像

单击"Raster Tools"界面左上角第一个"Insert…"按钮→如图 9.5-2～图 9.5-4 所示，在"Insert Image"弹窗中选择要插入的图片，单击"打开"→在"Pick Correlation Source"弹窗单击"Next"按钮→在"Modify Correlation Values"弹窗依旧单击"Next"按钮→在"Insertion"弹窗单击"Pick"按钮（图 9.5-5），界面上会出现一个红色的框，最好放置于地形之外，以方便分别在地形图和影像图寻找参照点（图 9.5-6），注意不做缩放和旋转，直接按两次回车键放置影像，单击"Finish"按钮，完成影像插入。

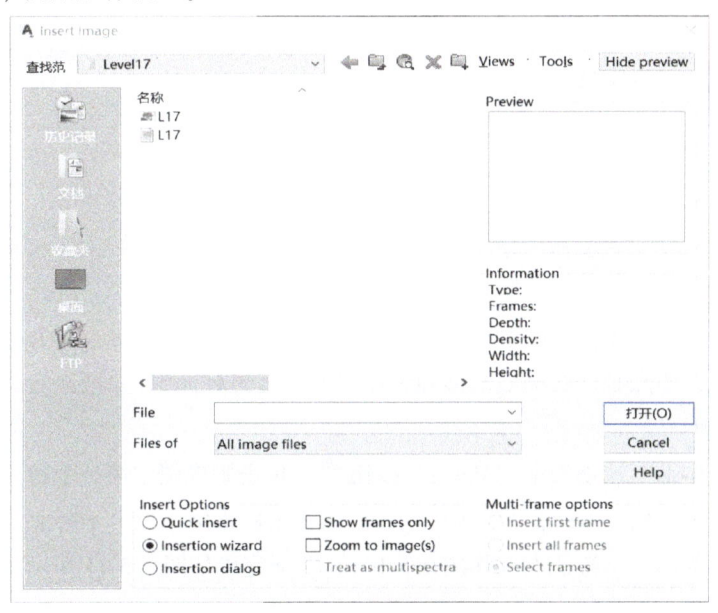

图 9.5-2　Insert Image

图 9.5-3　Pick Correlation Source 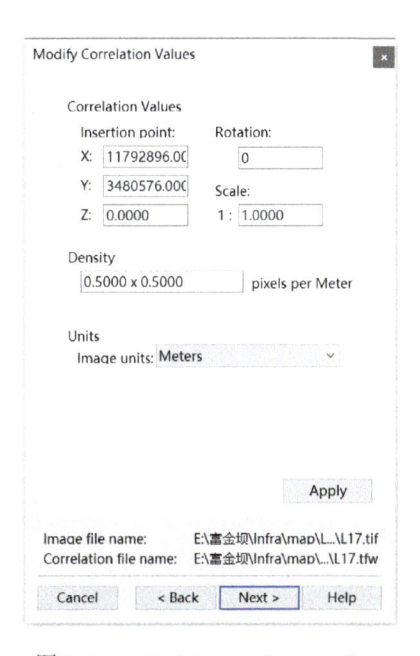　　图 9.5-4　Modify Correlation Values

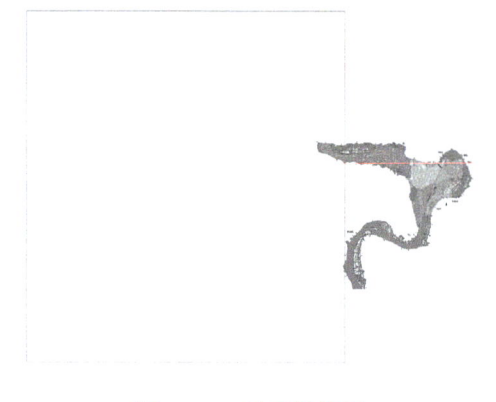

图 9.5-5　Insertion　　　　　　　　　图 9.5-6　放置影像图

9.5.2　匹配影像

匹配影像之前，首先要找到两个清晰的特征点，比如十字路口、某特征建筑物、某个棱角等，两点距离尽量要远，两点必须在测绘地形和影像图上都有明显标识，"两点定一个面"，对齐测绘地形和影像地形上的点。

单击"Raster Tools"选项板中"Match"按钮 →单击影像图中第一个特征点（图9.5-7）→单击地形图中同位置的第一个特征点（图9.5-8）→单击影像图中第二个特征点（图9.5-9）→单击地形图中同位置的第二个特征点（如图9.5-10），匹配完成如图9.5-11所示。

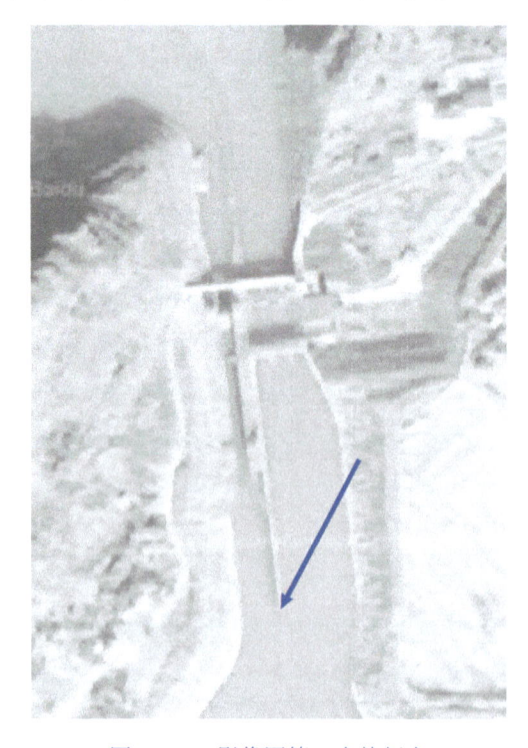

图 9.5-7　影像图第一个特征点

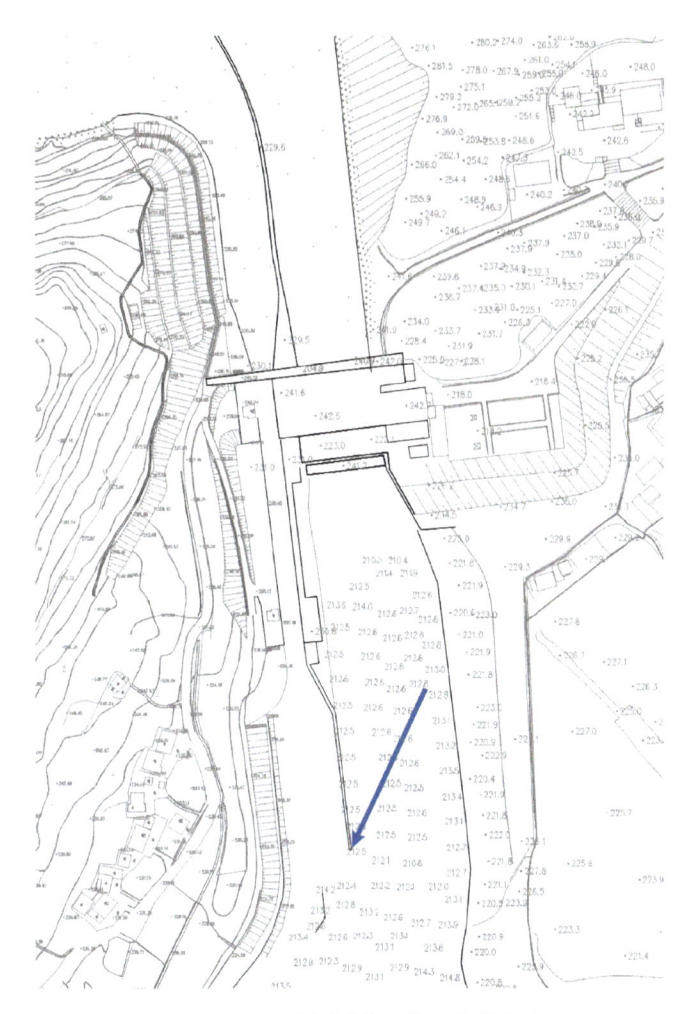

图 9.5-8　地形图同位置第一个特征点

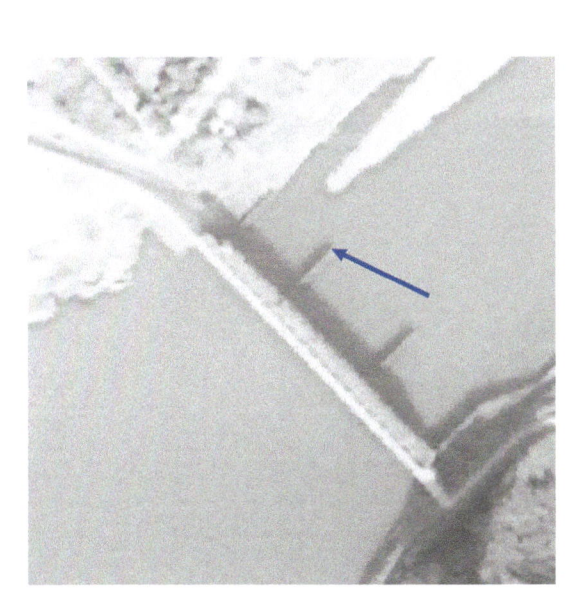

图 9.5-9　影像图第二个特征点 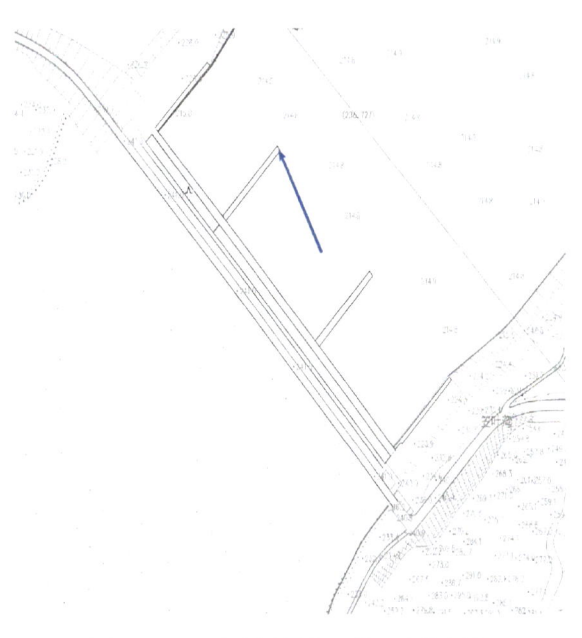　　　　图 9.5-10　地形图同位置第二个特征点

图 9.5-11　地形和影像匹配效果

提　示　本节特征点选取类似下文本书第 9.6.3 章节，基本原理都一样，若一次匹配不满意，还可多次校正，不可能做到影像与地形百分之百对齐，卫星或无人机航拍都会存在平面位置误差，特征点法匹配的地形精度基本够用。

9.5.3　导出影像

找到并单击"Raster Tools"选项板中左上角"Save"右边的导出按钮，将对齐好的导出，如图 9.5-12～图 9.5-15 所示，选择路径，保持默认 .tif 格式不变，重命名后单击"Export"按钮→"Encoding Method"弹窗保持不变，单击"Next"按钮→"Data Organization"弹窗保持不变，单击"Next"按钮→"Export Options"弹窗勾选"World File"选项，单击"Finish"按钮，与测绘图坐标系一致的卫图制作完成。导出路径下除了重新命名的影像图外，还多了一个后缀为 .twf 的坐标系配置文件，复制影像的时候不要漏掉了，注意确保两个文件放在同一个文件夹里。

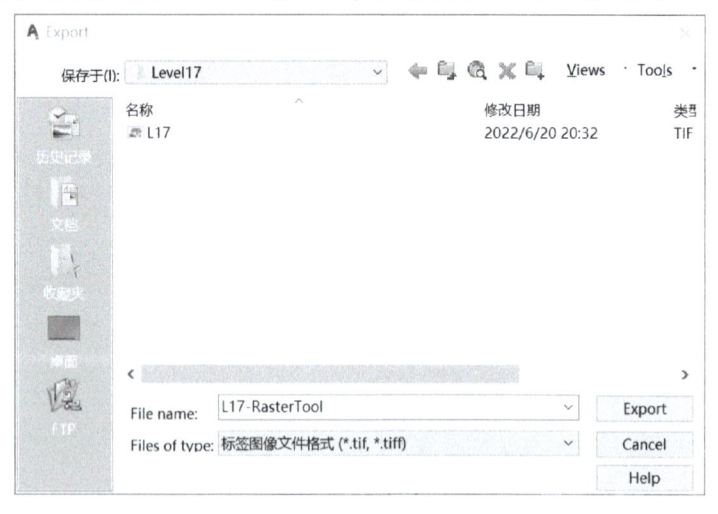

图 9.5-12　导出卫图

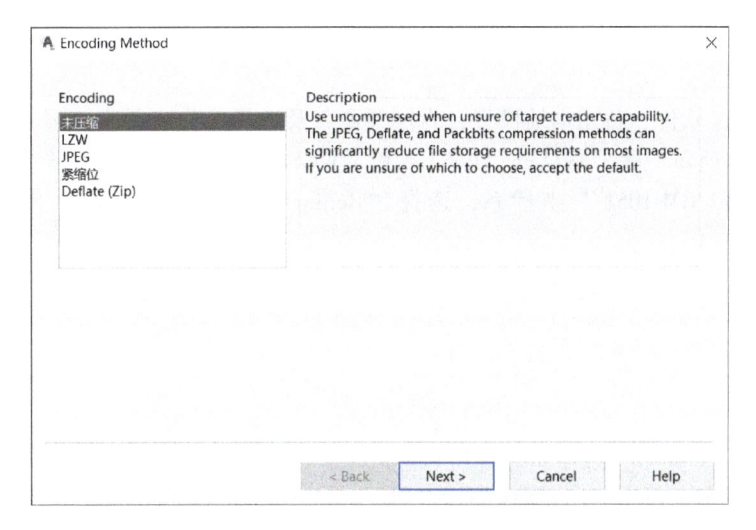

图 9.5-13　Encoding Method

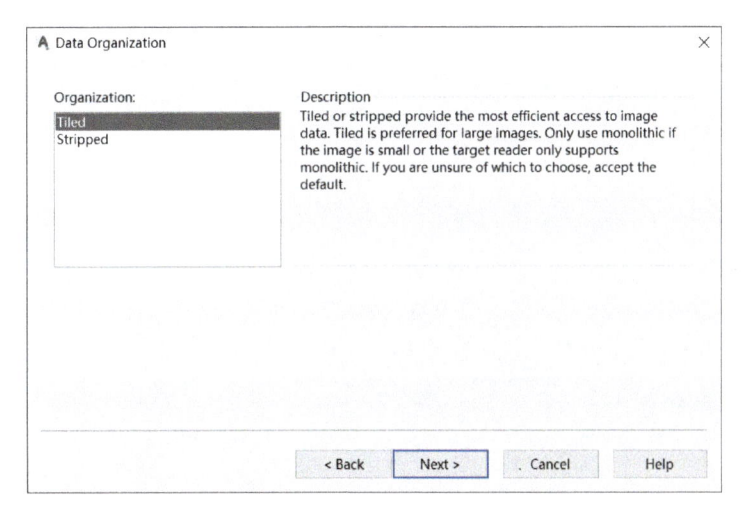

图 9.5-14　Data Organization

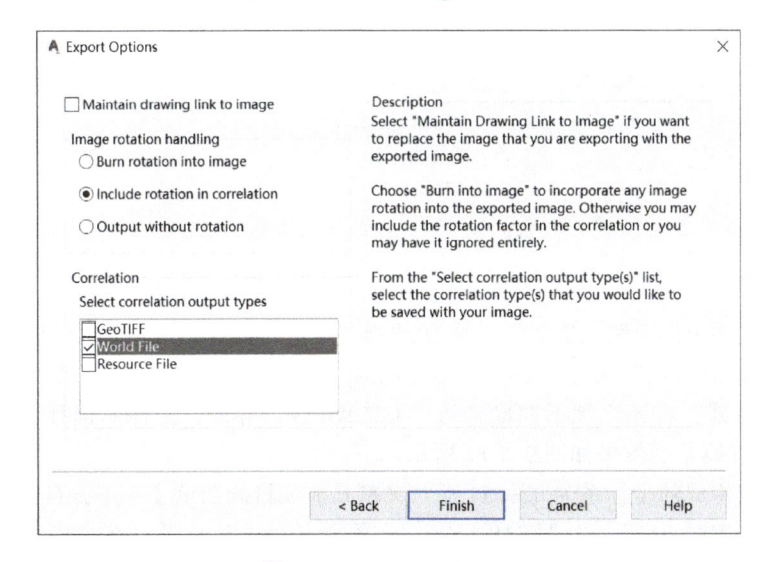

图 9.5-15　Export Options

9.5.4 配置影像

打开 InfraWorks 软件，新建本地模型，为模型命名及选择工作文件夹，展开"坐标系"下拉菜单，如图 9.5-16 所示，除了默认的"LL84"和"WGS84.PseudoMercator"外，还自动生成了一个"Beijing54.GK3d/CM-105E"坐标系，选择"Beijing54.GK3d/CM-105E"坐标系，单击"确定"按钮。

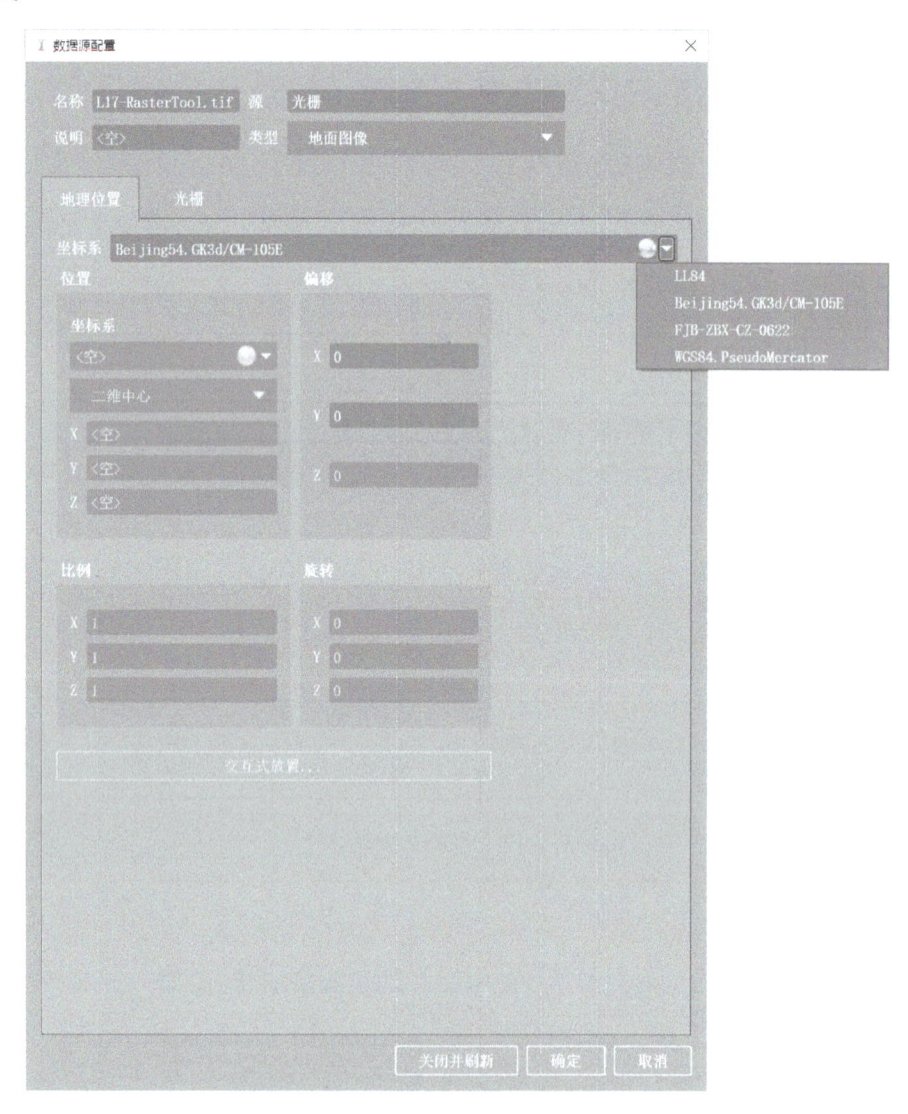

图 9.5-16　卫图坐标系配置

然后，将上文导出的卫图.tif 文件"生猛地拖进""InfraWorks"模型界面，在"数据源配置"弹窗中下拉"坐标系"菜单，选择"Beijing54.GK3d/CM-105E"坐标系，单击"关闭并刷新"→用同样的方式，将测绘地形曲面拖进"InfraWorks"界面，坐标系选择"Beijing54.GK3d/CM-105E"，关闭并刷新后效果如图 9.5-17 所示。

那为什么自动生成的坐标系为北京 54 呢？又拿其他项目测图试了一下，自动生成的坐标系有两个，分别为"UTM84-46N"和"UTM84-48N"，不管是什么坐标系，在建模环节最终都不影响效果和精度。早年使用 Civil 3D 2015 时随意贴图做的笔记有个"Transform"弹窗可以选择基础坐标系（图 9.5-18），今天调用残存的最后一片记忆硬是没找到从哪里点出来，凑合着看吧。

图 9.5-17　使用 Raster Tools 配置坐标系建模效果

9.6　自定义坐标系转换

9.6.1　思路

一方面，Civil 3D 内置地图软件自定义坐标系原理为一个基准点加一个旋转角度控制坐标系匹配，未考虑尺度缩放及高程平差，只适用于投影高为"0"的标准坐标系或者小范围地图坐标系匹配，独立坐标系或者几十至几百公里大范围地形图最终还得靠自定义坐标系；另一方面，有时地图软件经常会遇到不能用的情况，又得靠自定义坐标系撑场面。

针对没有坐标系或独立坐标系文件，自定义坐标系思路为：在 Civil 3D 中复制一个和测绘地形条带范围比较接近的经纬度坐标系，修改坐标系名称、投影、中央子午线、东伪偏移、北伪偏移、缩小比例尺等参数，作为新建项目坐标系。这就需要结合测图和卫片影像寻找两个特征点，作为东伪、北伪参数计算依据。

图 9.5-18　"Transform"修改坐标系

这种改东伪北伪、缩小比例尺的方式严格来讲都是"旁门左道"，只适用于解决临时需求。各坐标系之间的转换主要有三参数、四参数和七参数法，这三种方法中，七参数是一种空间直角坐标系的转换模型，是基于椭球间的三维转换，精度最高。

9.6.2　参数修改

> 复制坐标系：

在命令栏输入"mapcsl"（即 MAPCSLIBRARY），搜索栏输入"CGCS2000"或"Xian80"或"Beijing54"→单击"复制"，如图 9.6-1 所示，复制出来的 105E 坐标系状态和命名都和源坐标系不同→单击"编辑"按钮，修改复制出来的坐标系。

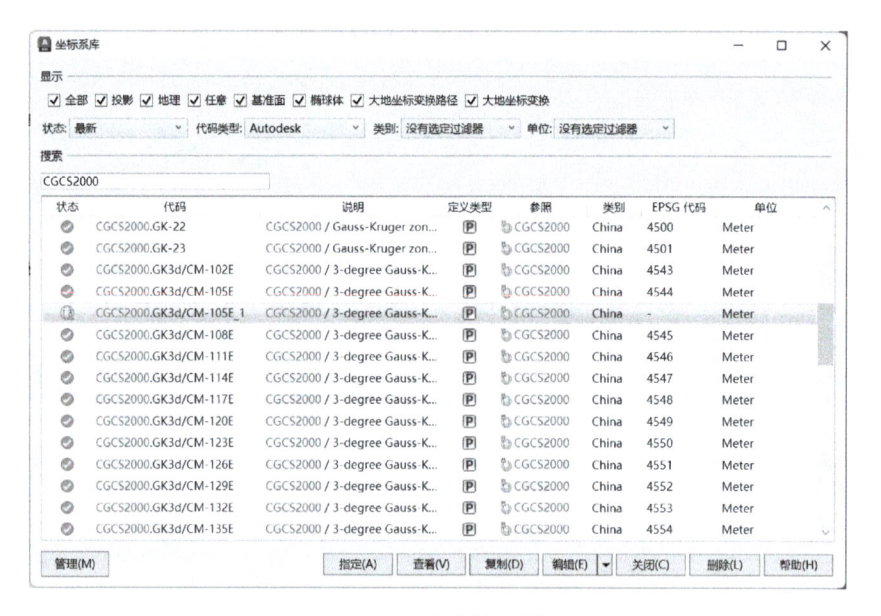

图 9.6-1 复制坐标系

> 修改参数：

如图 9.6-2 所示，坐标系一栏，名称修改为好记的英文名字即可，注意不支持中文名字。如图 9.6-3 所示，在投影一栏，坐标系投影选择"横轴墨卡托"，中央子午线、东伪偏移、北伪偏移、缩小比例尺参数计算相对复杂，下文详细讲解。

图 9.6-2 自定义坐标系名称修改示意

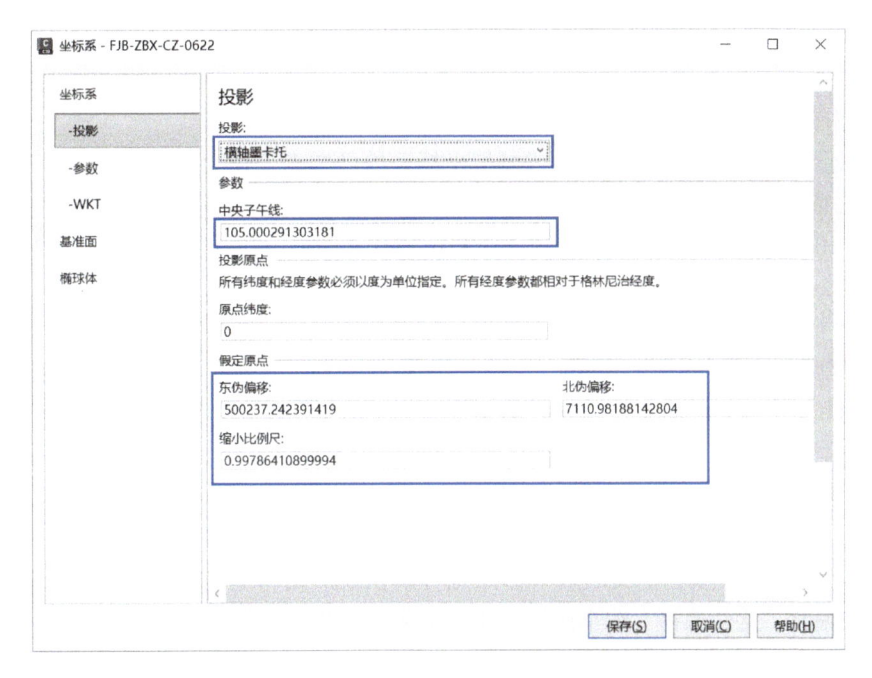

图 9.6-3　自定义坐标系投影参数修改

9.6.3　特征点选择

在自定义坐标系前，需要结合测图和卫片影像寻找两个特征点，参照点选取如图 9.6-4 所示，作为东伪、北伪及缩小比例尺参数计算依据，以这两个点为参照点，对坐标系进行平移缩放，使平面测绘地形能完美地匹配到球面影像上去。参照点必须满足以下要求：
- 两点相距足够远　　　　　　　　　　　　//减少匹配失真度
- 两点位置在地形图中及影像图中均要足够明确　//增加定位精准度

并记录下来两个参照点的测绘坐标 XY 值和第三方影像地图中经纬度值。

图 9.6-4　参照点选取

9.6.4 坐标系手动制作

1. 中央子午线选择

在某些测量中，不加入国家已知点或城市坐标系的已知点，在设定投影参数时，可以延国家 2000 大地或北京 54 或西安 80 坐标系。根据测区的大小，在测区中心差不多位置查看一下当地的经度，假如：105°21′59.7601″，在一般情况下投影到分上即可。在这里就选用 105°20′作为此测区的中央子午线。

2. 匹配特征点卫片

必应影像能用时直接用在线影像配，找到测图特征点和卫片特征点位置，分别读取并记录测图特征点坐标和卫片特征点坐标。网络不好或地图软件不能用时使用下载影像配准，分别下载 2 个特征点小范围的卫片，利用 Civil 3D 插件 Raster Tools 功能加载卫片，分别读取并记录测图特征点坐标和卫片特征点坐标。

3. 投影参数计算

在 Civil 3D 视口中，找到上文的两个参照点分别在地形图和卫星影像图中的位置，利用中央子午线、东伪偏移、北伪偏移、缩小比例尺比例生成一个投影坐标文件，计算特征点卫星图坐标转换到投影坐标后与特征点地形图坐标的差距，根据经验计算新的中央子午线、东伪偏移、北伪偏移、缩小比例尺。

4. 再三校准

路遥知马力不足，经过一次调整肯定不能精确匹配，不再三校准哪敢使用。

反复调校中央子午线和比例尺，对齐图纸与影像。

➤ 调整图纸与影像的角度，影像在图纸的逆时针方向，则减小中央子午线度数，如果影像在图纸的顺时针方向，则增大中央子午线的度数。

➤ 通过枚举反复计算，调整东伪偏移和北伪偏移。

提示 中央子午线、东伪偏移、北伪偏移、缩小比例尺等参数，通过反复试算都有一定经验可循，可根据不同计算习惯形成经验公式。

提示 2024 版 Infraworks 新功能中增加了 CGCS2000 大地坐标系，如果测绘地形坐标系是标准 CGCS2000 大地坐标系，无需转换可直接导入 Infraworks 使用。

提示 如果测量坐标采用西安 80 或北京 54 坐标系，匹配坐标系过程一样，命令栏输入"MAPCSL"（或 MAPCSLIBRARY），"复制"坐标系并单击"编辑"→"坐标系"一栏，重新命名"代码"项，在"参照"一栏选择"非大地坐标系"，椭球体选择"WGS84（World Geodetic System of 1984, GEM 10C）"，在"投影"一栏调整"缩小比例尺"，在图纸与影像上选择对应两点，在图纸与影像上分别绘制两点的直线，测量两根直线的长度，调整比例尺。单击"保存""关闭""指定"。

5. 坐标系指定

"上文辛辛苦苦做出来的坐标系一定要保存啊"。

单击了"保存"，不代表我们已经使用了。

命令栏输入"MAPCSL"（或 MAPCSLIBRARY），在"坐标系-指定"弹窗的搜索栏输入自己命名的坐标系，"选中、指定、保存，一气呵成"。

最重要的一步，匹配影像图。刚保存的.dwg 文档，拖进 InfraWorks，或者"数据源"选项板中找到第一项"Raster",单击"Autodesk Civil 3D DWG"加载→如图 9.6-5 所示,在"数据源配置"弹窗中展开"地理位置"一栏,发现坐标系已经自动匹配上了,加载效果如图 9.6-6 所示。

展开"坐标系"下拉菜单,除了默认的"LL84"和"WGS84.PseudoMercator"外,还自动生成了一个"FJB-ZBX-CZ-0622"坐标系,读者们会发现还有一个"Beijing 54.GK3d/CM-105E"坐标系,正是本书第 9.5 章节的"Raster Tools"自动生成的坐标系,两个坐标系分别创建的模型最终效果一致,但是不能在同一个项目配置中交叉使用。

提示 如果拖进去的 Civil 3D 文档坐标系没有自动匹配上,重启一次 InfraWorks,再把文档拖进去,就自动匹配好了。如果依旧没匹配上,关闭 InfraWorks,关闭 Civil 3D,再打开 Civil 3D,会有一个弹窗提示文档中没有上文命名的坐标系,是否需要加载?当然要加载,再打开 InfraWorks,再把 .dwg 文档拖进去,完美匹配。

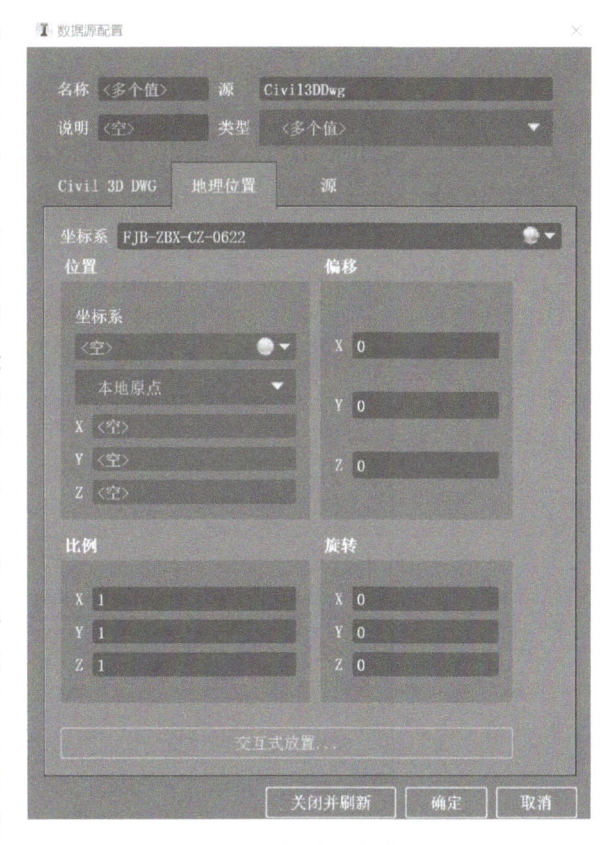

图 9.6-5　坐标系已自动匹配

图 9.6-6　Civil 3D 多级边坡自定义坐标系匹配到影像图效果展示

9.6.5　坐标系转换 prj 文件制作

提示 本节适用于用第三方卫图软件导出有 prj 坐标系文件,修改参数制作坐标系。

在第三方卫图软件中绘制的项目，导出的坐标系文件，用文本打开，里面有坐标系配置信息，比如下面 prj 文件：

"PROJCS["CGCS2000_3_Degree_GK_Zone_35", GEOGCS["GCS_WGS_1984", DATUM ["D_WGS84", SPHEROID["WGS84", 6378137, 298.257223563]],

PRIMEM["Greenwich", 0], UNIT["Degree", 0.017453292519943295]], PROJECTION["Transverse_Mercator"], PARAMETER["scale_factor", 1], PARAMETER["central_meridian", 105], PARAMETER["latitude_of_origin", 0], PARAMETER["false_easting", 35500000], PARAMETER["false_northing", 0], UNIT["Meter", 1]]"

该坐标系表达的意思为，项目为高斯 3 度带，带号 35，中央经线 105°（中央子午线 105），缩小比例尺为 1，东伪偏移 35500000，北伪偏移 0，基准面为 WGS84，对应参数表如图 9.6-7 ~ 图 9.6-9 所示。

图 9.6-7 自定义坐标系修改

图 9.6-8 自定义投影修改

图 9.6-9　自定义参数修改

提示　本章节的坐标系转换为测图到 GIS 的转换，不适用测图到测图的坐标系转换。小面积的测图坐标系转换可以直接平移过去，单分带工程坐标系的测图用参数法，可借助"南方 CASS""COORD"等软件。

9.7　Civil 3D 内置卫星影像打不开解决办法

针对 Civil 3D 内置卫星影像打不开的问题，下面罗列了 7 种解决方法，这些方法同样适用于 Infraworks 模型生成器地图无法加载解决办法。

➢ 第 1 种：检查网络

很多时候地图不显示，可能是网络不好，网速慢，加载地图时间比较长，"可以先干点别的，再等会"。

➢ 第 2 种：换个网络

有时公司网络连不上任何国外软件的服务器，不妨试着连一下手机"热点"。

➢ 第 3 种：设置访问权限

调整代理服务器、防火墙和防病毒软件上的设置，以允许 Autodesk 软件访问以下 Internet 地址：www.Autodesk.com

➢ 第 4 种：安装地理位置修补程序

针对 Civil 3D 2015～2019 版本用户，安装 AutoCAD 2015—2018 Geolocation Online Map Hotfix 修补程序，再试着加载地图。

如果修补程序安装失败或显示指示安装成功的消息未显示，原因可能是地理定位在线地图修补程序未覆盖或未更新相应的 AcGeoLocationUI.arx 文件。将当前安装的 AcGeoLocationUI.arx 文件的文件版本与来自"地理位置联机地图修补程序"的版本进行比较。如果当前安装的文件与修补程序中的版本不同或更高，请使用该修补程序中的文件替换它。操作步骤如下：

（1）关闭 AutoCAD。

（2）将当前安装中的 AcGeoLocatonUI. arx 文件版本与修补程序中的文件进行比较。使用最新版本。

当前安装中使用的文件位于：C:\Program Files\Autodesk\AutoCAD 20xx。

该修补程序文件位于：

C:\Autodesk\Autodesk_AutoCAD_2015_to_2018_Geolocation_Online_Maps_Hotfix\files\20xx\＜位版本＞\＜产品＞。

提示 修补程序文件的确切路径取决于使用的产品（acad 或 acad lt）、版本以及计算机是 32 位还是 64 位。

（3）将现有 AcGeoLocationUI. arx 文件备份到其他文件夹，或将其重命名为 AcGeoLocatonUI. arx. bak 作为示例。

（4）从 Hotfix 复制 AcGeoLocatonUI. arx 文件。

（5）重新启动 AutoCAD。

（6）注销，然后重新登录。

提示 如果无法执行步骤 3 或 4，可能是没有 Windows 权限来编辑该文件夹。

➢ 第 5 种：安装更新

使用 Autodesk 桌面应用程序安装缺少的更新，或从 Autodesk Account 下载更新。

➢ 第 6 种：重置地理位置消息

（1）命令行中键入"OPTIONS"；

（2）单击"选项"→"系统"→"隐藏消息设置"→勾上 AutoCAD 选项中"地理位置"子选项；

（3）再次键入"GEO"命令；

（4）当系统询问是否使用实时地图时，选择"是"，依次按照弹窗界面操作即可。

➢ 第 7 种：删除 C 盘安装注册文件

首先在文件夹"查看"中勾选"隐藏的项目"，然后从 C:\Users\....\AppData\Local\Autodesk\Web Services 中删除 LoginState. XML 文件，再重启软件。

第 10 章　BIM 建模

> **本章主要内容**
>
> 本章主要介绍 Autodesk InfraWorks 和 Civil 3D 结合建模的简单应用，适用于初学阶段，按照文中步骤，可独立完成初级工程模型搭建。

本章的 BIM 建模指基于 Autodesk InfraWorks 平台的模型搭建。

10.1　Autodesk InfraWorks 卫图下载

卫星影像图和 DEM 高程图是三维 BIM 模型搭建的载体，Autodesk InfraWorks 模型生成器仅免费提供 200km^2 以内的卫图，针对占地面积较大的带状公路、航道及开发区等大型工程建模，必须借助其他软件下载卫图和数字地形。

10.1.1　影像下载

常用的高清卫图图源软件有很多种，根据工程需求及计算机硬件配置选择合适的级别。针对面积不大的工程，卫片影像和 DEM 高程图数据均可按照现有的最高级别下载。卫星影像图 19 级可达到地面车辆、行人清晰可见的效果，目前为止，国内提供的通用卫片最高级别为 19 级，0.3m 分辨率，一般 18 级卫图清晰度够用，0.5m 分辨率（图 10.1-1、图 10.1-2）。

图 10.1-1　18 级卫星影像图效果（0.5m 分辨率）

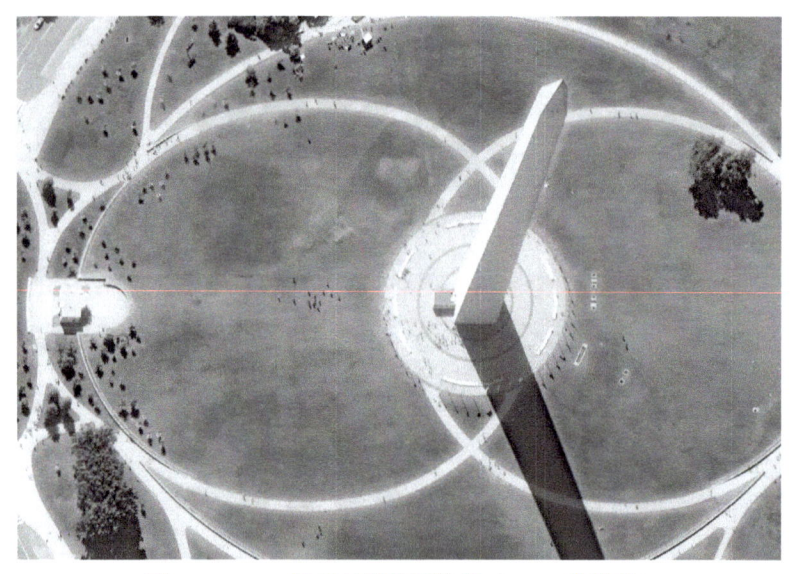

图 10.1-2 19 级卫星影像图效果（0.3m 分辨率）

针对庞大的带状工程，18 级卫片影像可能占用内存达到几十乃至几百 GB，下载时间耗费长，软件加载及运行困难。因此，针对重点关注的区域可采取 18 级卫片小图下载，针对辅助区域，可采取 15 级卫片大图下载，以降低数据量，加载卫片时把 18 级卫图覆盖在 15 级卫图之上，既能满足高视野的俯瞰需求，又能满足低视野的精细设计需求。

10.1.2 DEM 高程图下载

DEM 高程图甚至可以下载到 18～19 级的数据，采样精度最高达到 10m。其实，市面上大部分下载器号称可以下载 10mDEM，所提供的不同版本 DEM 均是基于 SRTM3 的"升级"，SRTM3 的原始分辨率是 90m，低于 90m 的数据插值采样，只起到平滑的作用，精度本质上没有增加。DEM 高程图相比影像图占用内存小，可按现有数据最高级别下载，精度基本能满足规划及初步选线设计需求。

提示 为了地形模型美观整洁，下载卫星影像和 DEM 高程图最好使用相同的边界，避免影像不能铺满地形的尴尬，影像较地形小；影像较地形大，则不能全部显示。

10.1.3 免费图源获取

➢ DEM 高程图

在地理空间数据云网站下载的 DEM 高程图只能按照中心经度、中心维度、条带号分区下载，小范围内的地形数据下载为一个完整的分区，大面积的地形数据下载则为多个完整分区（图 10.1-3），产生了大面积无用地形，若要达到模型整洁美观的效果，只能下载后借助第三方软件裁剪到所需范围。

地理空间数据云网站 DEM 地形有 8 种数据源（图 10.1-4），选择 90m 分别率原始高程数据，精度要比 30m 分辨率好。大致介绍一下 30mDEM 和 90mDEM：

GDEM DEM 30m 分辨率数字高程数据产品：

数据集利用 ASTER GDEM 第一版本（V1）的数据进行加工得来，是全球空间分辨率为 30m 的数字高程数据产品。由于云覆盖、边界堆叠产生的直线、坑、隆起、大坝或其他异常等的影响，该版本原始数据局部地区存在异常。

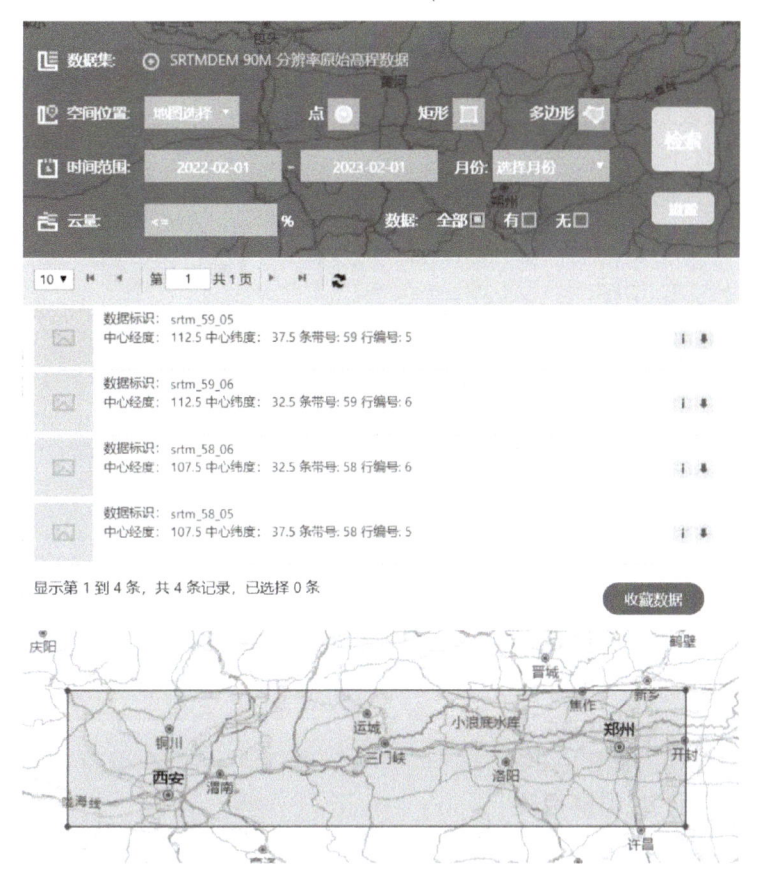

图 10.1-3　地理空间数据云网站下载示范

GDEMV2 DEM 30m 分辨率数字高程数据产品：

ASTER GDEM 数据产品基于"先进星载热发射和反辐射计（ASTER）"数据计算生成，是覆盖全球陆地表面的高分辨率高程影像数据。ASTER GDEM V2 版采用了一种先进的算法对 V1 版 GDEM 影像进行了改进，提高了数据空间分辨率精度和高程精度。

SRTM DEM 90m 分辨率原始高程数据产品：

此数据产品 2003 年开始公开发布，经历多修订，目前的数据修订版本为 V4.1 版本。

SRTM DEM UTM 90m 分辨率数字高程数据产品：

本数据集利用 SRTM3 V4.1 版本的数据进行加工得来，是空间分辨率为 90m 的数字高程数据产品。

图 10.1-4　地理空间数据云 DEM 数据源

10.2　InfraWorks 地形模型搭建

10.2.1　新建模型

启动 Autodesk InfraWorks 软件，单击界面左侧"新建"一栏，设置项目名称，"本地工作"一栏设置工作文件夹,若不设置本地工作文件夹,默认引导文件新建在 C 盘安装文件路径下,重装系统后引导文件丢失会造成模型打不开,"坐标系"选择"LL84",其他设置保持默认不变,如下图 10.2-1 所示。

10.2.2 卫图坐标系匹配

➤ 收费软件下载的卫图坐标系匹配

加载地形前需要配置卫图坐标系,把下载好的卫图直接拖进新建的 InfraWorks 界面中,或者使用"数据源"选项板中第一项"Raster"下拉菜单中的"Raster"按钮加载,弹窗会提示数据源配置。用收费软件下载的卫图坐标系可以直接匹配,卫星影像图选择"WGS84.PseudoMercator",DEM 高程图选择"LL84",如图 10.2-2 所示,最后关闭并刷新,地形模型搭建完毕。

➤ 免费软件下载的卫图坐标系匹配

现阶段未发现免费且坐标系正常的影像,硬要用,只有结合卫片和高程图寻找 2 个参照点,在"数据源配置"界面手动输入平移、旋转参数,"来回折腾,决不放弃",最终还是能大概匹配上的。

地理空间数据云下载的 DEM 高程数据自带坐标系,下载后借助第三方软件裁剪到所需范围,直接导入即可匹配到正确地理位置。

提 示 如果模型对地形要求不高,或者项目位于平原地带,或者仅用于垂直俯视视角的漫游,也可以不用下载 DEM 高程图,只加载影像即可,此时地形是平的。

10.2.3 不规则多边形卫片加载

占地面积较大的模型,通常采取高等级和低等级影像结合使用的方式,工程重点关注区域采取高等级影像,覆盖在低等级影像上,配置时需去掉不规则多边形影像产生的黑色或者白色边缘,这就要用到颜色遮罩裁剪。

展开 InfraWorks 左上方选项板中的"管理"→单

图 10.2-1 Autodesk InfraWorks 新建模型

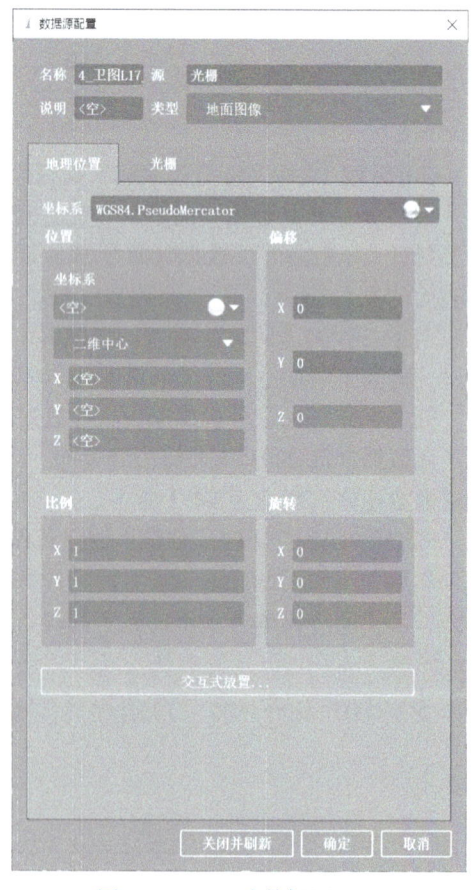

图 10.2-2 卫片数据源配置

击"内容"面板的"数据源"按钮→在界面右侧"数据源"选项板找到需要裁剪的卫片,右击→单击"配置"→如图10.2-3所示,在"数据源配置"弹窗界面找到"光栅",勾选"剪裁到模型范围"→单击"颜色遮罩"后面的展开按钮→如图10.2-4所示。若多边形边缘为白色,则红、绿、蓝通道都设置为"0",关闭并刷新,若多边形边缘为黑色,则红、绿、蓝通道都设置为"255",关闭并刷新,若记不住就直接拾取左上角第一个黑色块或右下角最后一个白色块,关闭并刷新,边缘去掉了。

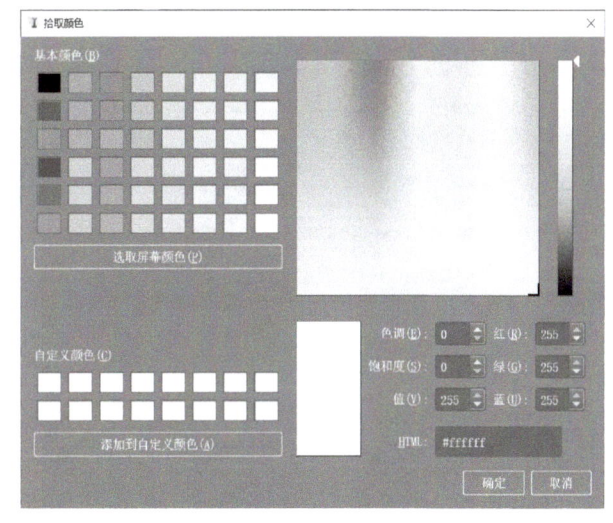

图 10.2-3　不规则多边形卫片裁剪到模型范围　　图 10.2-4　不规则多边形卫片边缘颜色遮罩设置

10.2.4　模型显示设置

➢ 太阳和天空

地形模型阶段的参数设置要满足场景美观,首先要设置光照条件,单击左上角选项板"管理"一栏,展开"显示"下拉菜单按钮(图10.2-5),单击"太阳和天空",设置日期、时间、风向、风速、云量等,调整模型光照到最佳效果(图10.2-6)。

图 10.2-5　InfraWorks 功能选项板

时间设置以上午 9 至 10 点或下午 3 至 4 点(15 至 16 点)间光照效果最佳,早上 6 点和下午 6 点(18 点)左右的朝阳和晚霞也很震撼,具体时间点选择需要结合不同地域不同季节设置。

➢ 图层管理

展开左上方选项板中的"管理"→单击"内容"面板的"数据源"按钮 →在界面右侧"数据源"选项板找到管理曲面数据的顺序和可见性按钮 →在"曲面图层"弹窗中将清晰度低的卫片置底,清晰度高的卫片手动拖到上层显示,暂时不需要的卫片可以关闭显示小灯(图10.2-7)。

图10.2-6　InfraWorks 显示设置 　　　图10.2-7　InfraWorks 图层设置

提示　关闭图层后面的小灯"删除"和"删除要素"的区别:关闭"小灯"类似 AutoCAD 关闭和打开图层,关闭后不显示;"删除"指从模型中彻底删除数据及配置信息,不保留任何信息;"删除要素"指从模型中删除数据,席位任保留,数据图层、路径及配置信息还在,未导入模型而已,刷新一下即可归位。

10.2.5　模型视图设置

可视化设置通常和上文的显示设置搭配使用,在最佳光照条件下,调整模型亮度、对比度、光强、天光等,增加模型色彩饱和度。

➢ 色彩饱和度及等高线设置

在 InfraWorks 界面右上角找到视图模式设置栏,选择"工程视图"模式,展开下拉菜单,单击设置按钮 (图10.2-8)→在"视图设置"弹窗中单击第一项"可视化",设置亮度、对比度、光强及视野,并打开太阳颜色、高质量、天光、地表不透明度等(图10.2-9)→在"视图设置"弹窗中单击第三项"地形",设置等高线显示效果,或者关闭等高线(图10.2-10)。模型设置整体效果如图10.2-11 所示。

图10.2-8　视图设置

图 10.2-9 可视化设置

图 10.2-10 等高线设置

图 10.2-11 地形模型设置效果

10.3 Civil 3D 地形模型搭建

10.3.1 坐标系指定

坐标系需要指定给操作文档才能生效,命令栏输入"mapcs"(MAPCSASSIGN),在"坐标系—指定"弹窗的搜索栏输入刚制作好的坐标系,选中并指定该坐标系,保存文档,即可载入 InfraWorks 模型。

10.3.2 测绘地形加载

首先，需要在 Civil 3D 中将测绘地形生成曲面，清理曲面中的异点，然后载入到模型。

把地形曲面 .dwg 文档拖进新建的 InfraWorks 界面中，选择"Autodesk Civil 3D DWG"加载（图 10.3-1），或者使用"数据源"选项板中第一项"Raster"下拉菜单中的"Autodesk Civil 3D DWG"按钮加载，展开"数据源配置"弹窗"地理位置"，"坐标系"一栏选择上文指定的坐标系，关闭并刷新，地形曲面随即覆盖到影像对应位置上，精准无误。

图 10.3-1 Civil 3D DWG 文件加载

提示 有时会出现坐标系下拉菜单中并没有指定坐标系的情况，需要把 InfraWorks 重启一下才能识别到自定义坐标系，即，先打开含有 Civil 3D 坐标系的文档（打开文档时若有坐标系弹窗提示，选择载入），再启动 InfraWorks 模型，坐标系就能进来了。

10.3.3 Civil 3D 数据源模型加载

曲面和道路模型能直接载入 InfraWorks，放坡不能载入，需要创建放坡曲面，以曲面的形式载入 InfraWorks。用道路功能创建的实体这里统称为道路模型，如场平、坝体、航道、沟渠等。把 .dwg 文档直接拖进 InfraWorks 界面，在"选择数据源"弹窗中去掉后缀为"RAODS"的文档，该文档为三维道路实体，用不到，其他选项全部选上，单击"确定"按钮，如图 10.3-2 所示。

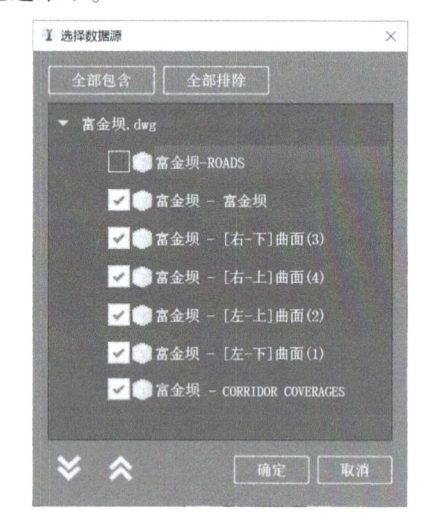

道路模型是以道路曲面和道路覆盖的形式载入的，道路曲面作为道路形状的载体，载入进模型后覆盖层依旧为地表植被"卫片"，路面及边坡显示效果需要通过配置道路覆盖材质来实现，载入时"选择数据源"弹窗中后缀为"CORRIDOR COVERAGES"的文档为覆盖材质，该文档来自制作部件时预留的代码，设置方法见下文覆盖材质代码设置，效果如图 10.3-3 所示。

图 10.3-2 Civil 3D DWG 文件数据源设置

图 10.3-3 覆盖材质效果展示

10.3.4 覆盖材质代码设置

在使用 Subassembly Composer 部件编辑器编制结构体可视化程序时，需要给构件表层结构体预留代码，不同的材质预留不同代码，方便载入 InfraWorks 模型时统一匹配材质。预留好覆盖层材质代码，不代表材质会自动匹配，还需要经过以下步骤才能完成给结构体赋材质。

1. 导入代码

如果在创建装配阶段，先导入代码再创建道路，导入代码方法为：选择装配，右击，单击"装配特性"→展开"代码"→如图 10.3-4 所示，单击"代码集样式"后面的编辑图标→单击"代码集样式"弹窗中的"导入代码"→框选整个装配及部件，单击"确定"按钮，最后展开"连接"一栏检查代码是否全部导入。

如果在道路创建好以后，选择道路导入代码，操作过程类似上文。选择道路，右击，单击"道路特性"→展开"代码"→单击"代码集样式"后面的编辑图标→单击"代码集样式"弹窗中的"导入代码"→框选整个装配及部件，单击"确定"按钮，最后展开"连接"一栏检查代码是否全部导入。

提示 有时会出现即使选择了整个装配、部件及道路后，仍然有部分代码不能导入的情况，此时需要手动添加漏掉的代码，即在"代码集样式"弹窗"代码"界面中，找到"连接"（图10.3-5），右击选择"添加"，修改新添加的"NEW CODE"代码名称为导入时漏掉的代码。

图 10.3-4　装配特性

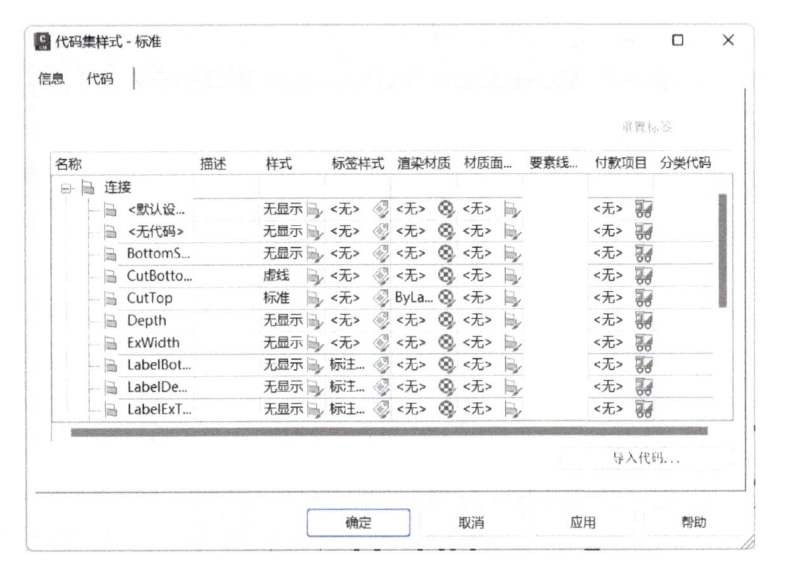

图 10.3-5　导入代码

2. 设置渲染材质

展开连接代码一栏，找到需要导入 InfraWorks 模型的代码，单击"渲染材质"一栏后面的小图标◉，单击"拾取造型样式"弹窗中的下拉菜单，如图 10.3-6 所示，任意选择一种材质，即可载入模型。

3. 材质配置

如图 10.3-7 所示，材质层在 InfraWorks 模型中以后缀"CORRIDOR COVERAGES"存在，坐标系默认为载入时选择的自定义坐标系；找到"源"一栏，下拉"覆盖选项"菜单，选择"覆盖"；找到"表格"一栏，单击"样式规则"后面的编辑小图标 H/▼，设置覆盖材质，也可以单击覆盖层，界面右侧会自动弹出覆盖特性设置面板。

图 10.3-6 渲染材质设置

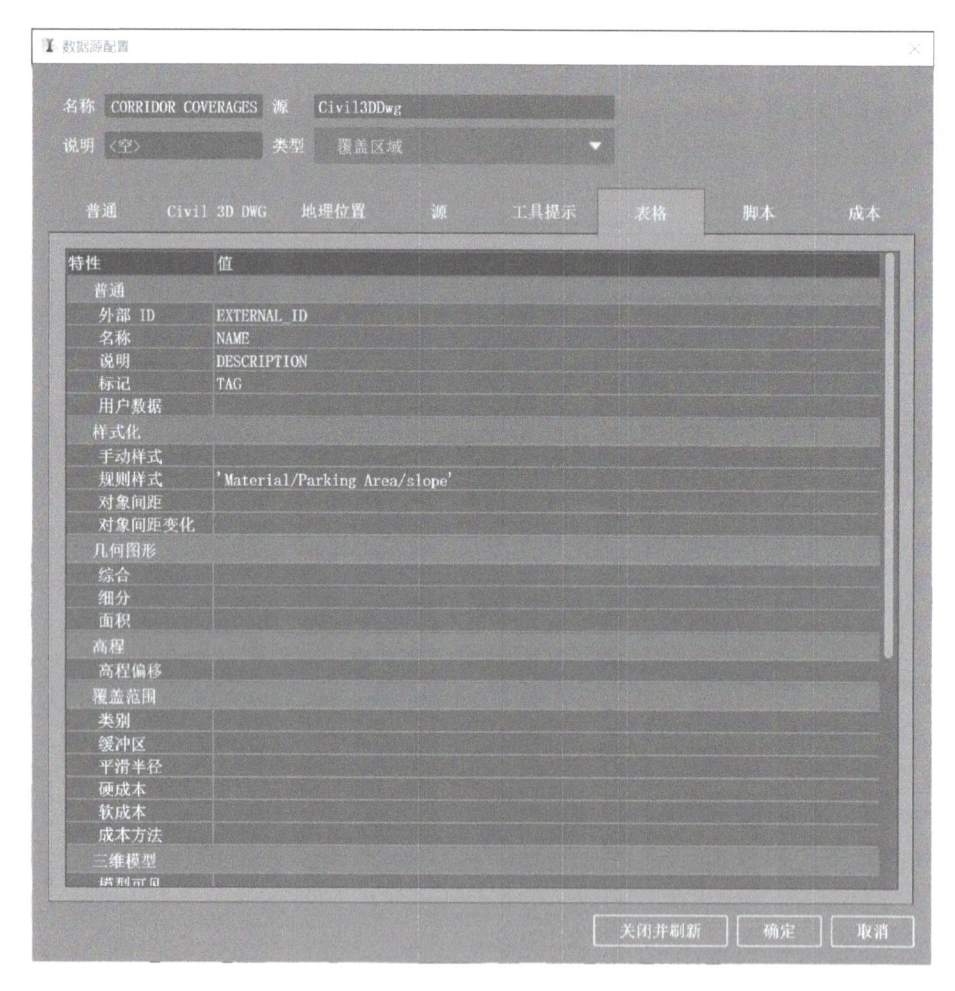

图 10.3-7 材质设置

10.4 InfraWorks 结构模型搭建

InfraWorks 界面左上角的"创建"一栏包含了运输、结构、排水、环境 4 个板块，基本满足基础设施建设常用结构模型的搭建。

10.5　视频制作

调整模型视野到最佳角度，展开 InfraWorks 界面左上角"显示/共享"一栏，单击第一个"故事板创建者"按钮▨→在下方"故事板"弹窗中单击"添加相机路径动画"按钮▨，添加一张关键帧图片，设置该帧的等待时间及速度，保持相同视野高度，切换相机场景，添加下一张关键帧图片，直到路径结束→最后单击"导出故事板"按钮▨，将图 10.5-1 弹窗中"编码器"设置为"Windows Media Video"，单击后面的"特性"按钮，"比特率"设置为"15000～20000"，以提高视频像素→去掉"保持宽高比"前面的选项，分辨率设置为"1920 像素×1080 像素"，保持视频长宽比为最佳舒适状态，进行录制。

图 10.5-1　导出视频设置

第 11 章　二次开发——接口与调用

> **本章主要内容**
> 1. 快速入门捷径
> 2. 编译环境及引用
> 3. 调试及运行环境

11.1　关于二次开发

11.1.1　二次开发意义

Civil 3D 拥有强大的功能，一旦应用领域被打开，就会发现这个软件有多"可怕"，二次开发如虎添翼，不仅能提高效率，顺便还能解决软件本身不能直接解决的问题，精简设计流程，操作按钮化，"一键单击流水线设计，降低他人入门难度，极具创造力。

11.1.2　开发人员水平要求

针对熟悉 Civil 3D 软件应用的工程设计人员，就要从学习计算机语言开始。针对精通计算机语言的程序设计人员，就要从了解 Civil 3D 的应用开始。本书面向的是第一类人群。

如果开发人员本身就是"武林高手"，稍等，待我进化一下；

如果开发人员本身就具备一些相关软件的开发基础，只不过换个装备而已，王者归来；

如果开发人员对程序一窍不通，也不感兴趣，误打误撞摸上这条路，那和我情况差不多，你也能行。

11.1.3　二次开发语言

Civil 3D 为用户预留了大量的开放 API 接口，二次开发支持"C#""VB""C++"三种语言，相比之下，网络上"C#"资料相对较多，上手快，官方提供的 2 个帮助网页实例皆为"C#"编写，目前市面上多数详细介绍 Civil 3D 二次开发的中文书籍也由"C#"编写，民间高手基本都用"C#"，遇问题有人讨论。

11.1.4　学习方法

在做开发前，需要对 Civil 3D 软件基本操作娴熟。

如我天生程序盲，并没有看过任何与编程相关的书，零基础写程序，起步即做插件，无基础，起高楼，盖楼时需要哪块基础就去网上扒来填补，"节约了大量时间"，工作之余断断续续 1 年的时间，做完了两版插件（图 11.1-1），还在持续更新中。

图 11.1-1 二次开发按钮展示

上层建筑未必必须下层基础，打基础只适用于学生时期，工作后没有时间系统学习，那么浩瀚的程序海洋，我们用到的只是沧海一粟，漫无目的地打基础，要遨游到哪一年才能上岸呢？

Civil 3D 实例帮助文件 Developer's Guide 网址：

https://help.autodesk.com/view/CIV3D/20XX/ENU/? guid = GUID-95951E79-61BF-4FF2-9E89-9D96957AEAD2

Civil 3D 二次开发 API Reference 词典网址：

http://docs.autodesk.com/CIV3D/2018/ENU/API_Reference_Guide/index.html

软件自带样例文件路径：

C:\Program Files\Autodesk\AutoCAD 20XX\Civil 3D\Sample\Civil 3D API

其中，20××根据自己开发的软件版本替换对应帮助文件版本。

11.1.5 软件版本选择

低版本插件可以安装进高版本软件向上兼容，高版本插件不能安装进低版本软件向下兼容，会缺少一些"类"，需要自己亲手打造。并且，用高版本制作的 dwt 模板文件不能用低版本打开。

随着版本的不断更新升级，优化一些功能，新增一些功能，虽然不多，却能解决问题。但是，版本越高，用户越少，主流用户可能还没跟上软件更新换代的步伐，这就需要自己权衡开发版本。近期各个版本性能及区别本书第 1.1.2 章节有详细介绍。

11.2 二次开发环境

11.2.1 编译环境

二次开发工具为"Microsoft Visual Studio"，建议选择 2019 版本或者 2022 版本，版本越高越智能，体验感越"丝滑"。创建 Visual Studio 新项目时选择类库（.NET Framework），如图 11.2-1 所示，Civil 3D 2017 ~ 2019 版本框架选".NET Framework 4.6"，Civil 3D 2020 ~ 2022 版本框架

图 11.2-1 创建项目

选择".NET Framework 4.7"或".NET Framework 4.8",如图 11.2-2 所示,创建的解决方案如图 11.2-3 所示。

图 11.2-2 框架".NET Framework"

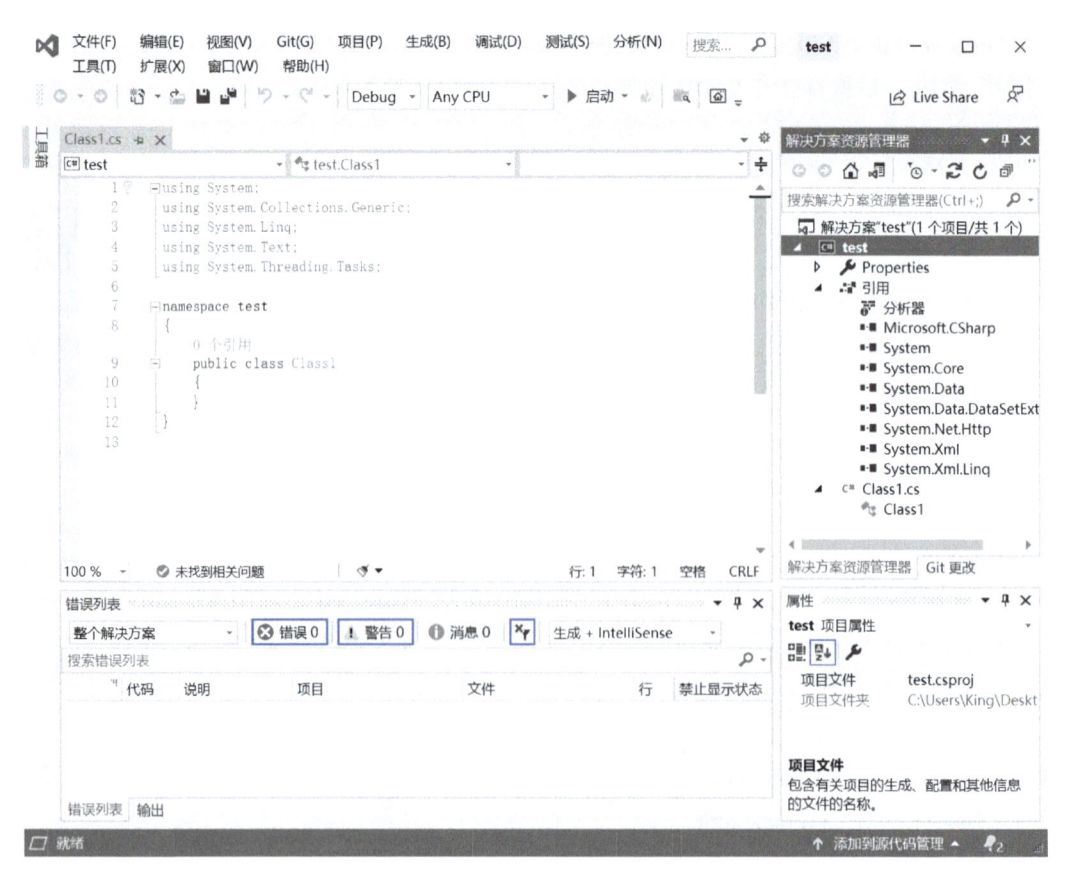

图 11.2-3 创建的解决方案

选择目标框架不要超过 Unity 支持的 ".Net"版本, 如果类库选择低于软件要求的框架版本, 会导致 Unity 之后获取不到 dll 中的类。比如开发 Civil 3D 2022 版本选择 4.6 框架, 程序哪里都没报错, 但是会生成失败。

11.2.2 基础库引用

Civil 3D 开发需要引用几项 AutoCAD 和 Civil 3D 的基础库文件, 这些文件封装了常用的开放的"类"。AutoCAD 和 Civil 3D 基础托管库有:

accoremgd.dll

acdbmgd.dll

acmgd.dll

AcTcMgd.dll

AcWindows.dll

AdWindows.dll

AecBaseMgd.dll

AeccDbMgd.dll

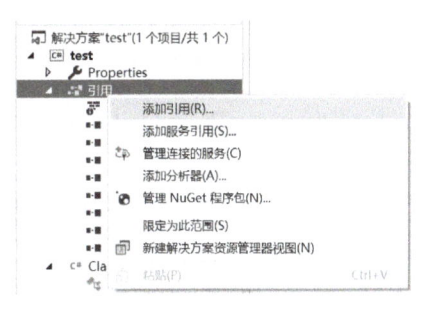

图 11.2-4 添加引用 .dll

添加基础托管库方法: 右击"解决方案资源管理器"面板中的"引用", 单击"添加引用"(图 11.2-4), 在地址栏"C:\Program Files\Autodesk\AutoCAD 20XX\XXX.dll"找到对应引用文件, 添加进来, 最后, 将引用的 .dll 文件属性中"复制本地"修改为"False", 只使用它, 不需要每次编译都复制, 如图 11.2-5 所示。

11.3 常用引用

11.3.1 Autodesk 开放常用引用

using Autodesk.AutoCAD.Runtime;

using Autodesk.AutoCAD.ApplicationServices;

using Autodesk.AutoCAD.DatabaseServices;

using Autodesk.AutoCAD.EditorInput;

using Autodesk.Civil.ApplicationServices;

using Autodesk.Civil.DatabaseServices;

using Autodesk.Windows;

using Application = Autodesk.AutoCAD.ApplicationServices.Core.Application;

图 11.2-5 引用文件属性修改

获取 Civil 3D 和 AutoCAD 应用程序对象, 为编写代码提供可以直接使用的类或方法。

11.3.2 自定义命名空间引用

如图 11.2-3 所示, 用于测试的"test"类文件命名空间默认为"namespace test", 同一个解决方案结构框架下可以有多个命名空间, 命名空间之间通过引用建立联系, 其他命名空间对命名空间为"test"的引用为：

using test；

例如，命名空间为"King. APP"的项目，结构框架中包含 Business、UI、Common 等多个文件夹，其他命名空间对该命名空间的引用为：

using King. APP. Business；

using King. APP. UI；

using King. APP. Common；

11.3.3 常用变量

CivilDocumentcDoc = CivilApplication. ActiveDocument；

Documentdoc = Application. DocumentManager. MdiActiveDocument；

Editor ed = Application. DocumentManager. MdiActiveDocument. Editor；

Database db = Application. DocumentManager. MdiActiveDocument. Database；

Transaction ts = db. TransactionManager. StartTransaction( )

这几个常用变量纵横绝大部分的方法，申明变量时，注意区分 Civil 3D 图元和 AutoCAD 图元，不能混为一团，例如 Civil 3D 的 Point 不等同 AutoCAD 的 Point、Civil 3D 的 Entity 不等同 AutoCAD 的 Entity 等。

11.4 结构框架

在编写程序之前，首先要规划程序结构框架，一个好的结构框架可以事半功倍。不要觉得自己就写一个类实现一个小功能就放弃管理，当实现了第一个小功能，会忍不住实现更多小功能，提前为不同功能的类或文件开辟出专用文件夹，分区细致，一目了然，如图 11.4-1 所示。

11.5 调试与运行

11.5.1 调试

开发阶段，界面上方选项板选择"Debug"模式（图 11.5-1），"Debug"版本是为了方便程序员开发和调试，编译器在生成"Debug"版本程序时会加入调试辅助信息，维持程序的原汁原味。

图 11.4-1 结构框架示例

发行阶段，上方选项板下拉菜单选择"Release"模式，"Release"版本是最终交给用户的程序，编译器会使尽浑身解数对它优化，提高执行效率，压缩程序体积，最终生成一个小巧精悍的程序包。

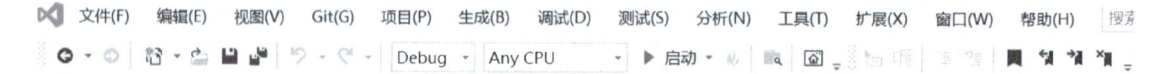

图 11.5-1 调试模式

11.5.2 运行

单击上方选项板"生成"按钮,在弹出的菜单中选择"重新生成解决方案",如图 11.5-2 所示,如果代码存在错误,下方错误列表会有提示,如图 11.5-3 所示,错误 113 个,"风中凌乱"。双击错误列表中的错误项,从第一个错误排查起,有可能处理完前面几个,后面所有的错误也会跟着消失。处理完错误后再重新编译,单击"重新生成解决方案",直到错误为"0",如图 11.5-4 所示,展开"输出"一栏,会有成功"X"个,失败"0"个的提示。

图 11.5-2 生成解决方案

图 11.5-3 错误列表显示

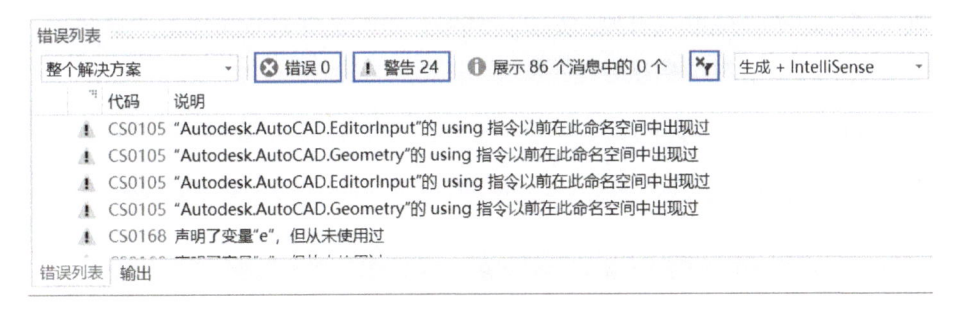

图 11.5-4 编译成功显示

11.5.3 断点

"断点"是调试程序的常用排查错误方法。有时错误列表并没有错误,程序测试后亦没有达到预期效果,检查也没发现错误,这时,就需要在大概可能出错的地方打断点监测程序走向,程序在运行到断点时会自动停止,然后手动逐行运行,检查每行输出结果,找出错误原因。打断点调试过程如下:

1. 打断点

在需要打断点的程序行号之前用鼠标左键单击,出现红点说明断点添加成功,如图 11.5-5 所示。

在断点红点处右击,删除断点;或者再次用鼠标左键单击断点红点,删除断点,如图 11.5-6 所示。

```
128         else if (pIId.ObjectClass.IsDerivedFrom(RXObject.GetClass(typeof(Alignment))))
129         {
130             type = false;
131             using (Transaction ts = db.TransactionManager.StartTransaction())
132             {
133                 alignment = ts.GetObject(pIId, OpenMode.ForRead) as Alignment;
134                 alignmentId = alignment.Id;
135
136                 ts.Commit();
137             }
138         }
```

图 11.5-5　打断点

```
128         else if (pIId.ObjectClass.IsDerivedFrom(RXObject.GetClass(typeof(Alignment))))
129         {
130             type = false;
131             using (Transaction ts = db.TransactionManager.StartTransaction())
             {
                 alignment = ts.GetObject(pIId, OpenMode.ForRead) as Alignment;
                 alignmentId = alignment.Id;

                 ts.Commit();
             }
         }
```

图 11.5-6　删除断点

2. 附加到进程

上方界面找到"调试"选项→下拉菜单，单击"附加到进程"→在弹窗中选择"acad.exe"进程，如图 11.5-7 所示→单击"附加"按钮，此时，界面下方会高亮提示"就绪"，界面右侧"诊断工具"会显示进程内存→逐行运行程序。

图 11.5-7　acad.exe 附加到进程

中断调试：单击上方界面中断按钮 ▋▋，或用快捷键"Ctrl + Alt + Break"；停止调试：单击上方界面停止按钮 ■，或用快捷键"Shift + F5"。

3. 运行程序

按"F5"键运行程序，程序运行到断点处停止了，红点变成黄色箭头，如图 11.5-8 所示。如果断点较多，不想进入当前断点，按"F5"键即可跳过该断点，直接进入下一个断点。

```
128         else if (plId.ObjectClass.IsDerivedFrom(RXObject.GetClass(typeof(Alignment))))
129         {
130             type = false;
131             using (Transaction ts = db.TransactionManager.StartTransaction())
132             {
133                 alignment = ts.GetObject(plId, OpenMode.ForRead) as Alignment;
134                 alignmentId = alignment.Id;
135
136                 ts.Commit();
137             }
138         }
```

图 11.5-8　运行程序

4. 调试程序

按"F10"键逐行调试程序，如图 11.5-9 所示，黄色箭头会继续向下运行，走到某行可疑代码时，按"F11"键会进入该函数，继续按"F10"键，逐行运行，直到跳出该函数，再继续沿着主程序向下运行。

```
128         else if (plId.ObjectClass.IsDerivedFrom(RXObject.GetClass(typeof(Alignment))))
129         {
130             type = false;
131             using (Transaction ts = db.TransactionManager.StartTransaction())
132             {
133                 alignment = ts.GetObject(plId, OpenMode.ForRead) as Alignment;
134                 alignmentId = alignment.Id;
135
136                 ts.Commit();
137             }
138         }
```

图 11.5-9　调试程序

提示　载入 Civil 3D 调试程序时，程序有任何改动，都需要重新启动 Civil 3D，不重启的方法也有，都不好使，容易出错，期待读者们晒出高招。

11.6　加载及驱动

这里提供 6 种加载编译程序的方法。

1. 手动加载

在 Civil 3D 界面命令行输入"netload"，并从弹窗中选择编译好的主程序.dll 文件，根据调试需求，选择始终加载或是加载一次，编译好的按钮图标即可在新的功能区显示，写好的命令也随即可以驱动使用。始终加载或加载一次，无论选择哪一种，都只能加载这一次，Civil 3D 重启后还要重新加载。

2. 通过用户界面加载

通过上方选项板中管理→"用户界面"按钮 CUI 添加界面制作按钮面板,然后再配置编译好的 .dll 程序,方法详见本书第 12.5 章节。

3. 通过配置文件加载

在主程序里写好按钮,并为每个按钮添加图标。关闭 Civil 3D,把编译好的按钮驱动文件包"丢"进一个后缀为 .bundle 的文件夹里,再"丢"进去一个修改好的后缀为 .xml 的配置文件,一起复制到 C 盘 autodesk 安装目录:"C:\Program Files\Autodesk\ApplicationPlugins",重启 Civil 3D,在新的功能区即可看见"炫酷"的按钮。

4. 通过工具空间加载

通过工具箱添加界面设置按钮图标,直接在工具箱绑定编译好的 .dll 程序文件,方法详见本书第 12.6 章节。

5. 通过加载应用程序加载

先制作好 lisp 配置文件,然后,上方选项板单击展开"管理",单击"加载应用程序"按钮,程序会自动载入 Civil 3D。

6. 通过注册表加载

第 12 章 二次开发——界面编写

> **本章主要内容**
> 命令的编写与加载。

12.1 操作流程

12.1.1 基本思路

先从比较好上手的命令编写开始，慢慢进入二次开发主题，基础部分参见欧特克官网帮助文件和 Civil 3D 二次开发专业书籍。

先一鼓作气驱动十几个命令，梳理清楚 Civil 3D 二次开发套路，再回头补基础翻看相关书籍，追根溯源，拿出小本本，逐个击破，顿时豁然开朗，高效省时印象深刻。

12.1.2 基本流程

➢ 1. 浏览添加 AutoCAD 和 Civil 3D 常用的引用 .dll 文件，如图 12.1-1 所示。

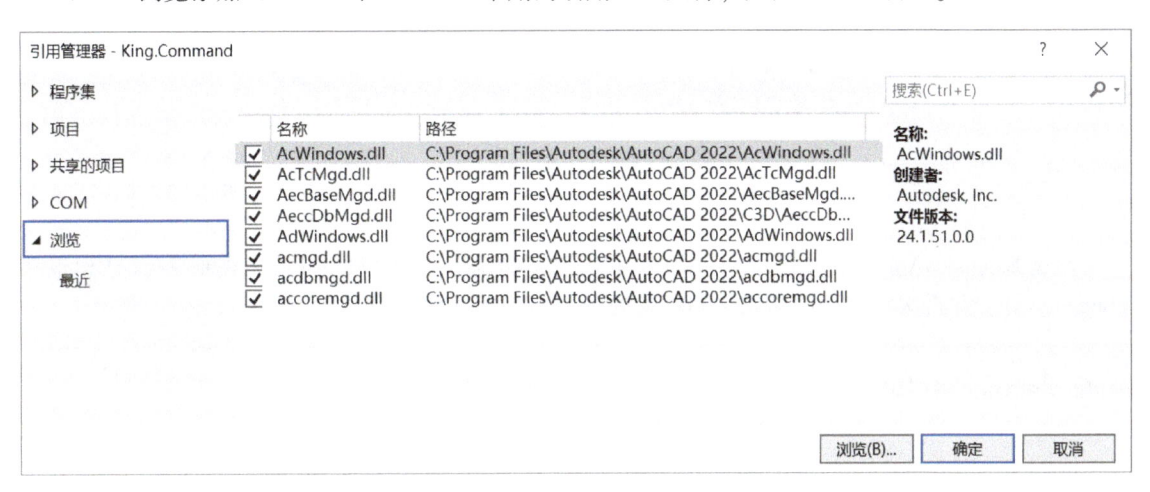

图 12.1-1 常用引用 .dll 文件添加

➢ 2. 复制添加常用的"using"应用程序引用。
➢ 3. 设置命名空间名称。
➢ 4. 创建一个编写命令的公有方法。
➢ 5. 为方法设置一个"CommandMethod"属性，以便在 Civil 3D 命令行中调用该方法。
➢ 6. 为该命令编译代码。

12.1.3 结构框架

"Ribbon"界面创建有两种方式,一种通过"CommandMethod"进入主程序驱动按钮命令,另外一种利用"ExtensionApplication"接口文件调用主程序驱动按钮界面,用按钮绑定任务来实现按钮功能。内部逻辑关系梳理如下:

1. 创建 Ribbon 按钮 CommandMethod 方法

```
public class RibbonCreate
{
    [CommandMethod("RibbonCreate")]
    public void Ribbon()
    {
    按钮代码编译
    }
}
```

2. ExtensionApplication 接口

```
namespace Autodesk.AutoCAD.Runtime
{
    public interface IExtensionApplication
    {
        void Initialize();  //初始化
        void Terminate();   //结束报错
    }
}
```

3. 定义 ExtensionApplication 接口类

通过 ExtensionApplication 接口文件切入主程序,继承公共接口的初始化注册表信息和报错(bug)运行,并再次对主程序初始化和报错处理。

```
public abstract class ExtensionApplicationBase : IExtensionApplication
{
    protected ExtensionApplicationBase();
    public virtual void Initialize();
    public abstract void InitRibbonId();
    public abstract void LoadMenu();
    public virtual void Terminate();
}
```

12.2 访问曲面案例

12.2.1 案例1——创建曲面

案例：从测绘地形图创建曲面，"写"一个命令"SurfaceCreate"，在Civil 3D命令行输入该命令即可由高程点创建地形曲面，几十公里测图只需1~5秒。由于是入门级第一个案例，案例比较简单，只适合最常用的地形图格式（高程点属性为块），目的为梳理程序流程。为了方便理解，在编写代码的同时，逐行附带注释文字，内容如下：

```csharp
using System;
using System.Collections.Generic;
using System.Linq;
using System.Text;
using System.Threading.Tasks;
using Autodesk.AutoCAD.ApplicationServices;
using Autodesk.AutoCAD.DatabaseServices;
using Autodesk.AutoCAD.EditorInput;
using Autodesk.AutoCAD.Runtime;
using Autodesk.AutoCAD.Geometry;
using Autodesk.Civil.ApplicationServices;
using Autodesk.Civil.DatabaseServices;
using Autodesk.Civil.DatabaseServices.Styles;
using Application = Autodesk.AutoCAD.ApplicationServices.Core.Application;
using Autodesk.AutoCAD.Colors;
//前5个using为系统自带，用到的用高亮显示，没用到的用灰色显示，后面10个"using"为编写代码所需。

namespace King.Command   //命名空间名称，方便不同命名空间之间相互引用，代码共享。
{
  public class Create   //申明一个公共类
    {
    [CommandMethod("SurfaceCreate")]   //为这个方法设置一个属性，即命令名为"SurfaceCreate"
    public void SurCreate()   //申明一个没有返回值的公共方法SurCreate
}
  Document doc = Application.DocumentManager.MdiActiveDocument;   //获取AutoCAD的活动文档
  CivilDocument cDoc = CivilApplication.ActiveDocument;   //获取Civil 3D的活动文档
  Database db = Application.DocumentManager.MdiActiveDocument.Database;   //获取数据库
Editor ed = doc.Editor;   //获取命令行编辑器
```

```csharp
Point3dCollection points = new Point3dCollection();    //新建一个储存高程点的数据集
ObjectId surfaceStyleId;//定义曲面样式地址

string surfaceName = "曲面";//定义一个用于命名新建曲面的字符串,并赋值初始值为"曲面"
GetString("\n请输入曲面名称", ref surfaceName);
    //获取用户在命令行出入的曲面名字字符串,下文有GetString方法代码编译

TypedValue[] tv = new TypedValue[]  //新建一个类型过滤器
{
    new TypedValue((int)DxfCode.Operator, "<and"),
    new TypedValue((int)DxfCode.Start, "INSERT"),
    new TypedValue((int)DxfCode.Operator, "<or"),
    new TypedValue((int)DxfCode.LayerName, "GCD"),
    new TypedValue((int)DxfCode.LayerName, "高程点"),
    new TypedValue((int)DxfCode.Operator, "or>"),
    new TypedValue((int)DxfCode.Operator, "and>")
    //类型过滤器,过滤文档中属性为"INSERT"、图层为"GCD"或者"高程点"的测绘高程点
};

SelectionFilter sf = new SelectionFilter(tv);    //将类型过滤器过滤的高程点储存到选择过滤器中
PromptSelectionResult psr = null;    //定义一个选择结果器,并清空初始值
psr = ed.SelectAll(sf);    //将选择过滤器中的高程点传递给选择结果器

if (psr.Value == null)//如果选择结果为空
{
    ed.WriteMessage("\n缺少程序指定样式的高程点");    //命令行输出:缺少程序指定样式的高程点
    return;//结束程序
}

else if (psr.Status == PromptStatus.OK)//如果选择结果为高程点
{
    SelectionSet pointSet = psr.Value;    //把选择结果的值传递给选择集
    ObjectId[] pointIds = pointSet.GetObjectIds();    //获取选择集中数据的地址,传递给对象地址集合

    foreach (ObjectId pointId in pointIds)//逐个循环高程点对象地址
    {
        using (Transaction ts = db.TransactionManager.StartTransaction())//开启事务处理
        {
```

```csharp
        BlockReference point = pointId. GetObject( OpenMode. ForRead) as BlockReference;
                //以读的方式打开高程点块对象
        points. Add( new Point3d( Math. Round( point. Position. X, 2),
            Math. Round( point. Position. Y, 2), Math. Round( point. Position. Z, 2)));
                //将高程点对象地址的 X、Y、Z 坐标值添加到高程点数据集中，并保留 2 位小数

        ts. Commit();  //提交事务，高程点坐标值获取完毕
    }
  }
}

if ( cDoc. Styles. SurfaceStyles. Contains( "标准"))   //如果 Civil 3D 文档中曲面样式包含了"标准"这个样式
{
    surfaceStyleId = cDoc. Styles. SurfaceStyles[ "标准" ];  //设置曲面样式地址为"标准"
}
else if ( cDoc. Styles. SurfaceStyles. Contains( "Stand"))
    //如果 Civil 3D 文档中曲面样式无"标准"，但是包含"Stand"这个样式
{
    surfaceStyleId = cDoc. Styles. SurfaceStyles[ "Stand" ];   //设置曲面样式地址为"Stand"
}
else   //如果文档中曲面样式即无"标准"，又无"Stand"
{
    ed. WriteMessage( " \ n 缺少程序指定的曲面样式 ");    //命令行输出文字：缺少程序指定的曲面样式
    return;    //结束程序
}

    ObjectId suraceId = TinSurface. Create( db, surfaceName);
        //创建一个曲面地址，将上文曲面名字传递给该地址

    using ( Transaction ts = db. TransactionManager. StartTransaction())   //开启事务处理
    {
        TinSurface surface = suraceId. GetObject( OpenMode. ForWrite) as TinSurface;
        //以写的方式定义一个三角网曲面，并将上文曲面地址传递给该三角网曲面
        SurfaceStyle surfaceStyle = surfaceStyleId. GetObject( OpenMode. ForWrite) as SurfaceStyle;
            //以写的方式定义一个曲面样式，并将上文曲面样式地址传递给该曲面样式

        surface. AddVertices( points);  //将高程点集添加到三角网曲面
        surface. StyleId = surfaceStyleId;  //设置曲面样式
        surfaceStyle. GetDisplayStylePlan( SurfaceDisplayStyleType. MajorContour). Visible = true;
```

```
    //设置曲面主等高线可见
    surface. BuildOptions. UseMaximumTriangleLength = true;
    //设置创建曲面时使用最大三角形边长
    surface. BuildOptions. MaximumTriangleLength = 100;
    //设置最大三角形边长为100

    ts. Commit( );        //提交事务,曲面创建完毕
  }
    ed. WriteMessage(" \ n 曲面创建完成 (^-^)V ");     //命令行输出文字:曲面创建完成,耶
}

//上文曲面命名时用到一个获取字符串的方法 GetString,基础库. dll 文件中无此方法,编译如下:
  public static void GetString(stringprompt, ref string stringInPut)    //申明一个没有返回值的静态方法
  {
    PromptStringOptions pso = new PromptStringOptions( prompt);
     //定义一个输入字符串,字符串提示为"mess"
    pso. UseDefaultValue = true;      //字符串具有初始值
    pso. DefaultValue  = stringInPut;     //字符串初始值为"stringInPut"
    PromptResult pr = Application. DocumentManager. MdiActiveDocument. Editor. GetString( pso);
    //将输入的字符串传递给字符串结果
    if ( pr. Status  = =  PromptStatus. OK)    //如果按要求输入了字符串
    {
      stringInPut = pr. StringResult;     //用输入的字符串替换最初定义的初始字符串
     }
    }
   }
  }
}
```

曲面、曲面地址、曲面样式、曲面样式地址、点集、点集地址,类似的在 Civil 3D 中比较常见,初学者会觉得比较绕。实体对象都要先分配个地址,好比先安排一个空位置,再招聘一个新员工,先买一个新房子,后娶一个新娘子。

12.2.2　案例2——提取等高线

提取任意高程的等高线,在日常工作中比较常见。在案例1的下方增加一个新命令"DGXExtract",放在倒数第三个括弧和倒数第二个括弧之间,或者按照案例1的方法,新建一个类文件编写,案例依旧简单,对比上文案例,架构略微不同,该案例增加了 try ~ catch 错误捕捉方法和 DocumentLock 程序崩溃或者不执行的处理方法,并且增加了弹窗提示。使用方法为命令栏输入该命令,再根据提示,输入要提取的高程数据即可。内容如下:

```
[CommandMethod("DGXExtract")]      //命令名为"DGXExtract"
public void DGXExtract( )       //申明一个没有返回值的公共方法 DGXExtract
```

```csharp
}
    Database db = Application.DocumentManager.MdiActiveDocument.Database;  //获取数据库
    Editor ed = Application.DocumentManager.MdiActiveDocument.Editor;  //获取命令行
    ObjectIdCollection contours  //定义等高线地址集
    //程序进程锁
    DocumentLock documentLock = Application.DocumentManager.MdiActiveDocument.LockDocument();
    try  //放入可能出现异常的语句包围
    {
        ObjectId surfaceId = getTinSurfaceId();  //获取三角网曲面地址，下文有getTinSurfaceId方法代码编译
        ed.WriteMessage("\n选择成功!")  //命令栏提示：选择成功！
        try  //锁定的进程
        {
            using (Transaction ts = db.TransactionManager.StartTransaction())  //开启事务处理
            {
                TinSurface surface = surfaceId.GetObject(OpenMode.ForRead) as TinSurface;
                //以读的方式打开上文选择好的曲面
                double maxH = surface.GetGeneralProperties().MaximumElevation;
                    //获取曲面的最大高程
                double minH = surface.GetGeneralProperties().MinimumElevation;
                    //获取曲面的最小高程
                ed.WriteMessage("\n曲面最大高程为：{0}，曲面最小高程为：{1}", maxH.ToString("0.00"), minH.ToString("0.00"));  //命令栏输出：曲面最大高程为：XXX，曲面最小高程为：XXX
                PromptDoubleOptions elevation = new PromptDoubleOptions("\n请输入要提取的高程");
                    //提示用户：请输入要提取的高程
                elevation.AllowNegative = true;  //允许高程输入为负数
                elevation.AllowNone = false;  //不允许不输入高程
                elevation.AllowZero = true;  //允许高程输入为0
                PromptDoubleResult per_Ele = ed.GetDouble(elevation);  //获取用户输入高程值
                if (per_Ele.Status != PromptStatus.OK) return;  //如果没获取到输入值，结束程序
                double contourElevation = per_Ele.Value;  //获取用户输入高程值的数值
                contours = surface.ExtractContoursAt(contourElevation, ContourSmoothingType.AddVertices, 5);  //设置提取等高线高程为用户输入值，平滑因子为5
                int totalVertices = 0;  //定义一个整形数据，初始值为0
                foreach (ObjectId contourId in contours)  //遍历高线地址集中用户输入高程的所有等高线
                {
                    Polyline contour = contourId.GetObject(OpenMode.ForWrite) as Polyline;
                    //以写的方式打开用户输入的等高线多段线
                    contour.Color = Color.FromColorIndex(ColorMethod.ByLayer, 6);
                    //设置等高线颜色的索引值为6，即洋红色
                    totalVertices += contour.NumberOfVertices;  //等高线顶点数量依次累加
                }
```

```
                ts.Commit();//提交事务，用户自定义等高线创建完毕
            }
            ed.WriteMessage("\n 提取完成（*^▽^*)");//弹窗提示：提取完成
        }
        catch(System.Exception e)//捕捉上文第一个 try 抛出的异常事件
        {
            System.Windows.Forms.MessageBox.Show("提取的高程不在地形高程范围内","提示：");
            //弹窗提示：提取的高程不在地形高程范围内
            ed.WriteMessage("\n 提取的高程不在地形高程范围内 o(╥﹏╥)o");
            //命令栏提示：提取的高程不在地形高程范围内，呜呜
            return;//结束程序
        }
    }
    finally
    {
        if(!ReferenceEquals(null,documentLock)) documentLock.Dispose();//释放文档进程锁
    }
}
public static ObjectId getTinSurfaceId()    //申明一个返回值为对象地址的静态方法 getTinSurfaceId
{
    PromptEntityOptions opt_Surface = new PromptEntityOptions("\n 请选择曲面");//提示用户：请选择曲面
    opt_Surface.SetRejectMessage("\n 对象不是曲面\n");//提示用户：对象不是曲面
    opt_Surface.AddAllowedClass(typeof(TinSurface),false);//允许用户选择的类型为三角网曲面
        ObjectId surfaceID = 
    ApplicationServices.Application.DocumentManager.MdiActiveDocument.Editor.GetEntity(opt_Surface).ObjectId;//获取用户选择的曲面的地址
    return surfaceID;//返回用户选择的曲面地址
}
```

> **提示** 关于 DocumentLock，当有多个.dwg 文档命令互相切换时，程序会崩溃或者不执行命令，为了进程更稳定的完成任务，为活动文档加进程锁，执行完后再释放进程。经测试，Civil 3D 高版本更加稳定，貌似不用进程锁也可以，"也可能是运气好"，Civil 3D 2018 及以下版本出错的频率更高，遇到莫名其妙不执行命令时，可以参考加个进程锁试试。

12.3 访问断面案例

12.3.1 案例3——创建纵断面

功能：选择路线布置多段线创建路线，获取新建路线，创建该路线的纵断面图和设计纵断面，如图 12.3-1 所示。

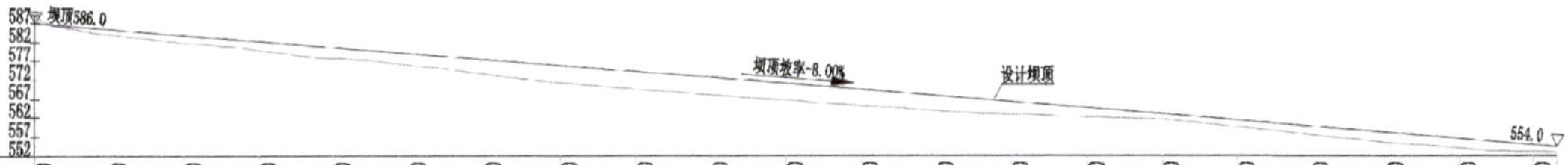

桩 号	K0+000	K0+020	K0+040	K0+060	K0+080	K0+100	K0+120	K0+140	K0+160	K0+180	K0+200	K0+220	K0+240	K0+260	K0+280	K0+300	K0+320	K0+340	K0+360	K0+380	K0+400
坝顶高程(m)	586.00	584.40	582.80	581.20	579.60	578.00	576.40	574.80	573.20	571.60	570.00	568.40	566.80	565.20	563.60	562.00	560.40	558.80	557.20	555.60	554.00
河底高程(m)	587.58	582.99	580.81	578.94	576.72	574.87	572.48	570.22	568.53	567.00	567.60	565.54	564.13	562.83	561.86	561.09	560.57	560.56	558.55	556.53	553.10	552.19
坝 高(m)	-1.58	1.41	1.98	2.26	2.88	3.13	3.92	4.58	4.67	4.59	4.46	4.27	3.97	3.34	2.51	1.42	1.83	2.24	2.66	2.49	1.81

图 12.3-1　程序驱动的纵断面图创建效果

```
class Vertical  //按钮绑定的类文件
{
    //基本数据库
    Editor ed => Application.DocumentManager.MdiActiveDocument.Editor;
    Database db =
    Autodesk.AutoCAD.ApplicationServices.Application.DocumentManager.MdiActiveDocument.Database;
    CivilDocument cDoc = CivilApplication.ActiveDocument;
    ObjectId ProfileViewId;

    public void Exec()   //按钮调用的任务
    {
        string alignmentName = "路线";
        //从多段线创建路线
        PolylineOptions pls = new PolylineOptions();
        pls.AddCurvesBetweenTangents = false; //不添加圆曲线
        pls.EraseExistingEntities = false; //不删除多段线
        pls.PlineId = polylineId; //获取多段线地址
        ObjectId alignmentId = Alignment.Create(cDoc, pls, alignmentName, null, "道路-路线", "标
准", "一般公路"); //创建路线，路线创建方式为7重载，分别规定了名称、图层、样式、标签
样式
        try
        {
            using (Transaction ts = db.TransactionManager.StartTransaction())  //打开一个事务
            {
                Alignment myAlignment = ts.GetObject(alignmentId, OpenMode.ForRead) as Alignment;
                ObjectId labelLayerId = myAlignment.LayerId; //获取新建路线图层地址
                //指定纵断面样式为"地面线样式"（提前设定好的样板样式）
                ObjectId labelStyleId = cDoc.Styles.ProfileStyles["地面线样式"];
                //指定纵断面标签样式为"地面线标签"（提前设定好的样板样式）
                ObjectId labelSetId = cDoc.Styles.LabelSetStyles.ProfileLabelSetStyles["地面线标签"];
                //从曲面创建纵断面，名字为新建路线名字+地面线，样式和标签为上位设定的
                ObjectId profileId = Profile.CreateFromSurface(myAlignment.Name + "地面线", alignmentId,
```

```csharp
surfaceId, labelLayerId, labelStyleId, labelSetId);
            //纵断面图样式为"轴线和完整栅格"
            ObjectId styleId_view = cDoc.Styles.ProfileViewStyles["轴线和完整栅格"];
            //纵断面图标注栏样式为"[标注栏-King]"
            ObjectId pfrVStyleId = cDoc.Styles.ProfileViewBandSetStyles["[标注栏-King]"];
            //如果没有"[标注栏-King]",则默认为首个标注栏样式
            if (pfrVStyleId == null) pfrVStyleId = cDoc.Styles.ProfileViewBandSetStyles[0];
            //拾取纵断面图插入点
            PromptPointOptions prpointoptions = new PromptPointOptions("请选择纵断面插入点");
            PromptPointResult prpointres = ed.GetPoint(prpointoptions); //从活动文档获取插入点
            //如果没有拾取到纵断面插入点,返回
            if (prpointres.Status != PromptStatus.OK) return;
            Point3d ptInsert = new Point3d(prpointres.Value.X, prpointres.Value.Y, prpointres.Value.Z);
//获取插入点坐标
            ProfileViewId = ProfileView.Create(alignmentId, ptInsert, myAlignment.Name + "纵断面图",
pfrVStyleId, styleId_view); //插入纵断面
            ts.Commit(); //提交事务
        }
        //添加纵断面设计线,小案例,未考虑复杂的纵曲线
        ed.WriteMessage("\n请添加设计线"); //命令行提示:请添加设计线
        PromptDoubleOptions int_start = new PromptDoubleOptions("\n请输入起点高程");
        int_start.AllowNone = false; //起点高程不允许不输入
        PromptDoubleResult per_startValue = ed.GetDouble(int_start); //获取起点高程输入值
        if(per_startValue.Status != PromptStatus.OK) return; //获取不到则返回
        double startValue = per_startValue.Value; //把输入值传递给起点高程
        PromptDoubleOptions int_end = new PromptDoubleOptions("\n请输入终点高程");
        int_end.AllowNone = false; //不允许不输入数值
        int_end.DefaultValue = startValue; //终点高程默认值为起点高程
        PromptDoubleResult per_endValue = ed.GetDouble(int_end); //获取终点高程输入值
        if (per_endValue.Status != PromptStatus.OK) return;
        double endValue = per_endValue.Value;

        //设置设计纵断面样式和标签样式
        ObjectId styleId_design = cDoc.Styles.ProfileStyles["设计高程"]; //纵断面样式
        ObjectId labelSetId_design = cDoc.Styles.LabelSetStyles.ProfileLabelSetStyles["设计高程"];
//标签样式
        using (Transaction ts = db.TransactionManager.StartTransaction())
        {
            //以读的形式打开纵断面图,获取纵断面图图层,绘制设计纵断面,并添加的模型空间
            ProfileView profileView = ProfileViewId.GetObject(OpenMode.ForRead) as ProfileView;
            ObjectId layerId = profileView.LayerId; //设置图层
```

```
        ObjectId profileId_design = Profile.CreateByLayout(profileView.AlignmentName + "设计高
程", profileView.AlignmentId, layerId, styleId_design, labelSetId_design);  //创建纵断面
        Profile profile_design = profileId_design.GetObject(OpenMode.ForRead) as Profile;  //以读的
方式打开纵断面
        Point2d startPoint_design = new Point2d(profileView.StationStart, startValue);  //纵断面起点
        Point2d endPoint_design = new Point2d(profileView.StationEnd, endValue);  //纵断面终点
        profile_design.Entities.AddFixedTangent(startPoint_design, endPoint_design);  //绘制纵断面
        ts.Commit();  //提交事务
      }
    }
    catch (System.Exception e)
    {
      //捕捉错误，弹窗提示：有漏掉的步骤或未使用模板文件
      System.Windows.MessageBox.Show("有漏掉的步骤或未使用模板文件", "提示:");
      return;
    }
  }
}
```

提示 注意纵断面和纵断面图的区别，纵断面样式和纵断面标签样式的区别。

提示 本节用到两个创建，创建纵断面图和创建设计纵断面，各自有 5 个重载，获取前文设置好的名称、地址、图层、标签、样式等，最终需要添加到模型空间才能显示出来。

12.3.2 案例4——编辑横断面

功能：裁剪横断面到最小高度，以控制横断面高度，效果如图 12.3-2 所示。

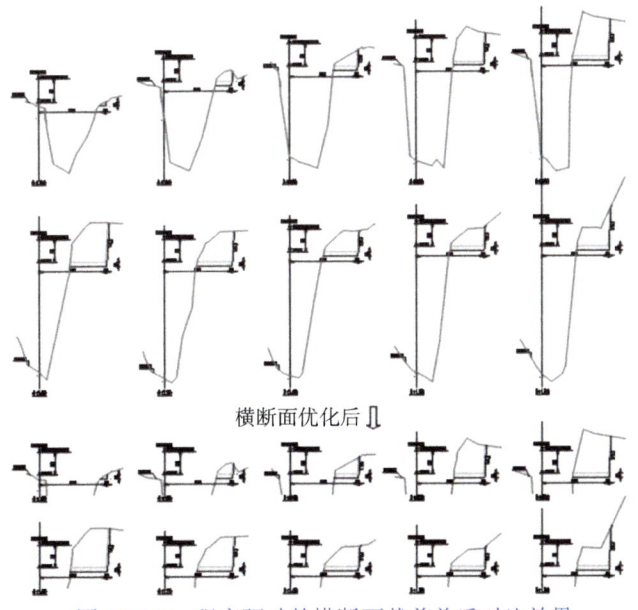

图 12.3-2 程序驱动的横断面裁剪前后对比效果

```csharp
class SectionEdit
{
    CivilDocument doc = CivilApplication.ActiveDocument;
    Editor ed = Autodesk.AutoCAD.ApplicationServices.Application.DocumentManager.MdiActiveDocument.Editor;

    public void Exec()
    {
        ed.WriteMessage("\n请选择横断面");//命令栏提示：请选择横断面
        //新建类型过滤器，过滤类型为横断面的所有图元，并储存在类型过滤器里
        TypedValue[] tVs = new TypedValue[] { new TypedValue((int)DxfCode.Start, "AECC_SECTION_CORRIDOR") };
        SelectionFilter filter = new SelectionFilter(tVs);
        PromptSelectionResult selectionResults = ed.GetSelection(filter);
        //如果类型过滤器中没有选中任何图元，返回
        if (selectionResults.Status == PromptStatus.Cancel) return;

        //选择要裁剪的横断面对应的设计纵断面，由纵断面查找到横断面呢
        PromptEntityOptions opt_Profile = new PromptEntityOptions("\n请选择纵断面");
        opt_Profile.SetRejectMessage("\n选择的对象不是纵断面，请重新选择:");
        opt_Profile.AddAllowedClass(typeof(Profile), false);//选择类型为：Profile
        PromptEntityResult per_Profile = ed.GetEntity(opt_Profile);//从活动文档获取选择的横断面
        if (per_Profile.Status != PromptStatus.OK) return;//如果选择的横断面没准备好，返回
        ObjectId profileId = per_Profile.ObjectId;//获取所选横断面地址
        if (profileId == ObjectId.Null) return;//如果没获取到横断面地址，返回

        //设置横断面中心轴底部裁剪高度，即定位点以下高度
        PromptDoubleOptions int_distance = new PromptDoubleOptions("\n横断面中心轴底部裁剪高度");
        int_distance.AllowNegative = false;//不允许输入负值
        int_distance.AllowNone = false;//不允许不输入数值
        int_distance.AllowZero = false;//不允许输入0
        int_distance.DefaultValue = 4;//裁剪高度输入值为4
        PromptDoubleResult per_changeValue = ed.GetDouble(int_distance);//获取用户输入的裁剪高度
        if (per_changeValue.Status != PromptStatus.OK) return;//如果输入值没准备好，返回
        double changeValue = per_changeValue.Value;//获取输入值
        Database db = Application.DocumentManager.MdiActiveDocument.Database;//获取活动文档数据库
        using (Transaction ts = db.TransactionManager.StartTransaction())//开启事务处理
        {
            Profile profile = profileId.GetObject(OpenMode.ForRead) as Profile;//以读的形式打开横断面
```

```
        if ( selectionResults. Status = = PromptStatus. OK ) //如果选择横断面准备好
        {
            //逐个循环所有选中的横断面图
foreach ( SelectedObject selectionResult in selectionResults. Value )
            {
                //以写的形式打开横断面图
                CorridorSection corridorSection = selectionResult. ObjectId. GetObject ( OpenMode. ForWrite )
as CorridorSection;
                double currentSta = corridorSection. Station; //获取桩号
                ObjectId sampleLIneId = corridorSection. SampleLineId; //获取采样线
                //以写的形式打开采样线
                SampleLine sampleLine = sampleLIneId. GetObject( OpenMode. ForWrite ) as SampleLine;
                //获取横断面地址
                ObjectIdCollection sectionViewIds = sampleLine. GetSectionViewIds( );
                //以写的形式打开横断面
                SectionView currentSectionView = sectionViewIds [ 0 ]. GetObject ( OpenMode. ForWrite ) as
SectionView;
                //关掉高程随着地面自动变化功能
                currentSectionView. IsElevationRangeAutomatic = false;
                //设置新的横断面裁剪高度
                double designElevation = profile. ElevationAt( currentSta );
                //裁剪横断面到固定高度
                currentSectionView. ElevationMin = designElevation - changeValue;
            }
        }
        ts. Commit( ); //提交事务
    }
  }
}
```

> **提示** 注意横断面和横断面图的区别。

12.4 界面制作——利用程序制作界面方法

考虑到章节编写的意图为服务零基础的二次开发初学者,界面制作挑选了两个最简单的方法。

12.4.1 思路

基本思路:通过命令栏用 CommandMethod 命令加载界面,单击界面按钮,驱动按钮绑定的 CommandMethod 命令,执行按钮任务。为了方便抄作业,按钮驱动程序为上文 12.2 中的案例 1 和案例 2,对应的按钮名称分别为创建曲面、提取等高线。由于图标相对较少,测试界面均采用竖排的大图标。

建议在上文使用的解决方案下添加一个新建类项目，用以布局界面，再添加一个新建文件夹，用以储存按钮图标。按钮图标尺寸支持 16×16 和 32×32 两种像素大小，支持 ico、png、jpg 等多种格式，图源可自己制作，也可使用 Civil 3D 自带图标库中的图标。

为了调试和 bundle 文件配置时都能顺利地获取图标图片，图标属性设置为"resource"，不复制，如图 12.4-1 所示。

图 12.4-1　图标图片设置

12.4.2　代码编译

过程如下：
1. 利用 CommandMethod 命令进入主程序

```
using System;
using Autodesk.Windows;
using Autodesk.AutoCAD.Runtime;
using System.IO;
using System.Windows.Media.Imaging;
using System.Windows;

namespace King.Command                    //空间名称不变
{
[CommandMethod("addRibbon")]              //加载界面命令
  public void CreateRibbon()              //创建界面
  {
    RibbonControl ribbonControl = ComponentManager.Ribbon; //功能区组件管理器
    RibbonTab ribTab = new RibbonTab();            //功能区标签
```

```csharp
    ribTab.Title = "King的界面";              //功能区标签名称为：King的界面
    ribbonControl.Tabs.Add(ribTab);           //将标签添加进组件管理器

    addPanel(ribTab);                         //添加功能区界面标签
    ribTab.IsActive = true;                   //激活界面标签
}
private void addPanel(RibbonTab ribTab)       //为界面添加按钮
{
    Try
    {
        RibbonPanelSource ribPanelSource = new RibbonPanelSource();
        ribPanelSource.Title = "创建项目";     //面板资源标题

        RibbonPanel ribPanel = new RibbonPanel();       //新建面板
        ribPanel.Source = ribPanelSource;               //获取面板资源
        ribTab.Panels.Add(ribPanel);                    //添加面板

        RibbonButton ribButtonCreSur = new RibbonButton();    //新建一个创建曲面按钮
        RibbonButton ribButtonDGXExtr = new RibbonButton();   //新建一个提取等高线按钮

        Uri uriSur = new Uri(@"pack://application:,,,/King.Command;component/imgs/sur.ico");  //获取图标资源
        BitmapImage imgSur = new BitmapImage(uriSur);   //新建标准图标
        ribButtonCreSur.Image = imgSur;                 //设置创建曲面图标
        ribButtonCreSur.LargeImage = imgSur;            // 设置图标为大图标
        ribButtonCreSur.Size = RibbonItemSize.Large;    //设置图标尺寸，即32×32

        //另外一个按钮图标设置
        Uri uriDGX = new Uri(@"pack://application:,,,/King.Command;component/imgs/dgx.ico");
        BitmapImage imgDGX = new BitmapImage(uriDGX);
        ribButtonDGXExtr.Image = imgDGX;
        ribButtonDGXExtr.LargeImage = imgDGX;
        ribButtonDGXExtr.Size = RibbonItemSize.Large;

        ribButtonCreSur.Orientation = System.Windows.Controls.Orientation.Vertical;   //设置图标竖排
        ribButtonDGXExtr.Orientation = System.Windows.Controls.Orientation.Vertical;  //设置图标竖排

        ribButtonCreSur.Text = "创建曲面";              //设置"创建曲面"图标名称
        ribButtonDGXExtr.Text = "提取等高线";           //设置"提取等高线"图标名称
        ribButtonCreSur.ShowText = true;                //显示按钮标题
        ribButtonDGXExtr.ShowText = true;               //显示按钮标题
        ribButtonCreSur.CommandParameter = "SurfaceCreate";    //按钮驱动的命令参数
```

```
        ribButtonCreSur.CommandHandler = new Civil 3DCommandHandler();    //驱动命令
        ribButtonDGXExtr.CommandParameter = "DGXExtract";
        ribButtonDGXExtr.CommandHandler = newCivil 3DCommandHandler();

        RibbonFoldPanel ribFoldPanel = new RibbonFoldPanel();         //新建子面板
        ribFoldPanel.Items.Add(ribButtonCreSur);          //将创建曲面按钮添加到子面板
        ribFoldPanel.Items.Add(ribButtonDGXExtr);         //将提取等高线按钮添加到子面板
        ribPanelSource.Items.Add(ribFoldPanel);           //将子面板添加到面板资源
    }
    catch (System.Exception ex)                //捕获错误
    {
        MessageBox.Show(ex.Message, "错误", MessageBoxButton.OK, MessageBoxImage.Error);
        return;                //提示错误原因,并跳出程序
    }
}
classCivil 3DCommandHandler : System.Windows.Input.ICommand     //驱动命令参数的派生类
{
    public event EventHandler CanExecuteChanged;

    public bool CanExecute(object parameter)
    {
        return true;
    }

    public void Execute(object parameter)
    {
        RibbonButton ribBtn = parameter as RibbonButton;
        if (ribBtn! = null)
        {
Autodesk.AutoCAD.ApplicationServices.Application.DocumentManager.MdiActiveDocument.SendStringToExecute((string)ribBtn.CommandParameter, true, false, true);            //执行参数命令
        }
    }
}
```

重新生成解决方案,在命令栏输入"netload",手动加载应用程序"Debug"或者"Release"中的主程序.dll文件,然后再在命令栏输入"addRibbon",即可加载自定义界面。加载效果如图12.4-2所示。

图12.4-2 手动"netload"加载效果

2. 利用 ExtensionApplication 接口进入主程序

有一定基础的小伙伴可以试着网上下载一些封装好、开放的做界面的库,如图 12.4-3 所示,使程序条理更加清楚,更加稳定不易崩溃,如下文用户登录键的按钮,利用"ExtensionApplication"接口映射进入主程序,结构框架如下:

```csharp
[assembly: ExtensionApplication(typeof(ExtensionApplication))]
namespace King.Business
{
  class ExtensionApplication : ExtensionApplicationBase
  {
    public const string CONST_IdUserLogin = "用户登录";  //按钮名称:用户登录
    //创建只读按钮地址
    private readonly RibbionItemId _btnUserLogin = new RibbionItemId(CONST_IdUserLogin);

    //申明一个按钮重写方法
    public override void LoadUserLogin()
    {
      vartabName = "King 的界面";  //面板标题栏
      var user_Login = "用户登录";  //面板功能区名称
      //创建界面功能区
      var userLogin = ribbonManager.ContainsRibbonPanel(tabName, user_Login)
        ? ribbonManager.GetRibbonPanel(tabName, user_Login)
        : ribbonManager.CreateRibbonPanel(tabName, user_Login);
      //创建大图标"用户登录"按钮
      var userLoginBtn = ribbonManager.CreateRibbonButton(_btnUserLogin, "用户登录",
        RibbonItemSize.Large,
        "pack://application:,,,/MainUI;component/imgs/用户登录.ico",
        "pack://application:,,,/MainUI;component/imgs/用户登录.ico");
      userLoginBtn.Description = "输入用户名和密码";  //按钮触发提示
      userLogin.Source.Items.Add(userLoginBtn);       //按钮添加进资源
    }

    private void AdskReporter_BtnClickEvent(RibbionItemId id)   //触发按钮功能
    {
      case CONST_IdUserLogin: new UserLogin().Exec(); break;  //执行按钮任务
    }
  }
}
```

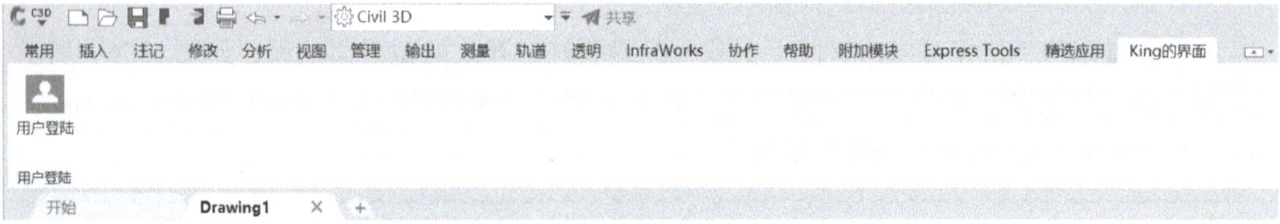

图 12.4-3　用户登录按钮制作效果

上文制作"Ribbon"界面的"ExtensionApplication"接口代码编译仅写出了框架提示，这里用到了一个外来.dll引用，对应的类及方法的编译就没必要附上了，需要自己完善细节部分。

12.4.3　配置文件

用上述方法制作出来的界面每重启一次 Civil 3D 都要重新加载一次，能不能想个办法不受重启软件的限制呢？

把编译好的程序包放在 CAD 运行的系统盘，再为程序包添加一个.xml 配置文件，从进程自动启动自定义界面，即可解决上诉烦恼。配置文件代码内容如下：

```
1 <? xml version = "1.0" encoding = "utf-8" ? >
2 <ApplicationPackage SchemaVersion = "1.0" AppVersion = "1.0"
3   ProductCode = "{0C668B79-3777-41AA-B83B-390CE02E2530}"
4   Name = "King 的界面" >
5 <CompanyDetails
6   Name = "中铁长江设计集团有限公司"
7   Email = "820904129@qq.com" />
8 <RuntimeRequirements OS = "Win32|Win64" Platform = "Civil3D" SeriesMin = "R22.0" SeriesMax = "R25.0" />
9 <Components >
10   <ComponentEntry ModuleName = "./Contents/King.Command.dll" >
11     <Commands >
12       <Command Local = "AddRibbon" Global = "AddRibbon" StartupCommand = "True" />
13     </Commands >
14   </ComponentEntry >
15 </Components >
16 </ApplicationPackage >
```

这段.xml 配置程序，大概意思如下：

1 文件头
2 打开应用程序包，设置应用程序版本
3 GUID 代码
4 界面名称

5 公司介绍
6 "吾老板（•ᴗ•）"
7 "吾邮箱（•ᴗ•）"
8 运行环境，插件支持的 Civil 3D 版本，Civil3D 2017 ~ Civil3D 2024
9 打开组件
10 进入编译好的 dll 文件
11 打开命令
12 添加界面命令
13 关闭命令
14 关闭组件入口
15 关闭组件
16 关闭应用程序包

12.4.4 加载与卸载

➤ 加载

首先，在路径 C:\Program Files\Autodesk\ApplicationPlugins 中新建一个后缀名称为 .bundle 文件，把编译好的 .dll 文件复制进去，再把上文 .xml 程序配置文件复制进去，来配置编译好的 .dll 文件，如图 12.4-4 所示。

图 12.4-4　配置文件

重启 Civil 3D，再开启时自动加载效果如图 12.4-5、图 12.4-6 所示，对比手动加载，可谓"一模一样"，再挨个打开电脑中不同版本 Civil 3D。"耶，都来了。每一分收获，都值得打工人炫耀。"

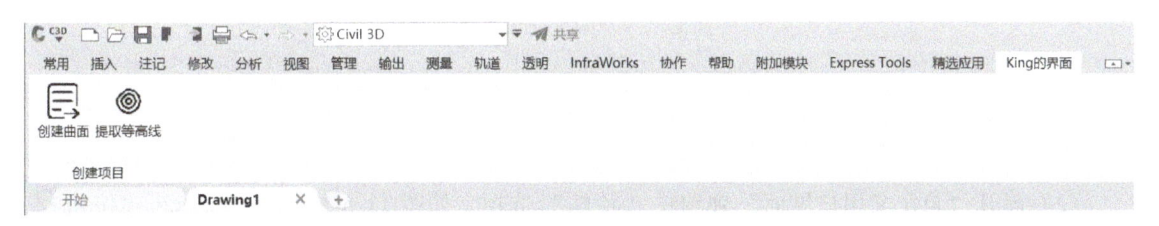

图 12.4-5　界面加载效果（Civil 3D 2024）

图 12.4-6　界面加载效果（Civil 3D 2018）

➢ 卸载

手动删除路径 C:\Program Files\Autodesk\ApplicationPlugins 中添加进去的 bundle 文件夹，重启 Civil 3D，完美卸载。

12.5　界面制作——利用用户界面制作界面方法

12.5.1　添加界面

用户界面添加按钮分以下几个步骤：

（1）在上方选项板展开"管理"，单击"用户界面"按钮，或者在命令栏输入命令"cui"，进入"自定义用户界面"弹窗，如图 12.5-1 所示。

图 12.5-1　自定义用户界面

（2）展开"自定义用户界面"弹窗中"传输"选项，如图 12.5-2 所示，单击新建按钮，创建新的自定义 cuix 文件，并为新的文件指定工作文件夹和文件名称。

图 12.5-2 在传输中新建自定义文件

（3）转到"自定义"界面，展开最后一项"局部自定义文件"，右击→"加载部分自定义文件"，载入上文创建的 cuix 文件，如图 12.5-3 所示。

图 12.5-3 加载自定义文件

（4）进入新建 cuix 文件，展开"功能区"，右击"选项卡"→"新建选项卡"，为了和上文界面保持一致，命名为"KING 的界面"；同样的方法，在"面板"目录新建一个面板，命名为"创建项目"，如图 12.5-4 所示。

"为什么案例会出现那么多'KING'呢，一方面方便读者区分，另一方面，大概是因为这是我的姓吧，这个烂习惯保留 20 年了"。

（5）选中上一步创建的"创建项目"，单击左下方命令列表新建命令按钮 ☆，在右上方选择一个合适的图标，设置为大图标，在右下方设置属性，修改名称、命令显示名、宏，根据需要适当添加说明，如图 12.5-5 所示。

图 12.5-4　创建选项卡和面板

图 12.5-5　创建图标并为图标绑定命令

(6) 选中左下方新建命令，依次拖进左上方"创建项目"一栏，修改其右侧"按钮样式"均为"带文字的大图像（竖直）"，如图 12.5-6 所示。

图 12.5-6　设置面板图标

(7) 选中"创建项目"，修改右侧"显示文字"为"创建项目"，如图 12.5-7 所示，并拖动"创建项目"到"King 的界面"，最终界面效果预览如图 12.5-8 所示。

图 12.5-7　设置面板名称

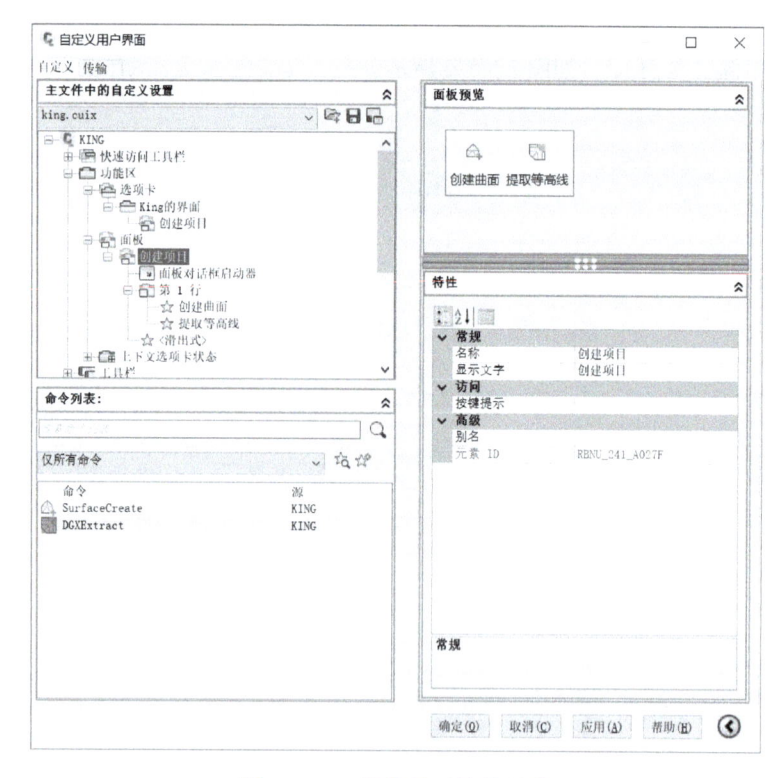

图 12.5-8　最终界面效果预览

（8）单击"确定"按钮，关闭"用户自定义界面"，自定义"King 的界面"添加成功，如图 12.5-9 所示。

图 12.5-9　界面效果

12.5.2　配置界面

使用用户界面加载的只是按钮图标，未绑定程序，按钮的驱动还需要按照本书第 12.4 章节中制作图标的方法修改 bundle 配置文件来完成，最后，不要忘记把上文制作好的 cuix 文件复制进 bundle 文件夹一起配置。

　　<？xml version = "1.0" encoding = "utf − 8"？>
　　<ApplicationPackage SchemaVersion = "1.0" ProductType = "Application" Name = "King" AppVersion = "1.0.0" ProductCode = "{0CB9DD87 − CEAC − 4A4F − B19C − 07A8C80AA4F1}" >
　　　<CompanyDetails Name = "中铁长江设计集团有限公司"
　　Email = "820904129@ qq. com" / >

```
< Components >
  < ComponentEntry AppName = "King. Command" Version = "1. 0. 0"
ModuleName = ". /Contents/King. Command. dll"
AppDescription = "King" LoadOnCommandInvocation = "True" LoadOnRequest = "True" >
    < Commands GroupName = "Create" >
      < Command Local = "SurfaceCreate" Global = "SurfaceCreate" / >
      < Command Local = "DGXExtract" Global = "DGXExtract" / >
    </ Commands >
  </ ComponentEntry >
  < ComponentEntry AppName = "King. Command" Version = "1. 0. 0"
ModuleName = " ./Resources/king. cuix" AppDescription = " Create" LoadOnAutoCADStartup = "True" / >
</ Components >
</ ApplicationPackage >
```

相比本书第 12.4.3 章节，上文这段 xml 配置程序多了按钮命令的配置和 cuix 文件的配置，其他"套路"都一样。

12.5.3 卸载界面

➢ 卸载

单击"用户界面"按钮 ![CUI]，或者在命令栏输入命令"cui"，进入"自定义用户界面"弹窗，展开"局部自定义文件"，右击，卸载上文中自定义界面，如图 12.5-10 所示。

图 12.5-10 用户界面卸载

➢ 加载

"老套路,老地方",在图 12.5-11 所示界面上方单击加载自定义文件按钮,找到自定义的 cuix 文件,单击"打开",关闭弹窗,自定义界面又重新被加载,"来去自如"。

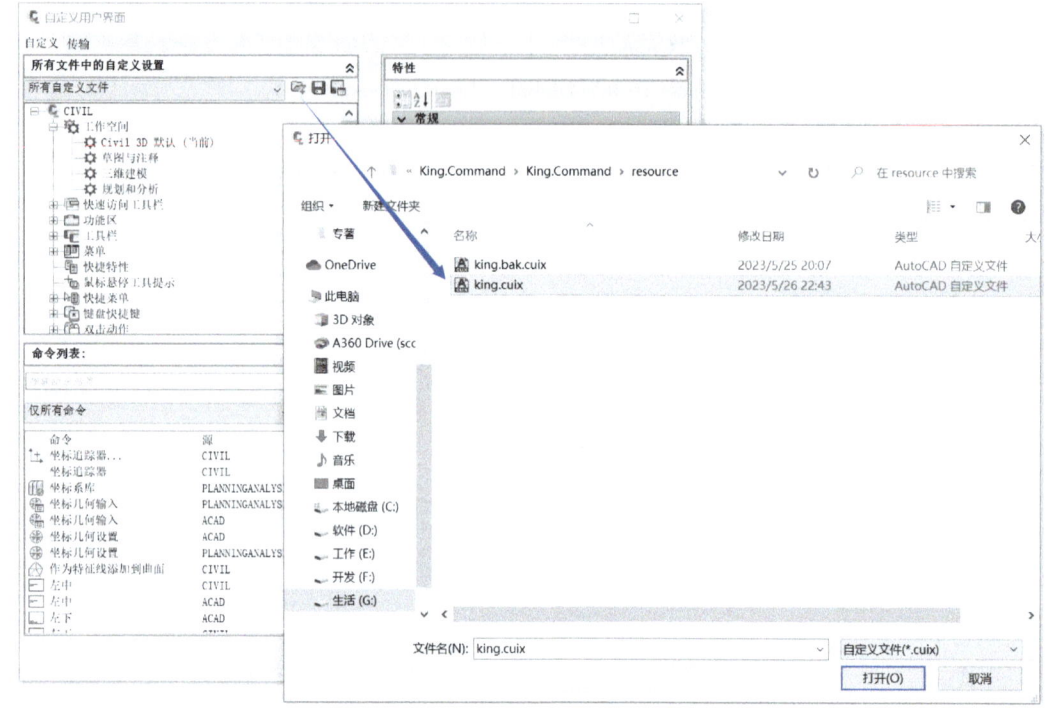

图 12.5-11 用户界面加载

12.6 界面制作——利用工具箱制作界面方法

➢ 加载

(1)单击左上角选项板工具箱按钮→弹出"工具空间"选项板,如图 12.6-1 所示。或者直接单击"工具空间"界面右侧的"工具箱"一栏。

(2)单击左上角编辑工具箱内容按钮,进入"工具箱编辑器"弹窗,如图 12.6-2 所示→单击左上角新建根类别按钮,重命名该根类别→右击该根类别,新建类别,重命名该类别,顺手为该类别添加一个"美美"的图标,如图 12.6-3 所示。

(3)右击该类别,新建工具,重命名该工具,"执行类型"选择 CMD,"执行文件"选编译好的 .dll 文件,"宏名称"填写定义好的命令,如图 12.6-4 所示,最后别忘记单击右上角的勾选项,关闭弹窗。

加载完成后最终效果如图 12.6-5 所示,"兴奋的搓手手"。

图 12.6-1 工具空间

图 12.6-2　工具箱编辑器

图 12.6-3　新建根类别及其子类别

图 12.6-4　新建工具

图 12.6-5　工具空间加载效果

此时，可见工具空间选项板生成了自定义图标，双击该图标，即可驱动程序。无需配置，软件重启后按钮依旧在原地不会消失，如图 12.6-6 所示。

➢ 卸载

单击工具空间界面左上角编辑工具箱内容按钮 ，进入"工具箱编辑器"弹窗，右击自定义项目的根类别，单击"删除"即可。

图 12.6-6　卸载工具箱自定义界面

提示　以上 3 种创建界面及按钮的添加与卸载区别：使用工具箱加载的按钮卸载后再加载时，需要一步不落地重新设置一遍，无需配置即可永久使用；使用程序编写的界面卸载后再加载时，只需要把 bundle 文件配置文件复制过去即可；使用用户界面设置的界面卸载后再加载时，不但需要把 bundle 文件配置文件复制过去，还要在自定义用户界面中导入 cuix 文件。

第 13 章　二次开发——弹窗

> **本章主要内容**
> 本章主要梳理了 Winform 和 WPF 的区别，从创建到绑定功能，再到驱动。

13.1　WinForm 和 WPF 对比

WPF 和 WinForm 都是 NET 平台下的用户界面开发框架，各有特点，适用于不同的场景和需求。

WinForm 是一款较为成熟的基于传统 Windows 窗体设计的桌面应用程序开发框架，简单易学，对于一些简单界面设计比较方便直接，但面对复杂的布局时就要需要花费更多的时间和精力。

WPF 是基于 XAML 的应用程序框架，采用了更为现代化的设计理念，供了更强大灵活的用户界面设计能力，对于复杂的数据绑定、动态 UI、多媒体和 3D 图形等方面有更好的支持，界面更加生动吸引人，具有强大的图形渲染能力和丰富的视觉样式，适用于交互丰富的精美用户界面。WPF 采用 MVVM（Model-View-ViewModel）模式，提供了更好的数据绑定和命令处理机制，有利于应用的扩展性和维护性，但对简单界面和较低硬件配置可能会显得过于复杂庞大。

13.2　弹窗——WinForm

13.2.1　功能需求

用户功能需求：以生成横断面采样线为例，拾取现有路线及曲面，输入采样线间距及宽度，自动布置采样线，同时增加一个采样线区间加密功能，用户需求如图 13.2-1 所示。

13.2.2　Form 窗体创建

1. 新建 Windows 窗体

在"解决方案资源管理器"中右击项目名称→添加→新建项→窗体（Windows 窗体）→重命名，如图 13.2-2 所示。

2. 添加控件

单击 Visual Studio 左侧"工具箱"，展开第一项"所有 Windows 窗体"，如图 13.2-3 所示，将需要的控件手动拖进新建的空白窗体。

图 13.2-1　用户需求弹窗

图 13.2-2 新建 Windows 窗体

图 13.2-3 窗体控件

13.2.3 控件编译

➤ 设置控件属性

如图 13.2-1 所示，该窗体用到 label（如：路线）、comboBox（下拉菜单）、groupBox（参数设置）、textBox（如：采样线间距输入值）、listBox（加密记录表）、button（如：确定），选中任意一控件，右侧属性栏设置该控件名称、长、宽、高、颜色等项，自动生成窗体控件代码，编译如下：

```
namespace King.Command
{
    partial class SectionAnalysis
    {
        /// <summary>
        /// Required designer variable.
        /// </summary>
        private System.ComponentModel.IContainer components = null;

        /// <summary>
        /// Clean up any resources being used.
        /// </summary>
        /// <param name="disposing">true if managed resources should be disposed; otherwise, false.</param>
        protected override void Dispose(bool disposing)
        {
            if (disposing && (components != null))
            {
```

```csharp
            components.Dispose();
        }
        base.Dispose(disposing);
    }

    #region Windows Form Designer generated code

    /// <summary>
    /// Required method for Designer support - do not modify
    /// the contents of this method with the code editor.
    /// </summary>
    private void InitializeComponent()
    {
        this.comboBoxLX = new System.Windows.Forms.ComboBox();
        this.label1 = new System.Windows.Forms.Label();
        this.groupBox1 = new System.Windows.Forms.GroupBox();
        this.listBox1 = new System.Windows.Forms.ListBox();
        this.label11 = new System.Windows.Forms.Label();
        this.label9 = new System.Windows.Forms.Label();
        this.textBoxKD = new System.Windows.Forms.TextBox();
        this.label6 = new System.Windows.Forms.Label();
        this.buttonTJ = new System.Windows.Forms.Button();
        this.textBoxQJ2 = new System.Windows.Forms.TextBox();
        this.label8 = new System.Windows.Forms.Label();
        this.label7 = new System.Windows.Forms.Label();
        this.textBoxQJ1 = new System.Windows.Forms.TextBox();
        this.label4 = new System.Windows.Forms.Label();
        this.textBoxJM = new System.Windows.Forms.TextBox();
        this.label3 = new System.Windows.Forms.Label();
        this.label5 = new System.Windows.Forms.Label();
        this.textBoxJJ = new System.Windows.Forms.TextBox();
        this.label2 = new System.Windows.Forms.Label();
        this.buttonQD = new System.Windows.Forms.Button();
        this.buttonQX = new System.Windows.Forms.Button();
        this.label10 = new System.Windows.Forms.Label();
        this.comboBoxQM = new System.Windows.Forms.ComboBox();
        this.groupBox1.SuspendLayout();
        this.SuspendLayout();
        // 
        // comboBoxLX
        // 
```

```
this.comboBoxLX.FormattingEnabled = true;
this.comboBoxLX.Location = new System.Drawing.Point(32, 38);
this.comboBoxLX.Margin = new System.Windows.Forms.Padding(4, 4, 4, 4);
this.comboBoxLX.Name = "comboBoxLX";
this.comboBoxLX.Size = new System.Drawing.Size(264, 26);
this.comboBoxLX.TabIndex = 3;
//
// label1
//
this.label1.AutoSize = true;
this.label1.Location = new System.Drawing.Point(28, 14);
this.label1.Margin = new System.Windows.Forms.Padding(4, 0, 4, 0);
this.label1.Name = "label1";
this.label1.Size = new System.Drawing.Size(53, 18);
this.label1.TabIndex = 2;
this.label1.Text = "路线:";
//
// groupBox1
//
this.groupBox1.Controls.Add(this.listBox1);
this.groupBox1.Controls.Add(this.label11);
this.groupBox1.Controls.Add(this.label9);
this.groupBox1.Controls.Add(this.textBoxKD);
this.groupBox1.Controls.Add(this.label6);
this.groupBox1.Controls.Add(this.buttonTJ);
this.groupBox1.Controls.Add(this.textBoxQJ2);
this.groupBox1.Controls.Add(this.label8);
this.groupBox1.Controls.Add(this.label7);
this.groupBox1.Controls.Add(this.textBoxQJ1);
this.groupBox1.Controls.Add(this.label4);
this.groupBox1.Controls.Add(this.textBoxJM);
this.groupBox1.Controls.Add(this.label3);
this.groupBox1.Controls.Add(this.label5);
this.groupBox1.Controls.Add(this.textBoxJJ);
this.groupBox1.Controls.Add(this.label2);
this.groupBox1.Location = new System.Drawing.Point(18, 136);
this.groupBox1.Margin = new System.Windows.Forms.Padding(4, 4, 4, 4);
this.groupBox1.Name = "groupBox1";
this.groupBox1.Padding = new System.Windows.Forms.Padding(4, 4, 4, 4);
this.groupBox1.Size = new System.Drawing.Size(358, 404);
this.groupBox1.TabIndex = 4;
```

```
this.groupBox1.TabStop = false;
this.groupBox1.Text = "参数设置";
//
// listBox1
//
this.listBox1.FormattingEnabled = true;
this.listBox1.ItemHeight = 18;
this.listBox1.Location = new System.Drawing.Point(18, 255);
this.listBox1.Margin = new System.Windows.Forms.Padding(4, 4, 4, 4);
this.listBox1.Name = "listBox1";
this.listBox1.Size = new System.Drawing.Size(332, 130);
this.listBox1.TabIndex = 13;
//
// label11
//
this.label11.AutoSize = true;
this.label11.Location = new System.Drawing.Point(16, 232);
this.label11.Margin = new System.Windows.Forms.Padding(4, 0, 4, 0);
this.label11.Name = "label11";
this.label11.Size = new System.Drawing.Size(89, 18);
this.label11.TabIndex = 17;
this.label11.Text = "加密记录:";
//
// label9
//
this.label9.AutoSize = true;
this.label9.Location = new System.Drawing.Point(280, 52);
this.label9.Margin = new System.Windows.Forms.Padding(4, 0, 4, 0);
this.label9.Name = "label9";
this.label9.Size = new System.Drawing.Size(26, 18);
this.label9.TabIndex = 16;
this.label9.Text = "米";
//
// textBoxKD
//
this.textBoxKD.Location = new System.Drawing.Point(168, 48);
this.textBoxKD.Margin = new System.Windows.Forms.Padding(4, 4, 4, 4);
this.textBoxKD.Name = "textBoxKD";
this.textBoxKD.Size = new System.Drawing.Size(102, 28);
this.textBoxKD.TabIndex = 15;
//
```

```
// label6
//
this.label6.AutoSize = true;
this.label6.Location = new System.Drawing.Point(165, 26);
this.label6.Margin = new System.Windows.Forms.Padding(4, 0, 4, 0);
this.label6.Name = "label6";
this.label6.Size = new System.Drawing.Size(107, 18);
this.label6.TabIndex = 14;
this.label6.Text = "采样线宽度:";
//
// buttonTJ
//
this.buttonTJ.Location = new System.Drawing.Point(237, 128);
this.buttonTJ.Margin = new System.Windows.Forms.Padding(4, 4, 4, 4);
this.buttonTJ.Name = "buttonTJ";
this.buttonTJ.Size = new System.Drawing.Size(112, 34);
this.buttonTJ.TabIndex = 12;
this.buttonTJ.Text = "添加";
this.buttonTJ.UseVisualStyleBackColor = true;
this.buttonTJ.Click += new System.EventHandler(this.buttonTJ_Click);
//
// textBoxQJ2
//
this.textBoxQJ2.Location = new System.Drawing.Point(126, 130);
this.textBoxQJ2.Margin = new System.Windows.Forms.Padding(4, 4, 4, 4);
this.textBoxQJ2.Name = "textBoxQJ2";
this.textBoxQJ2.Size = new System.Drawing.Size(72, 28);
this.textBoxQJ2.TabIndex = 10;
//
// label8
//
this.label8.AutoSize = true;
this.label8.Location = new System.Drawing.Point(100, 135);
this.label8.Margin = new System.Windows.Forms.Padding(4, 0, 4, 0);
this.label8.Name = "label8";
this.label8.Size = new System.Drawing.Size(17, 18);
this.label8.TabIndex = 9;
this.label8.Text = "-";
//
// label7
//
```

this. label7. AutoSize = true;
this. label7. Location = new System. Drawing. Point(129, 195);
this. label7. Margin = new System. Windows. Forms. Padding(4, 0, 4, 0);
this. label7. Name = "label7";
this. label7. Size = new System. Drawing. Size(26, 18);
this. label7. TabIndex = 8;
this. label7. Text = "米";
//
// textBoxQJ1
//
this. textBoxQJ1. Location = new System. Drawing. Point(18, 130);
this. textBoxQJ1. Margin = new System. Windows. Forms. Padding(4, 4, 4, 4);
this. textBoxQJ1. Name = "textBoxQJ1";
this. textBoxQJ1. Size = new System. Drawing. Size(72, 28);
this. textBoxQJ1. TabIndex = 5;
//
// label4
//
this. label4. AutoSize = true;
this. label4. Location = new System. Drawing. Point(10, 96);
this. label4. Margin = new System. Windows. Forms. Padding(4, 0, 4, 0);
this. label4. Name = "label4";
this. label4. Size = new System. Drawing. Size(143, 18);
this. label4. TabIndex = 3;
this. label4. Text = "采样线加密区间:";
//
// textBoxJM
//
this. textBoxJM. Location = new System. Drawing. Point(16, 190);
this. textBoxJM. Margin = new System. Windows. Forms. Padding(4, 4, 4, 4);
this. textBoxJM. Name = "textBoxJM";
this. textBoxJM. Size = new System. Drawing. Size(102, 28);
this. textBoxJM. TabIndex = 7;
//
// label3
//
this. label3. AutoSize = true;
this. label3. Location = new System. Drawing. Point(130, 52);
this. label3. Margin = new System. Windows. Forms. Padding(4, 0, 4, 0);
this. label3. Name = "label3";
this. label3. Size = new System. Drawing. Size(26, 18);

```csharp
this.label3.TabIndex = 2;
this.label3.Text = "米";
//
// label5
//
this.label5.AutoSize = true;
this.label5.Location = new System.Drawing.Point(12, 166);
this.label5.Margin = new System.Windows.Forms.Padding(4, 0, 4, 0);
this.label5.Name = "label5";
this.label5.Size = new System.Drawing.Size(143, 18);
this.label5.TabIndex = 4;
this.label5.Text = "采样线加密间距:";
//
// textBoxJJ
//
this.textBoxJJ.Location = new System.Drawing.Point(18, 48);
this.textBoxJJ.Margin = new System.Windows.Forms.Padding(4, 4, 4, 4);
this.textBoxJJ.Name = "textBoxJJ";
this.textBoxJJ.Size = new System.Drawing.Size(102, 28);
this.textBoxJJ.TabIndex = 1;
//
// label2
//
this.label2.AutoSize = true;
this.label2.Location = new System.Drawing.Point(15, 26);
this.label2.Margin = new System.Windows.Forms.Padding(4, 0, 4, 0);
this.label2.Name = "label2";
this.label2.Size = new System.Drawing.Size(107, 18);
this.label2.TabIndex = 0;
this.label2.Text = "采样线间距:";
//
// buttonQD
//
this.buttonQD.Location = new System.Drawing.Point(136, 558);
this.buttonQD.Margin = new System.Windows.Forms.Padding(4, 4, 4, 4);
this.buttonQD.Name = "buttonQD";
this.buttonQD.Size = new System.Drawing.Size(112, 34);
this.buttonQD.TabIndex = 5;
this.buttonQD.Text = "确定";
this.buttonQD.UseVisualStyleBackColor = true;
this.buttonQD.Click += new System.EventHandler(this.buttonQD_Click);
```

```
//
// buttonQX
//
this.buttonQX.Location = new System.Drawing.Point(258, 558);
this.buttonQX.Margin = new System.Windows.Forms.Padding(4, 4, 4, 4);
this.buttonQX.Name = "buttonQX";
this.buttonQX.Size = new System.Drawing.Size(112, 34);
this.buttonQX.TabIndex = 6;
this.buttonQX.Text = "取消";
this.buttonQX.UseVisualStyleBackColor = true;
this.buttonQX.Click += new System.EventHandler(this.buttonQX_Click);
//
// label10
//
this.label10.AutoSize = true;
this.label10.Location = new System.Drawing.Point(28, 72);
this.label10.Margin = new System.Windows.Forms.Padding(4, 0, 4, 0);
this.label10.Name = "label10";
this.label10.Size = new System.Drawing.Size(89, 18);
this.label10.TabIndex = 7;
this.label10.Text = "目标曲面:";
//
// comboBoxQM
//
this.comboBoxQM.FormattingEnabled = true;
this.comboBoxQM.Location = new System.Drawing.Point(32, 94);
this.comboBoxQM.Margin = new System.Windows.Forms.Padding(4, 4, 4, 4);
this.comboBoxQM.Name = "comboBoxQM";
this.comboBoxQM.Size = new System.Drawing.Size(264, 26);
this.comboBoxQM.TabIndex = 8;
//
// SectionAnalysis
//
this.AutoScaleDimensions = new System.Drawing.SizeF(9F, 18F);
this.AutoScaleMode = System.Windows.Forms.AutoScaleMode.Font;
this.ClientSize = new System.Drawing.Size(390, 612);
this.Controls.Add(this.comboBoxQM);
this.Controls.Add(this.label10);
this.Controls.Add(this.buttonQX);
this.Controls.Add(this.buttonQD);
this.Controls.Add(this.groupBox1);
```

```csharp
            this.Controls.Add(this.comboBoxLX);
            this.Controls.Add(this.label1);
            this.FormBorderStyle = System.Windows.Forms.FormBorderStyle.FixedDialog;
            this.Margin = new System.Windows.Forms.Padding(4, 4, 4, 4);
            this.Name = "SectionAnalysis";
            this.Text = "SectionAnalysis";
            this.groupBox1.ResumeLayout(false);
            this.groupBox1.PerformLayout();
            this.ResumeLayout(false);
            this.PerformLayout();

        }

        #endregion

        private System.Windows.Forms.ComboBox comboBoxLX;
        private System.Windows.Forms.Label label1;
        private System.Windows.Forms.GroupBox groupBox1;
        private System.Windows.Forms.TextBox textBoxJJ;
        private System.Windows.Forms.Label label2;
        private System.Windows.Forms.Label label7;
        private System.Windows.Forms.TextBox textBoxJM;
        private System.Windows.Forms.TextBox textBoxQJ1;
        private System.Windows.Forms.Label label5;
        private System.Windows.Forms.Label label4;
        private System.Windows.Forms.Label label3;
        private System.Windows.Forms.Button buttonQD;
        private System.Windows.Forms.Button buttonQX;
        private System.Windows.Forms.ListBox listBox1;
        private System.Windows.Forms.Button buttonTJ;
        private System.Windows.Forms.TextBox textBoxQJ2;
        private System.Windows.Forms.Label label8;
        private System.Windows.Forms.Label label9;
        private System.Windows.Forms.TextBox textBoxKD;
        private System.Windows.Forms.Label label6;
        private System.Windows.Forms.Label label10;
        private System.Windows.Forms.ComboBox comboBoxQM;
        private System.Windows.Forms.Label label11;
    }
}
```

13.2.4 功能编译

➤ 编译控件功能代码

为每个控件绑定功能，并驱动。先来捋顺逻辑关系，首先用了两个comboBox下拉菜单分别过滤了路线和曲面，获取文档基础数据库，然后设置参数，控制采样线布置，单击"确定"按钮，执行任务。

本节案例相对简单，控件代码直接写在了初始化接口文件里，针对复杂功能的窗体，建议新建文档，搭建好结构框架，便于程序管理和维护。控件代码编译如下：

```csharp
using Autodesk.AutoCAD.DatabaseServices;
using Autodesk.AutoCAD.EditorInput;
using Autodesk.AutoCAD.Geometry;
using Autodesk.Civil.ApplicationServices;
using Autodesk.Civil.DatabaseServices;
using System;
using System.Collections.Generic;
using System.Windows.Forms;
//基础引用

namespace King.Command   //空间名
{
public partial class SectionAnalysis : Form
{
//基础数据库
Editor ed = 
Autodesk.AutoCAD.ApplicationServices.Application.DocumentManager.MdiActiveDocument.Editor;
CivilDocument doc = CivilApplication.ActiveDocument;
Database db = 
Autodesk.AutoCAD.ApplicationServices.Application.DocumentManager.MdiActiveDocument.Database;
Dictionary<string, ObjectId> alignment_dic = new Dictionary<string, ObjectId>();
Dictionary<string, ObjectId> surface_dic = new Dictionary<string, ObjectId>();
Dictionary<int, List<int>> rangeGroup = new Dictionary<int, List<int>>();
int i = 1;

//窗体触发编译
public SectionAnalysis()
{
    InitializeComponent();
    textBoxJM.Text = "10";
    textBoxKD.Text = "1000";
    using (Transaction ts = db.TransactionManager.StartTransaction())
```

```csharp
    //获取路线列表
    ObjectIdCollection alignmentCollection = doc.GetAlignmentIds();
    foreach(ObjectId alignmentId in alignmentCollection)
    {
        Alignment alignment = ts.GetObject(alignmentId,OpenMode.ForRead) as Alignment;
        comboBoxJX.Items.Add(alignment.Name);
        alignment_dic.Add(alignment.Name,alignmentId);
    }

    //获取曲面列表
    ObjectIdCollection surfaceCollection = doc.GetSurfaceIds();
    foreach(ObjectId surfaceId in surfaceCollection)
    {
        Autodesk.Civil.DatabaseServices.Surface tinSurface = ts.GetObject(surfaceId,OpenMode.ForRead) as Autodesk.Civil.DatabaseServices.Surface;
        if(! tinSurface.IsVolumeSurface)
        {
            comboBoxQM.Items.Add(tinSurface.Name);
            surface_dic.Add(tinSurface.Name,surfaceId);
        }
    }
    ts.Commit();
}
}

//"确定"按钮编译
private void buttonQD_Click(object sender,EventArgs e)
{
using(Transaction ts = db.TransactionManager.StartTransaction())
{
    ObjectId alignmentId = alignment_dic[comboBoxJX.Text];
    Alignment alignment = ts.GetObject(alignmentId,OpenMode.ForRead) as Alignment;
    ObjectId surfaceId = surface_dic[comboBoxQM.Text];
    TinSurface tinSurface = surfaceId.GetObject(OpenMode.ForRead) as TinSurface;
    ObjectId sampleLineGroupId = SampleLineGroup.Create(alignment.Name + "采样线编组",alignmentId);
    int sampleDistance = Convert.ToDouble(textBoxJJ.Text);
    Dictionary<int,List<int>>.KeyCollection keyColl = rangeGroup.Keys;
    for(int i=0; i < alignment.EndingStation; i=i + sampleDistance)
    {
```

```csharp
foreach (int id in keyColl)
{
  int startStation = rangeGroup[id][0];
  int endStation = rangeGroup[id][1];
  int sampleDistance_current = rangeGroup[id][2];
  if (i >= startStation && i <= endStation)
  {
    for (int j = startStation; j <= endStation; j = j + sampleDistance_current)
    {
      SampleLineGroup sampleLine2 = sampleLineGroupId.GetObject(OpenMode.ForWrite) as SampleLineGroup;
      ObjectIdCollection col2 = sampleLine2.GetSampleLineIds();
      List<string> list2 = new List<string>();
      foreach (ObjectId obj in col2)
      {
          SampleLine sam = obj.GetObject(OpenMode.ForRead) as SampleLine;
          string name = sam.Name;
          list2.Add(name);
      }
      if (list2.Contains(j.ToString()))
      { }
      else
      {
          Point2dCollection pointGroup = new Point2dCollection();
          double left_x = 0, left_y = 0;
          double right_x = 0, right_y = 0;
          double leftOffest = Tools.GetOffest(alignment, tinSurface, j, "Left");
          double rightOffest = Tools.GetOffest(alignment, tinSurface, j, "Right");
          alignment.PointLocation(j, leftOffest, ref left_x, ref left_y);
          alignment.PointLocation(j, rightOffest, ref right_x, ref right_y);

          Point2d leftPoint = new Point2d(left_x, left_y);
          Point2d rightPoint = new Point2d(right_x, right_y);
          pointGroup.Add(leftPoint);
          pointGroup.Add(rightPoint);

          ObjectId sanmpleLineId = SampleLine.Create(j.ToString(), sampleLineGroupId, pointGroup);
      }
    }
  }
}
```

```csharp
            SampleLineGroup sampleLine = sampleLineGroupId.GetObject(OpenMode.ForWrite) as SampleLineGroup;
        ObjectIdCollection col = sampleLine.GetSampleLineIds();
        List<string> list = new List<string>();
        foreach (ObjectId obj in col)
        {
            SampleLine sam = obj.GetObject(OpenMode.ForRead) as SampleLine;
            string name = sam.Name;
            list.Add(name);
        }
        if (list.Contains(i.ToString()))
        { }
        else
        {
            Point2dCollection pointGroup = new Point2dCollection();
            double left_x = 0, left_y = 0;
            double right_x = 0, right_y = 0;

            double leftOffest = Tools.GetOffest(alignment, tinSurface, i, "Left");
            double rightOffest = Tools.GetOffest(alignment, tinSurface, i, "Right");
            alignment.PointLocation(i, leftOffest, ref left_x, ref left_y);
            alignment.PointLocation(i, rightOffest, ref right_x, ref right_y);

            Point2d leftPoint = new Point2d(left_x, left_y);
            Point2d rightPoint = new Point2d(right_x, right_y);
            pointGroup.Add(leftPoint);
            pointGroup.Add(rightPoint);
            ObjectId sanmpleLineId = SampleLine.Create(i.ToString(), sampleLineGroupId, pointGroup);
        }
    }

    SampleLineGroup sampleLine3 = sampleLineGroupId.GetObject(OpenMode.ForWrite) as SampleLineGroup;
      ObjectIdCollection col3 = sampleLine3.GetSampleLineIds();
      List<string> list3 = new List<string>();
      foreach (ObjectId obj in col3)
      {
        SampleLine sam = obj.GetObject(OpenMode.ForRead) as SampleLine;
        string name = sam.Name;
        list3.Add(name);
      }
```

```
    if(! list3. Contains(alignment. EndingStation. ToString()))
    {
       Point2dCollection pointGroup = new Point2dCollection();
       double left_x = 0, left_y = 0;
       double right_x = 0, right_y = 0;
       double leftOffest = Tools. GetOffest(alignment, tinSurface, alignment. EndingStation, "Left");
       double rightOffest = Tools. GetOffest(alignment, tinSurface, alignment. EndingStation, "Right");
       alignment. PointLocation(alignment. EndingStation, leftOffest, ref left_x, ref left_y);
       alignment. PointLocation(alignment. EndingStation, rightOffest, ref right_x, ref right_y);

       Point2d leftPoint = new Point2d(left_x, left_y);
       Point2d rightPoint = new Point2d(right_x, right_y);
       pointGroup. Add(leftPoint);
       pointGroup. Add(rightPoint);

        ObjectId sanmpleLineId = SampleLine. Create(alignment. EndingStation. ToString(), sampleLine-
GroupId, pointGroup);
     }
    ts. Commit();
    this. Close();
   }
}

//"取消"按钮编译
private voidbuttonQX_Click(object sender, EventArgs e)
{
     this. Close();
}

//"添加"按钮编译
  private voidbuttonTJ_Click(object sender, EventArgs e)
  {
   int startStation = Convert. ToDouble(textBoxQJ1. Text);
   int endStation = Convert. ToDouble(textBoxQJ2. Text);
   int sampleDistance = Convert. ToDouble(textBoxJM. Text);
   List<int> station = new List<int>();
   station. Add(startStation);
   station. Add(endStation);
   station. Add(sampleDistance);
   rangeGroup. Add(i, station);
   listBox1. Items. Add("加密区间" + i. ToString() + ":" + startStation. ToString() + " - " + endSta-
```

```
tion.ToString() + "    " + "采样间距:" + sampleDistance.ToString());
textBoxQJ1.Text = "";
textBoxQJ2.Text = "";
    i++;
   }
  }
}
```

13.3 弹窗——WPF

13.3.1 基本原理

WPF 采用 MVVM(Model-View-ViewModel)模式，提供了更好的数据绑定和命令处理机制。MVVM 是一种用于开发 WPF(Windows Presentation Foundation)应用程序的设计模式，有助于分离应用程序的逻辑、用户界面和数据。主要包括 Model(模型)、View(视图)、ViewModel(视图模型)、数据绑定、命令、通知机制和依赖注入等方面内容。

MVVM 模式通过将应用程序不同部分分离开来，使代码更易于维护、测试和重复使用，并提供了一种结构化方法来构建 WPF 应用程序，使开发者能够更好地处理数据、逻辑和用户界面之间的关系。

13.3.2 功能需求

用户功能需求：考虑到页码已超标，本节附一个短小精悍但很实用的小案例，创建 .dwt 模板(即新建 .dwg 文档)，弹窗如图 13.3-1 所示，左侧为模板选择类型，右侧为模板适用的建筑物结构体图片预览，单击左侧类型创建模板时，右侧生成一个结构预览，单击"创建模板"，会自动创建模板并关闭窗体。

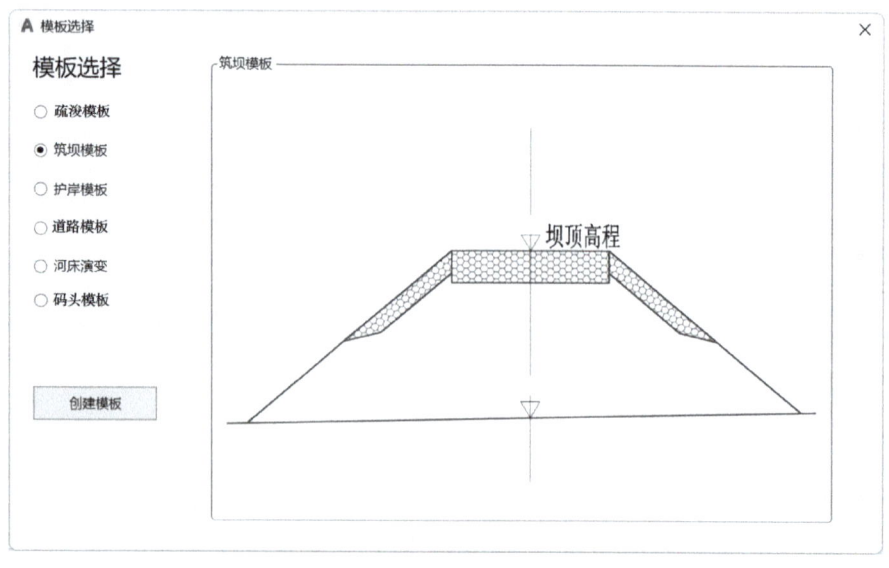

图 13.3-1　用户需求弹窗

13.3.3 WPF 窗体创建

➤ 新建 WPF 窗体

在"解决方案资源管理器"中右击项目名称→添加→新建项→WPF，即用户控件（WPF）→重命名为 MainWindow，如图 13.3-2 所示。

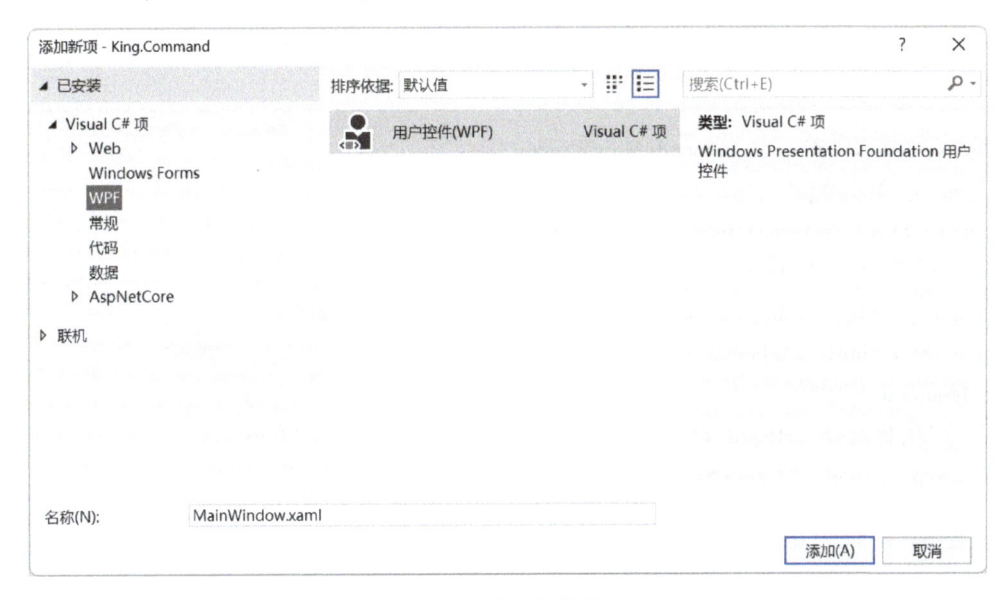

图 13.3-2　新建用户控件（WPF）

➤ 添加控件

单击 Visual Studio 左侧"工具箱"，展开第一项"常用 WPF 控件"和第二项"所有 WPF 控件"，如图 13.3-3 所示，"熟悉的套路，熟悉的配方"，像 WinForm 一样，将需要的控件手动拖进新建的空白窗体。

图 13.3-3　WPF 控件

13.3.4 控件编译

➢ 设置控件属性

如图 13.3-1 所示,该窗体用到 TextBlock(如:模板选择)、RadioButton(模板名称)、Button(创建模板)、GroupBox(结构形式预览),选中任意一控件,右侧属性栏设置属性,自动生成窗体代码,为代码绑定功能,编译如下:

引用模型空间

```
< Window x:Class = "King. Command. MainWindow"
    x:Name = "MainWpf"
    xmlns = "http://schemas.microsoft.com/winfx/2006/xaml/presentation"
    xmlns:x = "http://schemas.microsoft.com/winfx/2006/xaml"
    xmlns:d = "http://schemas.microsoft.com/expression/blend/2008"
    xmlns:mc = "http://schemas.openxmlformats.org/markup-compatibility/2006"
    mc:Ignorable = "d"
    Title = "模板选择" Height = "550" Width = "800" ResizeMode = "NoResize"
WindowStartupLocation = "CenterScreen"  >
```

引用资源

```
< Window.Resources >

    < ResourceDictionary >

        < ResourceDictionary.MergedDictionaries >
            <!-- < ResourceDictionary Source = " MaterialDesign.xaml" /> -->
        </ResourceDictionary.MergedDictionaries >

    </ResourceDictionary >

</Window.Resources >
```

创建视图模型,设置控件,绑定功能

控件属性设置,换了.xml 纯文本格式,显然没上文 WinForm 控件属性设置那么"大阵仗","RadioButton"绑定图片预览"PicturePath"连接的地址,"Button"绑定创建功能的执行程序,图片和执行程序都以资源的形式添加进项目。

```
< StackPanel Orientation = "Horizontal" Background = "#FFF0F0F0"  >
    < Grid Width = "160" >
        < StackPanel  >
            < TextBlock Margin = "20,20,10,10" FontSize = "20" >模板选择</TextBlock >
```

```xml
<RadioButton Margin="20,10,20,10" GroupName="Os" Content="疏浚模板" Command="{Binding Path=MyCommand}" Name="rbtShuJun" CommandParameter="{Binding ElementName=rbtShuJun,Path=Content}"></RadioButton>
<RadioButton Margin="20,10,20,10" GroupName="Os" Content="筑坝模板" Command="{Binding Path=MyCommand}" Name="tbtZuBa" CommandParameter="{Binding ElementName=tbtZuBa,Path=Content}"></RadioButton>
<RadioButton Margin="20,10,20,10" GroupName="Os" Content="护岸模板" Command="{Binding Path=MyCommand}" Name="tbtHuAn" CommandParameter="{Binding ElementName=tbtHuAn,Path=Content}"></RadioButton>
<RadioButton Margin="20,10,20,10" GroupName="Os" Content="道路模板" Command="{Binding Path=MyCommand}" Name="tbtDaoLu" CommandParameter="{Binding ElementName=tbtDaoLu,Path=Content}"></RadioButton>
<RadioButton Margin="20,10,20,10" GroupName="Os" Content="河床演变" Command="{Binding Path=MyCommand}" Name="tbtHcyb" CommandParameter="{Binding ElementName=tbtHcyb,Path=Content}"></RadioButton>
<RadioButton Margin="20,10,20,10" GroupName="Os" Content="码头模板" Command="{Binding Path=MyCommand}" Name="tbtMaTou" CommandParameter="{Binding ElementName=tbtMaTou,Path=Content}"></RadioButton>
<Button IsEnabled="{Binding BtnEnabled}" Margin="15,20,10,20" Width="115" Height="30" Command="{Binding CloseWindowCommand}" IsEnabled="{Binding BtnEnabled}">创建模板</Button>
        </StackPanel>
    </Grid>

    <StackPanel Orientation="Vertical" Margin="20">

        <GroupBox Header="{Binding Name}" Visibility="{Binding Visibility}" BorderBrush="#FF79797B" BorderThickness="1.3">
            <image Source="{Binding PicturePath}" Margin="10" Width="530" Stretch="Uniform"/>
        </GroupBox>

    </StackPanel>

</StackPanel>

</Window>
```

13.3.5 功能编译

> 编译控件功能代码

窗体会自动生成一个后缀名称为.xaml.cs 的初始化文件,"按钮"功能可以直接在该文件中编译,也可以在新建类中编译,为了程序架构逻辑清晰,一般在"新建"类中处理各种不同的问题。

本案例处理思路:新建一个名称为"MainWindowViewModel"的类,为每个控件绑定的功能编译代码,最后添加进窗体接口.xaml.cs 文件,用户单击"创建模板"按钮,执行功能任务。控件代码编译如下:

```
using System;
using System.Collections.Generic;
using System.ComponentModel;
using System.Linq;
using System.Text;
using System.Threading.Tasks;
using System.Windows;
using System.Windows.Input;
using King.APP.Business;
using King.APP.Infrastruct;

namespace King.Command
{
    //窗口对应的视图模型
    public class MainWindowViewModel : ObservableObject
    {
        //自定义命令接口
        public ICommand MyCommand { get; set; }
        //关闭
        public ICommand CloseWindowCommand { get; private set; }
        //获取模板名称
        private string _name;
        public string Name
        {
            get { return _name; }
            set
            {
                _name = value;
                RaisePropertyChanged("Name");
            }
        }
        //获取图片地址
        private string _picturePath;
        public string PicturePath
        {
```

```csharp
  get { return _picturePath; }
  set { _picturePath = value; RaisePropertyChanged("PicturePath"); }
}
//设置可见性
private Visibility visibility;
public Visibility Visibility
{
 get
 {
   return visibility;
 }
 set
 {
   visibility = value;

   RaisePropertyChanged("Visibility");
 }
}
//按钮的可操作性
private bool _btnEnabled;

public bool BtnEnabled
{
 get { return _btnEnabled; }
 set
 {
  _btnEnabled = value;
  RaisePropertyChanged("BtnEnabled");
 }
}
//窗体功能
public MainWindowViewModel()
{
  MyCommand = new RelayCommand<object>(executemethod, canexecutemethod);
  CloseWindowCommand = new RelayCommand<Window>(this.CloseWindow);
  Visibility = Visibility.Hidden;
}
//绑定RadioButton图片
private string _radioBtnName = "";

private void executemethod(object parameter)
```

```csharp
        Name = (string)parameter;
        _radioBtnName = Name;
        if (Name == "疏浚模板")
        {
            PicturePath = path + @"Resources\参数化疏浚标准横断面.jpg";
            Visibility = Visibility.Visible;
            BtnEnabled = true;
        }
        else if (Name == "筑坝模板")
        {
            PicturePath = path + @"Resources\参数化坝体标准横断面.jpg";
            Visibility = Visibility.Visible;
            BtnEnabled = true;
        }
        else if (Name == "护岸模板")
        {
            PicturePath = path + @"Resources\参数化护岸标准横断面.jpg";
            Visibility = Visibility.Visible;
            BtnEnabled = true;
        }
        else if (Name == "道路模板")
        {
            PicturePath = path + @"Resources\参数化道路横断面.jpg";
            Visibility = Visibility.Visible;
            BtnEnabled = true;
        }
        else if (Name == "河床演变")
        {
            PicturePath = path + @"Resources\参数化河床演变横断面.jpg";
            Visibility = Visibility.Visible;
            BtnEnabled = true;
        }
        else if (Name == "码头模板")
        {
            PicturePath = path + @"Resources\参数化码头横断面.jpg";
            Visibility = Visibility.Visible;
            BtnEnabled = true;
        }
    }
    //绑定Button功能，并关闭窗口
```

```csharp
        private void CloseWindow(Window window)
        {
            if (window != null)
            {
                switch (_radioBtnName)
                {
                    case "疏浚模板": new ShujunModel().NewDrawing(); break;
                    case "筑坝模板": new ZhubaModel().NewDrawing(); break;
                    case "护岸模板": new HuanModel().NewDrawing(); break;
                    case "道路模板": new DaoluModel().NewDrawing(); break;
                    case "河床演变": new HCYBModel().NewDrawing(); break;
                    case "码头模板": new MatouModel().NewDrawing(); break;
                    default: break;
                }
                window.Close();
            }
        }
        //执行方法判断
        private bool canexecutemethod(object parameter)
        {
            if (parameter != null)
            {
                return true;
            }
            else
            {
                return false;
            }
        }
    }
}
```

~~~~~~

初始化.xaml.cs 接口程序

~~~~~~

```csharp
namespace King.Command
{
    // MainWindow.xaml 的交互逻辑
    public partial class MainWindow : Window
    {
        public MainWindowViewModel MainWindowViewModel { get; set; }
        public MainWindow()
```

```
        }
        InitializeComponent();
        MainWindowViewModel = new MainWindowViewModel();
        DataContext = MainWindowViewModel;
    }
  }
}
```

第 14 章 应用与案例

> **本章主要内容**
>
> 本章整理了部分工作中经常会遇到，但是又苦于无法用传统方法快速解决的案例。

14.1 无测绘图百公里线路纵断面创建

以某运河梯级纵断面规划图为例，前期工作没有测绘地图没有资金，已经在影像上完成了 253km 的平面布置图，还要出精细设计方案绘制几百公里线路纵断面。

1. 绘制线路平面图

打开地图下载软件，在最新卫片上绘制线路平面布置图，地图下载软件必须支持实时高程查询，以保证平面选线拟合到最佳位置。

2. 导出平面线路布置图

导出 AutoCAD 格式的平面线路布置图三维多段线，或者散点格式的高程数据。若导出的是三维多段线，可以直接用于创建纵断面，简单省事；若导出的是高程数据，需要把高程数据绘制成 AutoCAD 的三维多段线。

3. 创建纵断面

用 Civil 3D 打开上文的三维多段线，选中该多段线，在界面左上角"常用"选项板单击"纵断面" 纵断面 下拉菜单按钮→单击"快速纵断面"，如图 14.1-1 所示，在界面中拾取纵断面插入点。两步即可绘制一个几百公里的线路纵断面。

若出现个别异点高程比较突兀，通过修改三维多段线顶点 Z 坐标值的方法不好找到异点，通过要素线来处理要简便很多。把三维多段线转换成要素线，选择该要素线，上方选项板自动跳转到"要素线"界面，在"编辑高程"一栏找到"快速高程编辑"按钮，对异点逐个修改→然后，找到"快速纵断面"，点击→在界面拾取一个纵断面位置插入线路纵断面。

4. 炸开纵断面，并保存

由于快速纵断面只具有查看功能，不能保存，所以需要全选纵断面的所有图元，命令栏输入"X"炸开。漏选的部分炸开后就会消失掉。

5. 调整纵断面纵横比例

如果需要调整纵断面比例，需要在创建好快速纵断面之后，"炸开"之前，选择快速纵断面→右击，单击"编辑纵断面图样式"→找到"图形"→修改合适的垂直放大比例，如图 14.1-2 所示。

图 14.1-1 快速纵断面

图 14.1-2　修改纵断面图样式

　　253km 运河快速纵断面效果如图 14.1-3 所示，调整垂直放大比例，去掉栅格，完善梯级布置后效果如图 14.1-4 所示，图中类似"心电图"的边线为地面线，水平线为水面线。

图 14.1-3　快速纵断面效果图

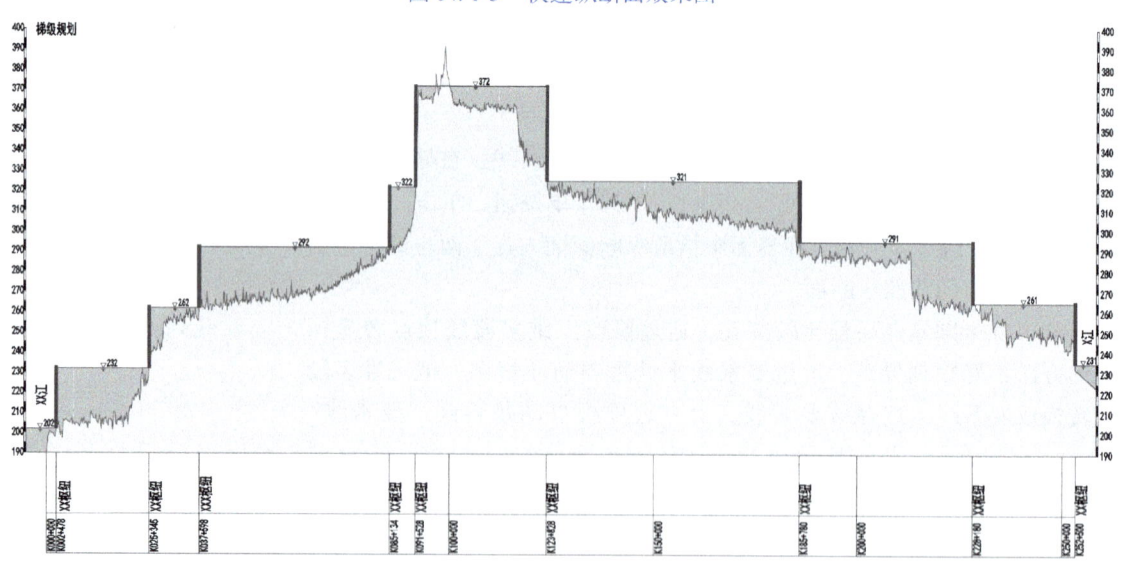

图 14.1-4　某运河梯级规划实例展示

14.2　九曲折线断面剖切

　　现以某码头重力式陆域平台为例，如图 14.2-1 所示，陆域平台前沿采取挡墙结构，预剖切挡墙沿线地形估算挡墙高度。图 14.2-1 中左侧加黑加粗折线为前沿挡墙，采用架空结构避开防洪划线区域。

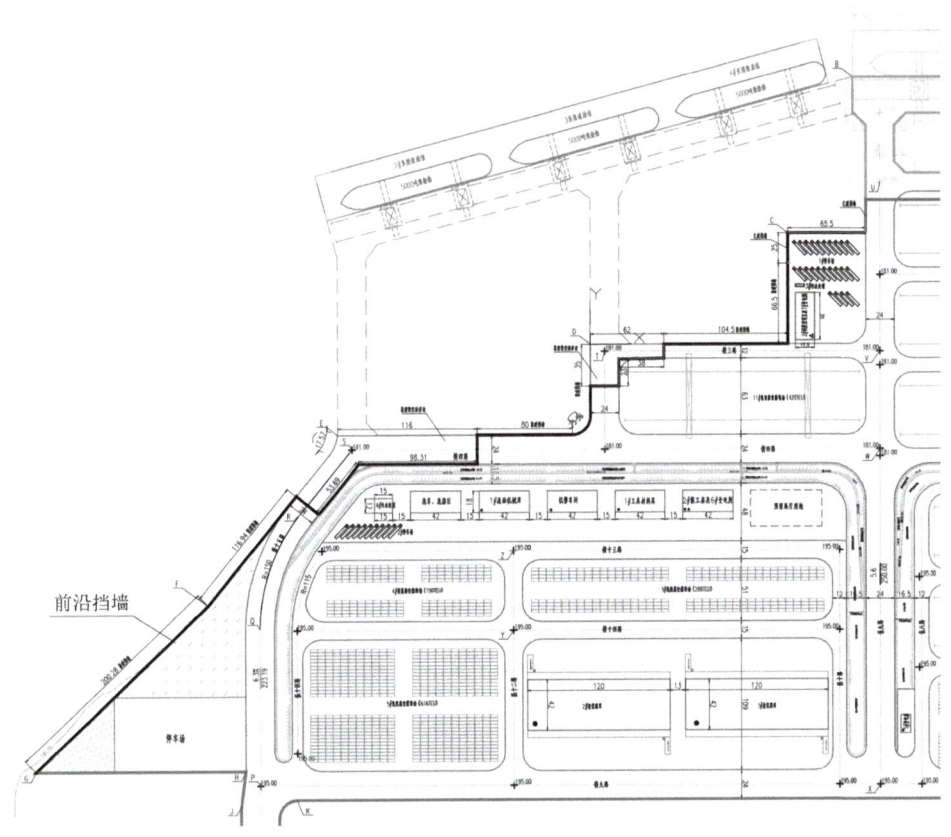

图 14.2-1　某码头局部平面布置图

"剖切这么复杂的折线，只有路线或者采样线"。

➢ 利用路线剖切折线断面

把折线连接起来，做成多段线。

从对象创建路线，选择该多段线，将该折线做成路线，创建路线时，在"从对象创建路线"弹窗中去掉"在切线间添加曲线"前面的选项，如图 14.2-2 所示，单击"确定"按钮，创建路线效果如图 14.2-3 所示。

图 14.2-2　从对象创建路线

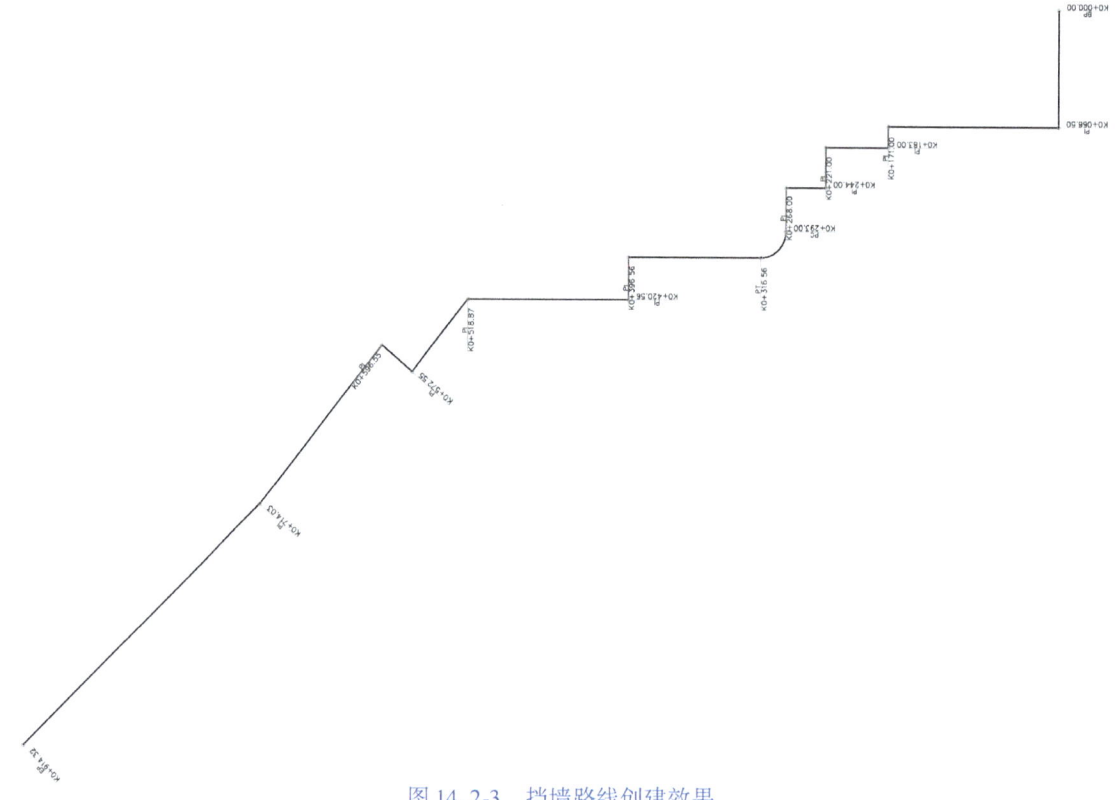

图 14.2-3 挡墙路线创建效果

选择该路线，创建曲面纵断面，添加地形曲面，折线纵断面创建效果如图 14.2-4 所示。

图 14.2-4 挡墙纵断面图

➤ 利用采样线剖切折线断面

把该折线当采样线要多一步创建辅助路线的步骤，这种方法在同时剖切多条断面时更加高效。需要先创建一条与该折线相交的路线，为该路线添加采样线，采样线创建方式选择现有的多段线，如图 14.2-5 所示，采样线创建效果如图 14.2-6 所示，拾取该折线作为采样线，创建路线横断面，即可得到该折线的剖面图。

采样线中不能包含曲线，对比图 14.2-3，图 14.2-6 中概化了折线中原有的一个圆弧拐角，读者们遇到类似圆弧可以用多段线把轮廓描绘出来，本案例目的为引出一种解决问题的方法，未做细节处理。

图 14.2-5 选择现有的多段线作为采样线

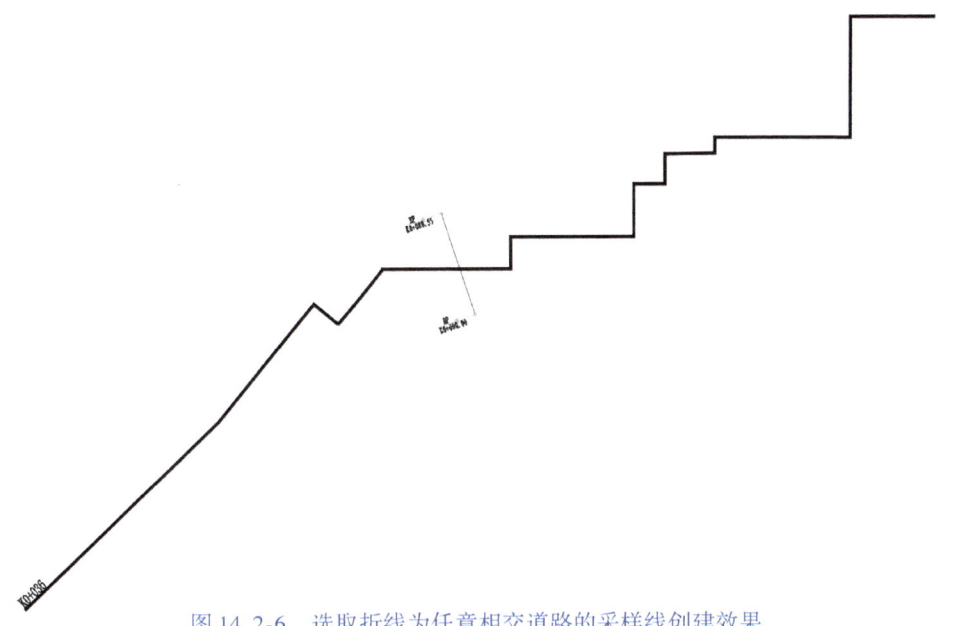

图 14.2-6　选取折线为任意相交道路的采样线创建效果

14.3　有比降的河道水深图转高程图

以某河段地形为例，如图 14.3-1 所示，岸上为高程图，水下为水深图，粗线为水边线，水边线沿程分布有高程点，河道平均比降在 3‰ ~ 6‰ 之间，在找不到统一格式的高程图情况下，怎么把水深点换成高程点呢？

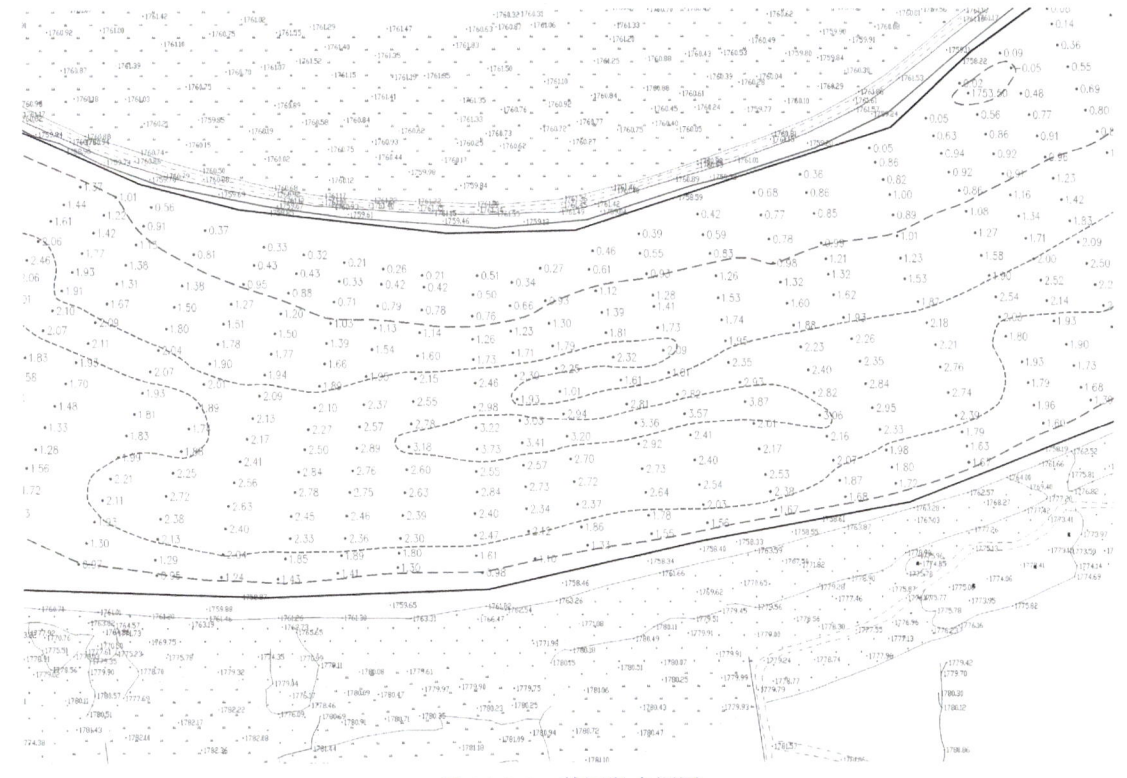

图 14.3-1　某河段水深图

最终还是"曲面"扛下了所有：

1. 制作水面曲面

将沿程所有分布在水边线上的高程点找出来，放置在一个单独的图层上，方便区分，用这些点创建一个曲面，即为"水面"。

2. 提取高程点

查询图中水深点及高程点属性可知，名称均为"gc200"，图层均为"GCD"，属性均为块。

提取测图中高程点，没错，水深和高程一起弄出来，粘贴到 Excel 表格中，水深点均小于 20，高程点均大于"1700"，高程点即可浮出水面。

3. 将水深点移动到水面曲面

选中水面曲面，上方选项板自动跳转到曲面模式，单击"移动到曲面"按钮下拉菜单中的"将块移动到曲面高程"，弹窗如图 14.3-2 所示，手动框选水深点，单击右侧的拾取按钮，框选 40km 河道中的全部水深点，单击"确定"按钮，水深点高程即被移动到水面高程，如图 14.3-3 所示，以某点为例，移动高程后水深点"3.60"，几何图形 Z 坐标值显示为"1754.9239"，距离该点最近的两个水边线高程点分别为"1754.97"和"1754.84"，经验证，水深点成功移动到水面，且高程无误。

图 14.3-2　将块移动到曲面高程

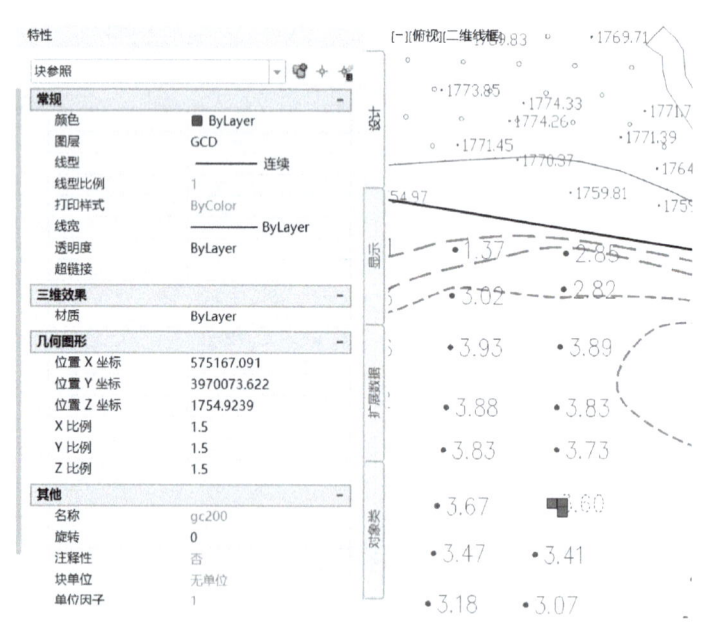

图 14.3-3　水深点移动到水面高程

但是，手动逐个框选 40km 测图中上万个水深点移动高程，挺麻烦的。

针对数据量比较小的地形图，直接框选高程点移动到曲面；针对长河段，聪明的读者们一定有自己的办法一次框选水深点，自己写小程序或者网络下载小插件，都可以快速处理。

4. 转换高程

上文得到的仅为该点的水面高程，河底高程用水面高程减去水深可得，需要再提取一次高程点，将第二次提取的高程点粘贴到第一次提取的高程点后面一列，用第二次提取的高程点减去第一次提取的高程点，相减后数值大于"1700"的均为水下地形高程，如图 14.3-4 所示。筛选出水下高程，再筛选出岸上高程，两组数据组合即为新的高程点。

	A	B	C	D	E
1	X	Y	水深	水面高程	河底高程
2	575149.65	3970118.33	1.37	1754.95	1753.58
3	575149.08	3970110.28	3.02	1754.95	1751.93
4	575148.78	3970101.07	3.93	1754.95	1751.02
5	575148.06	3970090.52	3.88	1754.95	1751.07
6	575147.54	3970082.95	3.83	1754.95	1751.12
7	575146.44	3970073.07	3.67	1754.94	1751.27
8	575145.84	3970064.74	3.47	1754.94	1751.47
9	575144.85	3970055.80	3.18	1754.94	1751.76
10	575162.39	3970055.66	3.07	1754.93	1751.86
11	575164.03	3970064.55	3.41	1754.93	1751.52
12	575167.09	3970073.62	3.60	1754.93	1751.33
13	575167.87	3970083.07	3.73	1754.93	1751.20
14	575167.87	3970090.56	3.83	1754.92	1751.09
15	575168.48	3970101.24	3.89	1754.92	1751.03
16	575169.10	3970111.45	2.82	1754.93	1752.11
17	575169.51	3970117.77	2.85	1754.93	1752.08

图 14.3-4　水深转换为高程

5. 加载新高程

将新的高程点数据加载进地形，即可得到该河段的高程图，效果如图 14.3-5 所示。

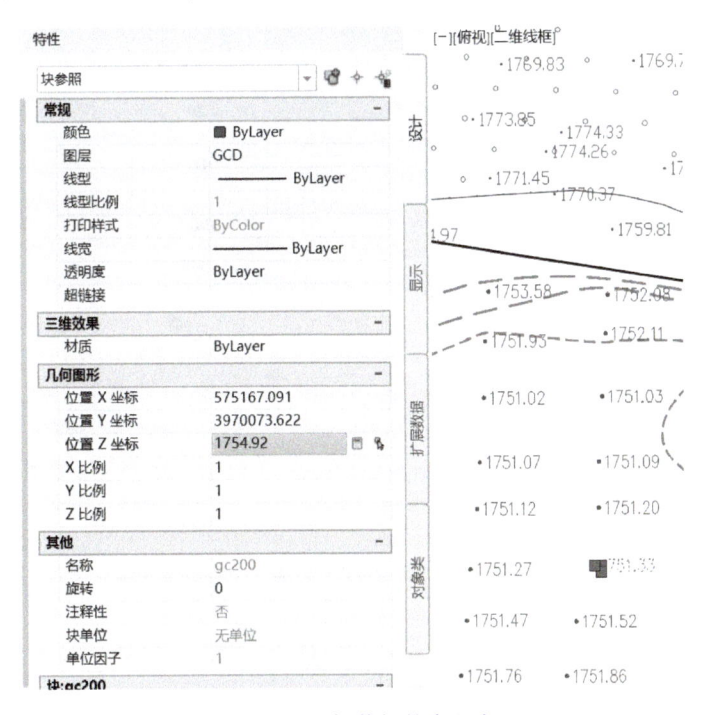

图 14.3-5　加载新的高程点

> **提示**　整个过程提取了两次测点，第一次提取的为测图水深点水深数据，第二次提取的为水深点投影到水面的高程数据，两次提取测点顺序要一致，有重新排序需求的读者，建议提前给测点编号。

14.4 获取横断面高程及平距

以某河道测图为例,现预剖切沿程横断面高程数据,导入"Hec-Ras"一维水面线计算软件建模,数据格式要求列出断面平距和高程,如图 14.4-1 所示。有没有什么"一举两得"的快捷方法呢?

用 Civil 3D 来提取这组横断面数据,步骤如下:

1. 创建路线

先沿河道中心线布置一条河道走向线,再从该对象创建路线。

2. 创建采样线

创建河道中心线的采样线,设置断面宽度,按需求设置采样线间距,如图 14.4-2 所示。

	A	B	C	D	E
1	河流	河段	断面号	平距	高程
2	river	reach	RS	sta	elv
3	lth	lth	1	0.00	284.62
4	lth	lth	1	3.61	282.12
5	lth	lth	1	28.21	282.25
6	lth	lth	1	33.18	280.65
7	lth	lth	1	40.88	280.46
8	lth	lth	1	42.95	279.40
9	lth	lth	1	45.93	278.45
10	lth	lth	1	50.96	277.95
11	lth	lth	1	51.58	277.00
12	lth	lth	1	58.83	274.20
13	lth	lth	1	70.97	274.20
14	lth	lth	1	75.96	276.86
15	lth	lth	1	77.81	278.66
16	lth	lth	1	91.10	283.15
17	lth	lth	1	100.20	282.79
18	lth	lth	1	104.61	285.12
19	lth	lth	1	105.46	283.98
20	lth	lth	1	137.89	283.93
21	lth	lth	1	140.72	285.28
22	lth	lth	2	0.00	284.91
23	lth	lth	2	14.98	284.78
24	lth	lth	2	16.17	285.24

图 14.4-1 数据格式

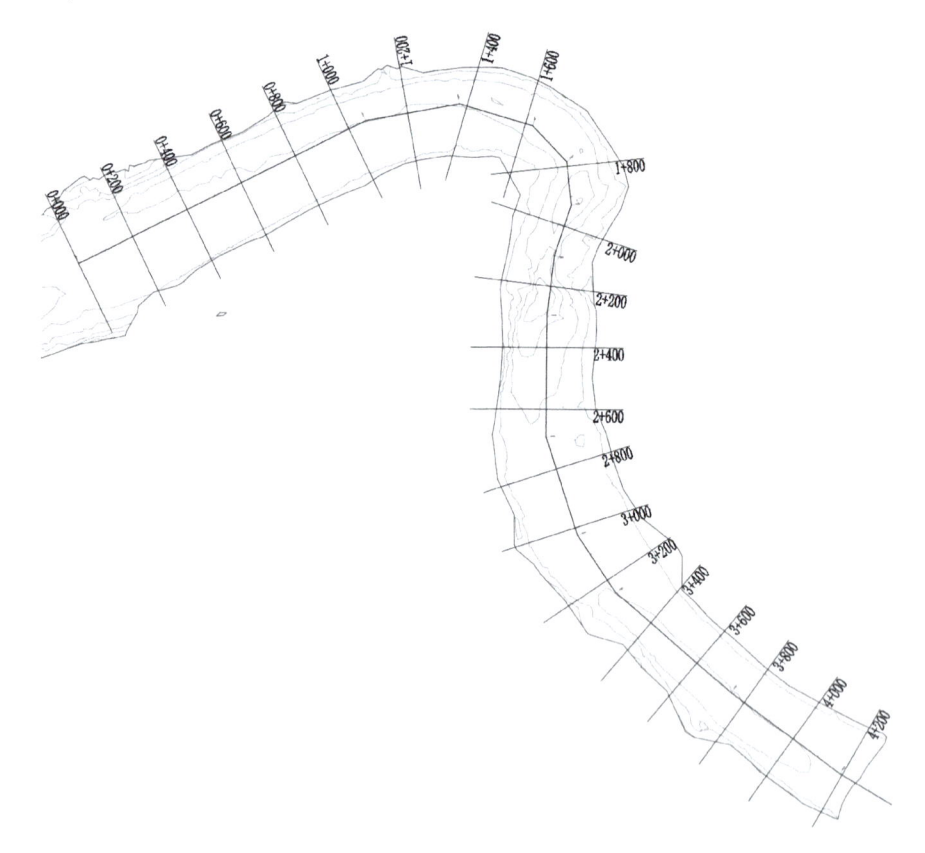

图 14.4-2 用采样线布置横断面

3. 创建横断面图

展开"横断面图"下拉菜单 横断面图·,单击"创建多个视图",批量创建横断面图。

4. 编辑横断面

选中要提取高程的横断面,如图 14.4-3 所示,右击,单击"编辑横断面",进入"横断面编辑器"弹窗。

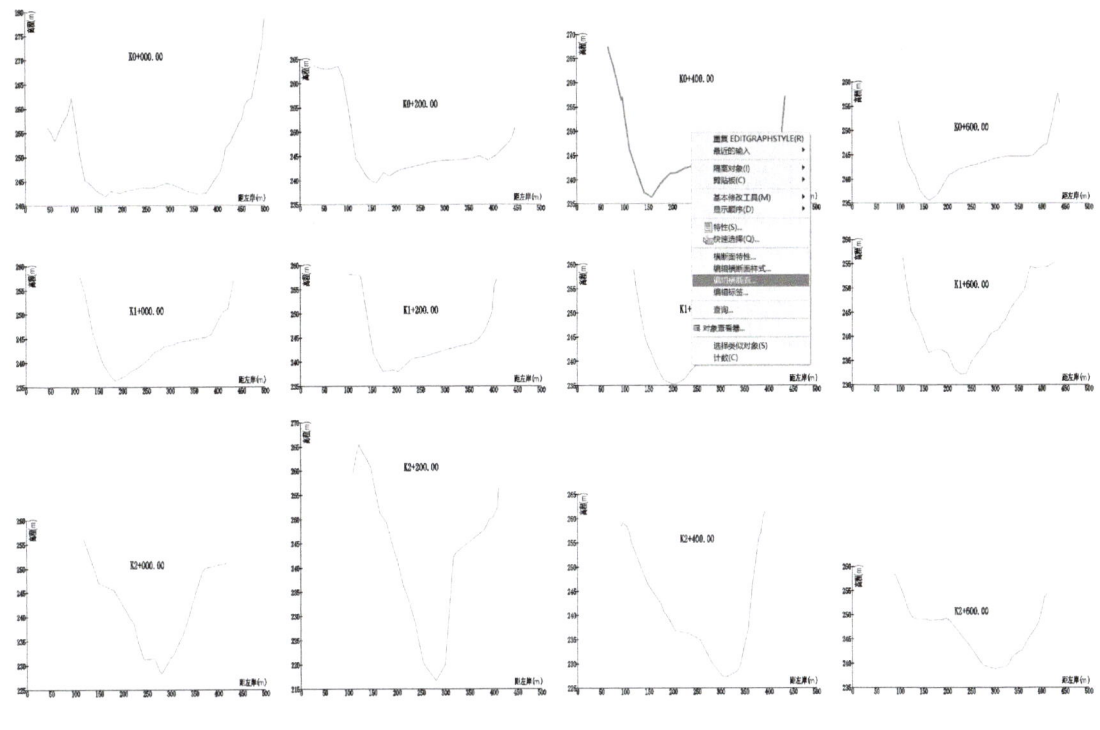

图 14.4-3　编辑横断面

5. 复制横断面高程数据

在"横断面编辑器"弹窗选中任意行，右击，单击"全部复制"，如图 14.4-4 所示，粘贴到"Excel"中，删除不需要的列，提取完成。

图 14.4-4　复制横断面数据

14.5 从多段线制作挡墙部件

以某重力式挡墙为例，如图14.5-1所示，挡墙尺寸固定，介绍一款比部件编辑器更加"快准狠"的部件制作技术——从挡墙轮廓直接生成部件，步骤如下：

➢ 使用"join"命令将挡墙轮廓连接成多段线。

➢ 创建部件。展开左上角"常用"中"创建设计"一栏→单击"从多段线创建部件"如图14.5-2所示，拾取挡墙轮廓线→在"创建部件"弹窗中修改部件名称→单击"确定"按钮，如图14.5-3所示，部件制作成功。

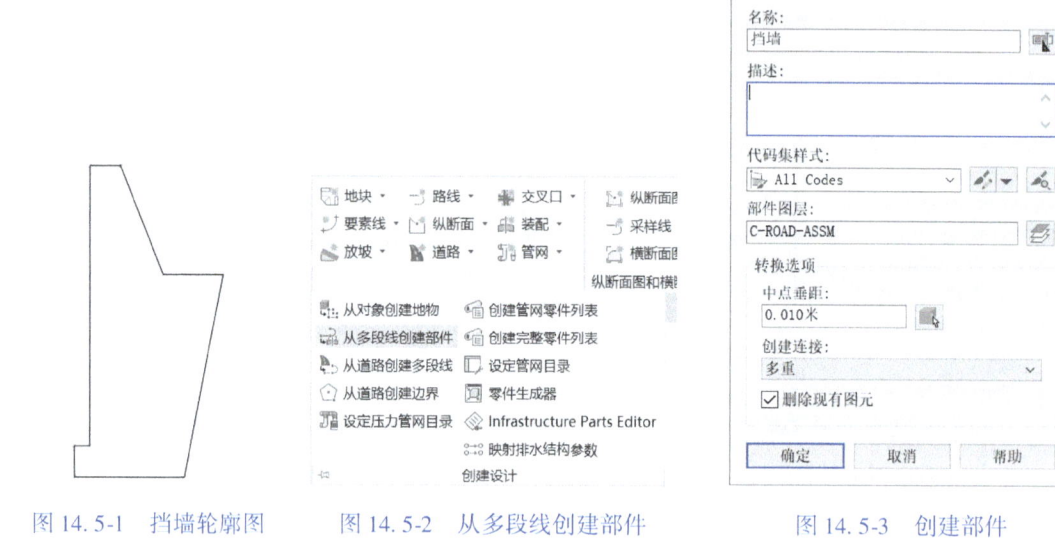

图14.5-1 挡墙轮廓图　　　图14.5-2 从多段线创建部件　　　图14.5-3 创建部件

➢ 修改部件原点。选中上文创建好的部件，界面上方选项板单击"修改原点"按钮，或者右击"修改原点"→在挡墙轮廓线上拾取新的原点，部件原点随即修改成功，如图14.5-4所示。

➢ 添加部件造型。界面上方选项板单击"添加造型"按钮，或者右击"添加造型"→拾取挡墙轮廓线，创建填充造型，并修改填充图案和比例，如图14.5-5所示。填充造型即能满足剖切横断面材质填充需求，又能满足挡墙实体建模需求。

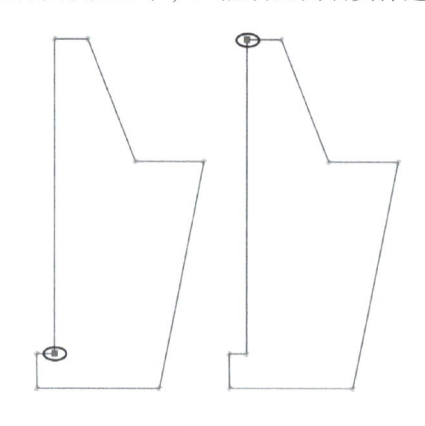

图14.5-4 修改原点前后对比 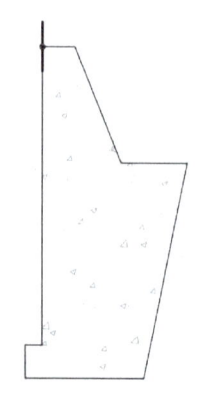　　　图14.5-5 添加到装配

➢ 创建装配。在空白处新建一个装配，并重命名该装配。
➢ 添加部件到装配。选中部件，界面上方选项板单击"添加到装配"按钮 添加到装配，或者右击"添加到装配"→拾取新建装配，挡墙装配创建成功，如图 14.5-5 所示。
➢ 创建挡墙线路，并用挡墙装配创建道路，加载效果如图 14.5-6 所示。最后创建采样线，批量剖切挡墙及陆域平台，生成施工图。

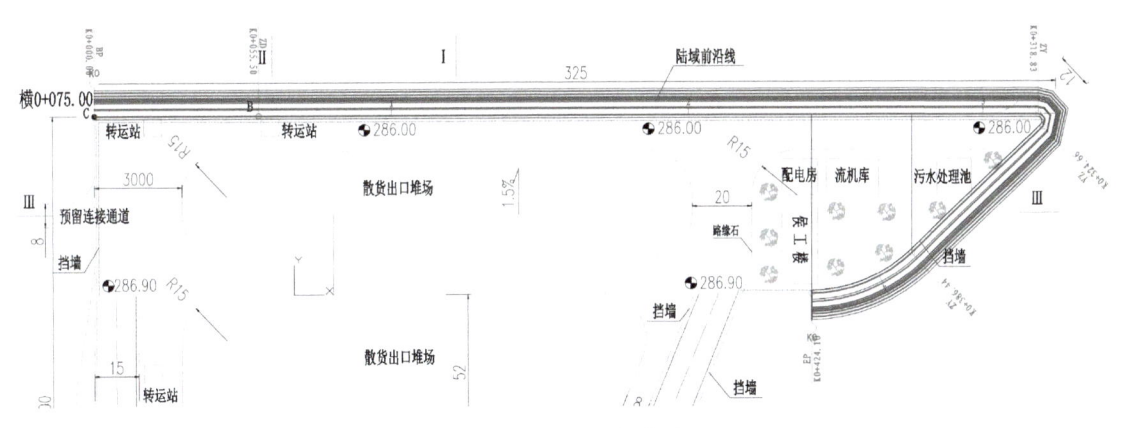

图 14.5-6　挡墙部件加载效果图

➢ 生成挡墙实体，用于"InfraWorks"或者"3D Max"建模。过程如下：
➢ 创建挡墙道路。
➢ 选中道路，界面上方选项板单击"提取道路实体"按钮 提取道路实体，代码一栏仅输出挡墙造型，输出选项保持默认，单击"提取实体"即可。
➢ 选中道路实体，对象查看器查看效果如图 14.5-7 所示。

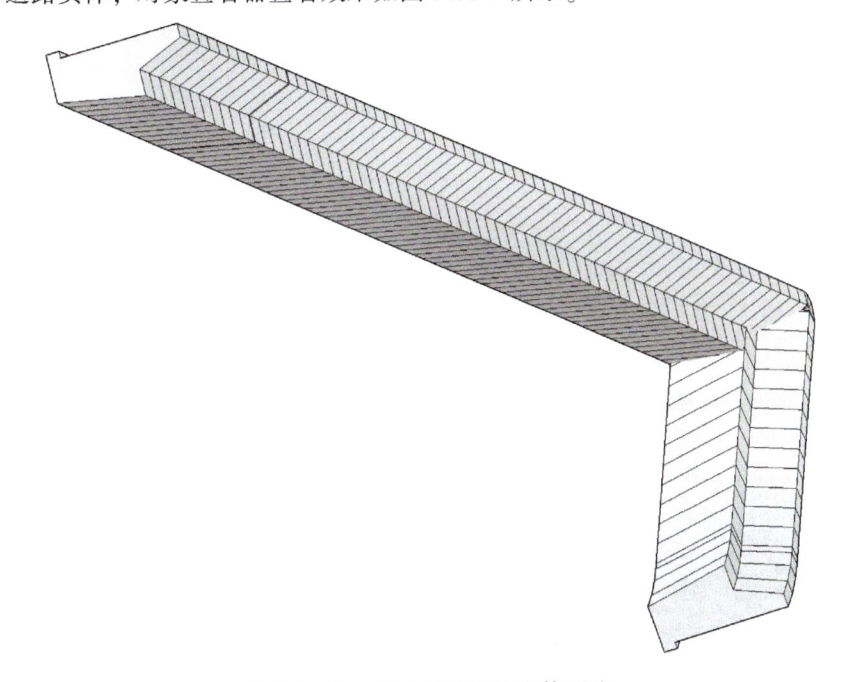

图 14.5-7　挡墙道路三维实体预览

➢ 命令栏输入"export",导出挡墙实体.fbx 格式,将.fbx 文件拖进"InfraWorks",配置项目坐标系,即可放置到原坐标,还可以直接被 3D Max 所用。

注:Civil 3D 2018 以上版本导出无 fbx 选项。

14.6 道路标线制作

本章节道路标线仅用于三维建模。

➢ 道路标线

针对普通土石方道路,采用封闭的多边形绘制出道路标线轮廓,在 Civil 3D 命令栏输入命名"mapexport",拾取标线轮廓,输出.sdf 文件,导入"InfraWorks"模型,配置自定义坐标系,类型选择"覆盖区域","样式规则"颜色选择"白色"(图 14.6-1),直接覆盖到路面,显示效果如图 14.6-2 所示。

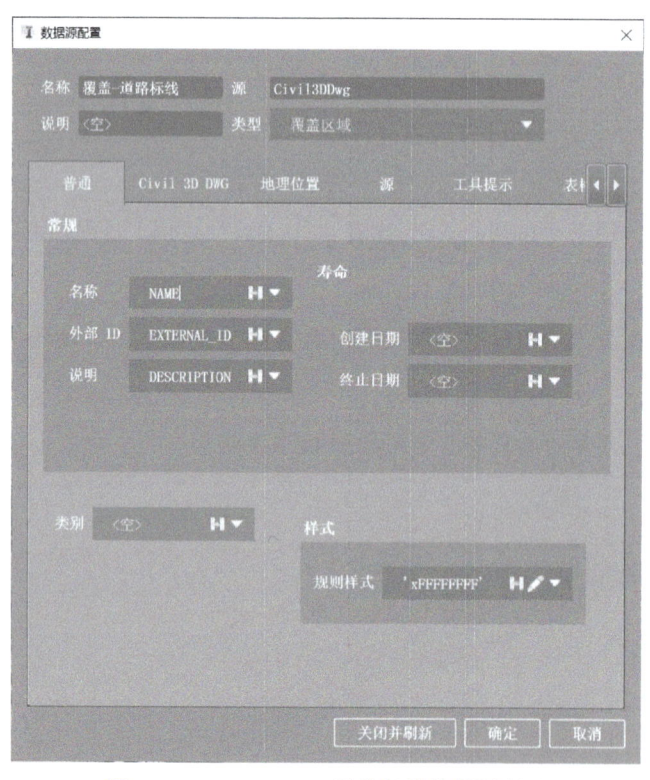

图 14.6-1 InfraWorks 道路标线数据源配置

图 14.6-2 InfraWorks 道路标线效果

➢ 桥梁标线

以某沿河桥梁为例，桥梁长度 1.53km，桥梁平面布置如图 14.6-3 所示。由于覆盖区域只能贴着地面，采用覆盖的方式制作道路标线只适用于 Civil 3D 创建的道路，针对用 Revit 建模的桥梁结构体，道路标线必须为"体"才能放置在桥面上，为了解决桥面的纵坡，道路标线可以考虑用路线来控制沿线标高，步骤如下：

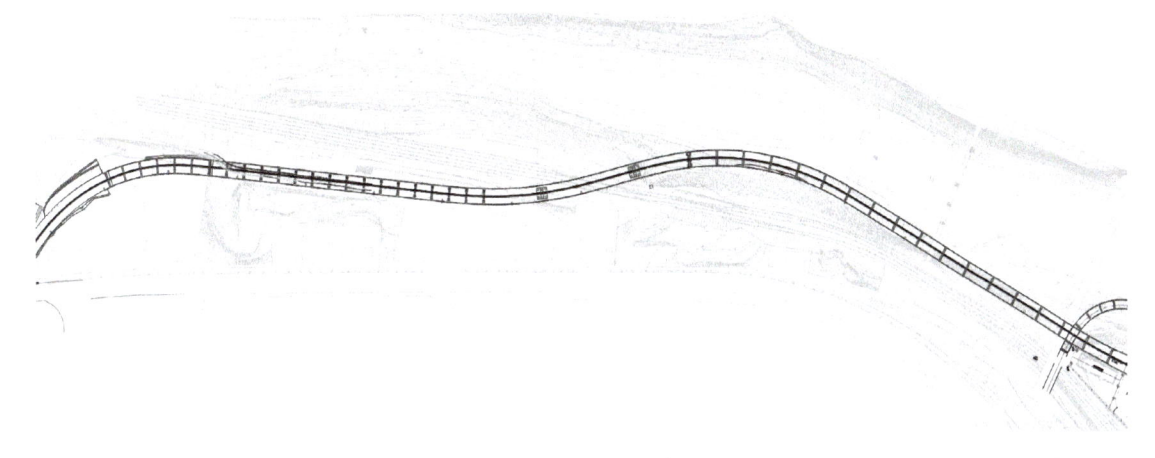

图 14.6-3　桥梁平面布置图

（1）根据每一条标线在桥梁路面上的位置，绘制标线中心线，创建标线中心线路线。
（2）创建标线路线纵断面图，用设计标高控制桥面纵断面。
（3）创建标线装配。可以尝试运用本书第 14.5 章节从多段线创建装配（挡墙部件）的方法，画一条长"20cm"的宽"5cm"的矩形，创建标线部件，再为该部件添加造型填充，最后将部件添加到标线装配。其中，"20cm"代表标线宽度，考虑到用 Revit 建模的桥面和用 Civil 3D 建模的标线控制标高的原理不同，两者不可能绝对重合，特意给定标线"5cm"厚度，以确保标线载入模型后能全部显示出来。
（4）创建标线道路，如图 14.6-4 所示。桥梁长度"1.53km"，标线宽度"20cm"，为了能看清标线道路，图中标线宽度仅为示意。

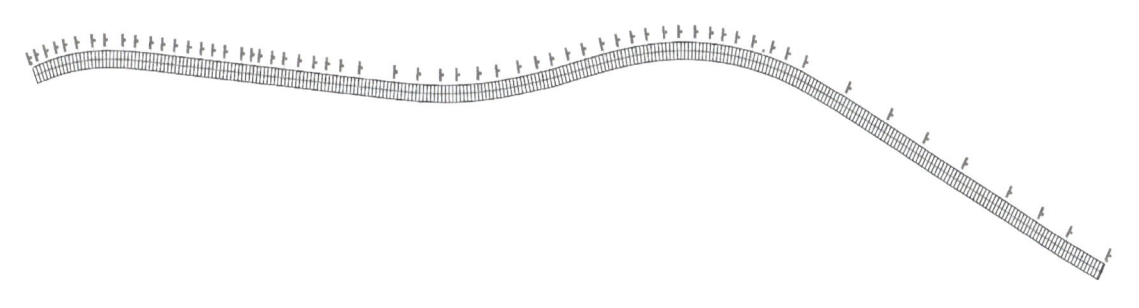

图 14.6-4　标线道路

（5）从道路提取实体，将道路标线提取为一块宽"20cm"的薄板。提取实体（道路）方法见本书第 8.5 章节。
（6）加载标线模型。针对道路边线、急转弯弯道等实现标线，直接导出标线实体 .fbx 格式，拖进"InfraWorks"，配置项目坐标系（图 14.6-5），加载到原坐标，加载效果如图 14.6-6 所示。

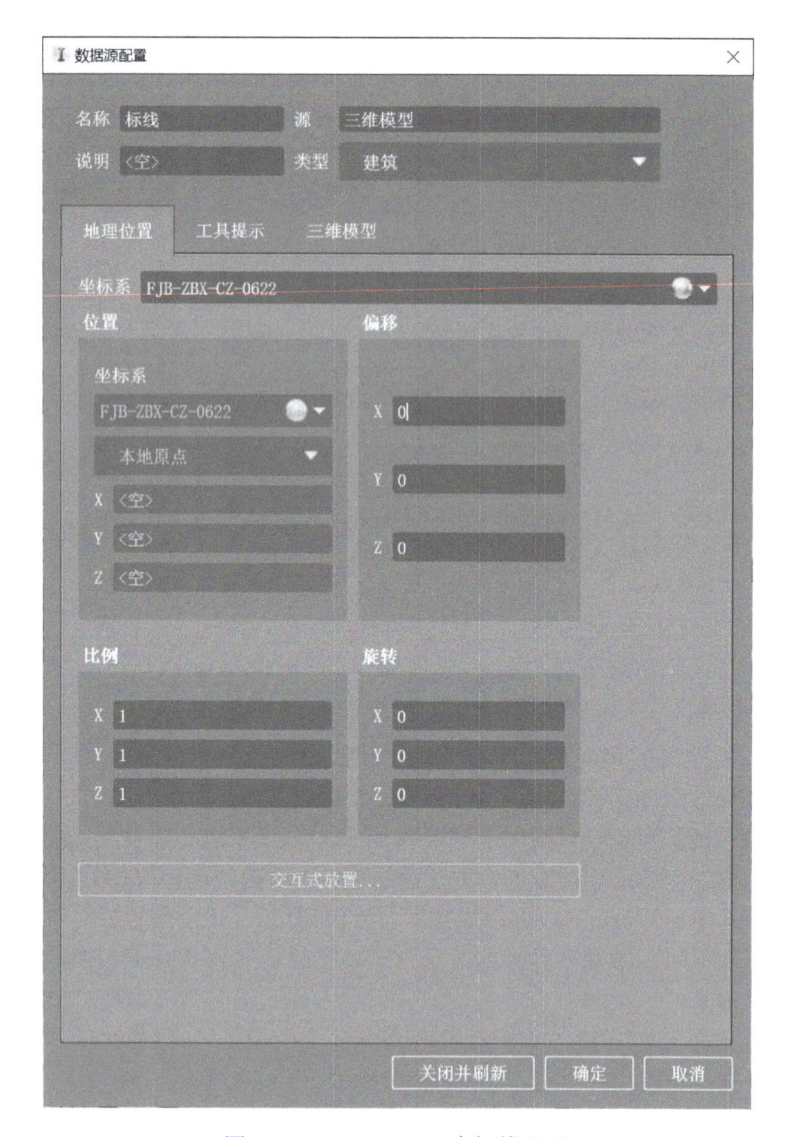

图 14.6-5　InfraWorks 中标线配置

图 14.6-6　道路标线加载效果（VR 实景）

（7）针对虚线标线，假设虚线标线长 2m，间隔 2m，有两种方法：

第一种是用不连续道路控制。在制作标线道路部件时，用部件中的"Station"参数来控制道路生成模式，采取间隔 2m 不连续创建道路的方式，从道路提取出来的实体即可直接加载使用。

第二种是裁剪连续的道路实体法。过程如下：

➢ 为标线添加采样线。采样间隔 2m，为绘制矩形做铺垫。

➢ 将采样线导出 Civil 3D 图形。不想导出的读者，可以全选采样线→"炸开"，以确保采样线能编辑。

➢ 绘制矩形。前一根采样线和后一根采样线相连，示意如图 14.6-7 所示，为切割标线薄板做准备。1530m 的桥梁，间隔 2m 连接采样线手绘矩形，工作量巨大。

➢ 将绘制好的矩形用"join"命令连接成一个闭合的多段线，以备制作矩形裁剪体用。

图 14.6-7　绘制裁剪体多边形

➢ 将 Civil 3D 调整到"三维建模"模式。界面左上角 Civil 3D 模式下拉菜单，如图 14.6-8 所示，切换到"三维建模"模式。

➢ 拉伸矩形。全选上文制作好的矩形，单击左上角"拉伸"按钮，下方命令栏输入拉升高度，制作矩形柱，拉伸高度必须大于桥面最大高程，这样才能全部裁剪到。若桥面高程比较大，可以提前给矩形赋值一个低于桥面最小高程的数值之后再拉伸，以加快运行速度。

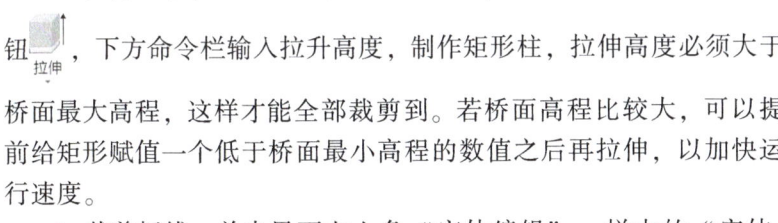

图 14.6-8　切换到三维建模模式

➢ 裁剪标线。单击界面左上角"实体编辑"一栏中的"实体、差集"按钮→再单击边线薄板，选中后三维体后按回车键确认→看下方命令栏提示，最后框选制作好的矩形柱，按回车键确认。

➢ 加载标线模型。将标线模型配置到"InfraWorks"项目坐标系，显示效果如图 14.6-9 所示。

提示　第一种方法制作不连续路面部件较难，初学者不好超控。第二种方法裁剪实体，是用 C#程序处理的。

图 14.6-9　InfraWorks 桥梁标线展示效果

> **提示** 如果不用程序处理，手动绘制裁剪所需辅助矩形柱，不是很容易。针对顺直的桥梁，矩形柱也可以采用阵列的方式得到，方便快捷。针对弯道桥梁，弯道处阵列出来的矩形柱不能和标线垂直相交，切割出来的标线两端"歪斜"，视线拉高后看不见细微瑕疵。

14.7 有比降河流水面制作

以乌江彭水电站下游河段为例，河道两岸峡谷，长度为13km，山顶高程在800～1000m之间，水面高程在210～243m之间，水面平均比降2.54‰，水面宽度大部分在90～190m之间，水面平均宽度110m。受两岸陡峭地形及下载的高程图精度不够的影响，未经处理的三维地形影像模型中，河道直接被拉扯到半山腰，河道随着万重山峦起起伏伏，如图14.7-1所示。

图14.7-1 未经处理的三维地形模型

解决水面拉扯的问题有一下几种方法：

1. 直接勾勒

展开"InfraWorks"界面上方功能区的"创建"选项板→下拉"环境"菜单选项→单击"水区域" ，沿着影像图水边线直接绘制河道水面，效果如图14.7-2所示，波光粼粼，浮光掠影。

图14.7-2 使用水区域功能勾勒出的水面

大多数水面都采取"水区域"方式绘制，但是，这种方法不适用于航道相关的项目，勾勒出的水面掩盖了江面往来船只、筑坝、滩险、流态等河道真实面目，不利于汇报实际情况。针对航道项目，可采取第2种和第3种水面制作方式。

2. 利用测绘地形图制作水面

在测绘地形图中找出水边线及水边线上的高程点，用水边线上的高程点制作水面曲面，再用水边线作为曲面边界重新生成曲面。

由于测绘图纸的时间和卫星航拍时间不吻合，受洪水期和枯水期的影响，制作出来的水面虽然精准无误，但是不能和地形影像完全重合，导致局部水边拉扯到山上，或者局部山脚平铺在水面。

3. 利用道路曲面制作水面

针对水面精度要求高的项目，可以采用路线来控制水面比降，过程如下：

（1）下载影像图的软件里沿着河道绘制出水边线，导出 Civil 3D 能打开的格式。

（2）沿着河道中心线绘制一条多段线。

（3）创建水面部件，即为一条简单的有偏移的直线。

（4）从多段线创建路线，若有实测地形图，用实测水边线控制路线纵断面标高，若无实测地形图，用该河段平均比降控制路线纵断面标高。

（5）创建水面道路，指定偏移目标为影像图中描绘的水边线，生成道路的同时一并创建道路曲面。影像图描绘的水边线和实测图坐标系要统一，方法参见本书第九章坐标系转换。

（6）选中水面道路曲面，基于栅格平滑曲面，确保曲面没有拉扯的痕迹。

（7）加载水面曲面，拖动文档到 InfraWorks 模型，只选上曲面，匹配到项目坐标系，效果如图 14.7-3 所示。

图 14.7-3 利用道路曲面制作水面效果

14.8 无高程等高线赋值

以某地形图为例，拿到的地形图中等高线和高程点都失去原有的高程信息，如图 14.8-1 所示，如何给等高线赋值它该有的高程信息呢？

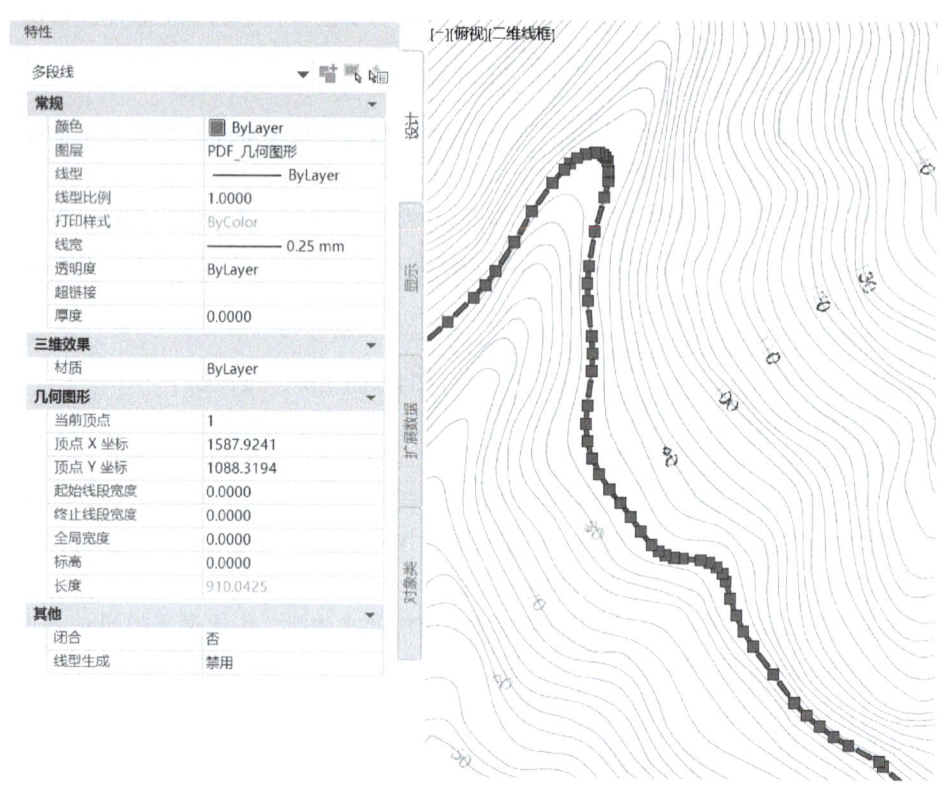

图 14.8-1　PDF 转换 DWG 地形图等高线特性

首先需要安装一个和使用版本对应的 Civil 3D 本地化包，欧特克官网可以免费下载。本地化包插件安装后工具箱一栏多了"附加工具"类选项，效果如图 14.8-2 所示，展开会发现附加工具还有很多很好用的功能。

图 14.8-2　工具箱"附加工具"类选项

打开工具空间→转到"工具箱"一栏→找到"附加工具"→展开"曲面"→双击"等高线赋值"→输入起始高程值→输入增量高程值→拾取起点等高线→拾取终点等高线→按回车键确定，即可批量为多段线赋值高程，等高线赋值成功，已具有高程属性，如图 14.8-3 所示。

图 14.8-3　等高线赋值成功

14.9　从曲面获取多段线高程

以某地形为例，现预获取所选多段线在该地形上的高程，如图 14.9-1 所示。

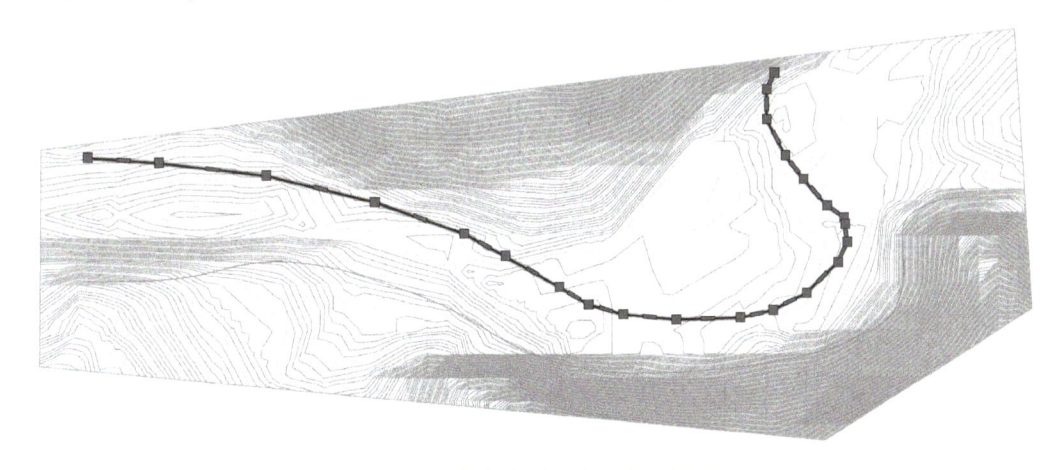

图 14.9-1　获取多段线在地形上的高程

依旧拿出 Civil 3D 的"必杀技"，曲面和路线，过程如下：
（1）创建地形曲面。

（2）从多段线创建路线，去掉弹窗中"在切线间添加曲线"前面的选项 ☐ 在切线间添加曲线。

（3）选择该路线，右击，单击"编辑路线形状"→在弹窗中单击"路线栅格视图"按钮，如图 14.9-2 所示，进入"路线图元"弹窗，如图 14.9-3 所示，路线图元信息中包含了两点之间长度、桩号、点坐标、直线方向等信息，"够义气，但是不多"，还差个高程数据→鼠标放在任意一行，右击，单击"全部复制"，粘贴到"Excel"中，删除无用的列。

图 14.9-2　单击"路线栅格视图"按钮

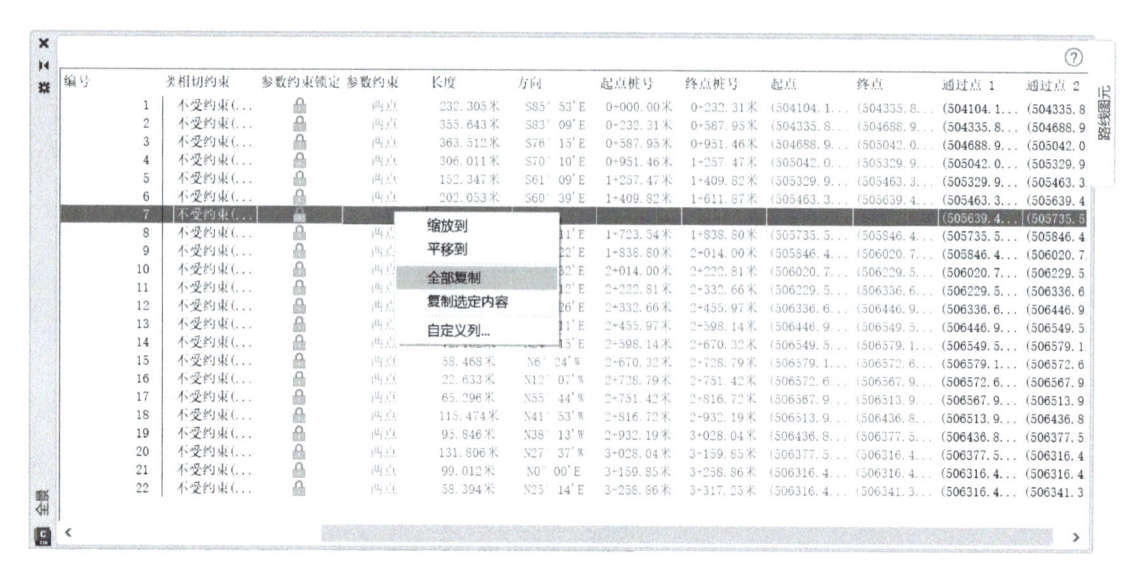

图 14.9-3　多段线坐标信息提取

（4）创建路线曲面纵断面→选择曲面纵断面，右击，单击"编辑纵断面形状"，进入"纵断面图元"弹窗，如图 14.9-4 所示→鼠标放在任意一行，右击，单击"全部复制"，粘贴到"Excel"中，删除无用的列。

图 14.9-4　多段线高程信息提取

（5）挑出纵断面图元中的高程数据。第（3）步提取的是多段线拐点信息，第（4）步提取的不但包含多段线拐点信息，还包含多段线与曲面三角网交点的信息，手动挑出来即可。

14.10　无测绘图水库回水淹没面积绘制

以长江一级支流某河为例，预在河口上游 2km 处规划一座梯级拦水坝，初步拟定库区设计常年蓄水位为 250m，要求计算水库淹没面积，过程如下：

（1）下载 DEM 地图。利用第三方卫图软件下载该区域 DEM 高程数据 tif 格式，本书 10.1 章节有详细讲解。

（2）加载 DEM 曲面。打开 Civil 3D→工具空间→新建一个曲面→展开该曲面，找到"定义"→用鼠标右键单击"DEM 文件"→添加→加载下载好的 DEM 文件，如图 14.10-1 所示。详细操作见本书 2.13 章节。

（3）设置高程为 250m 的用户自定义等高线。选择曲面→右击进入"曲面特性"→展开"分析"一栏→分析类型选择"用户定义的等高线"，编号填"1"，按下后面的箭头键，将设置传递到范围详细信息栏→修改详细信息中的高程为"250.000 米"→单击"确定"按钮。如图 14.10-2 所示。

设置好用户自定义等高线后，发现曲面中并没有自定义的等高线。选择曲面→右击进入"曲面样式"→展开"显示"一栏→设置"用户等高线"可见，单击"确定"按钮即可，此时的 250m 等高线还不能编辑。

图 14.10-1　DEM 曲面

图 14.10-2　用户自定义等高线设置

（4）提取高程为 250m 的等高线为多段线。选择曲面，界面上方选项板单击"从曲面提取"下拉菜单中的"提取对象"按钮 ，进入"从曲面提取对象"弹窗→只勾选弹窗中"用户等高线"一栏，单击"确定"按钮，如图 14.10-3 所示，即可得到可编辑的高程为 250m 的等高线多段线。

（5）计算回水面积。把高程为 250m 等高线从坝址位置截断，形成一个闭合的多段线区域，即回水水面面积，在命令栏输入"area"命令，即可得到该区域面积，同时，还可以得到回水里程，填充库区回水区域如图 14.10-4 所示。

图 14.10-3　从曲面提取多段线

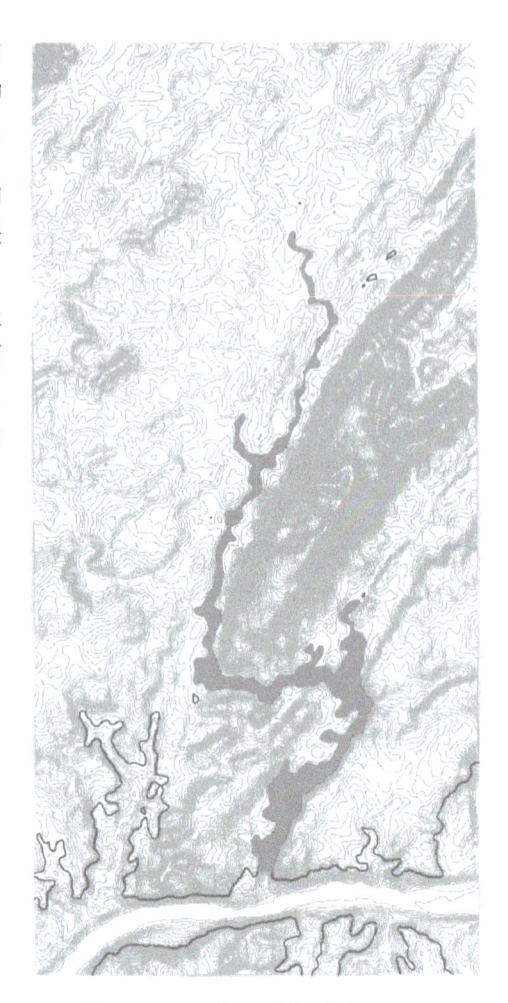

图 14.10-4　库区回水覆盖面积

14.11　导入模板样式

用 Civil 3D 直接新建的 .dwg 文档携带的样式一般不满足设计需求，若要获取其他文档已经设置好的模板样式，可以采取导入的模式，界面上方选项板展开"管理"→单击"输入" ，进入"导入 Civil 3D 样式"弹窗，如图 14.11-1 所示，选择要输入的样式，单击"确定"按钮，样式即被传输进来。导入样式前后对比如图 14.11-2 所示。

14.12　无测绘图道路模型创建

以某地景观河堤为例，前期招投标阶段，业主要求设计风格唯美，配备 BIM 模型，过程如下：

图 14.11-1　导入 Civil 3D

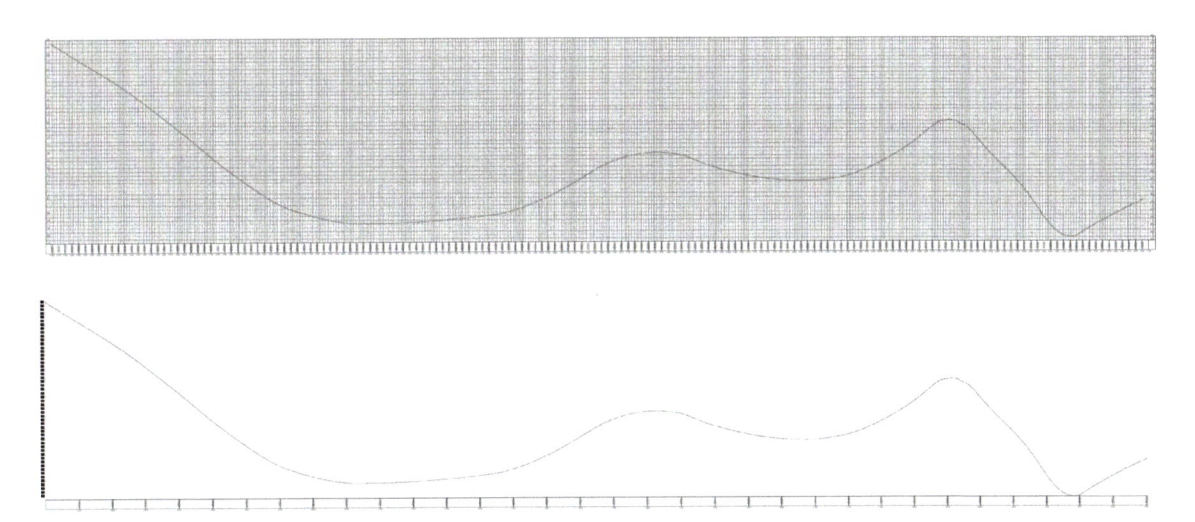

图 14.11-2　纵断面图导入样式前后对比

（1）下载地图。下载该区域的卫星影像和 DEM 数字地图。

（2）创建模型。新建"InfraWorks"模型，把卫星影像和 DEM 数字地图导入模型，并匹配好经纬度坐标系，效果如图 14.12-1 所示。

图 14.12-1　InfraWorks 影像模型

（3）绘制道路。InfraWorks 模型界面展开"创建"→下拉"运输"菜单→单击"规划道路"，选择一种带中央绿化带和路灯的道路样式，在模型中对应位置绘制出来，设置车道数。但是采用模型自带创建道路功能创建的道路路面纵断面随着地面起伏，不能满足道路坡比要求，提取的道路纵断面图如图 14.11-2 所示，自带的调整路面控制点高程的功能尚不能满足道路纵断面精细处理的需求。

（4）导出道路区域。InfraWorks 模型界面展开"显示/共享"→下拉"共享"菜单→单击"导出 IMX"→绘制道路区域多边形→导出 .imx 格式。

（5）导入 Civil 3D 处理 IMX。Civil 3D 界面展开"InfraWorks"→"导入 IMX"→选择上文

.imx 文件，单击"确定"按钮，导入效果如图 14.12-2 所示。

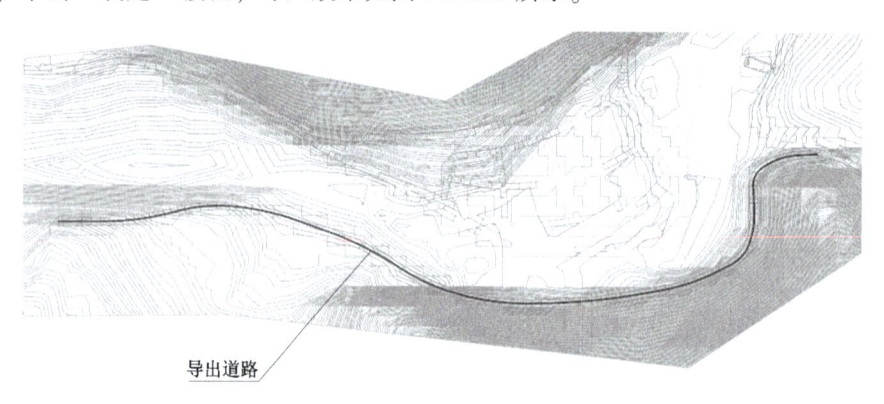

图 14.12-2　InfraWorks 模型道路导入 Civil 3D 效果

（6）修改路面设计高程。

➤ 剖切图路线纵断面。在 Civil 3D 创建曲面纵断面时，可供选择的曲面有两个，如图 14.12-3 所示，"AIW_Existing_Ground"表示导出的地形曲面，"AIW_Proposed_Ground"表示导出的道路曲面，道路曲面为贴着地面起伏的相对平滑的曲线，可以两者都添加进去，设置不同线型做对比。

➤ 创建纵断面设计线。单击"纵断面创建工具"，根据地面形状确定一个合理的路线纵坡，创建路线纵断面设计线，如图 14.12-4 所示，直线为路面设计线，起伏线为导出的路面纵断面。

图 14.12-3　纵断面目标曲面选择

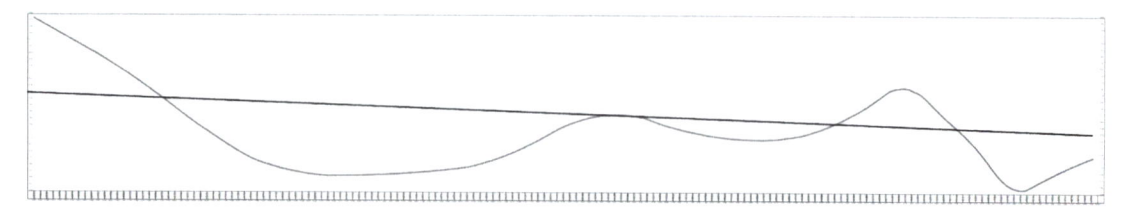

图 14.12-4　为 InfraWorks 模型道路添加设计线

（7）编制部件。把校正坡比后的道路载入 InfraWorks 模型，发现路面依旧"完美"，但是没有边坡处理，挖方和填方坡均为 90°直立，需要使用部件手动处理边坡。

➢ 确定部件结构形式。根据模型中路面宽度、边坡高度、坡比及边坡景观造型需求，确定部件结构形式。制作部件时，只制作挖方坡和填方坡，路面部分已用模型自带功能绘制，这里不予处理。

➢ 编制部件，载入部件。编制部件时注意为不同区域赋不同的材质代码，载入部件时不要忘记为材质代码赋材质。

➢ 创建道路。以导出的路线为路线，以地形曲面为目标曲面，根据每段路面高程实际情况创建边坡，目标映射如图 14.12-5 所示。

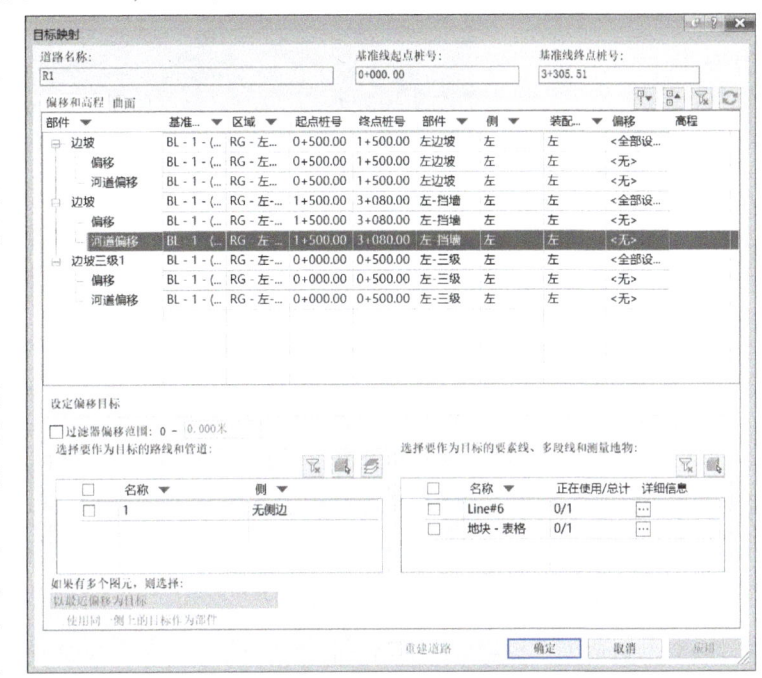

图 14.12-5　目标映射

（8）将边坡载入 InfraWorks 模型。将上文创建的 Civil 3D 文档整个拖进 InfraWorks 模型界面→"指定要从 DWG 文件输入的对象类型"默认为"Autodesk Civil 3D DWG"不变→坐标系保持默认的 UTM84 不变→单击"关闭并刷新"→待所有数据均添加完毕后，打开数据源，删掉不必要的数据，只保留边坡曲面地形和边坡覆盖区域。如图 14.12-6 所示。

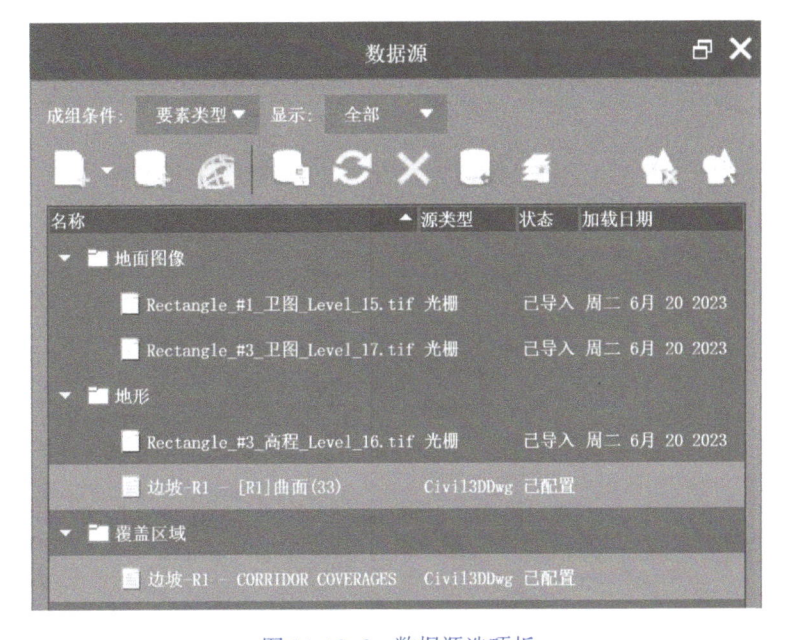

图 14.12-6　数据源选项板

（9）配置边坡材质。单击 InfraWorks 模型中的边坡，自动弹出覆盖范围选项板，如图 14.12-7 所示，修改"规则样式"为所需的图案，没有所需的图案，手动加载一个，直到满意为止。

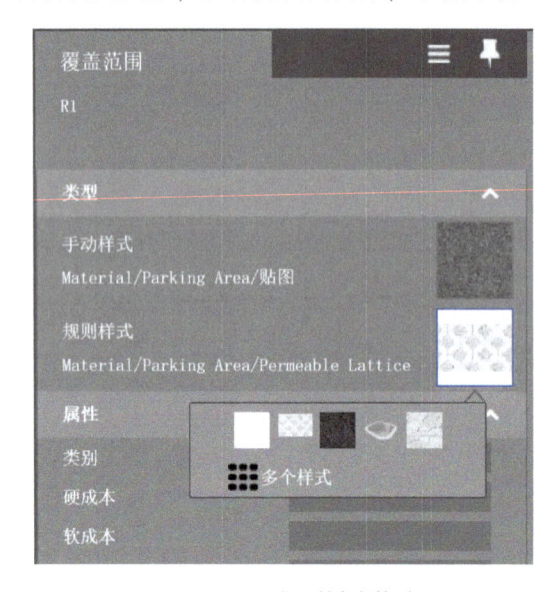

图 14.12-7　规则样式修改

（10）装修模型。为模型添加华丽的花草树木及装备，如图 14.12-8、图 14.12-9 所示。

图 14.12-8　路面效果

图 14.12-9　边坡效果

14.13 地物特殊区添加

遇到陡崖、道路、田坎等特殊区域的操作,"没一个省心的"。以乌江某段测绘地形为例,如图 14.13-1 所示,江边一条蜿蜒的滨河路,仅凭那几个高程点生成出来的曲面如图 14.13-2 所示,"不忍直视"。曲面的致命缺点在于不能反映连续的平坦路面,路面变成高程集中的突兀奇点。

尝试把道路沿线等高线添加进曲面,依旧如此。

手动添加点,加密道路边线,依旧不能改变这种突兀的局面。

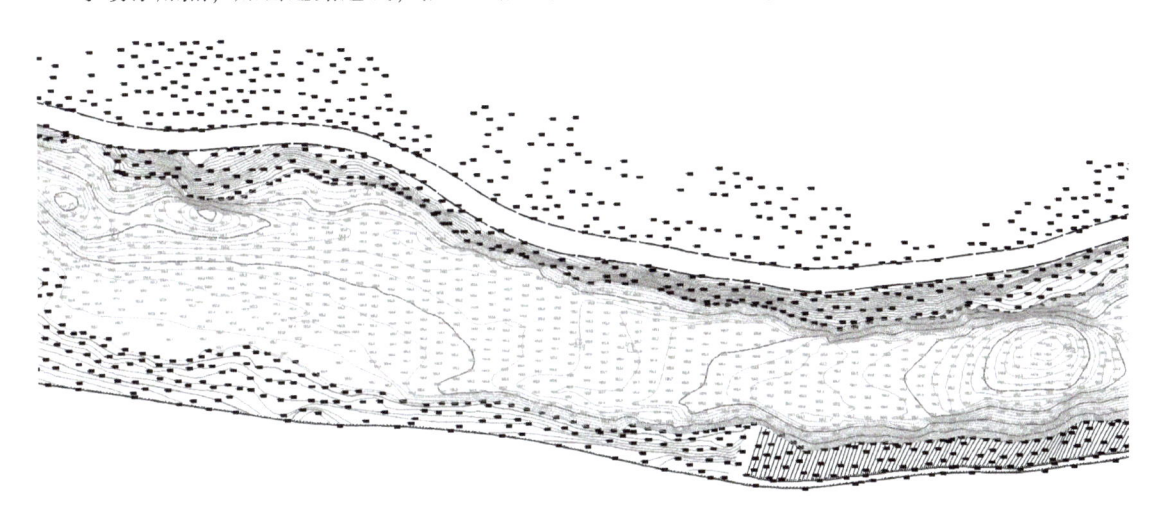

图 14.13-1　乌江某段河床地形测图

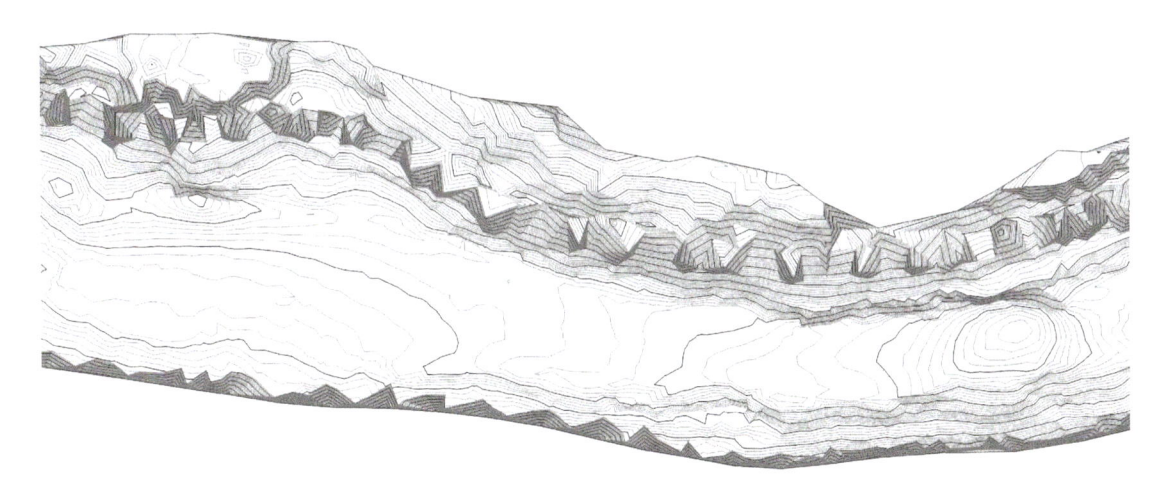

图 14.13-2　从高程点创建曲面效果

是时候"祭出"要素线了,过程如下:

(1) 复制出道路边线测点,原坐标粘贴过来。

(2) 上方选项板单击"要素线"下拉菜单中的"创建要素线" 创建要素线 按钮。

(3) 绘制要素线。为了查错,"创建要素线"弹窗中去掉"删除现有图元"前面的的选项,其他选项保持不变,单击"确定"按钮,并根据命令栏提示逐个拾取路面高程点,绘制要素线,

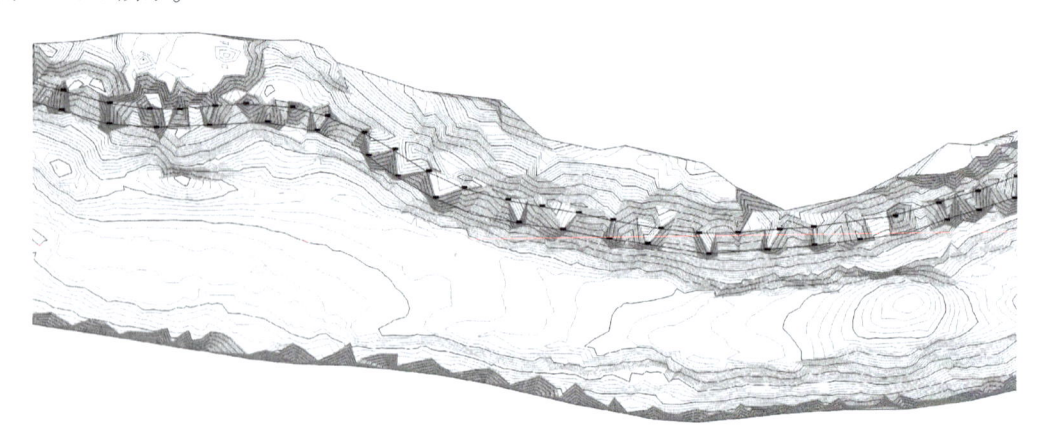

如图 14.13-3 所示。

图 14.13-3　根据路面高程点绘制要素线

（4）添加要素线。展开工具空间中该曲面的"定义"项，用鼠标右键单击"特征线"，将上文绘制好的两条路面要素线添加进曲面，道路效果如图 14.13-4 所示。

最后，手动处理路边散落的陡坎高程点，平滑道路边坡即可。

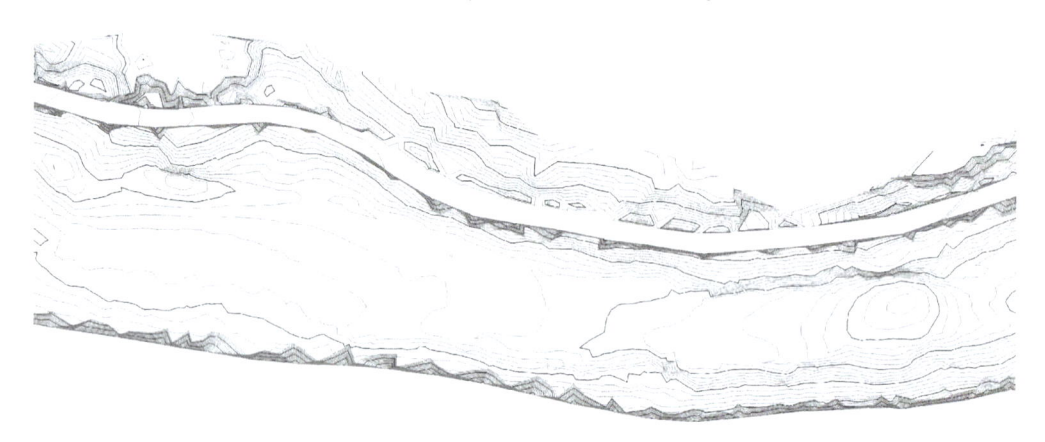

图 14.13-4　道路要素线添加进曲面效果

提示　本节和可以参考本书第 4.3 章节中利用点功能添加路线外业测点数据做对比，必要时结合使用。

载入 InfraWorks 建模效果见彩插。

14.14　提高 Civil 3D 运行速度设置

Civil 3D 的底层为 CAD，优化软件设置方法两者通用。优化软件设置和精简设计数据可有效提高软件运行速度，提高运行速度有以下几种方法：

1. 取消自动保存

软件界面下方命令栏输入"op"（options）命令，进入"选项"弹窗，或者单击左上角开始菜单栏中的"选项"按钮进入 选项 ，如图 14.14-1 所示，取消自动保存，什么时候需要保存自己说了算。

2. 关掉硬件加速

硬件加速可以通过使用图形卡上的处理器来提高图形显示性能，但是，我们在乎的是速度，不是精细度，来吧，动手吧，快速着色、高级材质、三维阴影、光照统统都取消掉。

针对 Civil 3D 及 CAD 2020 版本以下版本，在界面右下角有一行功能按钮，如图 14.14-2 所示，找到最后排那个时钟一样的圆，右击，单击进入"图形性能"弹窗，关闭硬件加速，如图 14.14-3 所示。

图 14.14-1 取消自动保存

图 14.14-2 硬件加速

图 14.14-3 关闭硬件加速

Civil 3D 及 CAD 2020 版本以上版本在右下角找不到图形特性，命令栏输入"op"命令进入

"选项"界面→展开"系统"→单击"图形特性"→关闭。

3. 清理图纸和垃圾

图纸在操作的过程中，创建和删除会留下很多"垃圾"，占用大量系统资源，针对大型图纸，可以先在命令行输入"pu"（purge）命令，清理多余的"垃圾"，减小内存，提高运行速率。

4. 增大道路模型步长

以上3种方法为Civil 3D和CAD通用，增大步长频率只针对Civil 3D。在创建道路模型时，步长设置过小会造成占用大量资源，死机，步长过长会造成道路模型失真，一般情况下，普通道路步长设置为5m精度基本够用，如图14.14-4所示，比较精细的转角处步长可设置为1m，甚至更小，拆分区域分段处理，即能保证运行速度，又能提高模型精度，过程参见本书第8.1.3章节。

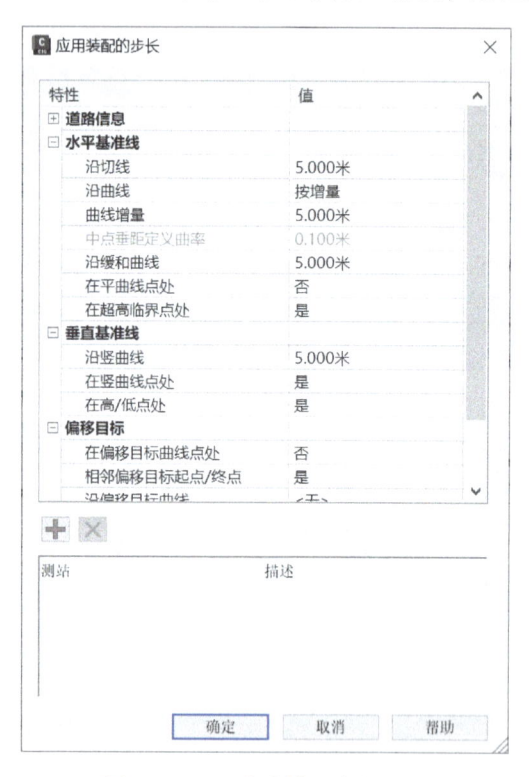

图 14.14-4　道路模型步长设置

5. 把测绘地形转换成曲面地形

测绘地形携带大量的图元信息，占用内存较大，可以将测绘地形转换成曲面地形，把地形曲面原坐标粘贴到新建.dwg文档里，再在新建文档上开展工作，能极大提高运行速度。

14.15　不规则多级边坡建模

本节为14.12节收集齐到测绘地形、道路平面布置及标高数据的后续。如图14.15-1所示，左侧有10级边坡，其中，自下而上第1级边坡坡比1:2，第2级边坡为直立挡墙，第3级~8级边坡坡比1:1.75，第9级边坡坡比1:1.5，第10级为直立挡墙；边坡从左至右如图14.15-1所示依次过渡到右侧，从10级过渡到4级；各级边坡收尾处以马道衔接，马道连接植草护坡，最终与现有滨江路路面用排水沟衔接。

"但是，能打败 Civil 3D 的只有 Civil 3D，定制部件闪亮登场。"

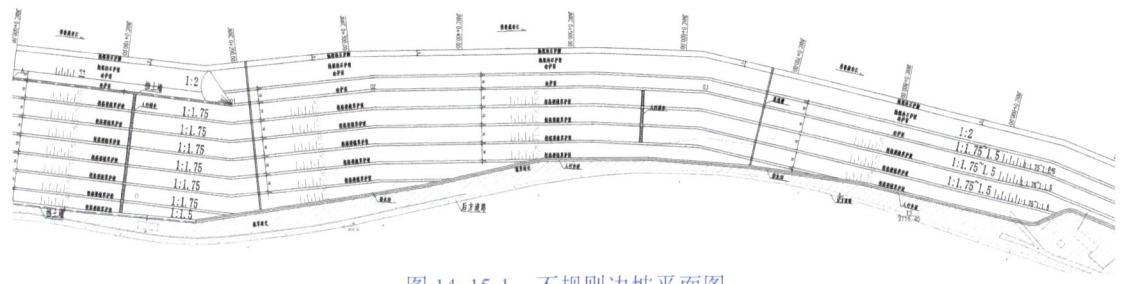

图 14.15-1 不规则边坡平面图

1. 设置输入参数

本工程案例为专项定制边坡，不具备普遍性，部件结构可采用实际坡度数据直接搭建，考虑到边坡坡度、坡高、坡长及马道等数据后期有调整修改的情况，可针对这几项参数化设计。

2. 设置目标参数

根据实际需求，规划出可能需要的平面偏移和纵向偏移，本案例一共设置 8 条偏移线，其中平面偏移 5 条，纵向偏移 3 条，平面偏移分别控制河道水边线、水边抛石坡脚边线、水边挡墙边线、边坡坡顶边线、滨江路路面边线，纵向偏移分别控制路面高程、水边挡墙顶高程、水边抛石坡脚高程，如图 14.15-2 所示。

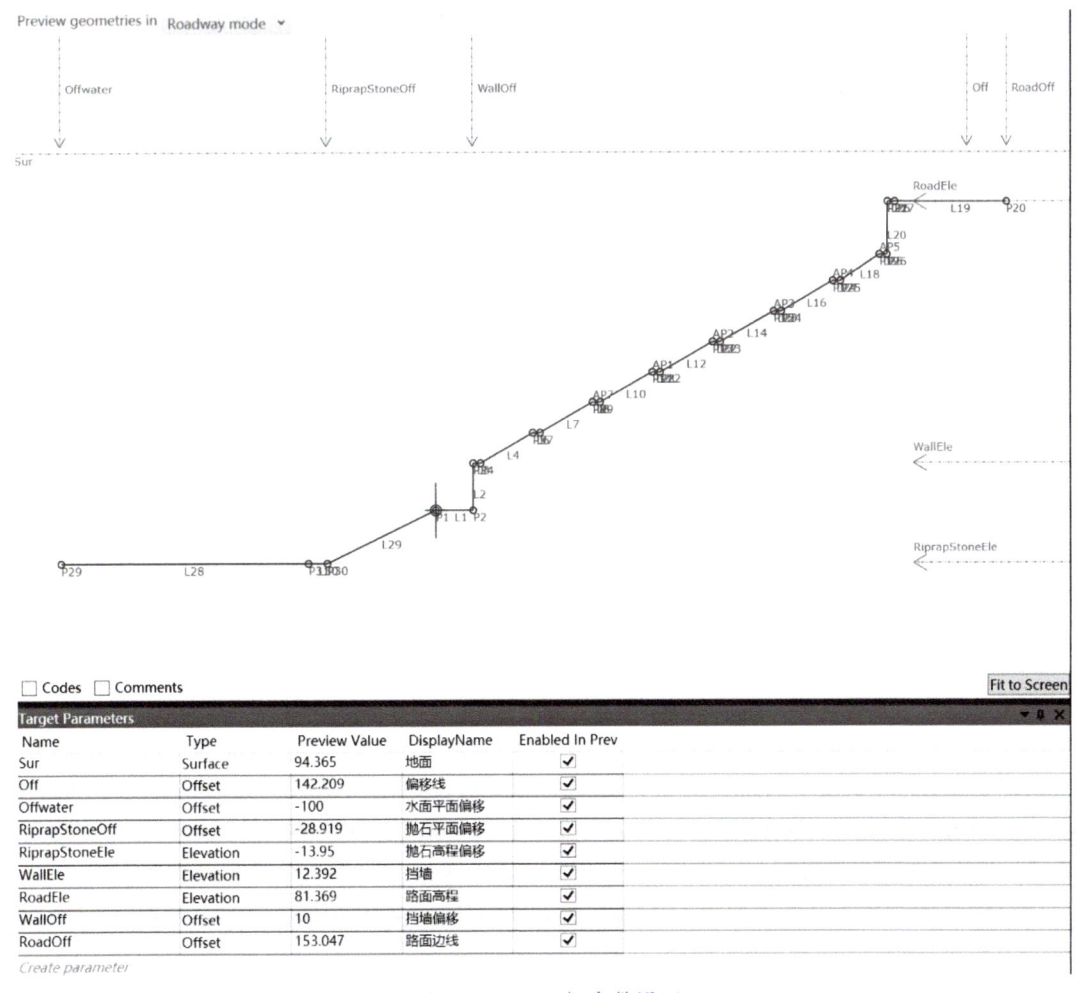

Name	Type	Preview Value	DisplayName	Enabled In Prev
Sur	Surface	94.365	地面	✓
Off	Offset	142.209	偏移线	✓
Offwater	Offset	-100	水面平面偏移	✓
RiprapStoneOff	Offset	-28.919	抛石平面偏移	✓
RiprapStoneEle	Elevation	-13.95	抛石高程偏移	✓
WallEle	Elevation	12.392	挡墙	✓
RoadEle	Elevation	81.369	路面高程	✓
WallOff	Offset	10	挡墙偏移	✓
RoadOff	Offset	153.047	路面边线	✓

图 14.15-2 目标参数设置

3. 设置部件基点

部件基点为载入装配时的插入点，装配为模型空间中道路横断面的控制点。本案例为整装式一体装配部件，部件基点即为边坡横断面控制点，基点应选择规律稳定的结构线或者结构物中心线，结合本案例多级边坡及边坡与道路衔接均不规则的特点，基点最终确定在自下而上第一级边坡坡顶处，可参考图 14.15-2 十字光标处。

4. 难点解析——挡墙

挡墙在本案例中出现两次，二级边坡中左半部分为挡墙，右半部分为 1∶2 边坡；10 级边坡为挡墙。以具有代表性的二级边坡挡墙为例，定制思路如下：

➢ 代码设置

在编制边坡部件可视化程序时，一定要对预留平面布置、横断面出图、工程量自动统计及 InfraWorks 三维建模展示等一系列代码考虑周全，"只要心中有方向，就没有过不去的坎，只有过不完的坎"。

➢ 直角挡墙处理

"不出意外的话就要出意外了"，直立式挡墙的几何属性为 90°角或者垂直"没毛病"吧。当我们给 90°角或者两条相交的垂线后，发现结构体平面布置和横断面图剖切会精准无误，但是生成的曲面会在垂直拐点处拉直或者扭曲，直接造成工程量统计错误以及载入 InfraWorks 后三维模型扭曲失真。

直角的立面上下分别有一个控制点，在平面上的投影为同一个点，曲面创建的原理为点和点之间的三角网衔接，同一个位置有两个投影点，先连接哪个点呢，曲面有它自己的想法，可是相当地"不正经"，示意如图 14.15-3 所示。

图 14.15-3 90°直立挡墙三维曲面扭曲效果展示

所以，在部件中，所有的直立面表达方式为一个坡度无限大的坡，几何属性为"Slope and Delta X"或者"Slope and Delta Y"，"Slope"值给几个"9"，比如"9999%"，保证两点投影不绝对重合，"用魔法打败魔法"。

➢ 挡墙设置

左半边有挡墙，右半边无挡墙，为了部件的连续性，需要设置一个挡墙判断，如"WallEle.IsValid"，如果有挡墙，走设置挡墙的程序流程"有挡墙"，如果无挡墙，走边坡程序流

程"无挡墙",如图 14.15-4 所示。

图 14.15-4　挡墙判断

在挡墙墙脚处设置一个平面偏移"WallOff"以控制挡墙平面位置,在挡墙墙顶处设置一个高程偏移"WallEle"以控制挡墙墙顶高程,如图 14.15-5、图 14.15-6 所示。在 Civil 3D 模型空间中,平面偏移"WallOff"指定挡墙平面布置线;高程偏移"WallEle"指定挡墙墙顶高程控制线,该线可为有高程的三维多段线、特征线或者剖切的墙顶路线纵断面。

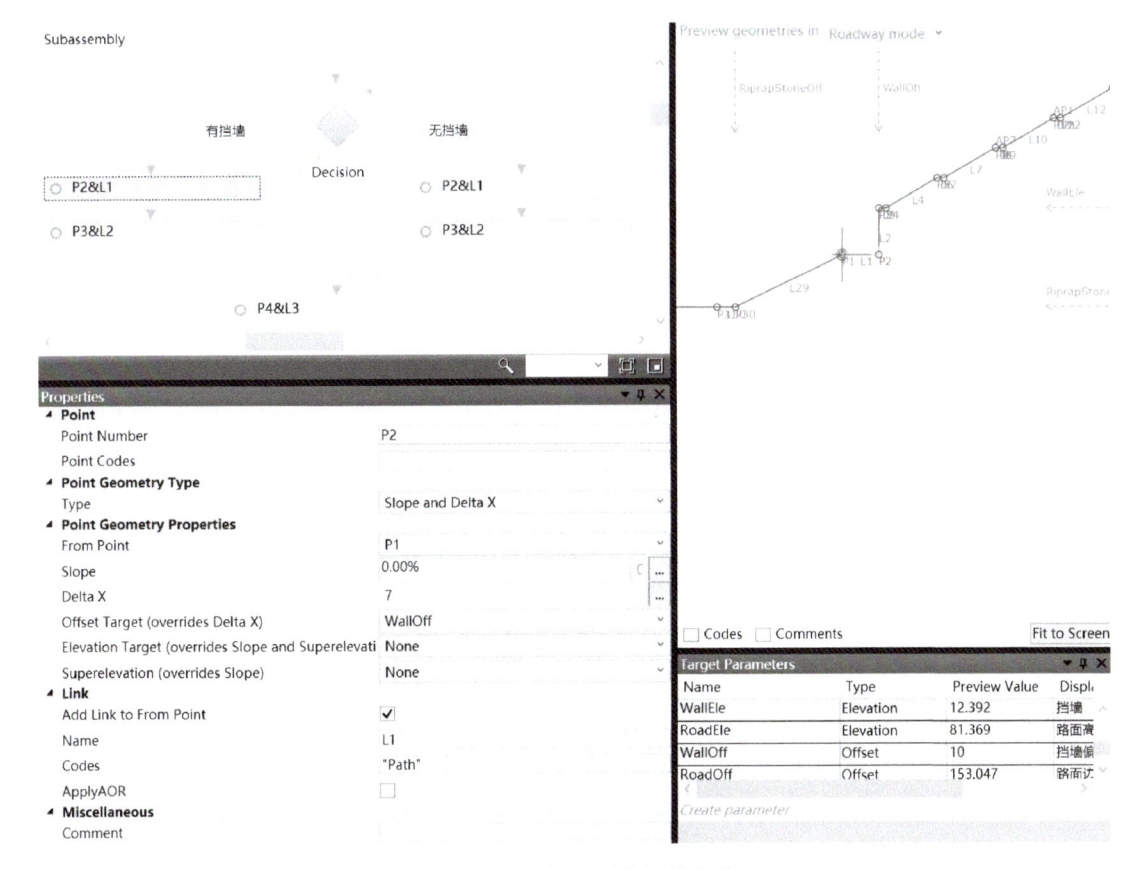

图 14.15-5　挡墙平面位置偏移设置

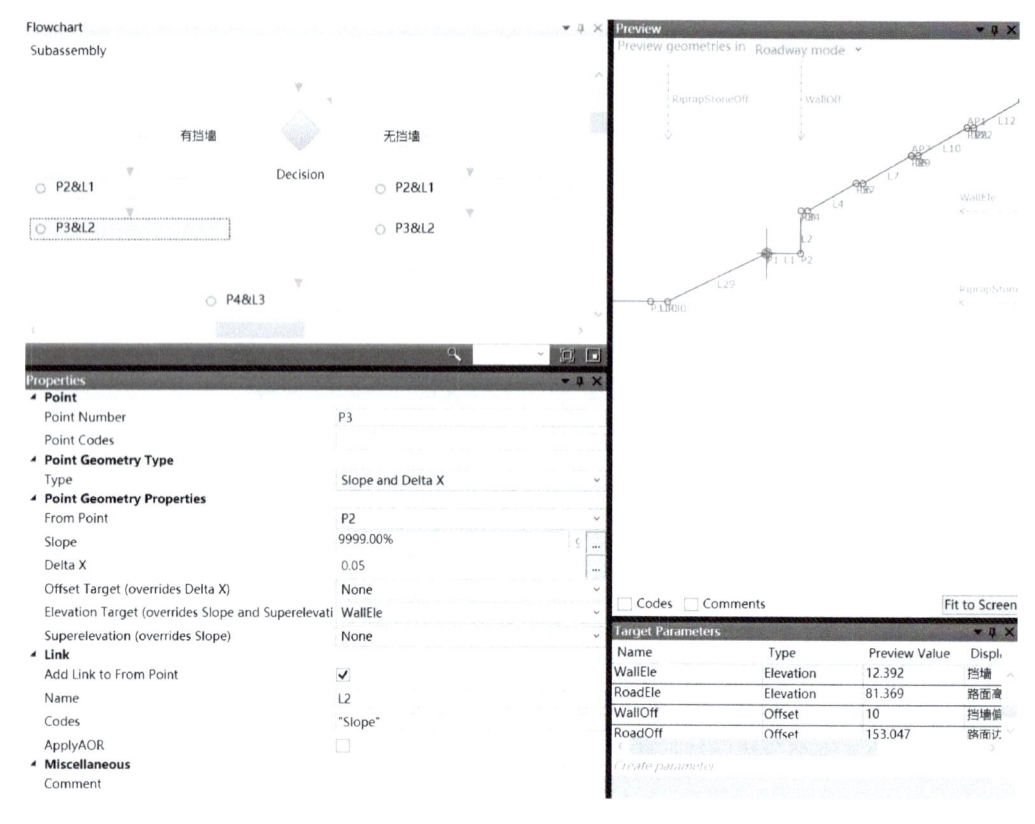

图 14.15-6　挡墙墙顶高程偏移设置

➤ 挡墙和边坡衔接

挡墙和边坡衔接处若发生拉扯，手动绘制平面偏移线，使其平滑过渡，必要时加密衔接处步长，以优化接口处曲面。曲面查看及导入 InfraWorks 三维模型效果如图 14.15-7 所示。

5. 难点解析——边坡坡顶边界处理

最害怕在不规则多级边坡坡顶处拉个马道或者再配个排水沟。

根据地形实际情况，依托地形曲面放坡的坡顶线一般会参差不齐，如何得到过渡平滑的 10 级边坡递减为 4 级边坡呢？

➤ 设置虚拟点

从第 4 级边坡开始，不再为规则的"1∶1.75&14m"宽，在 14m 宽处设置一个虚拟点 AP7（图 14.15-8），判断该虚拟点是否在坡顶边界偏移线外侧"AP7.X > Off.offset"，如果虚拟点在偏移线外侧，走"有偏移"的程序流程；如果虚拟点在偏移线内侧，走"无偏

图 14.15-7　挡墙和边坡衔接处理效果展示（曲面和 AIW 模型）

移"的程序流程,如图 14.15-8 所示。坡顶边界偏移线设置如图 14.15-9 所示。

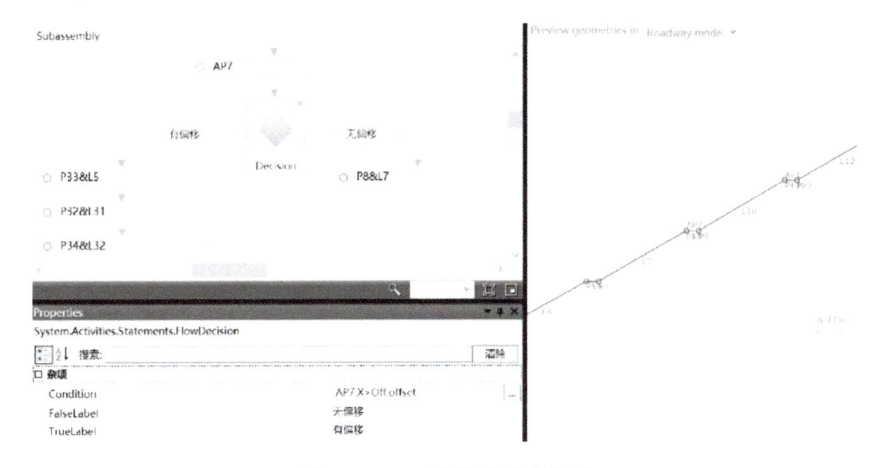

图 14.15-8　坡顶虚拟点设置

图 14.15-9　坡顶边界偏移线设置

如果有偏移,坡顶线在坡顶边界偏移线处结束,并在该处绘制马道,最后由马道的外边缘衔接既有道路路边线,该段边坡程序在此完结。

如果无偏移,坡顶线继续按照常规边坡要求绘制第 4 级边坡,并按照第 4 级边坡相同的方法设置第 5 级边坡坡顶线虚拟点,如此往复设置虚拟点,并进行虚拟点和坡顶边界线的判断,直到第 10 级挡墙,如图 14.15-10 所示。

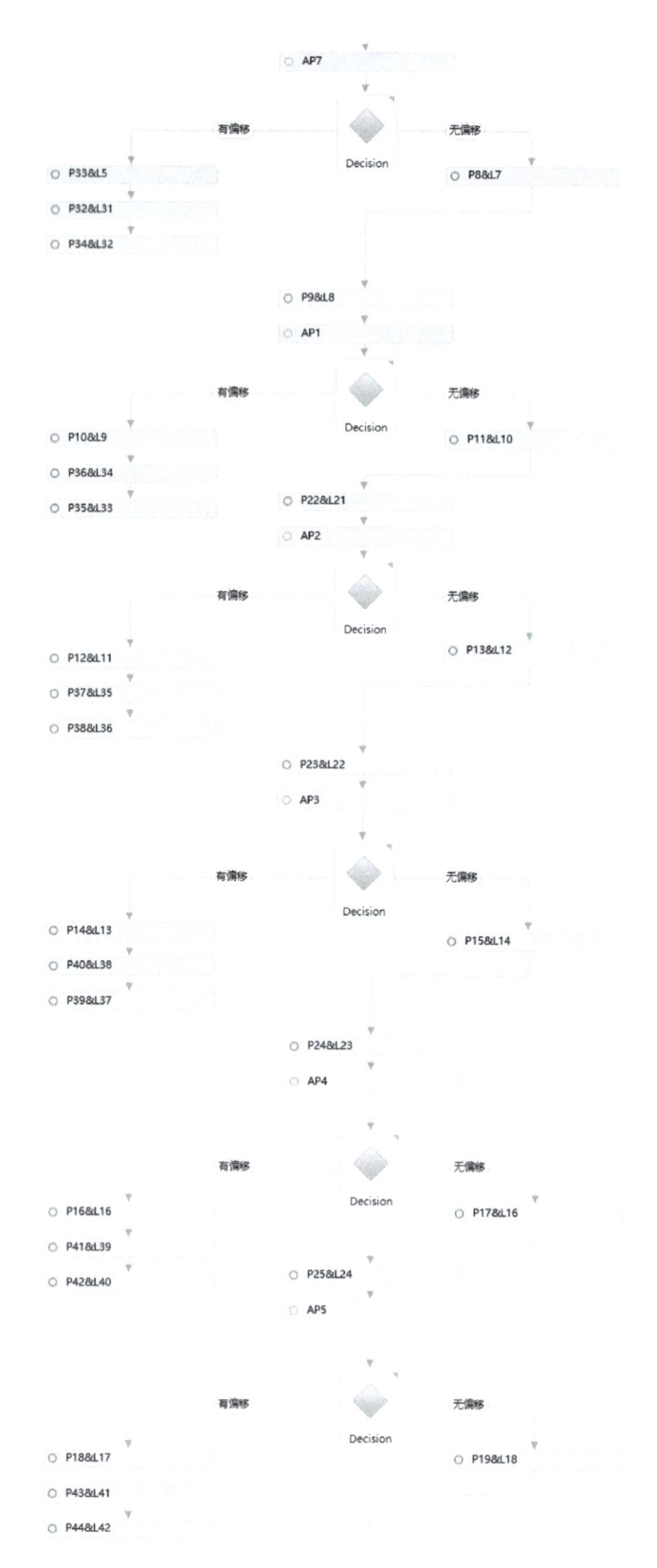

图 14.15-10　虚拟点设置及边界判断

6. 难点解析——边坡边界与道路边界的衔接

➤ 设置偏移线

最后一级边坡边缘处的马道最终衔接的是道路边缘线，在最后一级边坡马道下一步添加一个平面偏移"RoadOff"和一个高程偏移"RoadEle"（图 14.15-11），将马道和道路边界平滑衔接起来。在模型空间指定道路边界平面布置线为平面偏移线，并为该边界线拉一条纵断面，指定为高程偏移线。

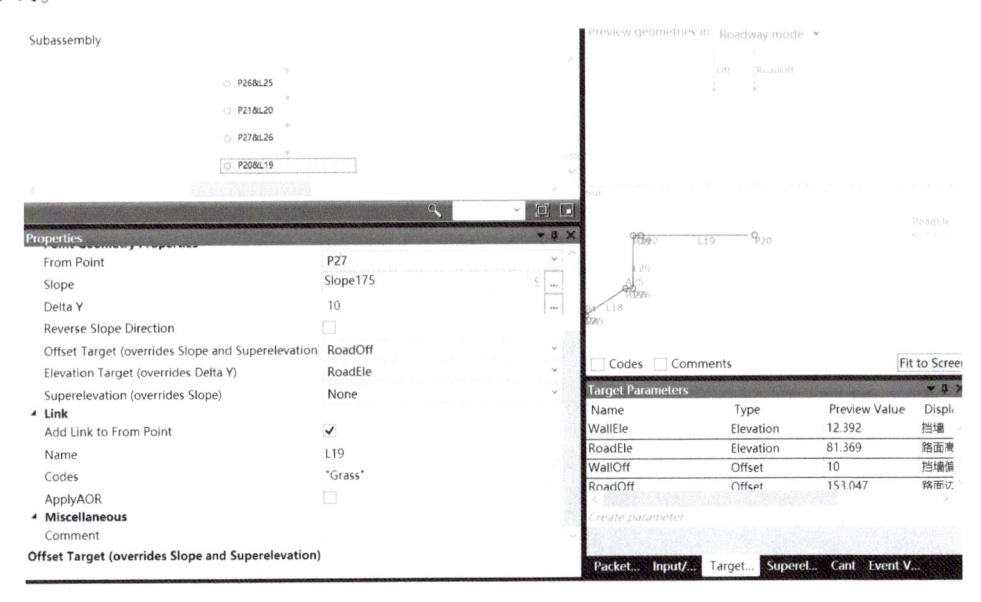

图 14.15-11　马道衔接道路偏移设置

➤ 三维仿真效果

将边坡.dwg 文件拖进 InfraWorks 界面，载入时去掉后缀为"ROADS"的三维道路实体文档，边坡及道路模型以道路曲面和道路覆盖的形式载入，曲面控制道路及边坡形状，设置覆盖材质控制路面及边坡显示效果，载入后缀为"CORRIDOR COVERAGES"的覆盖材质文档，该文档携带了制作部件时预留的材质代码，边坡与道路衔接处排水沟效果如图 14.15-12 所示，边坡边界处与马道衔接效果如图 14.15-13 所示。

图 14.15-12　边坡与道路衔接处排水沟效果

图 14.15-13　边坡边界处与马道衔接效果

提　示　在编制边坡部件时，一定要将预留平面布置、横断面出图、工程量自动统计及 Infra-Works 三维建模展示等一系列点代码和连接代码考虑周全。

14.16　圆头变坡率坝体创建

坝体设计要求：坝头圆头，坝头坡比 1∶3，坝体迎水坡坡比 1∶1.5，背水坡坡比 1∶2.5，坝顶宽 3m 左右，不考虑坝根护坡，坝体两种常见的典型结构平面布置图如 14.16-1 所示。

在 Civil 3D 的地盘，虽然一切形状都可以概化成线性道路来解决，但是，收个圆口的道路，专用于"无路可走"，这可真是跟道路设计功能杠上了，还整了个"麻烦的"变坡。

"颤都不颤，手起刀落，一剑封喉"。有两种方法可用：

一是用坝顶边界做路线，定制部件，生成 1 条道路，根据边坡坡比，拆分区域处理各段边坡，最后用偏移线衔接不同坡比边坡边缘，使其过渡圆滑。

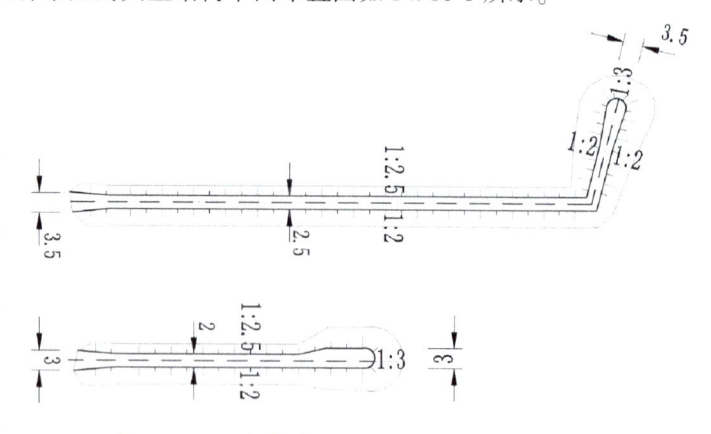

图 14.16-1　坝体常见的典型结构平面布置图

二是分别用坝顶中心线和坝头圆弧做路线，生成 2 条道路，最后同样用偏移线衔接不同坡比边坡边缘，使其过渡圆滑。

对比之下，第二种方法更便捷，过程如下：

1. 制作部件

根据实际需求，制作部件时宽度、坡度、长度、高度、厚度等均预留参数设置接口，并预留足够多的偏移：坝顶边界偏移、压顶边坡偏移、坡脚线偏移、坝底铺排偏移等以备用，同时，预留标签标注及工程量计算代码，最后别忘了预留载入 InfraWorks 建模的代码。部件结构如图 14.16-2 所示。

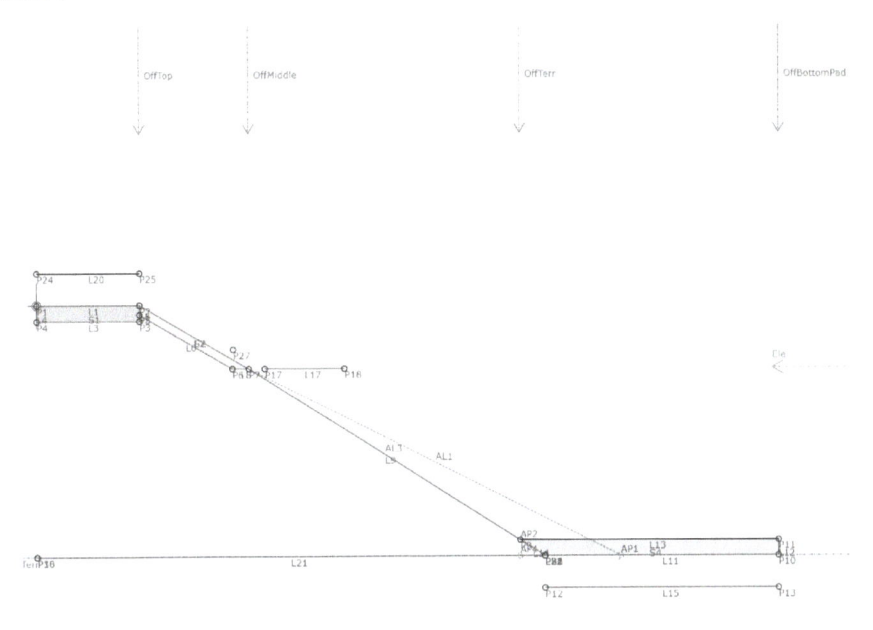

图 14.16-2　坝体结构偏移目标设置

2. 创建装配

分别创建坝身装配和坝头装配。坝身装配基点为坝身中心线，两侧边坡；坝头装配基点为坝头圆弧边线，单侧边坡。

3. 绘制平面偏移线，创建坝体道路

先绘制火柴头或者镰刀形坝头加宽段，指定坝顶平面偏移，生成坝顶和坝头圆弧道路，这时，坝头和坝身边坡坡脚线是不衔接的。为了坝头圆弧更加饱满逼真，可设置坝头步长为 1m 以内。

4. 再次绘制平面偏移线，修正坡脚，重新生成坝体道路

根据生成的边坡坡脚线，调整坡脚线衔接处，手动绘制偏移线，使不同部位不同坡度均能平滑衔接，如图 14.16-3 所示，共设置 6 个偏移线完成坝头和坝身的过渡。

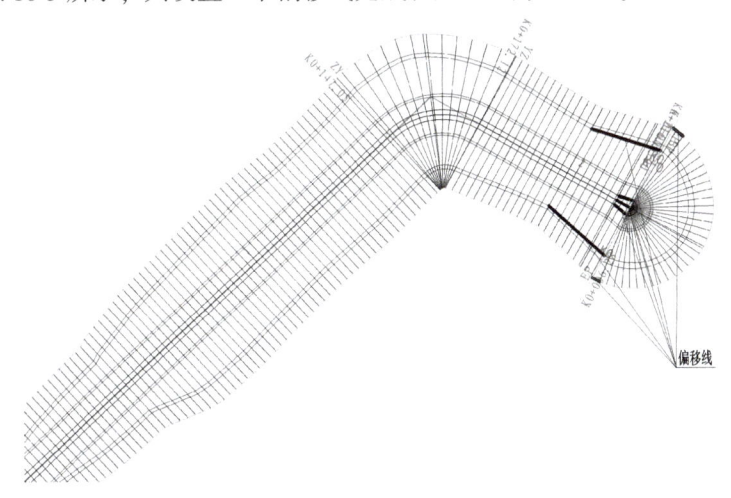

图 14.16-3　不同坡比过渡处的衔接偏移线设置

5. 创建采样线，生成横断面

由采样线剖切道路模型得到的未经过任何人为修改和标注的横断面如图 14.16-4 所示。

图 14.16-4　自动生成的坝体断面图

载入 InfraWorks 建模效果如图 14.16-5 所示。

图 14.16-5　载入 InfraWorks 建模效果

正向设计软件

国内的正向设计研发处于起步阶段，别看这本书里在某个领域打通了智能出图、计算工程量、协同设计、智能变更、输出工程量、BIM建模等智能化正向设计环节，设计院每天晚上10点后还乌压压满座加班的工作量，可怕得很，高效的正向设计研发千呼万唤不出来，这么难的路，实际走起来真不简单，置之死地而后生，"破釜沉舟穷欲行，霞光裹身蔽云天，吹尽狂沙始到金"。

好山好水好寂寞，历经十载的正向设计软件研发，经历了3代更迭升级与完善，相比传统设计模式，视不同环节效率提高了十倍乃至百倍不等，已在国内3家大型国企央企设计院作为主要生产手段普及应用，并取得了良好的反响。软件广泛适用于航道整治、水工结构、场平、工程量统计、BIM建模等领域，主要包括：疏浚、筑坝、铺排、护滩、护岸、河床演变分析、冲淤分析、航线布置、航标布置、多级边坡处理、场地平整、挖填方工程量统计、平面布置、纵断面剖切、横断面剖切、挡墙、三维建模等，且始终未放弃向其他领域拓展，植入人工智能，最终实现各专业三维智能化设计。

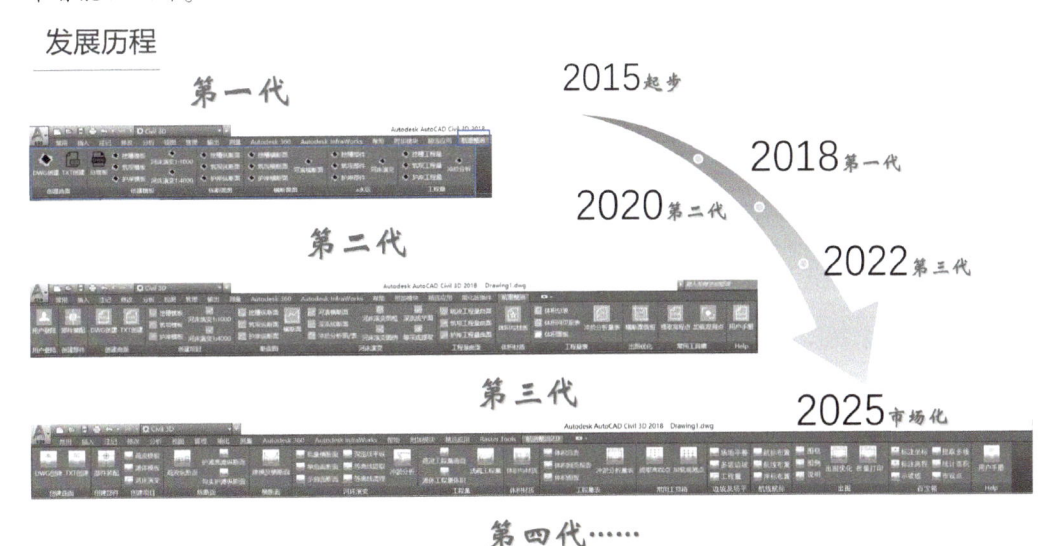

正向设计软件发展历程

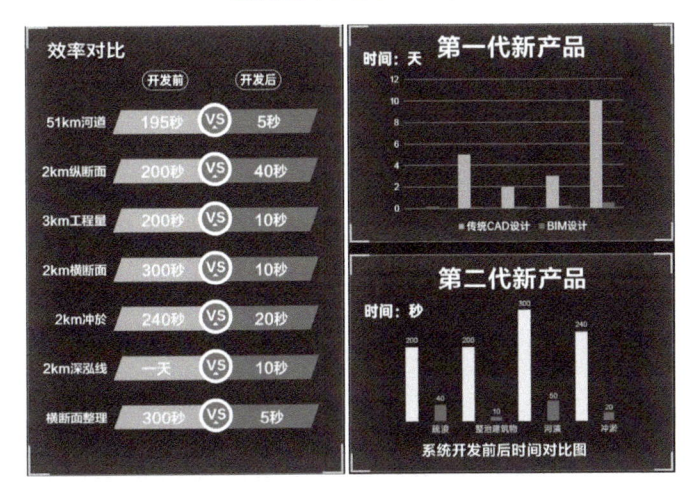

开发前后效率对比

参 考 文 献

［1］武卫平，等. AutoCAD Civil 3D 2018 场地设计实例教程［M］. 北京：机械工业出版社，2018.
［2］王磊. AutoCAD Civil 3D. NET 二次开发［M］. 上海：同济大学出版社，2018.